中观经济学

陈云贤　顾文静　著

中国财经出版传媒集团
中国财政经济出版社

图书在版编目（CIP）数据

中观经济学/陈云贤，顾文静著．—北京：中国财政经济出版社，2017.8
ISBN 978-7-5095-7636-6

Ⅰ.①中…　Ⅱ.①陈…②顾…　Ⅲ.①中观经济学-研究　Ⅳ.①F015

中国版本图书馆 CIP 数据核字（2017）第 185751 号

责任编辑：胡　博　庄　莉　　　　责任校对：黄亚青
封面设计：孙俪铭

中国财政经济出版社出版

URL：http://www.cfeph.cn
E-mail：cfeph@cfeph.cn

（版权所有　翻印必究）

社址：北京市海淀区阜成路甲 28 号　邮政编码：100142
营销中心电话：88190406　北京财经书店电话：64033436　84041336
北京财经印刷厂印刷　各地新华书店经销
787×1092 毫米　16 开　18.5 印张　421 000 字
2017 年 8 月第 1 版　2017 年 8 月北京第 1 次印刷
定价：46.00 元
ISBN 978-7-5095-7636-6
（图书出现印装问题，本社负责调换）
本社质量投诉电话：010-88190744
打击盗版举报热线：010-88190492，QQ：634579818

前　　言

　　传统经济学体系分为微观经济学和宏观经济学。本书认为，现代经济学体系应界定为微观经济学、中观经济学和宏观经济学。它们各有侧重，互为补充，形成一个整体，揭示出企业、政府与国际间治理组织在市场经济资源配置中的角色、作用和行为准则。

　　微观经济学主要以单个经济单位作为研究对象，从资源稀缺这个基本概念出发，认为所有个体的行为准则都是在有限资源条件下取得最大收益。在商品与劳务市场上，作为消费者的家庭根据各种商品的不同价格进行选择，设法用有限的收入从所购买的各种商品量中获得最大的效用或满足；厂商是各种商品及劳务的供给者，厂商的目的则在于如何用最小的生产成本，生产出最大的产品量，获得最大限度的利润；家庭和厂商的抉择通过市场供求关系表现出来，通过价格变动进行协调。因此，市场机制作用、均衡价格决定、产业资源最优配置、市场机制失灵、政府干预行为等成为微观经济学的主要研究内容。微观经济学的中心理论是价格理论，中心思想是自由交换可以使资源得到最充分的利用，在这种情况下，资源配置被认为是帕累托最优。微观经济学在很多场合又被称为"价格理论及其应用"。到现在为止，微观经济学从定义、研究起点、研究内容、研究方法、研究分析工具、研究发展趋势、以及自身内在体系，都相对成熟。

　　宏观经济学以国民经济总过程的活动为研究对象。主要考察就业总水平、国民总收入等经济总量，核心是研究经济资源的利用问题，具体内容主要包括经济增长、经济周期波动、失业、通货膨胀、国家财政、国际贸易等方面。涉及国民收入及全社会消费、储蓄、投资及国民收入的比率，货币流通量和流通速度，物价水平，利息率，人口数量及增长率，就业人数和失业率，国家预算和赤字，进出口贸易和国际收入差额等。现代宏观经济学是为国家干预经济政策服务的。战后凯恩斯主义宏观经济政策在西方各国得到广泛运用，相当大程度上促进了经济发展，但是现有宏观经济学理论也存在进一步完善的空间：

　　1. 对"现代市场体系"应有更全面的把握。从纵的方面来看，经济体系包括全球、国家、州市三个层次市场构成；从横的方面来看，经济体系包括市场要素、市场组织、市场法制、市场监管、市场环境、市场基础设施六大部分组成。现代市场经济是一个"大而完整"的市场体系，缺乏市场细分的学说过于笼统，很多现实中的细节问题难于解释。

　　2. 宏观概念应包括两个层面。相对于各州市，国家属于宏观层面；相对于各国家，全球属宏观层面。在现代经济体系已经构成一个"地球村"的今天，脱离全球经济体系的联系与影响来谈一国经济的宏观性，显然会有偏颇。

　　3. 成熟市场经济是"有为政府"与"有效市场"相结合的经济。"有为政府"存在

"弱式"、"半强式"、"强式"三种类型；"有效市场"也存在"弱式"、"半强式"、"强式"三种状况；二者的组合在理论上至少存在九种结合模式可分析，只有"强式有为政府"+"强式有效市场"，才是政府与市场组合的最佳模式，也称最高级模式。它是世界各国市场运行中实践发展和理论探索的目标，也应该是宏观经济学所必须认真面对、研究分析、拿出举措的课题。

中观经济学主要以区域经济单位和区域经济发展（区域是个相对概念，全球而言国家是个区域，国家而言州市是个区域）作为研究对象分析的一门学科。在一定的意义上，也含有区域经济学、城市经济学、国家经济学内涵，是现代经济学的一个新兴分支。中观经济学研究的主体是（区域）政府。（区域）政府行为呈现"准宏观"（国家相对全球而言、州市相对国家而言）和"准微观"（追求区域利益最大化，存在一定的企业行为特征）双重属性。正是这（区域）政府的"双重属性"或"双重角色"，修正了传统经济学体系或传统市场理论的缺陷，完善了现代经济学体系和现代市场理论。现代市场理论认为，不仅企业是市场竞争主体，（区域）政府也是市场竞争主体之一；现代经济学体系也已展示：不仅有以企业为研究主体的微观经济学和以国家（或全球）为研究主体的宏观经济学，还有以（区域）政府为研究主体的中观经济学。

中观经济学研究的重点是城市资源配置。政府对一区域经济活动的管理主要体现在经济发展、城市建设、社会民生三大职能上。与经济发展相对应的是产业资源，谓之"可经营性资源"；与城市建设相对应的是城市资源，谓之"准经营性资源"（其既有公益性一面，又有商业性一面）；与社会民生相对应的是公共产品、公益资源，谓之"非经营性资源"。城市资源的配置，是按公益性产品来开发还是按商品性产品来经营，取决于各（区域）政府的财政收支、市场需求和社会民众的可承受程度，同时也决定着政府在区域市场中竞争力的大小。

中观经济学研究的内容是政府对三类资源的界定及其政策配套。（1）与"可经营性资源"即产业资源相配套的产业政策、贸易政策、人力政策等，配置原则应该是"规划、引导；扶持、调节；监督、管理"。与"准经营性资源"即城市资源相配套的财政政策、金融政策、投资政策等，配置原则应该是"遵循市场规则；维护经济秩序；参与区域竞争"。与"非经营性资源"即公益资源相配套的收入政策、就业政策、保障政策等，配置原则应该是"基本托底；公平公正；有效提升"。（2）政府对资源配置行为应"超前引领"。即让企业做企业该做的事，让政府做企业做不了或做不好的事，二者不能空位、虚位。政府超前引领作用，就是要充分发挥政府的经济导向、调节、预警作用，依靠市场规则和市场力量，通过引导投资、消费、出口的作用，运用价格、税收、利率、汇率、法律等手段和引领理念创新、制度创新、组织创新、技术创新等方式，有效配置资源，形成领先优势，促进科学可持续发展。（3）"理念创新"在区域要素驱动阶段对资源配置具有实质推动作用；"组织创新"在区域投资驱动阶段对资源配置具有乘数效应作用；"制度与技术创新"在区域创新驱动阶段对资源配置具有关键致胜作用；全方位全过程全要素的不断创新对区域各阶段发展及其资源配置具有科学可持续促进作用。

中观经济学研究的核心是（区域）政府竞争。它包括（区域）政府间的项目竞争，产业链配套竞争，人才、科技竞争，财政、金融竞争，基础设施竞争，环境体系竞争，政策体系竞争和管理效率竞争等。

以区域政府为研究对象的中观经济学的形成,对传统微、宏观经济学的扩展和创新主要体现在以下4个方面:

1. 确立现代市场体系理念。微观经济学—企业主体—产业资源配置——第一层面的市场经济活动;中观经济学—政府主体—城市资源配置——第二层面的市场经济活动;宏观经济学—(既有)单个国家主体与(更多的有世界各国政府间形成的)国际经济机构主体—产业资源、城市资源、公益资源的配置、协调与规则秩序——第三层面的市场经济活动。宏观经济学应以第一层面和第二层面的市场经济活动为基础,健全构画第三层面的也是最高层面的国家以及国际间的市场经济活动规则。

2. 明晰成熟市场经济路径。国家政府有双重行为——区域利益的最大化和超区域利益的协调性;市场竞争有双重主体——企业与政府;成熟市场经济是有为政府与有效市场相结合的经济。因此,政府间除了参与市场竞争外,相互遵循市场规则、维护市场秩序极为重要;在市场间除了鼓励充分竞争外,法制监管有序、社会信用健全也相当关键。

3. 强化国际经济间宏观协调重要性。国家层面宏观经济学的内容应侧重在国民收入的核算与分配理论上,它表现为一国宏观的财政政策、货币政策、汇率政策和审慎监管政策等方面;而对国民收入的产生和决定理论,并与之相对应的产业政策、贸易政策、人力政策以及收入政策、就业政策、保障政策等,应放到中观经济学研究的范畴。更重要的是,宏观经济学要强化国际间层面宏观经济的内容,改组国际经济治理机构,创新国际经济发展工具,健全国际经济监管标规,构建全球投资新引擎,构建全球创新新引擎,构建全球规则新引擎,这是当今世界真正的宏观经济学实质所在。

4. 构建国际经济新秩序。与世界各国产业资源配置竞争相对应的国际经济基本准则——应该围绕"公平与效率"原则来制定;与世界各国城市资源配置竞争相对应的政府间治理规则——应该围绕"合作与共赢"原则来制定;与世界公共产品供给体系必遵循的国际安全秩序规则——应该围绕"和平与稳定"原则来制定。世界经济中构建创新(Innovative)、活力(Invigorated)、联动(Interconnected)、包容(Inclusive)的"四I"全球经济治理体系,需要形成与之相对应的完善的宏观经济学体系。

《中观经济学》一书的构思来源于本书第一作者陈云贤博士的独特而丰富的理论和实践阅历。陈云贤博士为北京大学博士,同时也是广发证券公司创始者,先后在广东顺德、佛山主政,并就任广东省副省长。这种从学术到企业再到政府的独特经历使得作者能以独特的视角审视和研究现代经济学体系,其理论研究的价值不仅限于经济学界中的经济学理论研究,而且对现实经济问题的研究也具有一定的启示作用。

本书适合于大学经济和管理类专业使用,在学生修完微观经济学和宏观经济学之后进行开设,可用于本科生高年级同学和研究生授课,也可以在MBA、MPA等学位课中设置,对于政府人员和企业高级管理人员的经济学培训也具有重要的参考价值。本书内容可供30-70个学时课程使用。

在本书的写作过程中,我们参阅了大量的相关书籍和文献,对本书作者之前出版的专著《超前引领——对中国区域经济发展的实践与思考》、《论政府超前引领——对世界区域经济发展的理论与探索》、《中观经济学》和《区域政府竞争》等有较多借鉴。本书章节设计和主要观点由陈云贤博士提出并撰写,顾文静博士完成初稿的主体部分写作,全书由陈云贤博士修改和定稿,广东区域管理创新研究中心刘楼博士、李家鸿博士、胡盛强博士也在本书的写作过程中给予了大力支持，在此一并致谢。本书观点较传统经济学有一定的突破性，书中也难免有疏漏和不足，恳请使用本书的老师和学生提出批评和建议，以使本书不断充实完善。也祝愿通过众多学者的努力，有更多的适应现代市场经济理论和实践发展的创新思维的教材问世，为培养更多高素质的复合型人才做出积极贡献。

陈云贤

2017 年 7 月

目 录

第一章 导论：中观经济学的研究对象、结构和意义 ……………………（ 1 ）
  第一节 中观经济学的研究对象 ………………………………………（ 1 ）
  第二节 中观经济学的形成与内容结构 ………………………………（ 9 ）
  第三节 学习和研究中观经济学的意义 ………………………………（ 19 ）
  阅读材料 中国的实践可以创造世界性理论成果 ……………………（ 24 ）
  复习思考题 ……………………………………………………………（ 26 ）

第二章 区域政府的内涵、属性与超前引领职能 ……………………（ 27 ）
  第一节 区域政府的内涵 ………………………………………………（ 27 ）
  第二节 区域政府的双重属性理论 ……………………………………（ 29 ）
  第三节 区域政府的超前引领职能 ……………………………………（ 46 ）
  阅读材料一 从"摸着石头过河"到"超前引领" ……………………（ 81 ）
  阅读材料二 城市竞速：佛山如何跻身"新一线城市" ………………（ 85 ）
  阅读材料三 德国"城市智库"是如何运行的？ ……………………（ 87 ）
  复习思考题 ……………………………………………………………（ 89 ）

第三章 "三类型"资源界定 …………………………………………（ 90 ）
  第一节 政府资源配置理论 ……………………………………………（ 90 ）
  第二节 三类资源界定 …………………………………………………（ 95 ）
  第三节 区域政府资源配置模型（DRP）设计 ………………………（102）
  阅读材料一 经营城市，把城市作为一种资源来管理 ………………（116）
  阅读材料二 从美国"产业公地"说起： ……………………………（119）
  复习思考题 ……………………………………………………………（120）

第四章 "四阶段"资源配置 …………………………………………（121）
  第一节 要素驱动阶段的资源配置 ……………………………………（121）
  第二节 投资驱动阶段的资源配置 ……………………………………（123）
  第三节 创新驱动阶段的资源配置 ……………………………………（125）
  第四节 财富驱动阶段资源配置特征 …………………………………（131）
  第五节 各阶段资源配置政策 …………………………………………（132）
  阅读材料 探寻以色列创新基因 ………………………………………（138）

复习思考题……………………………………………………………………（142）

第五章　区域政府竞争……………………………………………………（143）
　　第一节　区域政府经济竞争理论…………………………………………（143）
　　第二节　区域政府竞争定位及经济效应分析……………………………（169）
　　第三节　区域政府竞争表现………………………………………………（187）
　　第四节　区域政府竞争核心………………………………………………（199）
　　第五节　区域政府竞争对资源配置作用…………………………………（205）
　　第六节　政府超前引领（GFL）是区域竞争关键………………………（210）
　　阅读材料一　南海与顺德的竞争新"暗战"会创造怎样的未来？………（212）
　　阅读材料二　加拿大"招商引资"是怎么做的？………………………（216）
　　复习思考题…………………………………………………………………（219）

第六章　成熟市场经济"双强机制"理论…………………………………（220）
　　第一节　三种市场类型……………………………………………………（221）
　　第二节　三种政府类型……………………………………………………（225）
　　第三节　政府与市场组合模式评价………………………………………（228）
　　第四节　有为政府与有效市场内涵及标准………………………………（248）
　　第五节　成熟市场经济"双强机制"理论…………………………………（256）
　　第六节　构建全球经济发展新引擎………………………………………（263）
　　第七节　区域政府竞争理论总括…………………………………………（267）
　　阅读材料一　转变政府职能海外镜鉴：如何处理好政府与市场关系…（269）
　　阅读材料二　天空争夺战！粤港澳大湾区机场旅客吞吐量世界第一…（271）
　　阅读材料三　德国政府是如何招商引资的？……………………………（275）
　　复习思考题…………………………………………………………………（277）

本书主要概念…………………………………………………………………（278）

参考文献………………………………………………………………………（283）

第一章

导论：中观经济学的研究对象、结构和意义

第一节 中观经济学的研究对象

在当代，世界经济呈现为两种主要的经济体制类型——市场经济为主体的经济体制与计划经济为主体的经济体制。随着世界经济的发展，这两种经济体制出现不断融合的趋势，政府与市场之间也不断发生交叉，政府经济行为的方式和结果越来越多地影响到整个经济总量和结构的运行，原有的经济理论体系框架不断被突破。世界经济发展实践中所反映出的市场的失效性、政府行为的主动性与竞争性、关键职能的多重性、市场与政府不同边界的产出率等问题，都对原有的微观经济学和宏观经济学原理提出挑战，仅从企业的市场经济行为和政府的宏观调控角度来解释所有的现实经济问题已显得力不能及，亟需一种新的理论体系来揭示现实经济发展规律，并对未来经济发展趋势做出有效引领。这些问题的探索和解答构成了中观经济学的主要内容。

一、中观经济学产生的背景

市场经济体制和计划经济体制都是社会资源配置的方式，解决在资源稀缺的情况下，以某种方式来决定一定时期，社会生产什么，生产多少，怎样生产和如何分配的问题。计划经济条件下，资源配置的决定者是政府计划，由中央政府制定一个无所不包的计划，指挥安排一切经济活动。而在市场经济条件下，市场价格这只看不见的手成为指挥人们生产什么，生产多少，怎样生产的决定力量。在现实经济中，纯粹的计划经济和纯粹的市场经济都不多见，计划经济作为一种完全排斥市场的经济体制，在现代国家中已经基本退出了历史舞台，但是计划作为调控经济的手段之一，还是被保留并经常使用。在市场经济体制中，并不是完全没有计划，市场经济体制国家也都制定宏观战略与规划来参与资源配置，只是这些计划相对于市场而言是辅助性的、指导性的，市场机制仍是资源配置的决定性因素。

在传统微观经济学理论中,市场价格机制是推动经济运行的根本力量,价格的变动影响市场供求机制,消费、生产、分配等活动在价格这只看不见的手的引领下实现均衡,形成资源配置的最佳状态。传统微观经济学理论认为,政府对微观经济领域应该采取不干预态度,任何一种政府对微观企业或市场机制的干预都会造成效率的损失。但这种传统理论在20世纪30年代的世界经济危机面前变得有些苍白了,政府干预经济的时代由此开始,政府宏观调控下的市场经济模式成为主流,凯恩斯主义经济学及其后来的新古典综合派成为宏观经济学的主体理论体系。在经济发展的实践中,尽管大多数国家自称是市场经济体制,但由于政府调控与市场机制的组合边界不尽相同,造成经济效率上、发展态势上有显著不同。以中国为首的一些国家在市场主体、竞争领域、经济发展速度等方面,都对传统意义上的宏观经济学产生了一定的突破,其经济行为和发展规律是传统的微观经济学和宏观经济学都难以涵盖和有效解释的,需要有一种新的理论体系进行丰富和完善。

二、中观经济学产生的原因

中观经济学产生于现代市场经济,现代市场经济的本质属性有别于传统意义上对市场和政府间关系的认定,而中观经济学恰恰对市场和政府的定位做出了突破性回答,从而成为现代市场经济体系的重要理论支柱。现代市场经济的确立是在梳理和明确政府与市场的不足中逐渐形成的。

(一)政府不足

按照目前的西方经济学理论体系,政府的主要经济职能是宏观调控,只在市场运行出现问题时才动用财政和货币政策手段来平衡总供求关系,基本处于一种消极被动的地位,市场经济的主要竞争主体是企业,政府也无权对企业的行为进行干预。近些年来新古典主义等流派的崛起,更加强化了约束政府行为、回归完全的市场竞争体系的认识,对于政府干预经济的做法提出了诸多质疑。从现实的政府调控实践来看,也确实存在着政府失灵这种情况。

政府失灵是指政府为了矫正和弥补市场机制的功能缺陷而采取的立法、行政管理以及各种经济政策手段干预了市场,但干预不当结果适得其反,不但没能有效克服市场失灵,还阻碍和限制了市场功能的正常发挥,从而导致经济关系扭曲,市场缺陷和混乱加重,以致社会资源最优配置难以实现,造成政府干预经济的效率低下和社会福利损失。具体地说,政府失灵表现为以下几种情形:其一,政府干预经济活动达不到预期目标;其二,政府干预虽达到了预期目标但成本高昂;其三,干预活动达到预期目标且效率较高但引发了负效应。之所以发生政府失灵,无外乎两种情况——或者是调节不足,或者是调节过度。

1. 无效调节导致政府失灵。

在那些本该由政府发挥作用的领域,却由于财力不足、制度不完善等原因,致使政府应该进入的领域而没有进入或没有完全进入,政府有心无力,调控手段缺乏力度,调控机制运转不灵,调控效果难以到位,从而造成了政府失灵。

2. 过度干预导致政府失灵。

在那些本该由市场发挥作用的领域,过多地使用行政手段来管理经济,政府应该退出的领域而没有退出或没有完全退出,权力集中,责任无限,结果不仅没能弥补市场的缺陷，反而扬短抑长，妨碍了市场机制正常发挥作用。政府过度干预导致政府失灵。

政府失灵主要缘于政府作为人的一种组合形式，对经济规律很难进行全面准确的认识，在进行经济干预时可能会出现干预的范围、时机和力度不够准确的问题，常常会造成调控失灵的结果。另一方面，政府职能也会存在疏漏，该发挥作用的区域存在缺位或力度不够。这种政府行为的过度和不足同时并存。按照传统西方经济学理论，这种政府失灵的表现就意味着政府应当全方位调整活动领域，对于市场经济领域，应当尽可能收缩自己的权限，把市场的还给市场，而在维护市场机制顺利运行方面应当加大力度，保证市场资源配置的主体地位和市场机制的顺利运行。

但是否当前的政府失灵就可以否定政府在市场经济体制中的作用？政府到底应该按照什么样的标准来设置自己的活动边界以及应当如何定位自身在市场经济中的角色？这些问题传统的西方经济学理论还不能给出一个较为完善的答案。

（二）市场不足

市场机制在古典经济学中被视为非常完美的资源配置方式，可以在价格机制的作用下自动实现供求均衡，保持资源配置的最佳效率。但经济发展的实践证明，完全的市场机制并不能避免供求失衡的经济危机，仅通过价格机制这个看不见的手无法实现资源最佳配置与效率最高的情况。市场失灵就意味着自由的市场均衡背离了帕累托最优。

换句话说，微观经济学说明，在一系列理想的假定条件下，自由竞争的市场经济可导致资源配置达到帕累托最优状态，但理想化的假定条件并不符合现实情况，现实中存在不完全竞争的领域，对于公共物品、外部影响、信息不完全等问题，单纯靠市场机制并不能得到合理的解释与解决。

造成市场失灵有其内在的深刻原因：

第一，完全市场竞争状态主要存在于理论假定中，现实状况要复杂得多。一方面市场经济中也存在垄断、过度竞争等人为因素，这种人性所导致的市场效率的损失不是市场机制自身能够消除的。另一方面，市场价格的调节也不是如理论分析那样及时有效，价格变动会有时滞，也会遇到价格底线，所以市场的非均衡状态才是常态，市场机制难于实现真正的均衡，所以诸如失业等资源浪费现象完全靠市场解决是不现实的。

第二，个人价值和社会价值的矛盾。基于个人效用最大化原则的帕累托最优概念与社会公平原则不一定完全一致。所谓效率与平等的定义在社会各阶层中的定义和划分也参差不齐，仅依靠市场机制无法解决整个社会对公平与效率的均衡判断，也无法解决个人价值与社会价值取向产生的矛盾。

第三，市场机制不一定适用于一切经济领域，比如那些经济研究与开发、基础设施投资等外部效应较大的领域，具有一定的公共物品属性，社会效益巨大但市场的激励作用却不够充分，若完全依赖市场，难于实现有效供应。

第四，市场经济的信息完备性和对称性也与现实不符。私人的信息获得是有限的，而且信息在私人交易中会发生扭曲；市场行为主体所掌握的信息也是不对称的。

鉴于市场本身的局限性，需要有一定的计划干预等措施进行干预和调整。尤其是第二次世界大战结束以后，科学技术迅速发展，出现了革命性变化，生产的社会化程度大大提高，各部门、各地区以及国际间的经济联系更加密切，政府对经济运行的干预进一步加强，计划的作用明显增大。同时，随着经济的不断发展，资源问题、环境问题等更加突出，人类生存的条件问题面临严峻局面。这些都要求政府和国际社会对经济和社会发展进行统一协调，加强计划性。因此，建立现代市场经济成为必然要求。

（三）现代市场经济体制的标准

理论上讲，市场在资源配置上有其他方式难以比拟的优势。市场借助价格信号传递复杂的经济信息，引导各类市场主体做出理性选择，促使生产要素不断优化配置；市场具有强大的激励功能，能够让一切劳动、知识、技术、管理、资本的活力竞相迸发，让一切创造社会财富的源泉充分涌流；市场具有涓滴效应，通过动员各类要素，创造就业岗位，使劳动者获得增加收入的机会，让发展的成果惠及全体人民；市场借助竞争机制，优胜劣汰，促进创新，诱导结构创新，促进经济效益和发展质量的提升。

因此，市场在资源配置中起决定性作用，这一点是毋庸置疑的，但必须要有一个完善的现代市场体系来预防"市场失灵"等类似的效率损失问题的出现，其核心问题是处理好政府和市场的关系，使市场在资源配置中起决定性作用和更好发挥政府作用。

从世界各国经济发展的客观实际看，只存在"强政府"与"强市场"的组合、弱政府与弱市场的组合，唯一未能观察到的是弱政府与"强市场"的组合。因此，现代市场经济不可能弱化任何一方，问题的关键是市场和政府的正确定位。市场经济首先需要借助政府的权威力量界定和保护产权，建立并维护公平竞争的市场秩序，扩展市场体系，履行市场合约，反对垄断和其他不正当竞争行为。没有这些条件，市场不可能正常运转。从这个意义上可以说，有效的市场从一开始就离不开政府。在此基础上，从提供各种公共服务、缩小收入和发展差距、保护生态环境，到宏观调控和中长期发展规划，政府职能可以列出相当长的清单。不论这个清单的内容如何变化，其立足点都应是维护和促进市场更好地发挥作用。如果偏离这个方向，政府这只手伸得过长，越位、错位很多，试图替代市场的作用，甚至搞大一统的集中计划体制，会使市场受到严重伤害。

综上所述，现代市场经济既是建立在市场机制基础上运行的，是有为政府和有效市场的经济模式。市场作为一种自然规律，我们更多的是认识它、理解它，对于政府，我们则拥有更多的主动权，在发挥市场在资源配置中"决定性作用"的同时，要更好地发挥政府的作用。找准政府在现代市场经济中的位置，科学处理政府与市场、政府与社会的关系，合理划分政府与市场、政府与社会的边界。构筑"有效市场"和"有为政府"这两个现代市场经济的轮子，使其相互补充，相互支撑，实现"双轮驱动"的现代市场经济体制。

没有充分的和成熟的市场经济的发展，就难以有成熟的现代市场经济理论。当今世界市场经济的成熟与发展，孕育了多种市场经济模式，无论是英美的有调节的市场经济、法国的有计划的市场经济、德国的社会市场经济、北欧的福利主义模式，还是中国的社会主义市场经济体制，都是对市场和政府的有效组合的不断尝试和探索。

显然，当前的理论研究和实践探索，都不能简单用微观经济学和宏观经济学理论进行有效概括和解读。越来越多的政府间的竞争行为、政府对市场和企业的规划和超前调整、政府行为对简单宏观调控的突破、政府目标对 GDP 稳定增长的超越，都有别于微观经济学和宏观经济学中对市场竞争主体的界定和政府职责的定位。理论和实践都迫切需要明确在现代市场经中，政府本身到底应如何定位？政府的经济行为到底应做出哪些调整？调整的标准是什么？哪些方面需要放手？哪些方面需要填补？这一系列超越于微观经济学和宏观经济学的问题解答，正是中观经济学的介入点与核心问题。

三、中观经济学的研究对象

（一）"中观"概念的界定

经济学虽然属于社会科学，但在研究结构和研究方法上常受自然科学的启发，尤其是物理学在物质发展规律上的一些新发现和新成果。

微观经济学和宏观经济学中的微观和宏观概念也源自物理学。随着物理学研究的不断深入，1981年，VanKampen创立了一个崭新的研究领域——介观（mesoscopic），近年来已在凝聚态物理学发展中被广泛应用。这种介观体系指的是一种介乎于微观和宏观之间的一种状态，是介于宏观的经典物理和微观的量子物理之间的一个新的领域。一方面介观具有微观属性，表现出量子力学的特征，另一方面，它的尺寸又是宏观的。也就是说，在介观领域中，物体的尺寸具有宏观大小，但具有那些我们原来认为只能在微观世界中才能观察到的许多物理现象。这一领域的发现使得量子物理、统计物理和经典物理的一些基本规律不再适用，在理论上出现了许多新的问题有待重新认识，介观的出现为物理学的理论拓展和应用基础开辟了新的空间。从介观的英文表达 meso 来看，其词义有介观、中间和中观的含义，从翻译和对微观、宏观的介质的理解上看，介观应该可以被理解为"中观"。

物理学的研究表明，在自然物质领域中存在着微观、中观、宏观这三个层次，那么以人类社会为研究对象的社会科学领域应该也同样存在着这样三个层次的状态。从经济学的角度看，微观、中观、宏观是基于比较而产生的空间的相对概念或范畴。在一个国家内部，这个国家属于宏观，每一个个体、家庭、企业构成了微观单位，而介于国家和个体单位之间的某个区域、行业、部门等自成体系的独立系统则构成中观范畴。但如果把世界看作为宏观，则中观范围也可以是指某个国家、某个地区。因此，中观的概念在这里理解为"世界范围内的一个区域"的概念，而中观经济学就是以区域为单位，研究其经济发展规律的理论学科。

（二）现代市场经济的"双重主体"

前文已经提到，市场和政府是现代市场经济的两个轮子，市场是现代市场经济中资源配置的决定力量，那么政府该如何定位呢？按照传统的西方经济学的解释，政府只做市场做不了的事，意即只在市场失灵的情况下进行边缘性调控，行为上应当是消极被动的，维护市场秩序是政府的主要职责。但现代市场经济中的政府是以驱动轮之一的角色定位的，若是停留在消极被动的层面，则不可避免会发生翻车或是一路的大幅度颠簸。因此，现代市场经济平稳运行的根本保障在于政府这个轮子该如何有效配合市场这个轮子。

包括中国在内的一些国家的经济发展实践表明，现代市场经济中，政府这个角色具有一定的复合性，即单个政府的秩序维护者定位和多个政府间的市场竞争者角色。当政府作为一个独立个体面对自己的管辖区时，比较多从事宏观调控的行为，但当作为区域性政府面对其他区域政府时，就转化为竞争者身份，积极主动地参与到更大范围的市场竞争中来，也可以把其称之为"竞争性区域政府体系"。这些区域型政府间的竞争既丰富了政府角色,也未打破市场作为资源配置决定性因素的规律,一个自由竞争的市场和一个复合角色的区域政府体系构成了现代市场经济的两大支柱。

由此引出中观经济学研究的出发点,即在维护市场功能的前提下,区域政府职能的新认识。

(三) 中观经济学的研究对象

1. 区域政府是中观经济学的研究对象。

微观经济学的研究核心是市场的价格机制,由市场价格机制的供求两端引出微观经济学的研究主体——消费者和生产者,也就是家庭和企业的市场行为,由此演化出消费理论、生产理论、成本理论、市场类型分析、利润最大化原则、分配机制、福利最大化问题等一系列理论。宏观经济学则围绕中国生产总值来展开论述,着重于中国生产总值的核算与决定机制,在总供给和总需求的矛盾中找到政府宏观调控的介入点,借助一系列政府宏观调控手段间接干预市场,平衡总供求之间的矛盾,提高资源利用的效率,解决经济增长、就业、物价、国际收支平衡等一系列国家经济目标。

那么中观经济学的研究对象该如何定位呢?微观经济学的主体,无论消费者还是企业,关注的是价格,通过价格信号来指导家庭和企业内部的消费与生产决策,以实现家庭消费的效用最大和企业利润的最大。说到底,其所愿意关注和能够控制的范围仅在一个家庭或企业之内,属于个量经济范畴,至于企业、家庭之外的事务则完全不在控制之内,全部作为外部效应归为市场失灵的范畴。而宏观经济通常是总量经济,指一个国家范围内的国民收入的实现和增长,对于某一区域、某一行业、某一集团的运行,则宏观经济难于把握细节,当区域之间、行业之间发生经济关联时,常常是超出企业范围,但还尚不能达到国家进行宏观调控的地步,运行规律和经济效应不同于简单的宏观管理。以上微、宏观经济学的研究领域都说明存在一个空白区间,这个区间是微、宏观经济学的研究盲点,其具体内容具有很明显的特质:微观领域的企业难于涉及的高度和宏观经济学无法掌握的细节。而这个区间就是中观经济学的研究范畴:介于宏观和微观、总量经济与个量经济之间,既是个量经济的集合,又是总量经济的分解。而在这个区间内既能够进行超出企业行为范畴的地域性经济发展、又长于更细致的宏观调控行为的主体恰恰就是区域政府,区域政府理所当然成为中观经济学的研究主体。

很显然,区域政府既要在超出企业的层面上解决区域或行业、集团的生产和消费问题,在市场大背景下展开各区域之间的经济竞争,同时要对本地区的物价、就业、经济增长等问题进行宏观调控,这就演化成为区域政府的"双重属性"——类似企业的准生产经营者身份和类似中央政府的"准宏观"调控者身份,"准微观"和"准宏观"的"双重属性"实现了微观经济与宏观经济之间的承上启下,区域政府也因此成为了中观经济活动的主导者。

所以,中观经济学是以区域政府为研究对象,研究其经济发展规律的理论学科。区域本身只是一个地理概念,真正能让区域活起来的是市场与区域政府。在区域资源配置中,承认市场决定性作用前提下的区域政府行为构成了中观经济学的研究对象。区域政府行为呈现"准宏观"(国家相对全球而言、州市相对国家而言)和"准微观"(追求区域利益最大化,存在一定的企业行为特征)双重属性。正是这(区域)政府的"双重属性"或

"双重属性"，修正了传统经济学体系或传统市场理论的缺陷，在现代经济学体系和现代市场理论中，不仅企业是市场竞争主体，区域政府也是市场竞争主体之一，所以不仅有以企业为研究主体的微观经济学和以国家（或全球）为研究主体的宏观经济学，还有以区域政府为研究主体的中观经济学。

2. 区域政府的资源优化配置和利用是中观经济学的研究内容。

经济学是研究如何利用稀缺的资源最大限度地满足人们需要的科学，是研究稀缺资源在各种可供选择的用途中间进行合理配置的科学。中观经济学作为经济学的有机组成部分，当然也是把解决资源配置、提高生产效率作为关键的研究目的。基于中观经济学研究对象——区域政府角色的双重性，中观经济学所研究的基本问题包括区域资源的最佳配置和充分利用问题，也就是区域经济的市场竞争力和经济持续增长问题。所以中观经济学的研究对象应该确定为以区域政府为主体的区域经济资源的优化配置和利用。

（1）中观经济学的资源分类及政策配套。中观经济学的研究内容是区域政府对三类资源的界定及其政策配套。中观经济学研究的资源主要是城市资源配置，政府对区域经济活动的管理主要体现在经济发展、城市建设、社会民生三大职能上。与经济发展相对应的是产业资源，谓之"可经营性资源"；与城市建设相对应的是城市资源，谓之"准经营性资源"（其既有公益性一面，又有商业性一面）；与社会民生相对应的是公共产品、公益资源，谓之"非经营性资源"。城市资源的配置，是按公益性产品来开发还是按商品性产品来经营，取决于各区域政府的财政收支、市场需求和社会民众的可承受程度，同时也决定着政府在区域市场中竞争力的大小。

与"可经营性资源"即产业资源相配套的产业政策、贸易政策、人力政策等，配置原则应该是"规划、引导；扶持、调节；监督、管理"。与"准经营性资源"即城市资源相配套的财政政策、金融政策、投资政策等，配置原则应该是"遵循市场规则；维护经济秩序；参与区域竞争"。与"非经营性资源"即公益资源相配套的收入政策、就业政策、保障政策等，配置原则应该是"基本托底；公平公正；有效提升"。

（2）中观经济学研究的核心。中观经济学研究的核心是区域政府竞争。它包括区域政府间的项目竞争、产业链配套竞争、人才和科技竞争、财政和金融竞争、基础设施竞争、环境体系竞争、政策体系竞争和管理效率竞争等。区域政府竞争要发挥"超前引领"的作用，并在理念、组织、制度上实现一系列的全方位全过程全要素的不断创新。

政府对资源配置行为应"超前引领"。即让企业做企业该做的事，让政府做企业做不了或做不好的事，二者不能空位、虚位。政府超前引领作用，就是要充分发挥政府的经济导向、调节、预警作用，依靠市场规则和市场力量，通过引导投资、消费、出口的作用，运用价格、税收、利率、汇率、法律等手段，和引领理念创新、制度创新、组织创新、技术创新等方式，有效配置资源，形成领先优势，促进科学可持续发展。"理念创新"在区域要素驱动阶段对资源配置具有实质推动作用；"组织创新"在区域投资驱动阶段对资源配置具有乘数效应作用；"制度与技术创新"在区域创新驱动阶段对资源配置具有关键致胜作用；全方位全过程全要素的不断创新对区域各阶段发展及其资源配置具有科学可持续作用。

四、中观经济学的学科范畴

现代经济学的基本逻辑框架是围绕着稀缺资源的有效配置这一核心问题展开的，所有经济学的学科体系都离不开资源配置这一主题。微观经济学和宏观经济学属于经济学的基础学科，为经济学各个领域的研究提供概念基础和分析框架。产业经济学、公共经济学、金融学、国际经济学、发展经济学、新制度经济学等就是在微、宏观经济学提供的基本研究框架和研究方法基础上发展起来的经济学的分支学科，它们之间的区别在于观察经济的视角或切入点不同，但实现经济效率这一研究主题不变，是经济学基础原理在各个具体领域的应用，属于应用经济学范畴。数理经济学、计量经济学、实验经济学则主要是研究方法论的学科。

中观经济学是介于宏观经济学与微观经济学之间的一门学科，以区域政府对资源的配置效率为研究对象，研究框架和分析工具依然以微观经济学和宏观经济学为基础，属于理论经济学的范畴。只是中观经济学从区域角度入手，在研究范畴上主要包括区域经济学以及与区域发展紧密联系的产业经济学或结构经济学，在一定意义上，也含有区域经济学、城市经济学的内涵，是现代经济学的一个分支，主要以区域经济单位和区域经济发展（区域是个相对概念，全球而言国家是个区域，国家而言州市是个区域）作为研究对象来分析的一门学科。但在研究角度上又不同于区域经济学和产业经济学。区域经济、产业经济和城市经济视为中观经济是可以的，但是把区域经济学、城市经济学和产业经济学（或组织经济学）直接视为中观经济学则未必确切，这三门学科仍属于应用经济学，还不是作为理论经济学的中观经济学。中观经济学必须在这些应用学科的基础上进一步加以抽象和总结才能形成。如前所述，中观经济学是从区域政府这一主体的职能出发，系统阐述区域政府在区域经济发展中的内在规律和发展趋势。因此，中观经济学的研究范围与宏观经济、微观经济以及其他应用经济学之间既有区分，又有联系。中观经济与宏观经济、微观经济、产业经济、区域经济的研究范畴如表1-1所示：

表1-1　　　　　　　　中观经济与宏观经济、微观经济的界限

理论分类	研究出发点	理论范围
宏观经济学	国民经济	国民经济核算理论；国民收支决定理论；经济增长和就业理论；财政；货币；国际收支平衡理论等
中观经济学	区域政府	区域政府资源配置理论；"超前引领"理论；区域政府"双重属性"理论；区域政府竞争理论；市场竞争"双重主体"理论；成熟市场经济"双强机制"理论
微观经济学	家庭、企业、市场	需求与供给理论；市场与价格理论；生产与成本理论；竞争理论；个人分配理论等
产业经济学	产业	产业结构；产业组织；产业发展；产业布局和产业政策
区域经济学	区域	生产力的空间布局及其发展变化；区域分工与技术协作；区域关系与区际关系协调；多层次经济区域体系资源优化配置；区域经济增长；产业结构转换；区域政策和效应

从表1-1可以看出，中观经济学与宏观经济学、微观经济学、产业经济学、区域经济学各自有比较明确的理论范围，但它们研究的范围仍然有一些交叉。例如价格理论、竞争理论、结构理论等，并不局限于某个领域，而是涉及到经济活动的各个领域。

第二节 中观经济学的形成与内容结构

一、中观经济学的研究发展

20世纪70年代中叶，德国爱登堡大学的国民经济学教授汉斯·鲁道夫·彼得斯博士首次提出"中观经济（Meso-economy）"；80年代中期，中国学者王慎之阐述了彼得斯的中观经济理念，并出版了《中观经济学》一书，并把中观经济的研究对象概括为三者：部门经济、地区经济和集团经济[①]。2011年，陈云贤出版专著《超前引领——对中国区域经济发展的实践与思考》；2013年，陈云贤、邱建伟出版专著《论政府超前引领——对世界区域经济发展的理论与探索》；2015年，陈云贤、顾文静出版专著《中观经济学——对经济学理论体系的创新与发展》；2017年，陈云贤、顾文静出版专著《论区域政府竞争》；系统地阐述了（区域）政府超前引领理论、（区域）政府"双重属性"理论、市场竞争"双重主体"理论、成熟市场经济是"有为政府+有效市场"双强机制理论以及确立了中观经济学理论体系，阐述了它的发展前景。中观经济学理论体系中的合理内核，为各国经济发展和构建全球经济治理新体系探索了路径，指出了方向。

二、中观经济学的理论体系

中观经济学主要建构在两大理论体系基础之上：城市资源配置理论和区域政府竞争理论。

（一）城市资源配置理论

城市资源配置理论可以简单概括为"把城市作为资源来经营"，但城市资源的分类不同，所以经营的主体和方式方法也有所不同。从区域政府与市场在区域资源配置上的关系的角度入手，根据经营项目的不同性质进行资源分类和配置。城市资源总体上可以分为三类：

一类是区域可经营性资源，诸如区域基础设施、交通设施、环保设施、供水、供电、供气、垃圾处理设施、主要标的的冠名权以及各种产业等等。这一类物品具有一定的排他性和竞争性，有一定私人物品的性质，因此是有效发挥市场激励机制的重要领域，区域政府在经营上的过多介入反而会降低资源配置效率。因此，对于区域可经营性项目应当尽可能地通过资本化手段、措施和管理方式，把这类区域资源交给市场、交给社会、交给中国外各类投资者来经营。对于已经处于区域政府管控的这一部分属于可经营性项目——"存量资产的载体"则实行产权改造，让其按照客观规律和市场经济发展的要求，形成与运用

---

① 王慎之. 中观经济学，上海人民出版社，1988年版。

资本市场手段相适应的载体改制成国有民营、股份制、合资、合作、拍卖给中国外投资者。

第二类是区域非经营性项目，如城市河道治理、城市防灾体系、消防、公安、防空、水利等公益性项目。这类项目具有非排他性和非竞争性，属于纯粹的公共物品。在供给上虽然对于公共利益意义重大，但搭便车现象严重，市场激励性极弱，交给市场经营表现为明显的"市场失灵"。对于这些市场达不到的领域，区域政府需要责无旁贷地、全面地承担起建设、管理、发展的作用，也就是作为取之于民、用之于民的区域财政必须要弱化建设性财政职能、强化其公共（公益性）财政作用担负起供给责任。

以上两种区域项目，区政府和市场发挥作用的有效边界是极为清晰的，区域政府和市场的关系可以描述为完全排斥关系，市场作用的范围和程度将不随政府作用范围和程度的改变而发生变化，同样，政府作用的范围和程度也不随市场作用范围和程度的改变而发生变化。

这种关系下，市场作用的范围与区域政府作用的范围是相互独立的，也就是说，在某些领域，区域政府永远做不了或做不好市场所能做得了或做得好的事情，此种情况下区域政府应当尽量通过发挥和不断完善市场机制的调节作用。反过来说，在另一些领域，市场也永远做不了或做不好政府所能做得了或做得好的事情，此种情况下不能将市场机制引入其中，只能充分发挥和不断完善政府的职能。

用成本比较原理来定义这种完全排斥的关系，可以做出如下解释：区域政府的产出要耗费政府成本，而市场产出意味着市场交易费用的发生。当用区域政府去替代市场所引起的区域政府成本的增加，无论在何种状态下都永远大于其所节约的市场交易成本时，此种情况就属于市场对区域政府的完全排斥；反之，当用市场去替代区域政府所引起的市场交易成本的增加，无论在何种状态下都永远大于其所节约的区域政府成本时，此种情况就属于区域政府对市场的完全排斥。如果区域政府不可对市场进行替代的领域，强行以区域政府来替代市场，必然导致资源配置的低效率，引起社会福利的减少。

有一点需要特别声明，区域政府与市场的在某些项目上的相互排斥的关系并不意味着政府和市场可以独立存在。事实上，市场和区域政府始终是同生共存的，只是在资源配置上不存在替代性，绝不可能完全无关，因此，从更大的视角来看，区域政府与市场的这种所谓"排斥"关系实质上一种"完全互补"的关系，即二者必须配合发挥作用，但其中一方的增加并不能带来另一方的减少。这种完全互补关系可以用图1-1来表示，其中$Q_1Q_2Q_3$所代表的折线就是区域政府和市场组合后的区域产出，区域政府与市场谁也离不开谁，但相互之间又不存在此消彼长的替代关系：

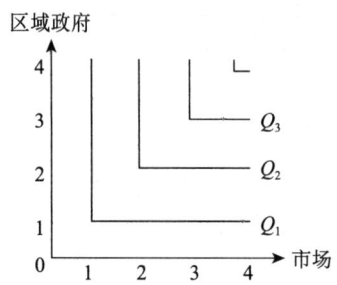

图1-1 区域政府与市场的完全排斥（完全互补）关系

第三类是区域准经营性资源，如机场、轨道交通、自来水管网、污水管网、体育场馆、教育、科技、文化、卫生等。这类项目属于介于私人物品和纯公共物品之间的准公共物品，在排他性和争夺性这两个特性中，只要满足其中一个特性就属于准公共产品的性质。消费中的争夺性是指一个人对某物品的消费可能会减少其他人对该物品的消费（质量和数量）；消费中的排斥性是指只有那些按价付款的人才能享受该物品。准公共物品在现实中大量存在，如机场、轨道交通、各种管网渠道、水体资源、森林等准公共物品是可以共用的，一个人的使用不能够排斥其他人的使用，但在消费上却可能存在着竞争，比如"拥挤效应"和"过度使用"等问题的产生。另一类准公共物品则具有明显的排他性，不能共用，比如区域公用设施、区域公共教育和区域医疗保健服务、区域有线电视频道和区域高速公路等，由于消费"拥挤点"的存在，往往必须通过付费才能消费。

对于这类区域准经营项目，区域政府和市场都可以介入，也就是说在区域准经营性项目上，区域政府和市场的边界关系可以看作是相互替代的，是一种"非此即彼"和"此消彼长"的博弈关系，即选择一定的区域政府，通过发挥区域政府职能作用来获得一定的产出，就意味着必须放弃一定的市场机制的作用。或者说，选择一定的市场，通过市场机制的作用来获得一定的产出，就意味着放弃一定的区域政府职能作用。区域政府与市场的这种相互替代关系意味着由区域政府和市场的作用边界存在一个最优组合的问题，而最优组合点由二者的等产量线和等成本线的切点位置决定，在这一点上，可以实现成本一定的情况下的产出最大或产出一定情况下的成本最小，符合资源配置效率最大化的基本原则。图 1 - 2 与图 1 - 3 分别从产量最大或成本最小两个角度展示了区域政府和市场之间在存在互相替代的情况下的配置均衡，其中 E 点代表了等产量线和等成本线的切点，意味着区域政府和市场在此点形成资源配置的最佳组合。当区域政府和市场之间存在完全替代关系时，则二者的关系如图 1 - 4 所示，区域政府与市场等比例的互相替代，当然这是一种极偶然的状况：

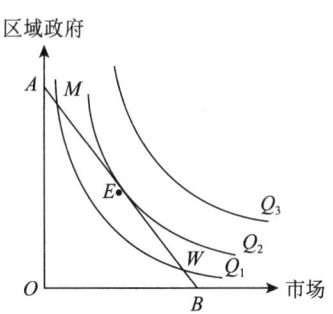

图 1 - 2　成本一定、产量最大情况下的区域
政府与市场的均衡配置

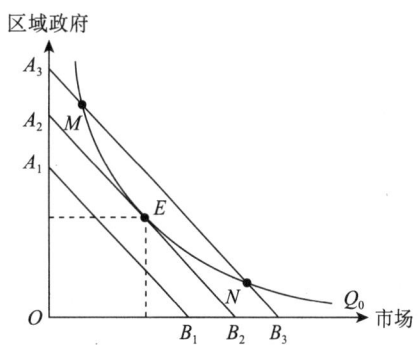

图 1 - 3　产量一定、成本最小情况下的区域
政府与市场的均衡配置

另外，也可以根据区域政府和市场的成本或收益的比较优势来确定区域政府与市场最优组合的均衡点。如果用区域政府去替代市场，目的是为了节约市场交易费用，但同时将增加区域政府的成本，当增加的区域政府成本等于节约的市场交易费用时，则区域政府与市场处于均衡点，这个均衡点就是区域政府与市场相互替代的有效边界。当增加的区域政

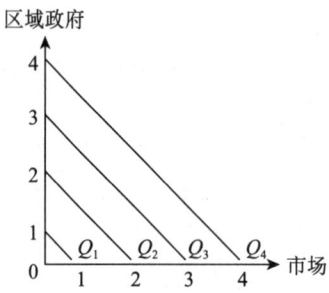

图 1-4 完全替代情况下的区域政府与市场的均衡配置

府成本大于节约的市场交易成本时，就应该选择和扩大市场机制作用，直至区域政府与市场的作用达到替代边界；当增加的区域政府成本小于节约的交易费用时，则应当选择和扩大区域政府职能作用，直至区域政府与市场替代边界。就区域政府的某一项具体的政策而言，也可以依据区域政府与市场的均衡关系来进行选择。一项政策措施的出台可能引起区域政府成本的增加或减少，也可能引起交易成本的增加或减少。当某项政策措施带来的区域政府成本的节约大于其所引起的市场交易成本的增加，或者该项政策措施所带来的区域政府成本的增加小于其所节约的市场交易费用，就应该选择和实施该政策；反之，就不应该选择和实施该项政策措施。

如果用区域政府替代市场不完全是为了节约市场作用的交易成本，而是为了获得比市场作用更高的效率，就可以用边际分析法来考察，区域政府与市场替代的边界是区域政府作用的边际收益（成本）等于市场作用的边际收益（成本），当区域政府作用的边际收益大于市场作用的边际收益，或者区域政府作用的边际成本小于市场作用的边际成本时，就应当选择和扩大区域政府的作用；反之，就应当选择和扩大市场的作用。应用边际分析可以因循下列公式，其中 MPm 是市场的边际收益，MPg 是区域政府的边际收益，Pm 是市场的边际成本，Pg 是区域政府的边际成本，只有市场和区域政府的边际收益之比等于市场和区域政府的边际成本之比时，区域政府与市场的边界就是最佳的。

$$\frac{MPm}{MPg} = \frac{Pm}{Pg} \quad 或 \quad \frac{MPm}{Pm} = \frac{MPg}{Pg}$$

如果用总量分析法来考察，区域政府与市场替代的边界就是区域政府作用的净收益（收益减去成本）等于市场作用的净收益。如果区域政府作用的净收益大于市场作用的净收益，就可以选择和扩大区域政府的作用；反之，就可选择和扩大市场的作用。具体而言，就是应该根据区域发展、区域财政状况、区域资金流量、市场需求、区域承受力等因素来确定其是按可经营性项目来开发还是按公益性事业来管理。

综上所述，无论是排斥关系还是替代关系，当区域政府和市场的有效边界划定后，从二者的总体性和系统性上看，虽然在影响范围上是相互独立或相互替代的，但在作用效果上是互相补充、相辅相成的，呈现出一种"你中有我，我中有你"的相互融合关系。区域政府作用的发挥是以市场经济为前提的，没有市场对资源配置的决定性作用，区域政府就不存在参与资源配置的基础，就会演化为区域政府的"超位"行为，倒退回计划经济模式。同样，如果没有区域政府对市场的配合与引导，又会形成区域政府的"虚位"，导致经济的较大波动，造成效率上的极大损失。所以在资源配置效率和收益的获得和促进上，区域政府和市场是互为补充、相得益彰的。比如，区域政策法规的制定和监督实施是市场不可替代的区域政府职能，但区域政府制定和监督实施政策法规职能的发挥会直接影响和制约市场作用的效果。如果区域政府制定的政策法规比较合理且监督有力，市场的效率就比较好。反之，市场的效率就比较低。图1-5可以较清晰地显示区域政府与市场之间的替代和互补关系，在 A_1B_1、A_2B_2、A_3B_3 区间，市场与区域政府之间呈现替代关系，二者的最佳组合边界由边际分析方法或总量分析方法来确定，而在 A_1B_1、A_2B_2、A_3B_3 以外的区域，比如点 C_1、C_2、C_3、D_1、D_2、D_3 就代表区域政府与市场之间相互依托的互补关系。

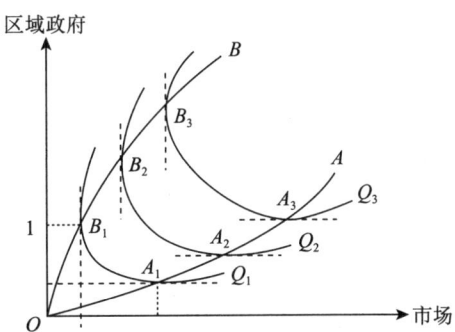

图1-5 区域政府与市场的替代与互补区域

（二）区域政府竞争理论

有关"政府间竞争"的经济学讨论和跨学科讨论日益增多，尤其是有关辖区政府间竞争的演化论分析比较盛行。与"政府间竞争"有关的概念包括"制度竞争、地域竞争、辖区竞争"等。亚当·斯密（1776）最早涉及政府间竞争问题研究，他分析了政府税收对可移动要素和不可移动要素的影响，进而对君主和社会收入的影响①。这一研究为以后研究政府竞争的作用机制和效应提供了有益的启示。其后，许多学者研究过有关政府竞争问题，其中具有代表性的有：维克塞尔（wieksell，1896）②和林达尔（Lindahl，1919）③、萨缪尔森（Smaulson，1954，1955）④、蒂布特（Tiebout，1956）⑤、布雷顿（Breton，1996）⑥、阿波尔特（Apolte，1999）⑦、何梦笔（Herrmann pillath，2001）⑧等。政府竞争理论首先要对政府的行为进行分析，因此绝大多数模型都将区域政府竞争分为税收竞争和公共产品竞争。

中观经济学则对区域政府竞争的外在可能性、内在必然性以及区域政府竞争的主要领

---

① 亚当·斯密，郭大力，王亚南译．国民财富的性质和原因的研究（下）[M]．商务印书馆，1972（408）．
② 维克塞尔．财政理论研究 [D]，1896．
③ Lindahl, Eric, Just Taxation: A Positive Solution (translation by EIizabeth Henderson), Classics i n the Theory of Public Finance [M]. R. A. Musgrave and A. T. Peacock (eds), London: Macmillan 1958.
④ Samuelson, Paul A., The Pure Theory of Public Expenditure [J]. Review of Economics and Statistics, 1954.
⑤ Tiebout, Charles M., A Pure Theory of Local Expenditures [J]. Journal of Political Economy, 1956.
⑥ Breton, Albert, Competitive Governments: Finance. New York: Cambridge University An Economic Theory of Politics Press. 1996.
⑦ 冯兴元．中国辖区政府间竞争理论分析框架 [M]，天则内部文稿系列，2001（1）．
⑧ 何梦笔．政府竞争：大国体制转型理论的分析范式 [M]．陈凌译，天则内部文稿系列，2001（1）．

域进行了系统系概述,并进一步指出政府超前引领是区域竞争的关键。

1. 区域政府竞争外在可能性。

区域政府对一区域管理形成的公共性集中体现在通过税收、工商、公安、监管等措施保证区域公共开支、维护区域市场社会稳定,并通过行政立法、司法等手段保证其公开、公平、公正性;区域政府对一区域管理形成的强制性既表现为立法、司法、行政三项超经济性强制权,又表现为其所拥有的财权、事权等形成的经济性强制权。表象上,此管理体现在区域政府的经济发展、城市建设、社会民生三大职能上;实质上,此管理表现为区域政府对其现实和可能拥有的各类区域有形资源和无形资源的有效配置上。

与社会民生相对应的是社会公益资源,其在市场经济中被称为"非经营性资源"。因此,区域政府对此类事务的管理政策或此类资源的配置原则是"社会保障、基本托底;公平公正、有效提升"。

与经济发展相对应的是产业资源,其在市场经济中被称为"可经营性资源"。区域政府对此类事务的管理政策或此类资源的配置原则应是"规划、引导;扶持、调节;监督、管理"。

与城市建设相对应的是城市资源,其在市场经济中被称为"准经营性资源"。应包括用于保证区域经济社会活动正常进行的公共服务系统和为区域生产、民众生活提供公共服务的软硬件基础设施,比如公用工程、交通、邮电、供电供水、园林绿化、环境保护、项目开发以及教育、科技、文化、卫生、体育、新闻出版、广播影视等。之所以把它们称为"准经营性资源",是因为它们的开发与管理,既可由政府来实施——此时它是公益性的,是"非经营性资源";也可由市场来推动——此时它是商品性的,是"可经营性资源"。由政府或市场来开发管理,取决于各区域的财政收支、市场需求和社会民众可接受程度等因素。

世界各国区域管理的实践和中国改革开放发展的成功经验告诉我们,各区域政府在确保本区域社会公益服务和公共产品供给"基本托底、公平公正、有效提升"的基础上,为防范城市资源闲置浪费或"只投入、不收益;只建设、不经营;只注重公益性、而忽视效益性"而造成城市资源大量耗损或城市建设低质运作、城市管理无序进行的问题,都会局部或大部分地通过市场体系去配置、开发、管理此类"准经营性资源"。在这"准经营性"向"可经营性"转变的过程中,其资源配置载体确定——即项目公司的股权性质及其结构,或者独资,或者合资、合作、股份制甚至国有民营等,必须符合市场规则;其资源配置资本运营——不管是BOT、PPP类似的项目特许经营权,还是债券、股票发行上市促项目做强做大,必须通过市场竞争。"政府推动、社会参与、市场运作"方式,一开始就确立了各区域政府竞争具有外在可能性。

2. 区域政府竞争内在必然性。

西方经济学市场理论有二个致命的缺陷:一个是认为政府、市场、社会三者是各自独立的,从一开始至今都把政府置身于市场之外;另一个是认为政府的职能是单一的,只涉及到公共事务的职能,而不存在经济发展城市建设竞争的职能。而事实上区域政府具备"双重属性",即区域政府同时具有"准宏观"和"准微观"两种身份——一方面代理国家对本区域经济加以宏观管理和调控,另一方面又代理本区域的非政府主体,与其他区域展开竞争,以实现本区域经济利益最大化。

区域政府对"非经营性资源"配置的基本托底、公平公正、有效提升政策和对"可经营性资源"配置的调节、监督、管理政策,使其成为本区域社会国家政府的集中代理,并通过社会基本保障、公共服务等方式促进稳定,通过价格、税收、利率、汇率、法律等手段调控经济。在实际运行中,区域政府主要利用财政收支活动,扩大税务等收入,预算安排行政管理费、国防安全费、文教、科学、卫生事业费以及工、交、商、农部门事业费等构成的社会消费性支出,和以政府投资为主,包括基础设施投资、科技研发投资、向急需发展的产业的政策性金融投资等构成的财政投资性支出,以及主要由社会保障支出和财政补贴支出等组成的转移性支出,实现其公共性和强制力。此时,区域政府扮演的是"准宏观"、"准宏观"的角色。

区域政府对"准经营性资源"配置的参与、竞争和对"可经营性资源"配置的规划、引导、扶持,使其成为本区域社会非政府主体的集中代理,并通过制度创新、管理创新、技术创新等方式与其他区域展开竞争。此时的区域政府区域管辖权转为了区域经营权,它以区域利益最大化为中心进行资源配置,重点主要集中在区域项目的招商、开发、投资、运营、管理上。虽然其与企业表现出来的行为目的、发展方式、管制因素、评价标准不一,但其与企业都作为一定范畴的资源配置者,竞争机制成为区域政府之间发展原动力,其行为规则必须遵循市场机制要求。这时的区域政府扮演着"准微观"、"准微观"的角色。

区域政府的"双重属性",并由此在现实中表现出来的各区域竞争力,一方面,修正了传统市场经济理论的缺陷——现代市场经济理论告诉我们,不仅企业是市场竞争主体,区域政府也是市场竞争主体之一;另一方面,又从区域政府运行机制中,阐明了区域间竞争具有内在必然性。

3. 区域政府竞争与企业竞争联系区别。

企业之间竞争主要表现为产业资源配置的争夺;区域政府之间竞争主要表现为城市资源配置的争夺;二者之间相对独立,两个体系相辅相成。其联系区别是:

(1) 竞争领域不同。①企业是微观经济学的主体,企业竞争主要表现为商品市场的竞争,它以产业资源配置为主。以厂商为主体的市场均衡理论是西方古典经济学的主导理论。企业以追求利润最大化为前提,供给、需求、市场均衡价格、完全竞争市场、垄断竞争市场、寡头垄断市场、不同市场结构不同竞争策略等等,形成企业之间竞争表现形式。企业竞争是区域政府竞争的前提和基础。②区域政府是中观经济学研究主体,区域政府竞争主要表现为要素市场的竞争,它以城市资源配置为主。要素市场包括土地、资本、人才、产权、技术和信息等软硬件市场,区域政府一则通过掌握城市要素数量、质量、结构、布局提高竞争力;二则通过制定制度和政策举措来调控区域内要素配置,吸引或影响区域外要素流向,从而优化配置资源,提高区域竞争力。要素市场竞争影响着企业商品市场竞争。

(2) 竞争手段不同。①企业追求利润最大化,通过提高劳动生产率来有效影响成本、价格、供求、规模并通过优化配置企业资源促其成本最小化是其主要手段。②区域政府努力提高全要素生产率作为其可持续增长的主要手段。对于区域政府而言,经过拼土地、拼项目、拼资本等有形要素的简单扩张后,资本报酬递减这一瓶颈使得粗犷式经济增长难以为继。在区域所有的有形要素投入量保持不变时,区域政府通过以创新为核心的技术进步、资源配置、结构调整以及制度、组织、法律、环境等无形要素的投入、增加和改善，将成为区域经济发展、城市建设的新的驱动力。

（3）竞争路径不同。①企业以投入型增长为主导。企业绩效的持续提高来自于企业生产要素的不断投入，包括资本、劳动、土地、技术、企业家才能等。企业投入的策略初期呈现数量型外延扩张为主，到质量型提升阶段，再到拓展型管理阶段，持续和有效的投入成为关键。②区域政府以效率型增长为主导。从世界各国区域政府的发展实践来看，其经济增长路径经历过"要素驱动阶段"（也称配置资源阶段）、"投资驱动阶段"（也称提高效率阶段）和"创新驱动阶段"（也称可持续增长阶段）。区域政府优化组合资源（有形与无形）要素，其追求区域增长以效率型增长为主。

（4）竞争导向不同。①企业以扩大需求侧为导向。企业竞争从市场需求出发，从市场需求、需求量、需求结构、到企业战略策略，适应市场需求成企业生存和成败的关键。②区域政府以优化供给侧为导向。有效配置土地、资本、项目、技术、人才等有形资源要素的供给，有效调节制定价格、税收、利率、汇率、法律等无形资源要素的供给，并通过制度创新、组织创新、技术创新等手段促进供给侧结构性改革是区域政府经济发展、城市建设、改善民生的确定方向。

（5）竞争模式不同。①企业采取 ERP（Enterprise Resources Planning），对企业物质资源、资金资源、信息资源、客户资源等进行有效一体化管理，并帮助企业在物流、人流、财流和信息流等方面实现跨地区、跨部门、跨行业有效协调与配置，围绕市场导向，有效集成资源，快速调剂功能、提高生产效率，从而有效提高企业竞争力。②区域政府可确立 DRP（Distract Resources Planning），有效配置区域包括土地、人口、财政、环境、技术、政策等各种资源要素，按区域规划和战略实施安排与布局。它以系统化的管理思想和手段，围绕规划布局，判断市场变化，调配区域资源，提高区域竞争力，实现区域全要素生产率最优，从而实现区域经济社会的可持续发展。

4. 区域政府竞争表现。

（1）区域政府竞争与企业竞争的联系区别表明企业之间竞争和区域政府之间竞争是现代市场经济中两个层面的竞争体系，二者相互独立相互联系，它们共同构建现代市场经济中的双重竞争主体。①企业层面竞争是市场经济竞争的基础。企业竞争带动了区域政府间的竞争。区域政府竞争在制度、政策、项目、环境等方面优化配置资源，属企业竞争层面之上的另种竞争，反过来又影响、支撑和促进了企业竞争。②企业竞争体系只在企业间展开，任何政府只能是产业配置的规划、引导者，商品生产的扶持、调节者和市场秩序的监督、管理者，其没有权利对企业微观事务进行直接干预；区域政府竞争体系只在区域政府间展开，其遵循市场经济规律，在区域资源配置、经济发展、城市建设、社会民生等方面的项目、政策、事务上进行竞争。

（2）区域政府竞争的主要领域具体表现为项目竞争、产业链配套竞争、人才与科技竞争、财政与金融竞争、基础设施竞争、环境体系竞争、政策体系竞争、管理效率竞争上述八个方面的竞争，实质内涵是在区域资源配置中，对"可经营性资源"采取什么政策以增强企业活力，对"非经营性资源"采取什么政策以创造良好环境，对"准经营性资源"采取什么方式参与、遵循什么规则、配套什么政策、以实现区域可持续增长的问题。区域政府竞争实质体现在对资源优化配置的竞争上。

(3) 政府超前引领是区域竞争关键。竞争需要创新。创新就是竞争力；持续的创新就是持续的竞争力；区域创新是区域政府竞争的核心。从创新层次上，区域政府需要理念创新、制度创新、组织管理创新和技术创新。政府超前引领成为区域竞争与发展关键。区域政府竞争理论推演出市场竞争"双重主体"理论和成熟市场经济的"双强"理论，即"微观企业"和"区域政府"是市场竞争存在的双重要素；成熟市场经济是"强市场"+"强政府"的经济体系——以"强市场"来有效配置资源，以"强政府"来营造和保护好市场环境。"强政府"不是为了代替"强市场"，"强市场"同样需要"强政府"作保障。有了"双强"，才能纠正"市场失灵"，减少"政府失灵"。

三、中观经济学的基本框架

中观经济学将区域政府定位为中观经济的主体，一切中观经济理论均源自区域政府这一特定主体，从区域政府的角色确定和职能定位来构建中观经济学的四大支柱理论，本书对中观经济学理论的具体阐述也是沿着这一线索进行。

本书的导论部分对中观经济学的研究对象、学科范畴、内容结构、研究方法等问题做了概括性阐述，明确了中观经济学的核心问题和主导思想，为进一步深入论述中观经济学的主体内容搭建了基本框架和展开脉络。

第二章对区域政府的"双重属性"属性和"超前引领"职能做了系统论述。定义了区域政府的"双重属性"。一个是"准微观"角色，另一个角色则是"准宏观"角色。作为"准微观"角色，区域政府在作用范围、作用方式、行为特点和效果上与企业行为、目标有一定的相似之处，比如区域政府本身也有产出和消费需求，需要以个体身份参与市场中的各区域之间的竞争。而区域政府作为"准宏观"角色，又要把自己定位为整个区域的宏观调控者，要注意区域内总供给与总需求的平衡，实现区域收支平衡，并且由于区域经济资源的准公共产品特色，区域政府还具有防止企业资源使用过度拥挤的俱乐部规则制定的职责。区域政府的"双重属性"是辩证统一的关系，都是为一个基本目的服务——资源有效配置、提高劳动生产率。区域政府具备"超前引领"的职能。区域政府作为"超前引领"的主体，在理论和实践中有充分的依据，其载体主要包括城市经济的界定、城市经济的产业结构分析、聚集经济效应、邻里效应、规模效应、区域政府的职能边界等。"超前引领"的具体内涵主要包括制度"超前引领"、组织"超前引领"、技术"超前引领"、理念"超前引领"等。

第三章从中观经济学视角对资源进行了"三类型"界定。与社会民生相对应的是社会公益资源，其在市场经济中被称为"非经营性资源"，区域政府对此类资源的配置原则是"社会保障、基本托底；公平公正、有效提升"。与经济发展相对应的是产业资源，其在市场经济中被称为"可经营性资源"，区域政府对此类资源的配置原则是"规划、引导；扶持、调节；监督、管理"。与城市建设相对应的是城市资源，其在市场经济中被称为"准经营性资源"，包括用于保证区域经济社会活动正常进行的公共服务系统和为区域生产、民众生活提供公共服务的软硬件基础设施。"准经营性资源"的开发与管理，既可由政府来实施——此时它是公益性的，是"非经营性资源"；也可由市场来推动——此时它是商品性的，是"可经营性资源"。由政府或市场来开发管理，取决于各区域的财政收支、市场需求和社会民众可接受程度等因素。

第四章阐述了"四阶段"资源配置的特征。根据市场与政府对"准经营性资源"的配置能力，整个经济发展过程可以分为"要素驱动型"、"投资驱动型"、"创新驱动型"和"财富驱动型"四个阶段。当市场和政府的资源配置能力仅停留在"可经营性资源"和"非经营性资源"的层面上时，经济发展基本处于"要素驱动"和"投资驱动"等阶段，直到"准经营性资源"配置成为区域竞争焦点，"创新驱动"和"财富驱动"阶段就成为推动区域经济发展的主流。

第五章着重阐述了区域政府竞争理论。区域政府的双重属性意味着市场竞争存在双重主体，除了企业市场竞争外，还存在区域政府竞争的层次。本章在市场竞争"双重主体"理论的基础上对区域政府竞争理论进行了梳理，对区域政府竞争的性质、表现以及区域政府竞争的资源配置效应做了较为全面的分析。本章指出，区域政府竞争的主要领域是"准经营资性资源"配置。区域政府既要做好"准宏观"角色进行宏观调控，同时又要按照"准微观"角色的要求参与到区域政府间的市场竞争中来。区域政府的"准微观"角色主要集中在"准经营性资源"的配置上，区域政府能否在"准经营性资源"配置上对市场资源配置功能进行有效协调与超前引领，完全取决于区域政府的创新能力。所以，区域政府在"准经营性资源"配置上的核心竞争力集中体现为以下四点：理念创新、制度创新、组织创新和技术创新。

第六章对成熟市场经济"双强机制"理论进行了重点阐述。围绕三种不同类型资源的界定和配置能力，市场和政府可以各自分为强式、半强和强式三种类型。从资源配置的角度上看，弱式有效市场主要对"可经营性资源"进行配置；半强式有效市场除了可以对"可经营性资源"进行配置外，对"准经营性资源"配置有一定程度的介入，但程度不深、范围不广；强式有效市场则可以对"准经营性资源"进行较为准确的界定并积极与政府展开合作，能够从"准经营性资源"配置中获利。同样道理，弱式有为政府意味着政府仅能对"非经营性资源"进行界定和配置，对"准经营性资源"也没有清晰界定，常存在越位问题，这部分资源的配置效率不高；半强式有为政府对"准经营性资源"开始进行界定并尝试与市场间的合作配置模式，但自身定位和职能依然较为模糊；强式有为政府就可以对"准经营性资源"进行灵活和高效的配置，政府已经能够和市场机制相辅相成，实现资源的最优配置，这样的政府可以称之为"有为政府"。

"强市场"和"强政府"组合而成的双强模式意味着"准经营性资源"配置模式的健全和完善，是现代市场经济的代表模式。市场资源配置能力由弱到强的三种模式和政府资源配置能力由弱到强的三种模式可以进行不同组合，形成9种组合模式。其中"强式有效市场"与"强式有为政府"组合而成的双强模式的出现意味着现代市场经济时代的开启，在"准经营性资源"配置上双方都能够发挥各自所长，是市场经济发展的最高级阶段。现代市场经济一定是"有效市场"和"有为政府"的高效组合和运转。

第六章还提出了"构建全球经济发展新引擎"的构念。"有为政府"+"有效市场"的现代市场体系，要求推动与提升供给侧结构性新引擎，并充分发挥企业竞争配置产业资源、政府竞争配置城市资源的作用，构建全球"有形要素"与"无形要素"相结合的全球投资新引擎、全球创新新引擎和全球规则新引擎。

中观经济学理论的主要研究内容可以在图1-6中得到较为系统的展示：

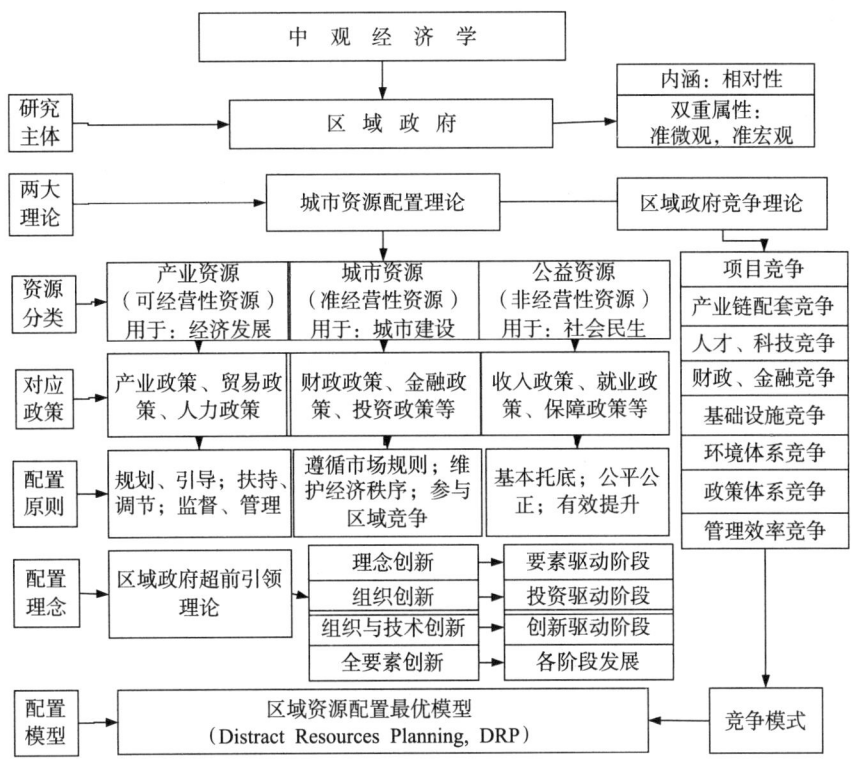

图1-6 中观经济学理论框架图

第三节 学习和研究中观经济学的意义

中观经济学的产生与发展有其自身的实践与理论上的逻辑规划，在实践中凝练升华，在理论上突破创新，其逻辑规划可以概括为三部曲：中观经济学的实践铺垫——对中国区域经济发展中的实践与思考；中观经济学的理论开创——对世界区域经济发展的理论与探索；中观经济学理论体系的最终形成。这三部曲分别以三部著作为标志，都是围绕着区域政府及其"双重属性"和职能这一主线来展开，从实践和理论上都意味着中观经济学研究和学习的时代的到来，对理论和现实都有着重大意义。

一、中观经济学是对区域经济改革发展实践的提炼和创新

从中国区域经济发展的实践来看，区域政府始终起着"超前引领"的作用，像广东省、佛山和顺德这样的中国先发地区，其走过的路和未来呈现的方向都说明，中国的发展走过了"摸着石头过河"阶段，应该要进入"超前引领"的阶段了。在发展还处于极低水平的时候，我们需要"摸着石头过河"，大胆地试大胆地闯。但发展到了一定阶段，我们就需要对发展进行引领，进行规划，实施推进。2011年《"超前引领"——对中国区域经济发展的实践与思考》（北京大学出版社）出版，系统提出政府"超前引领"这一重要

的经济理论，强调要充分发挥政府特别是区域政府的经济导向、调节、预警作用，依靠市场规则和市场力量，通过引导投资、引导消费、引导出口的作用，运用价格、税收、汇率、利率、法律等手段和引领制度创新、技术创新、管理创新等方式，有效配置资源，形成领先优势，促进区域经济科学发展、可持续发展。此书对中国区域政府一系列"超前引领"成功实践经验的总结，为中观经济学的构建提供了实践上的依据。

二、中观经济学是对中国经济改革发展理论的探索和总结

中国自改革开放以来，从过去的计划经济体制向市场经济体制过渡，其核心就是市场逐渐成为调配资源的主体。大致可以到分为三个阶段：一是 1978 年到 1991 年，是计划经济向市场经济过渡；二是 1992 年到 1997 年，这一阶段中，初步建立市场经济；三是 1998 年以后，是市场经济的发展阶段，也是中国加入 WTO 的发展阶段。从这三个阶段的变化中，可以清晰地看到，政府"超前引领"的作用是随着市场机制的建立和完善而逐步加强。在市场经济刚开始建立的阶段，政府的"超前引领"更多体现在理念和制度创新上。在市场经济初步形成之后，政府的"超前引领"则更多地体现在组织和技术创新上。

中国近 30 年的经济奇迹与中国区域政府间的竞争模式密不可分，政府在引领企业经济发展上起到至关重要的作用。张五常在《中国的经济制度》中把中国区域政府间的竞争模式定义为县级竞争，他认为经济权力越大，地区竞争愈激烈[①]。今天的中国，主要的经济权力，不在镇，不在市，不在省，也不在北京，而是在县的手上，他的理由是：决定使用土地的权力落在县之手。因为县的经济权力最大，这层级的区域竞争最为激烈。只依靠主张自由主义的微观经济理论和主张政府干预的宏观经济理论已经不能够很好地诠释这种区域政府间的竞争模式和其取得的巨大成功，经济学家不得不思考，在传统的宏观经济学和微观经济学的经典经济理论框架下，是否有新的理论有待去挖掘、发现和系统化。

政府"超前引领"理论指出，一方面，政府不仅可以依靠市场经济的基础、机制和规则来"超前引领"经济，用"有形之手"填补"无形之手"带来的缺陷和空白，纠正"市场失灵"；另一方面，还可以通过发挥区域政府这一重要的中观经济主体的竞争作用，以及"超前引领"的事前调节作用，减少"政府失灵"，最大程度降低经济的纠错成本。

基于中国经济发展的政府"超前引领"理论提出了区域政府双重职能理论，在"准宏观"的角色和"准微观"角色之间的平衡为政府和市场之间关系提供了清晰而崭新的思路，将企业之间的竞争扩展到区域政府之间的竞争、从制度创新提升到组织、技术和理念的创新。理论上一系列的突破大大拓展了经济学的研究空间，为我们开创了一个新的理论研究视角和新的经济学框架体系，中观经济学呼之欲出。

三、中观经济学是对世界经济改革发展体系的开拓和提升

"中观"或"区域"是个相对的概念。放在全球经济的角度看，主要是指的是"国家"；放在国家经济的角度看，主要指的是城市。所以，中观经济学既可指国家经济学，也可指城市经济学或区域经济学。鉴于目前世界还没有人系统研究"全球经济学"，因此中观经济学主要从区域政府的角度探讨中观经济学的理论体系，它包括了以不同的区域划

---

① 张五常. 中国的经济制度 [M]，中信出版社，2009.10.

分的各层级"城市"的概念和内涵，也包括了以人口高度集中的"某一区域"的概念和内涵。还需要注意的是，城市相对于农村而言，"城市政府"相对于"乡村政府"而言，因此，"城市"是一个相对的概念，既可以包含"城市的行政区域划"，又可以包含"城市的区域范围"。

为此，从世界各国的角度来谈政府"超前引领"或区域经济学，城市、城市政府、城市经济，是一个重要的"经济范畴"。以美国为例，区域之间的竞争包括州与州、市与市之间的竞争；以中国为例，区域之间的竞争包括了省与省、市与市、县与县之间的竞争等等。

在微观经济的层面，市场竞争的主体要素只有一个，那就是企业。但在宏观经济层面，市场竞争的主体也包括另一重要因素，即区域政府。比如在全球经济中，国与国之间存在竞争。在国家经济中，区域与区域之间也存在明显的竞争。在不同的经济体制、不同的经济发展阶段、不同的经济禀赋的条件下，政府"超前引领"的侧重点会不一相同。而对于转型国家，市场经济制度尚不完善，经济增长方式比较粗放，经济转轨，社会转型，制度、组织、技术和理念"超前引领"显得尤其重要。

20世纪70年代以后，资本主义世界出现了大量的失业与剧烈的通货膨胀并存的"滞胀"，这种情况标志着凯恩斯主义的失灵。于是，在当今的西方经济学界形成了众多经济思潮和流派纷争的局面。

从某种意义上讲，凯恩斯主义的失灵表明这种经济理论已不再适应当前的生产关系，只依靠微观经济学和宏观经济学已经不能解释复杂的现实经济世界，需要产生新的上层建筑，来适应新的生产关系。与凯恩斯主义产生的时期相比，当今的世界经济格局已经悄然发生了巨大的变化。

一是经济总量日益庞大，单独依靠简单的宏观和微观管理，已经很难及时有效地对庞大的经济体进行调节。2010年，美国GDP总量约为15万亿美元，与1928年相比，大约增长了15倍。

二是城市化水平快速提高，城市在国民经济中的作用大幅提高。最能说明问题的现象是，1920—1970年全欧洲人口（除苏联外）增长了42%（由3.25亿人增至4.62亿人），这五十年中它的城市人口却跃增了182%（从1.04亿人增至2.93亿人）。中国城市化率也从1949年以前的不足10%，飞速提高到当前的50%。

三是经济结构转型，产业结构深度调整。过去一百多年，世界经济出现过几次大的产业结构调整，主要特点是：①在科技进步的推动下，一批高新技术产业脱颖而出，它们以信息产业为龙头，以生物工程、新材料、新能源等为后续，不仅产值大幅增长，就业也呈上升趋势，在整个国民经济中所占比重不断上升；②资本密集、技术密集的传统制造业正在运用信息技术实现产业升级，产值继续增长，但速度较慢，就业呈下降趋势，在国民经济中所占比重逐渐降低；③在以劳动密集为特征的制造业中，有一部分行业生产萎缩，另一些行业则运用高新技术进行脱胎换骨的改造，技术水平和竞争力大幅度提高，但整体而言，这些产业在全球化浪潮中正在进行由发达国家向发展中国家的生产转移；④新兴服务业和传统服务业蓬勃发展，无论是产值还是就业方面，在国民经济中所占比重均持续上升。当前，又面临着新一轮产业结构大调整。

目前中国等发展中国家还处于工业化发展的后期或后工业化发展的初期，产业结构逐步向新兴产业和服务业转型。但是，与发展中国家不同，国际金融危机发生后，美国等发达国家都对本国产业结构进行了反思，明确意识到，发生危机与实体经济和虚拟经济的比例严重失调有密切关系。为改善这种产业结构比例失调，美国政府已明确提出，降低美国金融业在经济中的比重，振兴制造业，大力发展包括中低端传统制造业在内的各种实业，将美国经济建立在"岩石"上而不是"沙滩"上。为稳定和促进经济增长，抢占经济、科技制高点，世界主要经济体都进入了空前的创新和发展新兴产业时代，把突破核心关键技术、推动战略性新兴产业发展作为新的经济增长点，并确定了重点发展领域。

四是经济全球化。20世纪90年代以来，以信息技术革命为中心的高新技术产业迅猛发展，不仅冲破了国界，而且缩小了各国和各地的距离，使世界经济越来越融为一体。但经济全球化是一把"双刃剑"。它推动了全球生产力的大发展，加速了世界经济增长，为少数发展中国家追赶发达国家提供了一个难得的历史机遇。与此同时，它也加剧了国际竞争，增多了国际投机，增大了国际风险。目前，经济全球化已显示出强大的生命力，并对世界各国的经济、政治、军事、社会、文化等所有方面，甚至思维方式等，都造成了巨大的冲击。

除了上述特点外，不同国家在不同的发展阶段还存在很多不同的经济特征，比如中国的二元经济结构、东中西部的经济发展差异等。

面对这些总量越来越大、结构越来越复杂、变化越来越快的经济关系，传统的宏观经济和微观经济的二元理论体系已经显得力不从心，既不能很好地回答为何西方国家会同时存在政府失灵和市场失灵，也不能解释中国过去三十年改革开放所创造的经济奇迹。在对中国经济增长的研究中，我们发现区域政府在区域经济发展中具有至关重要的作用，由此产生的经济理论，定义为中观经济学。

从历史唯物主义出发，在宏观经济学和微观经济学不再适应新的生产力和生产关系的发展时，必然会有一个新的理论体系来替代或者完善这一旧的理论体系，从而适应和促进新的生产力发展。基于政府"超前引领"理论提出的中观经济学，既是一种偶然，也是历史的必然。有了中观经济学，极大地完善和弥补了当代的经济学理论体系，与宏观经济学和微观经济学一起构成了新的经济学上层建筑，更好地促进和服务于生产关系，从而促进生产力的发展。

从世界区域经济发展特征来看，区域政府之间的竞争无处不在，企业之间的竞争和区域政府之间的竞争形成了双重要素竞争，也成为区域（国家或城市）政府"超前引领"作用的重要来源，开辟了对中观经济的理论研究。

四、政府"超前引领"理论开创了中观经济学研究先河

对于经济学来说，首先面对的一个问题是政府与市场的关系问题。西方经济学围绕着政府与市场的关系产生了许多有价值的经济理论，且在不同的社会和经济发展时期，都相应的理论主导着经济政策和实践。这些理论无论如何变化，总的来说都是在亚当·斯密的自由经济理论和凯恩斯的国家干预经济理论这两大体系框架下的改良。要么强调企业和个人的微观经济主体作用，要么强调国家对于经济的事中和事后干预作用。但对于事前干预和区域政府的中观经济研究几乎没有触及。对于政府事前干预的"超前引领"职能和区域政府的中观经济职能研究不足，是自微观经济学和宏观经济学理论体系创建以来西方经济

学理论体系所存在的巨大空白，也是现有西方经济学理论体系的巨大缺陷。正因为如此，由于缺乏这些理论的指导，市场经济体系的效率和政府干预的成效都大受影响，2007 年以来所发生的世界金融危机就是典型的案例。

而政府"超前引领"完成了对这一缺陷的弥补，是经济理论体系重大创新。

经济学研究的是由生产力决定的、与生产力发展水平相适应的生产关系，即经济结构。有什么样的经济基础，就会有什么样的上层建筑，经济基础决定上层建筑的基本内容和性质。因此，经济学理论也是由经济基础所决定的，有什么样的经济基础，就有什么样的经济学理论。生产关系必须适应生产力，上层建筑必须适应经济基础是中观经济学产生的哲学基础。

19 世纪 70 年代以后，资本主义世界出现了大量失业与剧烈的通货膨胀并存的"停滞膨胀"，这种情况标志着凯恩斯主义的失灵。于是，在当今的西方经济学界形成了众多经济思潮和流派纷争的局面。只依靠微观经济学和宏观经济学已经不能解释复杂的现实经济世界，需要产生新的上层建筑，来适应新的生产关系。

与凯恩斯主义产生的时期相比，当今的世界经济格局已经悄然发生了巨大的变化。面对这些总量越来越大、结构越来越复杂、变化越来越快速的经济关系，传统的宏观经济和微观经济的二元理论体系已经显得力不从心。

从历史唯物主义出发，在宏观经济学和微观经济学不再适应新的生产力和生产关系的发展时，必然会有一个新的理论体系来替代或者完善这一旧的理论体系，从而适应和促进新的生产力发展。

我们在对中国经济增长的研究中，发现区域政府在区域经济发展中具有至关重要的作用，可以通过经济导向、调节、预警作用，依靠市场规则，借助市场力量，通过投资、价格、税收、法律等手段和组织创新、制度创新、技术创新等方式，有效配置资源，形成领先优势，促进区域经济科学发展、可持续发展，由此产生的经济理论，定义为中观经济学。

政府"超前引领"理论是经济学理论体系所需要的重大创新。在以"企业"为代表的微观经济和以"国家"为代表的宏观经济之间，多了一个以区域"为代表的中观经济。这不仅从理论上回答了中国经济发展奇迹的原因，也丰富和完善了经济学体系。如果说市场经济理论奠定了微观经济学的基础，凯恩斯主义使经济学划分为微观经济学和宏观经济学，"超前引领"理论则使经济学又划分成了宏观经济学、中观经济学和微观经济学。这样，它不仅可以填补经济学理论体系的研究空白，指导经济体制改革的重要方向，还通过将区域经济和区域政府纳入经济理论体系中，创造出多层次的市场，增强了国民经济的稳定性。

在实践的层面，中观调控系统在整个国民经济系统中具有不可替代的作用。

首先，有了中观经济，就可以利用其创新和突破功能，为宏观经济起到"试验田"的作用。20 世纪 80 年代中期，中国各地根据自身情况探索出了一些中观经济发展模式，如苏南模式、温州模式、珠江三角洲模式等。这些模式是各地区审时度势主动发展的结果，对宏观经济发展具有重要的推动作用。对于新生事物成长来说，中观层次有直接的经济利益，能提供直接便利的服务；新生事物的成长，反过来又能解决中观经济发展中某些迫切需要解决的问题。而这些问题通常也是宏观上的热点和难点，往往一经解决就会逐步得到国家的确认和完善，产生良好的示范和带动效应。中国绝大多数改革措施和政策的出台，走的都是中观先"摸石头"、宏观再"过河"的路子。

其次，有了中观经济，还能更好地发挥稳定和协调功能，有效削弱宏观经济的过度震荡。中观经济对于宏观经济来说，具有一定的"稳定器"和"减压阀"的作用。这包括自上而下、自下而上两个方面。一是自上而下方面，当宏观经济出现大的振荡或者不利于中观经济发展时，发挥中观经济主观能动性，通过中观经济各个层次的逐层"吸收"，将有害"辐射"降低到最低程度。20世纪80年代初期，国家进行国民经济调整，大力压缩基本建设投资，但有些省份发挥中观的调节功能，在基本建设投资大幅度下降的情况下，主要经济指标仍保持全面增长的好势头；20世纪90年代中期，国家出台房地产业降温、消除"泡沫经济"的政策措施后，海南省经济受到极大冲击，但它们通过开发旅游业、高效农业以及为微观经济创造良好的外部环境等途径，将冲击波大大减轻，使中观经济经过短期波折后很快重现生机与活力。二是自下而上方面，当微观层出现不良征兆时，中观层可以及时干预，这可以弥补宏观层鞭长莫及或者说"山高皇帝远"之缺憾。

最后，中观经济能完善国民经济控制系统，分散集中控制的风险。从改革的角度来看，中观调控系统在整个国民经济系统中具有不可替代的作用。根据控制论的观点，国民经济系统多目标最优化问题，归根到底是求函数的极值。在集中控制的条件下，函数自变量的个数急剧增加，使最优化系统空间的维数急剧增加，给精确的计算带来巨大的困难。同时，集中控制的结构具有高度刚性，系统对随机变化和环境变化的适应仅仅来自于它的中心。虽然，集中控制可以使系统长期保持稳定，但是系统的不变结构和其各部分进化创新的矛盾最后将发展到十分尖锐的地步。另外，集中控制还会降低系统工作的可靠性。一旦控制中发生失误，各子系统都难以预防和纠正，从而使整个系统的状态恶化。如果不同层次的决策分别由不同的主体提出，各子系统具有较强的独立性，这就称为分级（或分散）控制。分级控制对权力的纵向分割，在很大程度上可以克服集中控制的上述弱点，能够适应环境和系统内的变化，使每个层次具有自主应变的功能。同时，下级层次由于自行接受和处理的信息增加，控制效率也随之而提高。实行分级控制的经济运行机制，就是由中央管理地区、部门和大型集团，再由地区、部门和大型集团管理企业或微观经济层。

基于政府"超前引领"理论提出中观经济学，既是一种偶然，也是历史的必然。有了中观经济学，可以极大地完善和弥补当代的经济学理论体系，与宏观经济学和微观经济学一起构成了新的经济学上层建筑，更好地促进和服务于生产关系，从而促进生产力的发展。

从政府"超前引领"理论到中观经济学说，中国的科学发展道路，在创造世界奇迹的同时，也必然伴随经济学的理论突破。中国的各级政府能在复杂的经济形势下驾驭大局并创造奇迹，同样，中国的经济学者也应有挑战传统经济学理论的勇气并必有所获。

【阅读材料】

中国的实践可以创造世界性理论成果

中国的科学发展道路，不仅给老百姓带来财富，也为经济理论研究者提供了机会。特别是中国30多年的改革、开放和发展，不仅凝聚了众多经济学者的智慧和心血，也收获了许多理论成果。

《论政府"超前引领"——对世界区域经济发展的理论与探索》(陈云贤、邱建伟,北京大学出版社 2013 年 10 月 1 日)的出版,就是其中一项重要成果。作者陈云贤立足于中国这块区域经济学的高地放眼世界,对世界区域经济发展提出了理论与探索。

陈云贤在获得经济学博士学位后,一直在金融机构和政府部门工作,他根据自己的研究心得,提出了"政府'超前引领'理论"。他认为,一方面,政府可以依靠市场经济的基础、机制和规则来"超前引领"经济,用"有形之手"去填补"无形之手"带来的缺陷和空白,纠正"市场失灵";另一方面,政府可以通过发挥区域政府这一重要的中观经济主体的竞争作用,以及"超前引领"的事前调节,减少"政府失灵",并尽可能降低经济的纠错成本。

陈云贤还大胆地提出市场竞争的双重要素论。他认为,从全球经济的角度来看,市场竞争的主体存在双重要素,即企业和政府。在微观经济的层面,市场竞争的主体要素只有一个——企业。但在宏观经济层面,市场竞争的主体还包括另一个重要因素,即区域政府。在全球经济中,国与国之间存在竞争;在国家经济中,区域与区域之间也存在明显的竞争。美国有州与州、市与市之间的竞争,中国有省与省、市与市、县与县之间的竞争。他认为,这种双重要素的竞争,推动了中国经济的增长,同时也是区域(省、市、县)政府"超前引领"的实践依据。

我感到作者的上述观点是以中国经济近 30 年来的实际情况为依据的。以前,我曾在各种场合提出,在经济运行的调节中,政府调节要有预见性,不能滞后,不能仅限于"事后调节",在很多情形下需要有预调。这和本书作者的观点不谋而合。

政府与市场的关系问题,是经济学面临的一个重要问题。中国改革发展历程中,不同力量的交锋与碰撞,基本上围绕着政府与市场关系问题而展开。但无论如何,政府的"有形之手"和市场的"无形之手",对任何一个自主经营的经济体的发展都十分重要。近年来,中国的经济社会发展之所以取得显著成效,一个重要因素就是既发挥市场的基础性调节作用,又拥有一个强有力的政府。我们不能把"强市场"和"强政府"简单对立起来:在经济中,既要有一个"强市场"来有效配置资源,也要有一个"强政府"来保护和营造好市场环境。"强政府"不是为了代替"强市场","强市场"同样需要"强政府"作保障。有了"双强",才能纠正"市场失灵",减少"政府失灵"。

什么是"强市场"和"强政府"?如何发挥"强市场"和"强政府"的作用?我想本书给我们提出了很好的思路,即依然是让市场做市场该做的事,让政府做市场做不了和做不好的事,二者都不能空位、虚位。政府的"超前引领"作用,就是要充分发挥政府的经济导向、调节、预警作用,依靠市场规则和市场机制,通过引导投资、引导消费、引导出口的作用,运用价格、税收、汇率、利率、法律等手段和引领制度创新、技术创新、管理创新等方式,有效配置资源,形成领先优势,促进科学发展和可持续发展。

中国在发展中有一个很重要的现象,就是许多利益相对独立的区域经济体一直展开竞争,各自发挥自己的比较优势,从而调动了区域的积极性,也为中国整个经济体系带来动力和活力。有的学者把这种态势概括为县际竞争、市际竞争、省际竞争,陈云贤在本书中则从经济理论和区域经济实践的角度概括为"中观经济"。这又是一个重要创新,值得经济理论界注意。在以"企业"为代表的微观经济和以"国家"为代表的宏观经济之间,多了一个以"区域"为代表的中观经济。这不仅可以如实地解释中国经济发展的过程和特点，也可以从理论上丰富和完善经济学体系。这里所说的中观经济学实际上包括了区域经济学，以及与区域发展紧密联系的产业经济学或结构经济学。我想，这样不仅可以填补经济学理论体系的研究空白，指导经济体制的改革方向，还可以创造出多层次的市场，增强国民经济的稳定性和活力。

经济学作为与实践联系紧密的学科，总是和经济发展联系在一起，研究重心也是随着世界经济重心的转换而转换。20世纪30年代前，世界上著名的经济学家主要集中在欧洲，第二次世界大战结束后则集中在美国。这是世界经济发展重心转移的结果。随着中国经济的崛起，中国经济必将受到更多的关注，我们的经济学理论研究者也将迎来最好的时代。

资料来源：2014年01月13日 16：02《光明日报》厉以宁

【复习思考题】

1. 中观经济学产生的原因是什么？与微观经济学和宏观经济学的产生原因有何差别？
2. 中观经济学的研究对象是什么？为什么？
3. 中观经济学的研究体系包括哪些内容？
4. 研究中观经济学有何意义？

第二章

区域政府的内涵、属性与超前引领职能

第一节 区域政府的内涵

一、区域的内涵

区域是一个多侧面和多层次，且相对性极强的概念，可以从多个角度来理解。从政治学的角度看，区域是国家管理的行政单元；从社会学的角度看，区域可以被看作是具有相同语言和相同信仰及民族特征的人类社会聚落；地理学则把区域定义为地球表面的地域单元；经济学认为区域是指拥有多种类型的资源，可以进行多种生产性和非生产性社会经济活动的一片相对较大的空间范围，包含三层含义：①区域是个相对概念，在总体范围确定的前提下，区域才会存在，比如针对全球而言，各大洲或各个国家可以看作是区域，而针对一个国家而言，区域可以指中国各个地区等等；②区域内部具有相似性，即具有其共性的一面，不同的标准可以产生不同的区域划分；③区域不是自然形成的，而是客观事物在人的脑子里反映的结果，是人类观念形态的东西。

二、区域政府的内涵

区域政府，是指管理一个国家行政区域事务的政府组织，通常对应于中央政府（在联邦制国家，即称"联邦制府"）的称谓。中国的区域政府除特别行政区域以外，分为省级、地市级、县级和乡级。完整意义上的区域政府由三个要素构成的：一是相对稳定的地域；二是相对集中的人口；三是一个区域的治理机构。

政府最主要特征就是它的公共性和强制性。政府的公共性特征主要表现在它是整个社会的正式代表，是在一个有形的组织中的集中表现，因而它集中反映和代表整个社会的利益和意志。作为政府区域层次结构的有机组成部分，区域政府无论是单纯作为中央政府派出的代表机构，还是作为具有相对行为权力的实体，其服务于区域整体的公共性特征都是类同的。

区域政府强制性特征除了立法权、司法权和行政权三项"超经济的强制"权力外，还表现为具有"经济性强制"的权力，这种权力表现为区域政府所拥有的财权和事权。

区域政府"超经济的强制"的政治权力和"经济性强制"的经济权力取决于区域与中央博弈的结果，以及自身经济社会发展的实力。这样，摆在区域政府面前便有两种不同类型的权力：一是政治权力，即"准宏观"的权力，指利用国家政权的力量，通过税收、工商、公安、市场监管等手段保证区域公共开支，维护正常市场秩序，并可通过行政立法、司法的手段以保证其公正、公开、公平性。二是财产权力，即"准微观"的权力，指依靠自身拥有的财产权获取相应的收益。如区域国有独资企业、控股企业、参股企业、土地、矿产、资源等都是这种财产权的有效组织形式。

世界上有单一制和复合制两种国家结构形式，国家结构形式不同，区域政府的职能上具有一定差别。单一制国家，是以按地域划分的普通行政区域或自治区域为组成单位的国家结构形式，中央政府享有最高权力，区域政府在中央统一领导下、在宪法和法律规定的权限范围内行使其职权，接受中央政府的监督，但处理本地事务拥有一定自主权，上级只通过政策、法律等进行引导和监督。英国、法国、中国、日本、意大利等都是单一制国家。复合制国家则是由两个或两个以上成员国或邦、有自治权的州、省通过协议组织起来的各种国家联合或联盟，国家整体与其组成部分的权限范围由宪法规定，区域政府在各自规定的权限范围内享有高度自治的权力，并直接行使于民众，相互间不得进行任何干涉。由于每一区域政府都根据自己在体制结构中的行政地位和活动范围来履行职责，所以作为个体的区域政府与整体之间，各个区域政府之间，它们的利益和行为方式不可能完全一致，彼此之间围绕自身的利益展开一定的竞争。这些区域政府的特殊性决定了其在宏观职能和企业角色上的双重性。美国、澳大利亚、加拿大、德国、巴西等国家都是复合制国家。无论单一制还是复合制国家，都存在着中央政府在技术上很难以较低的管理成本实现一体化的问题，因此就必须通过区域政府来有效地测定和解决区域需求，区域政府的重要地位得以凸显。

相对于中央政府和区域非政府主体（指居民、企业和其他团体），中国区域政府的功能和地位具有两个显著的特点：其一，区域政府是中央政府和区域非政府主体的双重利益代表；其二，区域政府是中央政府与区域非政府主体信息互通的中介和桥梁。区域政府的上述两个特点，决定了它在中央政府和区域非政府主体之间所扮演的中介代理角色。一方面，区域政府代理中央政府，实行对本地区经济的宏观管理和调控，即"准宏观"的角色，代表国家引领调控促进发展；另一方面，区域政府代理本地区的区域非政府主体，调配本地区的资源，争取中央的支持，通过制度、组织、技术等创新，实现本地区经济利益最大化，即"准微观"的角色。

自各国政府从财税改革、金融改革等一系列重大改革中表现出来的向区域政府的行政性分权以来，区域政府完成了向相对独立的利益主体的转换。经过多年来市场化取向的改革，区域政府的自主权和经济实力都在不断地增强。事实上，区域政府已经成为相对独立的经济主体。这样一种双重身份决定了区域政府在社会经济活动中，处于一种特殊的领导与被领导的双重地位。一方面，作为区域经济的决策者和准微观主体，它与国家政府相对应，力图实现自身更多的经济利益；另一方面，作为国家管理体系中的一级组织和国家政府的执行者，它又与市场和企业相对应，力图实现区域宏观经济稳定。

第二节 区域政府的双重属性理论

按照传统的西方经济学的解释，无论国家政府还是区域政府，政府只做市场做不了的事，意即只在市场失灵的情况下进行边缘性调控，行为上应当是消极被动的，维护市场秩序是政府的主要职责。但包括中国在内的一些国家的经济发展实践表明，现代市场经济中，政府这个角色具有一定的复合性，即单个政府的秩序维护者定位和多个政府间的市场竞争者角色。当政府作为一个独立个体面对自己的管辖区时，较多从事宏观调控的行为，但当作为区域性政府面对其他区域政府时，就转化为竞争者身份，积极主动地参与到更大范围的市场竞争中来，也可以把其称之为"竞争性区域政府体系"。这些区域政府间的竞争既丰富了政府角色，也未打破市场作为资源配置决定性因素的规律，一个自由竞争的市场和一个复合角色的区域政府体系构成了现代市场经济的两大支柱。

区域政府具有双重属性——准微观角色和准宏观角色，这两种角色的辩证统一关系决定了区域政府处理市场和政府之间关系上的不同特点。

一、区域政府的"准微观"角色

（一）区域政府的"准微观"角色内涵

区域政府发挥"超前引领"作用，在于区域政府的双重职能：一方面，区域政府代理国家政府，对本地区经济进行宏观管理和调控，充当"准宏观"的角色；另一方面，区域政府代理本地区的社会非政府主体，调配本地区的资源，争取上一级政府的支持，通过制度、组织、技术等创新，与其他区域政府竞争，以实现本区域经济利益最大化，即"准微观"的角色。

从中国实践看，区域政府在市场中扮演了"双重属性"，一方面是"参与者"，区域政府直接参与经济活动或其控制的非政府组织在国经济的发展中都起到了重要作用，这在过去几十年中已经得到了有效的验证；而另一方面，区域政府又扮演着区域政策的制定者和执行者的角色，直接决定着某些行业中竞争格局和发展生态的演变过程。随着财政分权的改革的深入，区域政府越发追求自己作为独立经济主体的利益最大化目标，明显出现了"政府企业化"倾向，在政府职能目标上也出现了双重特性。一是区域政府要兼顾上级政府和区域非政府主体的双重利益，二是区域政府还担当着上级政府和区域非政府主体信息沟通的桥梁。区域政府代理中央政府，实现对辖区内的经济的宏观管理和调控，另一方面区域政府又代理区域非政府主体，执行中央的决定，争取中央的支持，以实现本地区经济利益最大化。区域政府的这种地位和功能被称为区域政府的双向代理。这使得区域政府的角色是多维度的：既是上级政府的代理，又是区域非政府组织的利益代表，本身又是辖区的管理者和公共物品的提供者，自身又是一个追求最大化利益的经济组织。区域政府的多维度身份使得区域政府有着不同的目标函数和约束条件。

"准"意味着不属于某个范畴,却在一定程度上承担或具备某种相同的职能或属性。综合政府和企业的相同点可以发现,区域政府不是企业,但又具有一定程度上的企业行为特征,因此区域政府兼具一定的"准微观"角色。其"准微观"角色内涵可以概括为:

第一,区域政府内部的组织管理可以充分吸收借鉴企业管理的丰富的理论模型和优秀的实践经验,建立高效运转的内部管理模式,成为制度创新、组织创新、技术创新和管理创新的重要力量。

第二,区域政府拥有较强的经济独立性强,以实现本地区经济利益最大化为目标,自身具有强烈的开展制度创新和技术创新的动力,区域执政者在竞争中培养了改革魄力和超前思维具有鲜明的熊彼特所说的"政治企业家精神"。

第三,区域政府的行为充分尊重市场作为资源配置手段的主导地位,坚持按照市场规律发挥管理职能,强化区域政府行为的市场适应性,展开区域政府间的良性竞争,以各地区市场运转的效率、实现的经济和社会收益作为竞争的主要考核目标。区域政府因而实现从远离市场竞争的权力机构到参与市场竞争、提高管理绩效的"准微观"的角色转换。

(二) 区域政府的"准微观"角色依据

1. 政府与企业的属性不同。

政府和企业属于两个不同的主体范畴,企业是微观经济主体,政府则在中观和宏观上通过法律、政策、制度等对经济进行管理和调控。二者的行为都呈现出其特定的范围和特殊的规律,差别主要在于以下几点:

(1) 目的不同。从存在的使命来看,政府的行为目的主要是给所属民众提供非营利性的产品或服务,目的是实现社会福利的最大化,不以营利为目的,具有明显的公益性质,属于非市场范畴。而企业主要是以价格机制为核心,通过生产、销售等一系列行为实现企业利润最大化,以营利为目的。

(2) 生存方式不同。政府管理既然是非营利性的,所提供的服务或产品通常是免费或象征性收费的,其生存不能靠出售产品或服务来维持,而主要依赖于立法机构的授权,资金来源主要是税收,经费预算属于公共财政支出,不能任意由政府管理人员支配,而必须公开化,接受纳税人的监督。相反,企业管理以营利为目的,所需要的各种物质资源主要来自于投资的回报,来自于所获取的利润。因此,企业中的资金使用状况属于企业的"内部事务",其他人无权干涉,经费预算也主要根据盈利状况而定。企业是自主的,其管理所需的物质资源也是自主的,不需要公开化。正因为如此,政府管理的决策常常要反映公众或立法部门的倾向性,而企业管理的决策在很大程度上受市场因素即顾客需求所左右。

(3) 管理限制因素不同。从管理的限制因素来看,政府管理的整个过程中都受到法律的限制,即立法机构对其管理权限、组织形式、活动方式、基本职责和法律责任都以条文形式明确予以规定,这使政府管理严格地在法律规定的程序和范围内运行着。而企业管理则不同,法律在其活动中仅仅是一种外部制约因素,管理主要是在经济领域进行,按照市场机制的要求去管理。只要市场需求存在,企业行为又不违法,企业管理必须围绕追求高额利润这一目标而运转。

(4) 绩效评价标准不同。从绩效评估看,行为的合法性、公众舆论好坏、减少各种冲突的程度、公共项目的实施与效果、公共产品的数量及其消耗程度等等是评估政府管理成效的主要指标。在企业管理中，销售额、净收益率、资本的净收益以及生产规模的扩大程度、市场占有率的提高等是主要的评价标准，也是企业管理水平和效果的主要显示器和管理人员绩效的标志。显然，政府管理的绩效评估偏重于社会效益，企业管理的绩效评估则强调经济效益。

2. 政府与企业行为有一定程度的相似性。

(1) 政府与企业都是资源配置的方式。根据企业的本质属性，企业是一种可以和市场资源配置方式相互替代的资源配置机制（科斯）。企业内部管理就是通过计划、组织、人事、预算等一系列手段对企业拥有的资源按照利润最大化原则进行配置。政府也拥有一定的公共资源，这些公共资源该如何配置和利用才能焕发出最大的产出效率，也是政府的重要职责，政府也同样拥有计划、组织、人事、预算等进行资源配置的手段。所以政府与企业一样，具有进行资源配置的功能，只是在范围、目的等方面存在有所不同。

(2) 竞争机制在政府之间与企业之间始终存在并成为二者发展的源动力。企业之间的竞争是市场机制所赋予的，在完全竞争市场条件下，企业要在竞争中取胜，就必须在制作成本上保持竞争优势；而在垄断竞争市场，企业就要靠自己的特色即所谓企业的特有价值、核心竞争力来获得生存；在寡头垄断市场，虽然市场似乎被几个大的寡头所控制，但这几个寡头之间仍然存在着博弈关系，寡头之间的财富和生存竞争仍然是激烈的。至于完全垄断市场，通常是竞争到一定程度的产物，或是出于自然垄断资源、法律特许、保护专利、规模经济等原因而形成的，而在这一类型市场，政府都是促成和维护这一局面的主导力量或是破除这一趋势的主要力量。而在其他市场类型，也需要政府从法律、政策上做好服务平台，促成市场竞争机制的有效行使。所以政府与企业竞争间也存在着紧密联系。

某一区域内，企业竞争通常会带动这一区域的经济增长，而维护企业公平竞争的环境、保证市场机制的顺畅运行也是区域政府的重要职责之一。从中国 30 多年的高速经济增长的保证机制来看，区域政府之间的区域绩效竞争是其中的一个重要因素。也就是说，区域政府之间在某些目标的实现与实现程度上的比较和竞争是客观存在的。从整个世界来看，各国政府作为世界范围内的区域政府，在国力上的竞争也在随时随地进行着。

(3) 企业和政府行为都是在尊重市场机制的前提下展开的。在市场公平的大环境之下，企业要通过对市场规律的不断探索和市场形势的准确判断来决定企业内部资源应如何配置，企业必须尊重市场规律，接受市场价格信号，适应市场需求，才能使企业生存下去。

区域政府对经济的一列调控行为也必须是建立在尊重和顺应市场规律的基础之上的。那种以抛弃市场规律、国家计划主导一切为主要特征的计划经济体制，由于其较为低下的经济效率已被证明不是最优的资源配置方式，基本退出了历史舞台。当前，无论是发达国家还是转型国家，政府正致力于消除存在于经济中的各种制度扭曲，建立完善的、有效的市场经济体系，这些改革实践都是基于对现代市场规律的正确认识和把握，一个政府能够积极有效地发挥作用的前提一定是尊重市场是在资源配置中的主导作用。当市场可以有效地分配资源使得经济处于良性状态下的时候，政府的主要职责是不妨碍市场机制的运行。但是政府也不是完全被动地听凭市场的摆弄，而是在认可市场是资源配置主导方式的前提下也清楚市场的某些局限性，进而因势利导地对市场进行某些调控，并根据市场发育的程度及出现的问题进行比如基础设施建设、信息的提供、各经济活动的协调、外部性的调整等活动，以使得市场效益得到更好的发挥。

（4）企业和政府都必须履行一般的内部管理职能。要维护一个组织的正常运转，都需要对组织内部进行微观管理，这个方面企业和政府内部管理有很多异曲同工之处，比如企业和政府都有人力资源管理、项目管理、资金管理、技术管理、信息管理、设备管理、流程管理、文化制度与机制等内容；从管理层次上也都可以分为决策管理、业务管理、执行管理等多个层次。所以就内部管理而言，二者有诸多相似之处。

（三）区域政府的"准微观"角色行为的经济学分析

1. 区域政府的区域管辖权转化为区域经营权。

区域政府首先是基于行政管理需要而建立的，是在某个区域执行法律和管理的行政机构，本质上是一个政治组织。但是从以中国为代表的一些区域政府实践行为上看，并非单纯地以法律和行政手段对所辖区域进行管理，而是把所辖区域当作一家企业来经营。具体来说，这种区域经营权就是区域政府主动将自己定位为独立的区域经营者，依法使用区域内生产要素，根据市场需要独立做出区域经营决策，并自主开展区域经济活动，及时适应市场需要。这种经营的主要特点体现为，对于区域内的企业既不是强行干预、直接控制，也不是只做外围监控、简单地把企业推向市场，而是把所辖区域当成一家企业来经营，开始以政治企业家的视角来看待和判断经济形势，并通过区域资源配置和整合来调整和推动区域经济增长的方式，主动适应市场化环境的要求，实现区域经济增长。

2. 区域政府以区域利益最大化为中心进行资源配置。

区域政府行为的市场取向必然导致其目标函数和约束条件带有明显的"准微观"的特征。区域政府作为独立的竞争主体，其主要目标函数是区域政府收入的最大化，也就是预算规模的最大化，而预算规模一般取决于以下两个因素：一是与本区域经济发展水平相联系的财政收入规模；二是上一级政府与区域分享财政收入的比例。由于上一级政府与区域分享的比例一般可以预先确定，而且一旦确定短时期内不会改变，所以分享比例一旦确定，就意味着区域政府的收入持续增长不再依赖的上一级行政组织，而直接与本区域社会总产出水平关系密切，这一转变决定了区域政府必然成为一个具有独立经济利益目标的经济组织。作为独立的利益主体，区域政府追求自身利益的最大化，但由于区域政府本身没有增设税种和税率的直接权限，所以，区域政府能够取得合法利益的途径就是辖区内GDP的发展和税收收入的增加，这种追求本地经济快速增长以及相应获利机会、追逐本地经济利益最大化的目标使得区域政府具有了相对于微观主体更强的组织集体行动动力和制度创新动机。而区域政府行为的约束则主要来自于当地的资源、法律制度、公众压力等。

区域政府的收入函数和约束条件可表述如下：

$$\begin{cases} Y = Y_0 + b \cdot GDP \\ GDP = C + I + G + NX \\ C = f_1(G, A_i) \\ I = f_2(G, B_i) \\ NX = f_3(G, D_i) \\ st: G = f_4(R, Z, F, E) \end{cases}$$

Y：区域政府收入

Y_0：从上一级政府中划入的收入

b：区域政府在区域 GDP 中的分配比例

C：消费　I：投资　G：区域政府支出　NX：区域净出口

A_i：区域政府行为以外的其他影响消费的因素

B_i：区域政府行为以外的其他影响投资的因素

D_i：区域政府行为以外的其他影响出口的因素

R：区域政府资源　R：制度约束　R：法律约束　R：民意约束

该模型中的 Y 代表了区域政府的利益收入，由两部分组成，Y_0 是区域政府从上一级政府手中分到的收入，短期内不会改变，因为是一个常数，所以区域政府收入的扩大主要取决于该区域 GDP 发展的情况，如果经济繁荣，则区域政府在 GDP 中分享到的政府收入也高，b 为分享系数，与税率相关，所以也比较固定，这样，区域政府收入最大化的唯一出路就是做大本区域的总收入。根据区域政府"超前引领"理论，区域政府不是消极被动地分享 GDP，而是主动、直接地对 GDP 的发挥影响。现代市场经济条件下，不允许政府直接插手企业和个人决策，但区域政府可以通过一系列公共政策对企业投资、私人消费、进出口行为进行调整和引导，也就是说消费、投资、净出口等 GDP 的直接构成要素又是政府支出行为的函数，区域政府不但通过自己本身的公共支出来做大 GDP，更通过"超前引领"企业和个人的市场行为来影响 GDP 的增长。区域政府要"超前引领"也不是为所欲为的，一切经济学问题都是"约束条件下求极值"，所以，区域政府能发挥多大的"超前引领"能力以及可以拿到多少区域政府收入也受到制度、法律、本区域资源和民众意愿等多种因素的制约。

从中国实践来看，区域政府经营的目的是区域利益的最大化。区域利益包括以 GDP 为核心的经济效益指标，也包括反映收入分配、教育水平的社会指标，还有诸如环境与生态、市场监管、基础设施建设、公共服务、廉洁状况和行政效率等多项衡量区域状况的发展指标。虽然区域政府的经营目标与企业的利润最大化目标相比具有多重性，但这些经济社会发展目标能够实现的基础仍然是以一定的经济发展状况为前提的，所以经济发展是区域政府管理的主导目标，其他目标的实现在某种角度上看，也是有利于经济目标持续实现的保障。这种做法类似于企业在以长期利润最大化为目标的情况下的社会责任的承担。当然，区域政府不可能与企业一样只定位于经济利益，区域福利的最大化才是政府的真正使命，所以区域政府在目标的均衡性上要有更多考量，但这不改变区域政府在行为方式上的"准微观"特点。

综上所述，现代市场经济条件下的区域政府作为一个实体是完全有主观能动性的，区域政府会自动围绕区域政府自身利益的最大化对区域制度安排完进行经济上的理性选择，区域资源配置效率的提升也必然成为区域政府工作的重中之重。

3. 区域政府行为受经济约束和政治约束。

鉴于是从"准微观"的角度探讨区域政府性质，所以针对区域政府的研究应更多放在区域政府的经济行为上。与企业行为受市场竞争和成本约束一样，区域政府目标函数实现程度也有受约束条件的限制。如前所述，区域政府能发挥多大的"超前引领"能力以及可以拿到多少区域政府收入受到制度、法律、本区域资源和民众意愿等多种因素的制约，可以归纳为经济约束和政治约束两个方面。

经济约束即是指区域政府手中掌握的财权和资源支配权,如果区域政府有足够的财权和资源去支持政府的各项工作,它就能够有足够的资金去提供公共物品和服务,以促进辖区内经济的发展。政治约束包括两个方面:上级政府的认同和辖区内居民的认同。上级政府和辖区内居民认同的底线是法律认同,但由于上级政府的认同对官员的前途至关重要,所以上级政府对区域政府的绩效考核评价制度对区域政府行为约束力极强,因此,区域政府会在行为过程中重点处理上级政府的认同。

从中国区域政府实践来看,政府的目标主要是经济增长,这个目标在过去三十年都没有变化,但是区域政府的行为发生了很大变化,其原因在于约束条件的变化。中国区域政府在发展中采用了"区域分权"[①]和"财政联邦制"[②](钱颖一)的形式,形成了区域政府较为独立的财政运行体系,在财政预算约束上有较大的弹性。而区域政府之间的竞争领域和竞争程度也在不断加大,周立安曾以锦标赛模式来描绘区域政府竞争。在20世纪90年代中期的整体推进的激进的民营化运动中,区域政府深知区域经济的发展在于企业活力的增强和市场机制的运用,对那些市场竞争能力强、自身经营状况和财务状况良好的优质企业,给予大力扶持,对于有损于竞争优势发挥的基础设施和宏观条件进行及时完善。这些行为都充分说明了区域政府作为"准微观"角色在一定的预算约束和市场竞争下的趋利避害的收益的最大化特征。

4. "超前引领"行为实现区域政府职能的战略转型。

一个成功的企业在很大程度上是因为政治企业家指挥决策的前瞻性和洞察力,对企业实现引领作用的战略规划是企业管理的重中之重。区域政府也常常需要以发展战略来带动一个地区的发展,在这一点上符合"准微观"角色的特征。

在市场竞争面前,区域政府绝不是被动地接受约束,而是运用管辖权才能让自己市场竞争中赢得主动权,实现"超前引领"。中国区域政府有一种很强的意识,就是要在经济发展上抓住主动权,以"超前引领"为主导,不能落入被动的地位,这点和企业的竞争行为有类似之处。

中国区域政府的"超前引领"战略主要体现在1980年以后,区域政府的主要目标转向发展本地经济,其行为具有以下特征:首先,区域政府根据本地实际情况和外部政治经济环境,判断本地区经济增长的关键条件是什么;然后,区域政府运用手中资源,力争在其他地区采取类似行动之前,在本地区创造和供给这种关键条件,以形成本地区在经济增长上的相对优势。每一任区域政府官员上任,都会琢磨两个事情:一是到这个区域任职关键要抓什么,即要判断这个区域发展的关键条件是什么。二是判断出来之后,动手不能太晚,不然会落到别人后面。比如,1992年之前,区域政府的发展战略是抓住办企业的权力,因为这时民营企业和外资企业比较弱小,地区经济增长的关键条件是区域政府直接办企业和扶植企业做大做强。1992年之前,在政治环境上,区域官员还不敢设想区域经济增长可以建立在民营经济或外资经济的基础上,而只能设想发展区域公有企业,主要是乡镇企业。既然区域政府不能主要依靠外国人和民间个人来办企业,那只有自己来办。因此,

---

① 张维迎、栗树和,地区间竞争与中国国有企业的民营化[J],经济研究,1998(12).

② Qian, Yingyi. The Road to Economic Freedom, Chinese Style, Paper presented at the "Economic Freedom and Development" conference in Tokyo on June 17 – 18, 1999, sponsored by the Mitsui Life Financial Research Center at the University of Michigan Business School, November 1999.

这时区域政府的战略是直接办企业和扶植企业做大做强。但是，1992年以后情况发生了变化，特别是政治上发生了变化。中央明确了中国要搞市场经济，区域政府就看到转向市场经济已经不可逆转，未来地区的经济增长将主要依赖民营企业的发展和外资企业的进入。这种判断意味着地区经济增长的关键条件是为商人提供好的投资环境和吸引商人投资。有了这个判断之后，区域政府的战略就跟着转变。由抓办企业的权力转向抓地区开发权，即为商人提供必要的投资条件，包括硬件和软件，然后招商引资。为了尽快完成这种战略转变，特别是为抢在其他地区政府之前完成这种战略调整，区域政府要在最短的时间内把公有企业民营化，然后全力以赴抓在市场经济中更有价值的开发区。正是由于区域政府要完成这种战略转型，而公有企业民营化又是这个战略转型的关键环节，区域政府就义无反顾地整体推进民营化，而且要求限期完成。

区域政府"超前引领"理论，不仅能解释中国20世纪90年代中期区域政府在面临整个国家转向市场经济时怎样抓地区经济发展，同时还能解释1980年以来区域政府发展经济的基本行为，也充分展示了区域政府的"准微观"角色行为特征。

二、区域政府的"准宏观"角色

（一）区域政府的"准宏观"角色内涵

区域政府的"准宏观"概念强调的区域政府在结构上、职能上具备国家的某些特征，比如，在结构上，区域政府一般都是中央政府各分支机构在地区级别上的延续，各部门行使职能也与中央政府基本一致，只是权限、力度的不同。区域政府的"准宏观"内涵主要是指其可利用其公共性与强制力特性，推动区域市场秩序的构建与维系，保护和促进市场主体之间公平、自愿的交易，提高整个社会的产出和收益。在一个国家中，国家政府可以利用其公共性和强制力影响该区域市场秩序的建立和维持。同样，在一个地区，区域政府可以代理国家政府，利用国家政府授予的公共性和强制力，促进本地区市场秩序的建立和维持，这就是其"准宏观"角色的体现。

区域政府"准宏观"角色的经济学含义则是指区域政府具备一般政府的宏观调控职能，可以利用财政收支活动来影响区域总需求和总收入，从而实现区域国民收入均衡。当区域经济陷于萧条时，区域政府可以采取加大财政支出或降税等宏观调控措施来刺激总需求，使总需求扩张直至实现国民收入均衡；而当通货膨胀发生时，区域政府也同样可以采取紧缩的财政政策压缩总需求来实现国民收入均衡。同样，作为"准宏观"角色的区域政府也有负责实现本地区经济增长率、控制失业率和物价上涨率等责任，也需要在这几个调控目标上进行权衡和控制。鉴于区域政府承担的一系列的宏观调控职能，其财政收支是调控区域总体经济状况的主要手段，所以关于区域政府"准宏观"角色的行为分析重点放在其收入与支出行为上。

（二）区域政府作为"准宏观"角色的收入特性及构成

1. 区域政府"准微观"角色和"准宏观"角色在收入上的异同。

作为"准宏观"角色，区域政府就不再是一个创造价值的生产单位了，而是依靠为区域企业和公民提供公共服务来换取收入以维持其存在与发展，从这个角度讲，区域政府的收入也可称之为财政收入。

所谓财政，顾名思义就是政府的"理财之政"，从经济学的意义来理解，财政是一种以国家为主体的经济行为，是政府集中一部分国民收入用于满足公共需要的收支活动，以达到优化资源配置、公平分配及经济稳定和发展的目标。众所周知，财政收入是各级政府的主要收入，财政收入的组成又以税费为主，这样的说法似乎又难于区分区域政府"双重属性"理论分别有什么样的收入？的确，区域政府作为"准微观"角色和"准宏观"角色，都有收入这个概念，那么不同身份下的区域政府收入有何不同呢？如果不能准确理解"双重属性"下的区域政府收入，则区域政府"超前引领"理论就失去了创造新价值的意义，中观经济学也就易被归入宏观经济学范畴，从而失去了作为经济学独立分支的依据。

从区域政府的收入形式上看，无论作为何种身份，形式基本都是一致的，就是以税收为主体的财政收入。也就是说，即便是作为"准微观"角色，区域政府所得收入也主要是以税收形式在国民收入的二次分配中获得，而不像企业那样可以以国民收入的一次分配为主，这说明区域政府无论是作为"准微观"依靠市场竞争获得的收入还是作为"准宏观"角色依靠宏观调控获得的收入，最终都是以税收的形式获得。但是，对双重身份下的区域政府收入的理解是不同的，这涉及到中观经济学的理论基础。

首先，收入的定位不同。作为"准微观"的区域政府是把区域政府作为目标来看待，其目标函数中的因变量就是区域政府收入，区域政府的主要行为是围绕着如何增加收入来进行的；而作为"准宏观"身份的区域政府，则是把收入当作一种调控区域经济的手段，通过收取和支出来维持区域国民收入的均衡，区域宏观经济状态的平稳发展才是其主要行为目标。

其次，收入的来源不同。表面上看，区域政府财政收入都主要源于税费，都是从区域企业和民众收缴而来，但由于区域政府的作为方式和力度的不同，也会导致区域和民众收入的不同，从而最终对区域政府财政收入造成影响，说明区域政府财政收入的获得有区域政府本身新价值创造的部分，区域政府的制度创新、技术创新、服务创新等活动的创造的新增价值最终在企业利益的更大提高和个人福利的更多增加中得以体现。从这个角度说区域政府收入从来源上可以分为两个部分：一个是区域政府通过创新活动创造的，但却通过企业和个人收入增加来体现的那一部分，这部分可以看作是以"准微观"身份获得的；另一部分则是企业和个人自身从市场竞争中获得的，然后以税费的形式向区域政府履行法律责任、公民义务的部分，这部分收入是以"准宏观"身份获得的。

最后，收入的弹性不同。所谓弹性是指反应的敏感性，收入弹性是指收入的每变动1%所带动的因变量变动的百分比。区域政府"超前引领"行为的收入弹性则是指财政收入的变动所激发的区域政府"超前引领"行为的力度。由于区域政府的"准微观"角色是以收入最大化为目标的，所以收入的增长会大大激发区域政府"超前引领"的动力，也会带动区域政府新一轮的创新热情和竞争信心，从而形成区域经济发展的良性循环，收入弹性较大。而仅作为区域宏观调控的"准宏观"身份所获得的收入一般比较稳定，甚至可能因为市场低迷而政府又无为的状况导致这部分税收的减少，显然，这部分收入的获得中，区域政府非常被动，所以，这部分收入的弹性是比较低的。

2. 西方国家区域政府财政收入的构成。

在西方，不论是单一制国家还是联邦制国家，区域政府都是一个国家的重要组成部分，而财政则是各级政府维持自身运转和发挥各项职能的关键性因素。政府间事权财权明确划分，区域政府负责区域性公共产品和服务的供给、拥有较为固定的财政收入来源。

政府向公众提供公共物品和维持其自身的运转需要一定的财政收入，其凭借公共权力向公众征收各种税费。区域政府依据相关法律获得收入来履行其职能。纵览各国区域政府的财政收入主要由税收收入、转移支付及其他收入等构成。不同国家区域政府的财政收入在上述构成中比重的不同，反映了受历史、政治、经济、文化等因素影响的政府间关系的不同价值取向。

（1）税收收入。在税收收入构成中，美国、加拿大的区域政府形成了以财产税为主体的税收体系，政府间税收管理权限较为独立；而德国区域政府的税收主要来自联邦政府和州政府的税收共享，在税收管理权限上受到上级政府的严格控制。征收不动产税（财产税）在北美洲有着悠久的历史，财产税年度内依据对土地和建筑物的估价确定的税率进行征收，是美、加两国区域政府税收收入中的主要来源，甚至是许多区域政府唯一的税收来源。以财产税为主的税收收入在美、加两国区域收入中约占40%。德国区域政府的税收收入约占区域财政收入的35%，主要包括自19世纪以来开征的土地税和工商业税、1969年开始分享联邦政府15%的所得税和1998年开始分享的部分增值税。近年来，工商业税所占比重下降，德国区域政府的税收收入更多地来自政府间的税收分享。

（2）转移支付。区域政府的转移支付来自联邦政府和州政府的补助金，是区域政府收入的重要来源，其在美、加两国区域政府收入构成中分别约占30%、40%。在美、加两国，来自联邦政府的补助较少且补助会用于特定项目，如教育、城市发展、交通等，主要转移支付来自州（省）政府。在补助形式上，分为无限制条件的一般补助和有限制条件的特殊目的补助。在加拿大，伴随20世纪初区域政府开支的不断增长和不动产税的日益匮乏，区域政府开始向区域政府提供各种各样的拨款，其中大多是附带条件的拨款。德国区域政府转移支付包括联邦和州政府预算中对区域的分配及财政拨款，财政拨款作为直接补助，约占区域收入的27%。

（3）股权收入。股权收入是指政府以企业出资人的身份将政府资产投入企业而获取股份，对于企业盈利按照持股比重分配和获得经营性收入。这部分收入也构成政府财政收入中的重要组成部分。其入股行为也可以看作是政府投资的一种形式。股权收入作为政府经营企业的一部分收入在西方主流经济学中常常得不到应有的承认，政府作为经营者进入市场是主流经济学不能接受的，但经济发展的现实证明这一块收入必须纳入到政府财政收入的分析之中，这也是本书的中观经济学理论对以往经济学财政收入部分一个重大补充。

在中国这样的经济转型国家，大部分股份制企业都是由原国有大中型企业改制而来的，因此，政府的股份在企业股权中占有较大的比重，使得政府可以通过控股方式对企业资源实施管理，既有利于宏观调控，也利于政府从企业经营中盈利，并保证在企业最危难的时候，给予其支持。因此，股权收入在中国这种国有企业占一定比重的区域财政收入中占有较大份额。

西方市场经济国家也有一定程度的国有企业，也就是说政府也投资企业，获取政府的股权收入。法国是西方国家中国有经济比重最大的国家，1986年法国政府开始对21家国有企业集团进行私有化改革，共涉及约1760家企业，主要集中在钢铁、石油、基础化学、汽车、航空制造、有色金属加工和电子等领域，但法国电力公司、法国煤气公司、法国煤矿公司、国营铁路公司、巴黎独立运输公司和法国邮政及电讯公司等经济基础部门仍为国有，这些企业的员工占国有企业就业人数的3/4。说明法国财政收入中仍有相当比重为股权收入。

英国艾德礼首相执政时期，钢铁、电信、铁路等产业均为政府投资，获利都可以归属于财政收入中的股权收入，由此奠定了英国福利国家的基础，但撒切尔夫人执政期间，逐步完成了钢铁、电信、铁路等产业的私有化进程，英国财政收入中的股权收入由此减少。

美国的"两房"收入也一直是美国政府投资房地产产业的重要财政收入。"两房"是指房利美和房地美两个公司。其中，房利美公司是在20世纪30年代大萧条后，为解决住房问题而由美国政府成立的"国有企业"，历经罗斯福、杜鲁门政府，其作用被不断扩大。到了肯尼迪政府时期，房利美进入了"公私混合"的模式，政府通过房利美创建了一个流动的二级抵押贷款市场，并成为在二级抵押贷款市场上的垄断力量。其后的肯尼迪政府时期，美国政府将房利美一分为二成为房利美和吉利美（政府国民抵押贷款协会），吉利美仍然保持政府性质，房利美则成为了一个私有的股份制公司，但美国联邦政府仍掌握房利美的优先股，私人资本则拥有普通股，美国政府在房利美中的作用转为隐形。而房地美成立于1970年，是尼克松政府授权成立的联邦住房抵押贷款公司。此后，秉持自由主义治国方针的里根、老布什以及克林顿政府逐渐将政府对住房市场的补贴通过"两房"转移至市场，美国政府在房地产金融领域的作用由直接转为宏观调控。

（4）其他收入。其他收入主要包括使用费收入、发行政区域债券等，在财政困境压力下，其往往成为区域政府增加收入的重要手段。使用费收入主要是那些自愿使用区域政府提供的公共物品而受益的公众所支付的费用，如电费、水费、下水道使用费、道路桥梁费、公园门票、运动设施使用费等。在美、加、德三国，来自使用者付费的财政收入近年来一直处于上升状态，如加拿大的使用费收入，从1965年占市政府收入的6.5%增加到1980年占12.2%，到2000年增加到21.3%[①]。

在美国，区域政府依据联邦宪法可以发行债券为经济建设筹集资金，弥补其财政资金的不足，短期内可平衡财政收支，长期内可为收费道路和桥梁的建设筹集资金并通过使用者付费的方式来偿付。[②]而加拿大和德国的区域政府发行债券则受到省（州）政府的严格限制且只能用于基础设施建设投资。近年来德国区域政府为缓解财政危机，出售区域资产以及公共事业中区域政府所有和经营的企业的事例不断增长，其占区域收入的比重由20世纪80年代的3%上升到90年代末的5%。

（三）区域政府作为"准宏观"角色的支出

1. 区域政府支出的定义和分类。

区域政府支出，通常又被称为"公共支出"，就是公共财政的支出，即指区域政府为市场提供公共服务和公共投资所安排的支出。公共支出不仅可以确保国家职能的履行、区域政府经济作用的发挥，在市场经济社会中，还可以支持市场经济的形成和壮大。区域政

---

① 理查德·廷德尔、苏珊·诺布斯·廷德尔著，于秀明、邓璇译，加拿大区域政府[M]，北京大学出版社，2005.

② 文森特·奥斯特特罗姆著，井敏等译，美国区域政府[M]，北京大学出版社，2004.

府支出所占比重的大小,反映了区域政府在一定时期内直接动员社会资源的能力以及对社会经济的影响程度。

通常而言,公共支出可分为购买性支出和转移性支出。

(1) 购买性支出。购买性支出是政府公共支出形成的货币流,直接对市场提出购买要求,形成相应的购买商品或劳务的活动。政府购买支出分为社会消费性支出和财政投资性支出两部分。社会消费性支出包括:行政管理费、国防费;文教、科学、卫生事业费以及工交商农等部门的事业费。从世界各国的一般发展趋势来看,社会消费性支出的绝对规模呈现一种扩张趋势,在一定发展阶段也是扩张趋势,但达到一定规模后会相对停滞。财政投资性支出即为政府投资,包括基础设施投资、科学技术研究和发展投资、向急需发展的产业的财政融资(政策性金融投资)。政府购买性支出在投资乘数的作用下往往力度较大,因此各项支出必须符合政策意图。

(2) 转移性支出。转移性支出,是指区域政府将钱款单方面转移给受领者的支出活动。转移性支出主要由社会保障支出和财政补贴支出等组成。转移性支出形成的货币流,并不直接对市场提出购买要求,即不直接形成购买产品或劳务的活动。

转移性支出所提供的货币,直接交给私人和企业,而不是由区域政府单位直接使用。至于私人和企业是否使用和如何使用这些钱款,则基本上由他们自主决定。尽管区域政府能够提供一定的制度约束,但并不能直接决定他们的购买行为,但是区域政府可以通过决定转移性支出的分配来影响不同受领者的资源分配状况,从而间接影响社会资源配置。

购买性支出和转移性支出占总支出的比重,受经济发展水平的影响。一般而言,经济发达国家,由于区域政府较少直接参与生产活动,财政收入比较充裕,财政职能侧重于收入分配和经济稳定,因而转移性支出占总支出的比重较大,或与购买性支出相当,或相对于购买性支出增长更快。根据斯蒂格利茨的研究,在美国区域政府(联邦和州)总支出中,约三分之二用于购买性支出,三分之一用于转移性再分配。在联邦区域政府一级,转移性再分配约占区域政府支出的60%,购买性支出约占40%。

发展中国家,由于区域政府较多地直接参与生产活动,财政收入相对匮乏,购买性支出占总支出的比重较大,转移性支出占总支出的比重较小。

2. 区域政府支出增长的理论解释。

对于区域政府支出不断膨胀的趋势,许多学者做了大量的研究工作,形成了"瓦格纳法则"、"梯度渐进增长论"、"官员行为增长论"、"发展阶段论"等诸多理论。

(1) 瓦格纳法则。瓦格纳法则是由德国社会政策学派代表人物瓦格纳在考察了英国产业革命时期的美、法、德、日等国的工业化状况之后提出的,又称区域政府活动扩张论,是从区域政府职能扩张的角度分析财政支出增长。瓦格纳法则中的公共支出增长究竟是指公共支出在 GDP 中的份额上升,还是指它的绝对增长,这一点在当时并不清楚。按照美国著名经济学家马斯格雷夫(R. A. Musgrave)的解释,瓦格纳法则指的是公共部门支出的相对增长。

瓦格纳法则的定义是:当国民收入增长时,财政支出会以更大比例增长。随着人均收入水平的提高,区域政府支出占 GDP 的比重将会提高,这就是财政支出的相对增长,如图 2-1 所示。

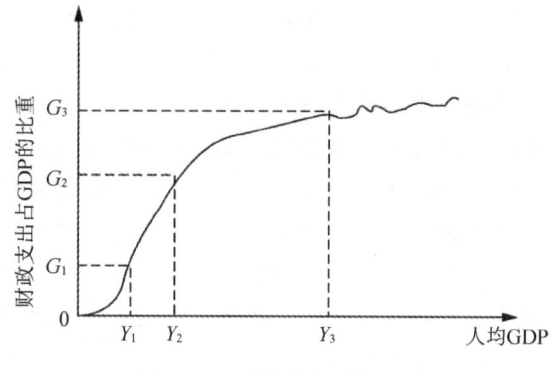

图 2-1 瓦格纳法则的图示

瓦格纳认为,现代工业的发展会促进社会进步,社会进步必然导致国家活动的增长。他把导致区域政府支出增长的因素分为政治因素、经济因素以及公共支出的需求收入弹性。

所谓政治因素,是指随着经济的工业化,正在扩张的市场与这些市场中的当事人之间的关系会更加复杂,市场关系的复杂化引起了对商业法律和契约的需要,并要求建立司法组织执行这些法律,这样就需要把更多的资源用于提供治安的和法律的设施。

所谓经济因素,则是指工业的发展推动了都市化的进程,人口的居住将密集化,由此将产生生活拥挤和环境污染等外部性问题,这样就需要区域政府进行管理与调节工作。

此外,瓦格纳把对于教育、娱乐、文化、保健与福利服务的公共支出的增长归因于需求的收入弹性,即随着人们可支配收入的增加,必然产生对公共产品更多的、更高层次的需求,致使国家在那些社会效益不能进行经济估价的领域,如教育、文化、卫生、福利方面的支出不断增加,增长速度快于 GDP。

当然,任何理论都有其缺陷,瓦格纳法则也不例外。首先,该法则是在特定的历史背景下建立的,这一背景就是工业化。工业化既是经济增长的动力,也是财政支出扩张的源泉。可是一旦经济发展到成熟阶段或处于滞胀阶段,如何解释财政支出的膨胀趋势?其次,该法则在解释财政支出增长时,没有考虑政治制度、文化背景,特别是公共选择等因素。如果公共选择的结果是充分私有化,财政支出不论是在绝对规模上还是相对规模上都有可能随着人均收入的提高而下降。最后,该法则主要站在需求的角度来解释财政支出的增长,只解释了公共物品需求的扩张压力,没有从供给方面考察财政支出的增长。①维托·坦齐也在其《20 世纪的公共支出》中称,瓦格纳法则不能解释为什么区域政府支出在 1870 年到 1913 年间没有增长。②

(2)梯度渐进增长理论。该理论是由英国经济学家皮科克和怀斯曼(Peacock and Wiseman,1967)提出的,也称时间形态理论、非均衡增长理论、内外因素论,是公共支出时间模型中最著名的分析法。皮科克与怀斯曼在瓦格纳分析的基础上,根据他们对 1890—1955 年间英国的公共部门成长情况的研究,提出了导致公共支出增长的内在因素与外在因素,并认为,外在因素是公共支出增长超过 GDP 增长速度的主要原因。他们的分

---

① 郭庆旺,财政学[M],中国人民大学出版社,2002.
② 维托·坦齐等著,胡家勇译,20 世纪的公共支出[M],商务印书馆,2005.

析建立在这样一种假定上：区域政府喜欢多支出、公民不愿意多缴税，因此，当区域政府在决定预算支出规模时，应该密切关注公民关于赋税承受能力的反应，公民所容忍的税收水平是区域政府公共支出的约束条件。在正常条件下，经济发展，收入水平上升，以不变的税率所征得的税收也会上升，于是，区域政府支出上升会与 GDP 上升呈线性关系。这是内在因素作用的结果。

但一旦发生了外部冲突，例如战争，区域政府会被迫提高税率，而公众在危急时期也会接受提高了的税率。这就是所谓的"替代效应"，即在危急时期，公共支出会替代私人支出，公共支出的比重会增加。但在危急时期过去以后，公共支出并不会退回到先前的水平。一般情况是，一个国家在结束战争之后，总有大量的国债，公共支出会保持在很高的水平，这是外在因素作用的结果。

社会突发性事件的出现，往往会暴露社会存在的许多问题，这些问题使人们认识到解决这些问题的重要性。在这种情况下，社会成员就会同意增加税收，以满足为解决这些问题所需的财政资金需求，这就是所谓的"审视效应"。

在正常时期，中央区域政府和区域政府的职责分工相对而言是固定的，但在社会动荡时期，中央区域政府集中更多的财政资金的这种做法却容易得到社会的认同，中央区域政府职能的扩大增大了财政收支的规模。这时，集中效应就出现了。集中效应的出现，使得区域政府的财政支出规模趋向于进一步增长。

（3）官员行为增长论。该理论是由尼斯克南提出的，其基本思想是：个人是以追求自身利益为最大目标的，官员与其他人一样，都是效用最大化者。为了效用最大化，官员竭力追求机构最大化，机构规模越大，官员们的权力越大。因此，同私人部门提供私人物品相比，公共部门在提供公共物品的过程中表现出三个特点：①区域政府官僚机构在提供公共物品的过程中缺乏竞争，导致公共部门的服务效率低下；②官僚机构不以利润最大化为追求目标，官僚行为的成本相对较高；③公共物品通常不以价格形式出售，社会成员对公共部门的工作成效进行评价时，没有确切的依据。

（4）发展阶段论。发展阶段论是由美国经济学家马斯格雷夫（Musgrave）和罗斯托（Rostow）两人提出的，其主要观点是：公共支出的内涵是随着经济发展阶段的不同而变化的。

马斯格雷夫在《经济发展的支出政策》、《拉丁美洲工业化与发展所需的财政政策》、《财政体制》，罗斯托在《增长的政策与阶段》中分析了财政支出增长的现象。

他们主要是通过不同经济发展阶段下，不同财政支出的不同变化来分析财政支出增长的原因。

在经济发展的早期阶段，区域政府投资在社会总投资中占有较高的比重，公共部门为经济发展提供社会基础设施，如道路、运输系统、环境卫生系统、法律与秩序、健康与教育以及其他用于人力资本的投资等。这些投资，对于处于经济与社会发展早期阶段国家的"起飞"，以至进入发展的中期阶段是必不可少的。

在经济发展的中期阶段，区域政府投资还应继续进行，但这时区域政府投资只是对私人投资的补充。无论是在发展的早期还是中期，都存在着市场失灵和市场缺陷，阻碍经济的发展。为了弥补市场失灵和克服市场缺陷，也需要加强区域政府的干预。马斯格雷夫认为，在整个经济发展进程中，GDP 中总投资的比重是上升的，但区域政府投资占 GDP 的比重，会趋于下降。

当经济发展到成熟阶段，人均收入水平大幅上升，人们开始追求高品质的生活，因而对区域政府提出了更高的要求，迫使区域政府提供更好的环境、更发达的交通、更快捷的通信以及更高水平的教育和卫生保健服务等，因此公共投资的份额又会出现较高的增长。

此外，随着经济的发展，市场失效日益突出，这就要求区域政府立法、增加投资和提供各种服务来协调和处理冲突及矛盾，其结果是公共支出的增长。总之，公共支出规模的上升与下降取决于经济发展的不同阶段，公众对区域政府提供的公共产品的收入弹性。

结合本书前面提到的中国和美国财政支出结构的对比分析，可以看出马斯格雷夫和罗斯托的发展阶段理论具有很强的现实指导意义。美国经济已经处于成熟阶段，所以其区域政府支出多用于国家安全、教育、医疗、养老等公共服务领域。而中国还处于发展中期，部分省市地区还处于发展初期，因此区域政府支出中区域政府投资等用于经济建设性的支出占比较高。

在马斯格雷夫和罗斯托的发展阶段理论中，可以看出财政支出增长反映了区域政府在发展过程中起到的诸多作用，它既是基础设施资金和社会投资的供给者，同时还努力地克服市场失灵，尤其是在市场不存在的领域。从某种意义上讲，这也意味着区域政府特别是区域区域政府可以通过财政支出影响经济发展的结构和水平，对经济具有"超前引领"的可能性。

（四）区域政府的"准宏观"角色职能

1. 区域政府是中央政府职能的延伸。

区域是一个相对概念，相对于全球，每个国家都是区域，相对于一个国家，每个地区也是一个区域。区域政府相对于中央政府而言，是中央政府在区域的代表，在一定地域、范围内代表中央政府履行国家职能、行使国家行政权力，在一定程度上可以将其视为中央政府职能在区域上的缩影和体现。

根据分权理论，区域政府的职能实际上是中央政府职能的组成部分和在区域上的延伸。在这个意义上，区域政府的经济职能是为区域市场主体运行创造条件和建立、维护区域市场规则和秩序。

市场制度相比其他经济制度，如计划经济制度而言是一种具有经济效率的基础性制度结构，但市场经济制度的有效性发挥需要建立在一定的前提条件基础之上：（1）企业必须是独立的市场主体；（2）必须由结构合理、运作有序、均衡发展的市场体系；（3）有一套健全的、完善的市场法规；（4）有发达、规范的市场中介组织；（5）有一套与市场经济制度相和谐的政治、法律制度。如果缺少了这些基础性前提，市场经济秩序将是混乱的，比如，假冒伪劣产品充斥市场，妨碍技术进步和企业管理创新；市场上机会主义行为泛滥与市场信誉缺失，使交易费用激增。这样看来，区域政府在建立和维护市场规则秩序方面的作为内容应包括：首先，进一步进行体制改革，规范政府行为，打破陈旧的区域政府分割局面，将区域政府融入中国统一的市场中来，坚决禁止区域保护主义等区域政府恶性竞争行为；推进市场管理法制化进程，制定公共政策及法律法规，构造市场主体公平竞争、公平交易的政策和法律环境，保障市场主体公开、公平和有序竞争。其次，在区域范围执行国家宏观经济政策，保持区域经济总量增长和经济结构平衡。

区域政府保持区域经济总量和结构发展，应从以下方面积极作为：（1）研究和制定经济社会发展长期和中长期战略，编制和实施经济社会发展计划和有关规则；（2）保持区域总供求的动态平衡，市场调节作为局部调节不能解决总供求的失衡问题，而区域政府由于自身的信息、资源等优势，具有进行总量层面的协调能力；（3）执行中央制定的各项经济政策，并制定区域产业政策和技术政策，政府应在充分保证市场有效运行的原则下，按照尽可能地与中央协调一致的原则，制定、确定区域的经济政策的程度和力度；（4）大力发展基础设施建设，提供公共产品，一方面要保证中央政府的公共政策在本地的实施，一方面要根据区域情况提供区域性的公共产品；（5）调节收入分配和再分配，市场机制的作用势必使收入分配拉大，政府进行计划调控，实现社会保障政策来协调地区内不同个人之间的收入差距，减少社会矛盾推动经济发展。

综上所述，在经济增长的过程中，区域政府的职能是一方面为区域市场主体运行创造条件和建立、维护区域市场规则和秩序；另一方面是在区域范围执行国家宏观经济政策，保持区域经济总量增长和经济结构平衡。

2. 中国区域政府基本职能的分类。

综合区域政府各项职能，主要分为政治、经济、文化以及社会服务职能。

（1）政治职能。这个职能主要是向中央政府负责的职能。区域政府为了维护国家利益，需要对外保护国家安全，对内维持社会秩序。其四大政治职能是：一是军事保卫职能。维护国家独立和主权完整、保卫国防安全、防御外来侵略；二是外交职能。中央政府通过外交活动，促进本国在政治、经济上与世界其他各国建立睦邻友好关系，促进国与国之间互惠互利，反对强权政治，维护世界和平等；三是治安职能。此职能是国家为了维持内部社会秩序、镇压叛国或危害社会安全的活动、保障人民的政治权利和生命财产安全以及维护宪法和法律尊严等而设立的；四是民主政治建设职能。政府为了推进国家政权完善和民主政治发展而进行的某些活动。

（2）经济职能。区域政府为促进社会经济发展而进行的引领和管理职能。传统经济学一般将政府经济职能归为三大经类：一是对经济进行宏观调控，主要采取的措施是制定和运用财政税收政策和货币政对整个国民经济运行进行相应的控制。二是提供公共产品和公共服务。"公共服务的范围主要是指政府和非政府公共组织在纯粹公共物品、混合性公共物品以及个别特殊私人物品的生产和供给中所承担的职责。"[①] 公共服务不只是公共产品，还包括"公共事业"所需求的与人们生活息息相关的自来水、暖气、电话、铁路航空运输等。按照需求层次分类，中国学者王海龙（2008）将公共服务分为"保障性公共服务和发展性公共服务。"[②] 基础公共服务是指那些通过国家权力介入或公共资源投入，为公民及其组织提供从事生产、生活、发展和娱乐等活动都需要的基础性服务，如提供水、电、气，交通与通讯基础设施，邮电与气象服务等。三是市场监管职能，政府对企业和市场进行管理和监管，以确保市场秩序正常运行畅通，保证公平竞争和公平交易以及维护企业的合法权益。

但中观经济学对区域政府赋予了更为积极主动的角色定位，区域政府不仅仅具备"准

---

① 马庆钰．关于公共服务的解读［J］，中国行政管理，2005（2）．
② 王海龙．公共服务的分类框架：反思与重构［J］，东南学术，2008（6）．

宏观"的调控、监督、公共服务职能，而且还具备"准微观"的性质特征，也就是说区域政府本身是参与市场竞争的主体之一，区域政府之间的竞争使政府的"超前引领"职能得到认可与强化。所谓"超前引领"职能是指政府在尊重市场运行规律前提下的弥补市场不足、发挥政府优势的一系列的因势利导行为。在"超前引领"理论的指导下，区域政府可以使用投资手段、价格手段、税收手段、利率手段和汇率手段等经济杠杆对经济运行进行更为积极有效的引导和调整。世界各地的"自贸区"、"工业园"等就是区域政府在超前引领上的典型代表，为区域经济可持续发展奠定了坚实的基础，并开创了崭新的成长空间，因此区域政府的"超前引领"职能也可以称之为"可持续发展职能"。

（3）文化职能。区域政府依法对文化事业进行管理以满足人民日益增长的文化生活的需要。加强文化对精神文明建设以及经济与社会协调发展的都有促进作用。主要表现在四个方面，一是发展科学技术的发展与应用，区域政府比较重视基础性、高技术及其产业化方向的研究，通过制定科学技术发展战略，做好科技规划与预测等工作；二是发展教育文化事业，区域政府通过制定各种方针政策等，优化教育结构，加快教育体制改革，另外，引导文学艺术、广播影视、新闻出版和哲学社会科学研究等多元化事业健康繁荣地发展。

（4）社会职能。一是通过各种手段对社会分配进行调控，以保障社会公平、缩小收入差距等；二是对环境破坏甚至恶化等现象进行监督、治理和控制，保护生态环境和自然资源，以保证经济可持续发展。三是通过制定法律法规、政策扶持等措施，促进社会化服务体系的完善，不断提高社会的自我管理能力。

三、区域政府"双重属性"理论的辩证统一

区域政府的"双重属性"是其自身的固有属性，二者职能和目标上存在差异，却是相辅相成、辩证统一的，综合而言，都是为一个基本目的服务，即资源的有效配置和提高社会劳动生产率。中国 30 多年的实践已经充分证明了区域政府"双重属性"理论的明确和有机配合是实现经济迅速发展的重要保证。

从 20 世纪 70 年代末开始的经济体制改革，使中国从此步入了制度创新的过程。中央政府和区域政府的关系有了积极的变化，区域政府在改革中赢得了财政、行政和政治上一定的自主权，使得区域政府在经济发展中所扮演的角色越来越重要，形成"地区政府间竞争"的格局。

自 1980 年起，中央政府先后引入和放弃了四种不同的收入分配制度，微调对区域政府的激励机制。1988 年，引入财政包干制度，中央政府与每个省就上缴给中央政府的固定收入包干讨价还价，放弃了过去的收入分配制度，同时允许区域政府保留大部分新增收入。这导致区域政府收入迅速增加。

与此同时，区域支出增长远远快于中央政府支出，不同级别的区域政府承担着社会保障支出、基础建设支出、教育支出等原先由中央政府承担的支出项目。在 1988 年实行财政包干制，中央政府将事权（支出责任）的权力下放后，这一职能转变被写入《预算法》，明确规定将有关支出筹措资金的任务转交给了区域政府。中国的公共支出中，大约 70% 发生在区域政府（省、市、县和乡镇），其中又有 55% 以上的支出发生在区域以下政府。

在区域政府收入上升的同时，中央财政收入占整个财政收入的比重持续下降，影响到

中央政府对整个国民经济的控制能力。1993年，中央政府收入比重仅为22%。中央政府出现了权力弱化的趋势，这既体现在中央政府宏观调控能力的减弱上，也体现在"区域割据"对中央的强势抗拒上。对此，中央采取了适当集权、强化宏观调控与监督的积极措施，于1994年推出分税制改革，改原来的包干制为分税制。分税制下，区域政府的收入比重有一定比例的下降，但是无论是包干制还是分税制，与计划经济体制下相比，区域政府都享有很高的自主权，总体上都是强化了区域政府作为经济主体的竞争动力。

这场以"简政放权"或"放权让利"为基本思路的改革，主要是将更多的决策权下放给区域政府和生产单位，给区域、企业和劳动者更多的利益，目的是调动区域政府和生产者的积极性。就这场改革中的分权化的制度安排本身来说，最显著的结果就是赋予了区域政府相对独立的利益，强化了区域政府经济管理职能，使区域政府不仅是国民经济宏观总量在不同地区平衡的被控客体，而且成为区域内经济活动独立的控制主体，能够直接对区域内各个层次的经济活动进行调节。区域政府在分权之后获得了一定程度的独立事权，并承担了一定的责任，在此基础上，区域政府之间的竞争才真正演化成独立经济主体之间的竞争。

区域政府的经济职能通常包括以下四个方面：

第一，为区域市场乃至地区经济发展提供政策、法规等无形公共产品和基础设施等有形公共产品。一方面，区域政府运用中央政策为区域经济及社会事务的发展进行宣传和解释，从而使中央政策、法规得以贯彻落实；另一方面，根据本地的区域特点及发展情况，区域政府对中央政策、法规制定中的"真空"予以填补，出台一些具体的区域性法规。此外，区域政府还必须为社会提供一些非竞争性、非排他性的有形公共产品，比如建设基础设施、美化环境、增强排污能力、改善人民福利事业等。

第二，纠正市场失灵并培育市场，以推动社会转型。我们知道，市场有其固有的缺陷，如自发性、外部性、价格调节的滞后性等。在市场失灵而政府调控有效的情况下，区域政府可以行使其干预经济的职能。

第三，进行社会经济发展的宏观调控，并以各种手段确保再分配的公平有序。区域政府的宏观调控，与中央政府的宏观调控紧密联系在一起。中央政府在宏观调控上只能从中国的总体发展角度着手，至于各个地区，主要还得靠区域政府的分级调控。厉以宁说过，市场能办到的，政府不必代劳；区域政府能办到的，中央政府不必代劳。

第四，进行政区域社会经济事务的综合协调管理。在中国，区域政府还具有特殊的供给制度和调节经济活动的双重经济职能。

（1）供给制度。在转轨时期，某项制度安排的预期收益大于变革成本，制度的需求大于供给，这时区域政府必须促进制度创新过程的完成。其内容包括两个方面：一是供给政策。区域政府围绕产业政策和总体布局，根据地理位置、交通条件、自然资源、人力资源等因素来确定适合本区域的宏观调控政策，扶持主导产业和优势产业。区域政府可以利用财政分级管理制度和区域金融组织的有限调节权，为解决资金和资本积累创造政策条件。此外，区域政府还可以制定本地区的市场政策、科技政策、引资政策、人才政策等。二是供给法规。经济、社会的有序运行需要以法律、法规为保障，没有法规，就不能规范政府行为，市场运作会处于无序的状态。对区域政府而言，一方面可以依靠区域人大及司法机关的立法、执法及监督职能，另一方面可以通过行政手段，制定规章、条例，规范政府与市场。

（2）调节经济活动。在市场主体发育不良或迟缓、市场体系不完善、市场不能有效实现资源配置作用等情形下，区域政府可以通过投资、税收等政策手段，促进市场完善资源配置功能。比如，通过政府投资的形式支持某些创新技术研发，通过建立区域政府管辖的投资公司、各类调节基金和基金组织，调节区域性市场，引导企业行为，组织区域性的基础设施建设和公共工程项目的投资建设，促进本区域产业成长、结构升级、经济与社会协调发展。

第三节 区域政府的超前引领职能

一、"超前引领"的界定

所谓"超前引领"是指"超越"在市场之前的"引领"，是对自由主义经济学中市场与政府定位的极大突破。自由主义经济学中的政府从属于市场，只能在市场中发挥一些辅助性或善后性的边缘功能，其行为的发生无疑是滞后于市场的。而"超前引领"则打破了二者的关系定位，将政府被动地听命于市场的消极态度和行为扭转为在市场之前、之中和之后的全方位强势介入。但政府的这种强势介入又不同于国家干预主义，不是政府要凌驾于市场规律之上，而是在尊重市场规律前提下的因势利导。

所以，"超前引领"的内涵可以基本表述为：政府在尊重市场运行规律前提下的弥补市场不足、发挥政府优势的一系列的因势利导行为，是"有效市场"和"有为政府"的最佳写照，也是现代市场经济的关键特征。

二、区域政府"超前引领"的内涵

政府"超前引领"是指充分发挥政府特别是区域政府的经济导向、调节、预警作用，依靠市场规则和市场机制，通过引导投资、引导消费、引导出口的作用，运用价格、税收、汇率、利率、法律等手段和引领组织创新、制度创新、技术创新、管理创新等方式，有效配置资源，形成领先优势，促进区域经济科学发展、可持续发展。

在理解政府"超前引领"的内涵时，需重点关注以下几个关键问题：

（一）区域政府通过积极经济导向调节、预警形成区域竞争，推动经济发展

在市场经济条件下，区域政府的职能不仅是公共事务管理和服务，还包括协调和推动经济发展。例如，制定经济规范和维持市场秩序；保持宏观经济稳定，提供基础服务；培育市场体系，保证市场有序进行；进行收入再分配，实现社会公平目标等。区域政府的双重职能，一方面代表了市场经济的微观层面，另一方面代表了市场经济的宏观层面，即国家政府宏观引领调控经济发展。

市场经济的竞争主体存在双重要素，即企业和政府。在微观经济层面，市场竞争的主体只有企业；在宏观经济层面，市场竞争的主体还包括区域政府。这两个层面的竞争，也是中国改革开放三十多年来实现经济持续快速发展的"双动力"。

中国于20世纪80年代恢复"财政包干"的办法，向省、县政府下放权力，实行分级预算、收入分享，形成区域政府间竞争的格局。由于采用承包制，经济增长上去了，税收占比下降了，在中央、区域财政关系上，在20世纪80年代末期到20世纪90年代初期，财政收入占GDP的比重、中央财政收入占整个财政收入的比重持续下降，这种下降已经危害到中央政府对整个国民经济的控制能力，于是在1994年推出分税制改革，改原来的包干制为分税制。无论是包干制还是分税制，客观上都强化了区域政府发展经济的动力。

张五常在《中国的经济制度》一书中，把中央政府将权力下放到县级政府、县级政府之间的竞争作为解释中国经济增长秘密的原因。他认为，县与县之间的激烈竞争不寻常，那是中国在困难的20世纪90年代还能急速发展的主要原因。大约2004年越南把中国的这一制度抄过去，那里的经济也起飞了。[1]美国《华尔街日报》于2010年9月6日也撰文指出，区域政府竞争是中国经济增长的主因。

在这一过程中，区域政府职能发挥的好坏，决定了区域经济发展的好坏。从实际情况来看，从中央政府到各级区域政府，从沿海到内地，区域政府职能的发挥和区域经济的发展是不平衡的。在改革开放的前沿地带，区域政府职能转变得更快。这些区域政府从市场经济的内在要求出发，超前性地实践和探索市场经济发展中政府的作用，先走一步，赢得了改革的时间差，抓住了发展的主动权，其所在区域的社会经济也就走在了前列。相反，在一些思想不够解放、对市场经济理解较差的区域，区域政府职能转变就显得步履蹒跚，影响了区域经济的发展。

（二）政府"超前引领"以市场机制和市场规则为基础

在计划经济时代，由于实行高度集权型的经济体制，一切社会资源都是统筹统配，市场基本上被排除在经济活动之外。政府特别是中央政府的职能空前扩大，它几乎取代了所有经济主体的决策和选择权利的机会，包办包揽一切。在这种情况下，区域政府成为中央政府上传下达的中转站，没有自己独立的经济利益、责任、权利和义务，其活动被严格限定在中央政府的"红头文件"之中，根本发挥不了积极的经济职能，更谈不上所谓政府"超前引领"。而企业则成为政府的附属物，产供销和人财物的供给与产出完全由政府代行决策，企业只需完成指令性计划指标，可以不问市场、不管效益，蜕变成了一般性生产组织，不再是真正的经济主体。消费者的市场选择机会同样由政府代替，如就业安排、日常消费品的配给等。

在市场经济体制下，资源配置是通过价格机制的作用来实现的。在理想情况下，市场能够通过自身的力量自动调节供给和需求，从而实现供求均衡。但是，在现实经济生活中，存在着不完全信息、垄断、公共物品等妨碍市场出清的多种因素，从而使市场出现失灵，诸如缺乏交通设施、社会治安、社会服务等方面的公共品，出现失业和通货膨胀、收入分配不公、贫富分化、社会不公正等现象。存在市场失灵也便成为政府参与经济生活的根本原因和设计政府各项职能的基本依据。

当然，强调政府的作用，并非等于政府什么都要管。不适当的政府干预可能会妨碍市

---

[1] 张五常. 中国的经济制度[M]，中信出版社，2009.

场的正常发育，从而导致更多的政府干预。反之，适度的政府干预则不仅有利于社会目标的实现，还能促进市场的发育。也就是说，政府干预必须适度。发展经济学家阿瑟·刘易斯有一句名言"政府的失败既可能是由于它们做得太少，也可能是由于它们做得太多"。①

那么，如何选择合适的政府干预方式以及怎样把这种干预控制在必要的限度内？只有依靠市场规则和市场机制，通过引导投资、消费、出口的作用，运用经济和法律等手段及各种创新方式，有效配置资源，形成领先优势。

（三）政府"超前引领"的目的是为了有效配置资源，形成领先优势，实现可持续发展

对于政府的作用，有很多形象的说法，从最初亚当·斯密的"守夜人"，到凯恩斯的"看得见的手"，再到弗里德曼的"仆人"政府②等等。

近年来，为招商引资的需要，中国很多区域政府提出要做"保姆"，为企业、投资者、项目提供"保姆式服务"，正如家庭雇用保姆帮助买菜、做饭、洗衣服、擦地板、带小孩、看家等等。应该说，提出"保姆式服务"，不仅体现了政府尊重市场经济体系的态度，也体现了政府为企业服务的决心，但是在实践中可能因为过度服务和盲目服务，而对企业经营和经济发展造成损害。比如在服务的过程中，由于过于"热心"介入企业的具体事务，这样服务得再"周到"、"保姆"当得再好，也是政府的错位。再比如过于"溺爱"，不管企业提出需求的对错、不管是否符合法律法规的要求、是否符合社会公平、是否符合产业的长期发展方向、是否符合企业的长期利益，一律照单全收，这种政府服务同样会对企业经营和经济发展造成不利后果。

政府的角色是什么？用"公仆"形容和用"保姆"形容都不够全面，用"引领"会更准确。引领，一方面表示政府有导向、调节和预警作用，另一方面表示是用投资、价格、税收、法律等手段，借助市场之力起作用。

广东顺德是中国首个 GDP 突破千亿元的县域，曾经连续多年居中国百强县的榜首。究其原因，是因为顺德历届政府的"超前引领"作用发挥得比较出色，这一经验值得重视。

20 世纪 80 年代初期，顺德政府提出"三个为主"（公有经济为主、工业为主、骨干企业为主），以此推进农村工业化。到 20 世纪 90 年代初期，顺德的工农业的产值比达到 98:2，基本实现了工业化。1992 年以后，顺德又以制度创新为先导，在中国率先进行产权改革，一下子解放了企业发展的生产力，一大批企业集团、许许多多的名牌产品成长起来。

2005 年，顺德又提出了"三三三"产业发展战略（第一、第二、第三产业协调发展，每个产业中至少要重点扶持三个以上的支柱行业，每一行业中至少要重点扶持三个以上的规模龙头企业），以及工业化、市场化、城市化、国际化战略等，推动了顺德的又好又快发展。一年后，即 2006 年，顺德的 GDP 突破千亿元。

除了顺德，珠三角的一些区域、江浙的很多区域，这些区域的政府在引领区域经济发

---

① 阿瑟·刘易斯著，梁小民译，经济增长理论 [M]. 上海三联书店、上海人民出版社，1994.
② 弗里德曼，自由选择 [M]. 机械工业出版社，2013.

展中也发挥了非常好的作用。中国的发展已经走过了"摸着石头过河"的阶段，应该要进入"超前引领"的阶段了。在发展还处于低水平的时候，需要"摸着石头过河"，大胆地试、大胆地闯。但发展到了一定阶段，就需要对发展进行引领、进行规划，实施推进。

三、区域政府"超前引领"的理论与实践依据

现代市场经济是"强政府"和"强市场"双轮驱动的经济体系，市场是资源配置的决定力量，而一个强有力的区域政府则对市场具有因势利导的"超前引领"作用。区域政府之所以能够实现"超前引领"是由其固有属性决定的，科斯谬误及非分散化基本定理为区域政府的"超前引领"奠定了理论基础，而美国、新加坡等国的区域政府实践也为区域政府的"超前引领"行为提供了实践佐证。

（一）科斯谬误及非分散化基本定理奠定了区域政府"超前引领"理论基础

1991年诺贝尔经济学奖的获得者罗纳德·H. 科斯（Ronald H. Coase）提出了著名的科斯三定理，科斯第一定理即为：如果市场交易成本为零，不管权利初始如何安排，当事人之间的谈判都会导致那些财富最大化的安排，即市场机制会自动使资源配置达到帕累托最优。科斯第二定理的基本含义为：在交易成本大于零的现实世界，一旦考虑到市场交易的成本，合法权利的初始界定以及经济组织形式的选择将会对资源配置效率产生影响。科斯第三定理可以表述为：因为交易费用的存在，不同的权利界定和分配，则会带来不同效益的资源配置，所以产权制度的设置是优化资源配置的基础（达到帕累托最优）。简而言之，科斯定理的核心其实包含两层含义：一是产权私有化；二是不需要政府干预，市场即可实现资源有效配置。但科斯定理还是受到一系列的质疑：

1. 是否产权私有化就能有效率。

科斯认为，私有制下的产权最清晰，自由的产权最适宜市场经济的发展，产生的效率最高。科斯定理表明：只要产权明晰化，任何产权分配方式都会导致帕累托最优状态。然而，即便如此，不同的产权分配方式仍可以造成不同的收入分配，而这种在收入分配上所导致的后果却为科斯定理所忽视。科斯还认为，只要产权是明确并且可以转让的，加上交易成本为零时，那么无论将产权给予谁，市场都是有效率的。但是由于自然界的因素、经济内部的结构以及外部经济环境的影响，这些理想的假设条件是不会同时存在的，所以科斯定理假设的所有资产的产权都能有明确的归属、都能转让，资源都能实现帕累托最优、都能实现最高的经济效率。这种情况只能以假设存在，现实情况绝非如此。

关于科斯的产权理论，除了在假设条件上过于理想化之外，还在产权与经营权的区别、资源配置驱动力的认识上存在严重不足，导致其简单地得出私有产权就能有效率的错误结论。对此，斯蒂格利茨也持相似的观点。

1989年，斯蒂格利茨在《关于国家的经济作用》中明确指出，科斯定理是"科斯谬误"。1994年，斯蒂格利茨又指出："科斯定理认为为确保经济效率而需要做的一切，就是使产权明晰。这一定理是完全不正确的。"他把这种以产权明晰为核心的产权理论称作"产权神话"，并指出这一神话误导了许多从计划经济向市场经济过渡的国家把注意力集中在产权问题即私有化上。斯蒂格利茨认为，在经济学中，大概还没有一种神话像产权神话那样影响人们的观点和行动。这一神话认为，人们需要做的一切，就是分配产权，这样，

经济效率就有了保证。至于产权如何分配则无关紧要……这种神话是一种危险的神话,因为它已经误导许多处于过渡中的国家把注意力集中在产权问题上,即集中在私有化问题上。

按照科斯的观点,政府所必须做的一切就是使产权清晰。一旦做到这一点,经济效率就会自然而然地随之而来。斯蒂格利茨不同意这一观点。他认为,产权清晰、私有化,不一定有效率;不明晰产权,不实行私有化,也不一定没有效率。斯蒂格利茨说:"没有私有化,甚至没有清晰地界定产权,也能成功地进行市场改革。"他还说:"私有化不是万应灵药,私有化不能保证经济有效运行,国有企业必须私有化才能成功没有科学根据。"

斯蒂格利茨在《政府为什么干预经济》一书中提到,公共企业无效率的例子很多,但私营企业也不例外。他在书中提到的加拿大国家铁路公司的例子表明,该公司的成本和效率是可以和私人企业相比的。除了斯蒂格利茨所举的这一例子外,新加坡政府投资公司(GIC)和淡马锡等一些国有企业在国际上也是以富有效率而闻名的。斯蒂格利茨和萨平顿1987年在《私有化、信息和激励》一文中提出了一个"私有化基本定理":"在一般情况下,不能保证私人生产必定比公共生产更好,一个理想的政府经营企业会比私有化更好。"

关于公共企业为何会存在无效率的问题,或者说在什么特殊的环境和条件下公共企业可以更富有效率,斯蒂格利茨指出,对公营经济来说,缺乏私人产权并不是问题的关键,关键在于缺乏竞争、激励和分权。他在书中说到"在阐明大公共企业和大私人企业存在的无效率问题的同时,在公共部门中确实有一些公共企业的效率更差,到底是什么原因呢?如果代理制问题在公共企业和私人企业都很普遍时,那么公平压力和道义压力不仅会严重地削弱管理者的判断力,而且会极大地约束引致他们有效工作的激励结构;不仅如此,许多公共企业的非竞争性和使管理者追逐自身利益的空间更大的组织目标的多重性更加恶化了这些问题。"

20世纪90年代,中国、苏联和东欧国家几乎同时进行了经济改革。苏联和东欧国家奉行的是科斯的私有产权理论,采取的是"休克疗法",进行全面的私有化改革,其经济转型目标是把原有的以公有制为基础的中央计划经济体制,转变成西欧国家那样的以私有制为基础的市场经济。但后来的改革却产生了一种畸形的即没有民族资本的资本主义经济,私有化没有促进生产力的发展,反而造成了极大的破坏,用经济和社会指标来衡量,东欧国家都出现了倒退。中国采取的是渐进式改革,在保持社会主义公有制主体地位的同时,实现市场经济体制改革和国有企业改革,通过引入市场竞争、股份制、现代企业管理技术,让市场作为资源配置的基础力量,提高经济主体之间的竞争;通过科学的激励和惩罚机制,调动企业经营者的积极性,使得中国经济不仅没有出现衰退,反而迎来持续高速地增长,成为世界第二大经济体。

对比中国和苏联、东欧国家改革的结果可以看出,私有化并非必然带来经济效率,竞争比私有化重要得多。

生产越是社会化,生产资料越不能单独地为个体和私人所有。在西方发达国家,企业所有权上也越来越摆脱传统的单个资本家所有制,而大多以股份公司等现代企业形式存在。而在现代企业制度下,无论控股股东是国有还是民营,都存在委托—代理问题、法人治理结构问题、道德风险问题、内部人控制问题等等。

此外，人们从事经济活动的动力并不只存在财产方面的约束，也存在其他方面的约束。在现代企业制度里，从事生产经营的企业经营者，常常也不是企业的所有者，而是由董事会聘任的经理人员。他们是否全心地为企业利益而工作，并不一定取决于其是否拥有企业的产权，也并不取决于该企业是由国有控股还是私人控股，而是取决于企业与企业之间是否具有竞争，企业经营者之间是否具有竞争，所有者与经营者之间是否具有科学合理的激励、惩罚和授权机制。如果企业经营者与企业之间存在共同利益，那么虽然企业经营者不具备企业的所有权，但他在某种程度上可以说拥有一定的企业财产分配权。在这种情况下，如果企业经营者之间（即人才市场）是有竞争的，企业与企业之间是有竞争的，那么理性的企业经营者一定会充分利用市场配置资源，并调动自身的积极性为企业利益而工作，而不会出现传统国有企业存在的低效怠工、贪污寻租等消极行为。

因此，私有化并非必然带来经济效率，既存在无效率的国有企业，也存在有效率的国有企业；同样，既存在无效率的私有企业，也存在有效率的私有企业。问题的关键在竞争，而不在所有制，竞争比私有化重要得多，公有制企业同样可以通过改革获得充分的经济动力。

2. 是否不需要政府干预就可实现资源的有效配置。

科斯认为如果没有政府的干预，人们自愿地联合起来可以解决任何无效率的问题，当事人之间的谈判都会导致这些财富最大化的安排，市场机制会自动使资源配置达到帕累托最优。这是科斯定理的第二层含义。科斯的这一理论也曾经主导了苏联、东欧国家经济体制的改革，强调私有产权和无为政府，但是从这些国家经济改革的实践来看，这一逻辑存在很大的缺陷。

某些科斯定理的信奉者可能会天然地认为，在交易成本为零时，产权一点也不重要，因为它根本不影响效率。张五常也这么说："交易成本为零时，产权界定根本就不必要。"甚至人们进一步得出结论，无需政府的参与，市场机制可以自动解决外部性问题，实现资源的最优配置。

由于外部性问题的存在，个体之间很难建立"自愿"组织去解决外部性问题，市场会出现失灵的情况，但是政府可以建立一个机制，解决因外部性和交易费用问题带来的市场失灵。因此，在某种意义上，也可以把政府看作是为此目标而设定的集体性组织。

市场和政府既不是完全孤立的，也不是完全对立的，不要把市场和政府对立起来，而要在市场和政府之间保持恰当的平衡；市场配置资源或价格配置资源通常都缺乏效率，导致市场失灵，而市场失灵就要求政府干预。斯蒂格利茨认为，市场的"常态"是信息的不完善性和市场的不完全性，公共产品、外部性、垄断等"市场失灵"现象界定了政府活动的范围；在一般情况下，市场不存在有约束的帕累托效率；市场失灵现象的根源在于没有人对市场负责，没有人干预市场，而市场失灵就要求政府干预，以增进福利。

斯蒂格利茨和格林沃德1986年在《具有不完全住处和不完全市场的经济中的外在性》一文中提出了一个"非分散化基本定理"：在一般情况下，如果没有政府干预，就不能实现有效率的市场资源配置。斯蒂格利茨等人批评了科斯等人的没有政府干预市场可以实现有效率的资源配置的观点。"格林沃德—斯蒂格利茨定理"认为，政府差不多总能有潜力对市场资源配置做出改进，政府具有私人部门所不具有的能力。斯蒂格利茨还提出，"从计划经济向市场经济转型的国家，不能削弱政府的作用，而是要重新对它加以规定"。

斯蒂格利茨区分了两种资源配置：一种是价格配置，另一种是非价格配置。传统的西方经济学理论只强调价格和市场在资源配置中的作用，斯蒂格利茨对此不以为然。他说："价格（和市场）在资源配置中只起比较有限的作用，而非价格机制则起更重要的作用。"斯蒂格利茨批评市场主义，认为它只重视价格和市场配置，而对非价格机制配置资源的重要作用则缺乏足够的认识。他还强调，政府在直辖市大规模投资方面能够充当更有效率的角色，以避免在市场经济中不时显现出的生产能力过剩的问题。

由于处于常态的信息不完全和外部性等问题，决定了只靠市场自发自愿，无法实现资源的最优配置，政府特别是区域政府不仅可以解决市场交易所需的基本法律环境和制度问题，还可以通过合理的产权分配、投资、价格、税收、法律、制度、人才教育等价格和非价格机制在资源配置中的作用，弥补市场失灵，实现对经济的"超前引领"。

（二）区域政府的公共性与强制力对市场秩序的建立和维护体现为"超前引领"性质

在经济活动中，政府、企业和个人都是其中的主体，但政府和其他经济活动主体相比有着明显的不同之处，一是政府具有公共性，二是政府具有强制力。市场这一客观规律被认识和被遵从有一个漫长的过程，在发展过程中，市场秩序常常会因人性的自私和贪婪被扰乱和被凌驾，历史的发展实践证明，这个过程是痛苦的，代价是沉重的。而区域政府作为具有公共性和强制力的组织，有利于迅速排除干扰因素，建立和维持市场秩序，缩短市场调整的镇痛期，具有纠正市场失灵的先天优势。一个"强政府"必然对市场机制是熟悉的，对市场秩序的建立和维护是有预见性和规划性的，区域政府的公共性与强制力为区域政府实施"超前引领"提供了前提条件。

（三）区域政府交易外第三方监督机制是市场自由、公平交易的强有力保证

在正常情况下，人们之间常常可以在市场这只"看不见的手"的引导下，通过自愿交换来实现其利益，只要交易成本超过收益，参与者就愿意做出更有助于增加收益的交易行为，这种理性的自利是可以通过自愿交换来实现互惠互利、提高社会生产活动效益的，这对于社会而言就是一种帕累托改进。但如果没有一个具有社会强制力的政府来约束和保障互惠的交易，那么自利的动机也会驱使交易中理性的一方通过威胁或者武力来强迫他人以实现自己的利益，这无疑是对市场自由公平交易秩序的极大破坏。在世界贸易的发展历史以及现在的世界经济格局中类似的情形并不少见，比如经济发达、军事强大的国家在和不发达、弱小的国家的国际贸易中，往往采用威胁、垄断甚至是战争的方式，进行占有、剥夺，或是以极度不平等的方式，以极低的成本和价格，从不发达国家中攫取大量的资源。

因此，只有在一个拥有强制力的第三方监督机制下，自愿交易和市场机制才能真正发挥其应有的作用。如果交易双方出现纠纷或者不履约的情况，法院、警察局等强制机关可以帮助受损失的一方挽回损失，或者惩戒违约的一方，那么原来有违约倾向的一方就会评估其守约的收益和违约的成本，提高自愿、公平交易的可能性。政府在经济活动中所表现出的普遍性和强制力，极大地推动了市场秩序的构建与维系，保护和促进了市场主体之间公平、自愿的交易，提高了整个社会的产出和收益。此外，政府在经济活动中所表现出的普遍性和强制力，也使得其具有纠正市场失灵的先天优势，政府可以通过法律、税收、行业政策等诸多具有普遍性和强制力的手段，不断完善市场机制，改善市场秩序，引导市场方向。

（四）区域政府财政支出对经济发展结构和水平的影响具有"超前引领"的可能性

马斯格雷夫和罗斯托提出的发展阶段理论认为公共支出的内涵是随着经济发展阶段的不同而变化的。在经济发展的早期阶段，政府投资在社会总投资中占有较高的比重，公共部门为经济发展提供社会基础设施，如道路、运输系统、环境卫生系统、法律与秩序、健康与教育以及其他用于人力资本的投资等。这些投资，对于处于经济与社会发展早期阶段国家的"起飞"，以至进入发展的中期阶段是必不可少的。

在经济发展的中期阶段，政府投资还应继续进行，但这时政府投资只是对私人投资的补充。无论是在发展的早期还是中期，都存在着市场失灵和市场缺陷，阻碍经济的发展。为了弥补市场失灵和克服市场缺陷，也需要加"强政府"的干预。马斯格雷夫认为，在整个经济发展进程中，GDP 中总投资的比重是上升的，但政府投资占 GDP 的比重，会趋于下降。

当经济发展到成熟阶段，人均收入水平大幅上升，人们开始追求高品质的生活，因而对政府提出了更高的要求，迫使政府提供更好的环境、更发达的交通、更快捷的通信以及更高水平的教育和卫生保健服务等，因此公共投资的份额又会出现较高的增长。

此外，随着经济的发展，市场失效日益突出，这就要求政府立法、增加投资和提供各种服务来协调和处理冲突及矛盾，其结果是公共支出的增长。总之，公共支出规模的上升与下降取决于经济发展的不同阶段，公众对政府提供的公共产品的收入弹性。比如美国经济已经处于成熟阶段，所以其政府支出多用于国家安全、教育、医疗、养老等公共服务领域。而中国还处于发展中期，部分省市地区还处于发展初期，因此政府支出中政府投资等用于经济建设性的支出占比较高。

在马斯格雷夫和罗斯托的发展阶段理论中，可以看出财政支出增长反映了政府在发展过程中起到的诸多作用，它既是基础设施资金和社会投资的供给者，同时还努力地克服市场失灵，尤其是在市场不存在的领域。从某种意义上讲，这也意味着政府特别是区域政府可以通过财政支出影响经济发展的结构和水平，对经济具有"超前引领"的可能性。

（五）实践证明区域政府创新的自发性和超前性实现区域经济的"超前引领"

1. 政府是技术创新的推动者。

根据熊彼特的创新理论，技术创新是经济增长的重要源泉。1990 年罗默在《内生技术变化》一文中开拓了关于内生技术变化增长思路的研究。这一研究思路与新古典经济增长理论不同的是，在由内生创新驱动的增长中，市场并不总是帕累托最优，这是因为创新需要垄断利润的存在。

开发新材料和新产品是研究开发活动的一种形式。新材料或新产品的出现将使中间产品种类或最终消费产品种类数目扩大，从而扩大了经济主体的选择范围，不断改善经济福利，给新中间产品研究开发者带来了垄断利益。在垄断利益的激励下，新中间产品的研究开发者不断努力从事其新中间产品的研究开发活动。如果新中间产品研究开发者是可以自由进入的，则只要研究开发者的净现值大于新中间产品的研究开发成本，研究开发者就可能将其所有资源都投入进去。

政府可以通过公共支出的补贴降低对中间产品的使用成本，或者保证生产者的利润水平趋于社会水平，比如德国为发展新能源对使用太阳能的居民给予电价补贴、中国对购买新能源汽车的居民实施购车补贴等政策，由此可刺激居民对新中间产品的需求，促使市场经济条件下的经济增长趋向社会最优。政府也可以通过公共支出对私人的研究与开发活动进行补贴。通过政府补贴降低研究开发成本，以此提高私人资本的边际收益，提高分权情况下的经济增长速度。政府还可以通过公共支出直接投资于研究与开发领域，增加中间产品的供应数量，促进技术创新。

Segerstrom（2000）[①] 在一个包含两类创新的经济中考察了研发补贴的经济增长效应，也发现了另一种情形：研发补贴对经济增长的影响是不确定的，政府只有补贴生产效率较高的研发部门，才能促进经济增长。所以，一个城市只有根据它自身的资源禀赋以及经济发展状况，综合考虑世界经济、科技的长期发展趋势，通过公共支出政策选择，提高自身需要发展或具有较高效率的中间产品，也就是说促进某些领域的技术创新，才能真正实现对经济发展的引领。

在世界经济发展的历史长河中，哪个国家在创新的竞赛中占据了主动，就会在国际竞争中得到先发优势，取得经济发展的主动权。英国领导了第一次工业革命，一跃成为当时的世界第一强国。美国主导了信息技术革命，使其经济称霸全球。对于企业也是如此，Google依靠搜索引擎在短短几年时间内成为世界性大企业，苹果通过精益求精的产品和技术创新一跃成为全球市值最大的企业。

英国经济学家弗里曼在20世纪80年代提出"国家创新系统"理论，将创新上升到国家战略。过去30年，世界各国政府在鼓励和推动技术创新方面，都发挥着重要的作用。

2. 政府是制度创新的发动机。

在经济发展、国家兴衰方面，制度起着至关重要的作用。但是制度一旦形成，即具有稳定性。社会易变而制度不易变，于是形成变革的社会与稳定的制度之间的矛盾。因此，当社会要变革、要发展，必须先对已有的制度进行改革，即制度创新。

制度创新可分为诱致性制度创新与强制性制度创新。诱致性制度创新指的是现行制度安排的变更或替代，或者是新制度安排的创造，它由一个人或一群人，在响应获利机会时自发倡导、组织和实行。诱致性制度创新具有自发性、局部性、不规范性，制度化水平不高。强制性制度创新的主体是政府，而不是个人或团体，政府进行制度创新不是简单地由获利机会促使的，而是通过政府的强制力短期内快速完成，这样可以降低创新的成本，具有强制性、规范性和制度化水平高的特点。

制度创新的主体有三个：个人、团体与政府。从此角度分析，制度创新有三种：个人推动的制度创新、团体推动的制度创新、政府推动的制度创新。制度创新可以在这三个层次上进行，但它们的影响差别很大。由于政府所具有的强制力，政府推动的制度创新最为宏观，影响面往往最大；个人和团体也会参与制度创新，其中较有代表性的是泰勒制。它是20世纪初美国工程师F. W. 泰勒在传统管理基础上首创的一种新的企业管理制度，是一种工业管理方法，可以使作业标准化、规范化，可以提高生产效率，因而也叫科学管

---

① Segerstrom, P., The Long-run Growth Effects of R&D Subsidies, Journal of Economic Growwth. 2000. 5 (3), 277-305.

理，曾被当时许多资本主义国家的企业所采用，大大提高了工业的生产效率。

从政府功能的角度来说，由于国家具有暴力上的比较优势，它能够维护基本的经济社会结构，促进社会经济的增长，因而代表国家的政府也就理所当然地成了制度创新的生产者和供给者。同时，政府主导的制度创新是成本最低的创新形式。制度安排是一种公共物品，而政府生产公共物品比私人生产公共物品更有效，在制度这个公共物品上更是如此。

虽然个人和团体也可以进行诱致性制度创新，但是由于诱致性制度创新会碰到外部效果和"搭便车"问题，因此，该类制度供给将不足。在这种情况下，强制性制度创新就会代替诱致性制度创新。政府可以凭借其强制力、意识形态等优势减少或遏制"搭便车"现象，从而降低制度创新的成本。当制度创新不能兼顾所有人的利益时，或一部分人获益而另一部分人的利益受损时，制度创新就只有靠政府了。

政府主导型制度创新即政府凭借特有的权威性，通过实施主动进取的公共政策，推动实现特定制度发展性更新的行为过程。在这种形式的制度创新中，由于新制度本身就是国家和地区政府以"命令和法律"形式引入并实现的，因此政府发挥了决定性作用。

政府可以有意识地采取某些措施，通过改变产品和要素的相对价格来促进创新和经济发展；政府可以采取某些政策，将中国有限的人力、物力资源集中起来，更快地开发或引进某些新技术，以便激发创新；政府可以消除区域间人为的壁垒，使分割的中国市场得以统一，市场规模得以扩大；政府可以改变法律和现存的制度安排，使其朝着有效率的制度方向创新。

区域政府的制度创新更具有自发性和超前性。除了国家的制度创新外，区域政府也是重要的制度创新主体，并且由于地区之间制度结构存在长期的差异，以及地区之间竞争的需要，区域政府通过制度创新能够在一定时期内获得制度的垄断利益，因此，区域政府具有强烈的开展制度创新的动力。

以中国为例。改革开放以来，中国从过去的计划经济体制向市场经济体制过渡，其核心就是市场逐渐成为调配资源的主体，政府从经济决策领域逐步退出。在这一过程中，政府内部实施自上而下的分权，区域政府因此而获得相对独立的财政收支权力，不同地域的区域政府之间为了获得更大的资源支配权，展开了深入而广泛的横向竞争。地区政府之间竞争的现象可以归结为政府间的制度竞争，制度层面上的竞争是区域竞争深化的结果，其实质就是制度创新的竞争。

改革开放以来，中国选择了一条渐进式的制度创新路径。某些区域政府为了追求更高的财政利益和经济发展，一些地区率先主动支持有利于本地区经济发展的诱致性制度创新。从中国来看，珠三角地区和东部地区的那些有远见、有魄力、有才识、具有超前思维的区域政府官员，既出于对提高辖区整体经济水平和福利的关注，也出于对自身政绩的考虑，在中央政府宏观改革政策的鼓励下，大胆突破原有地区旧体制的束缚并在制度创新方面不断取得进展，使得这些地区的经济在改革开放之初就得到快速发展，并最终形成了有别于内地的制度竞争优势。

由此看来，一个区域的改革进程更多地取决于这个区域政府官员的改革魄力和超前思维。这些"迫不及待"的政府官员及由其组成的区域政府往往充当推动本地区制度创新的"第一行动团体"，引领着区域经济的发展。

中国制度创新的思路是"由点及面，逐步推进"，特别是对那些涉及全局性的制度创新，中央往往会在某一个地区率先推行，如建立经济特区。在试点区域制度创新取得成功后，各个区域政府通过移植和模仿其他区域的制度创新成果，使得中国转型经济制度在中国各地区迅速扩散开来。这种试点区域制度创新模式不仅试错成本小，还因为区域政府自身推动制度创新的强大动力和竞争性，缩短了制度创新的时滞，推动了各个地区的制度创新和创新。

这种具有自发性和超前性区域政府的制度创新，不仅带来了区域经济的超前发展，而且最终会带动国家的制度创新，具有很强的"超前引领"作用。

3. 政府是组织创新的引领者。

组织创新也是熊彼特创新理论的重要构成。组织是由各种资源按照一定方式相互联系起来的系统，组织创新则是对这一系统的结构及管理方式进行一系列变革和调整的行为，组织创新的目的是使组织能够更好适应外部环境及组织内部条件的变化，从而提高组织活动效益的过程。组织创新必然需要对原有资源进行重组与重置，形成新的组织结构和比例关系，并依据变革后的组织需要采用新的管理方式和方法。这一系列的在组织创新活动所涉及的组织功能体系的变动、管理结构的变动、管理体制的变动和管理行为的变动，也必然会涉及各方权利和利益的重组，这意味着组织创新往往伴随着巨大的风险和相当大的阻力。因此，组织创新既需要有长远的战略规划，也需要具备挑战和打破旧的组织结构和利益格局的勇气和魄力。

区域政府在组织创新方面可以在两方面发挥巨大的作用。一方面是针对区域政府自身的组织创新，比如扁平化的组织模式变革、放权让利以及政府机构之间的合并与重组等。另一方面则是在全社会范围内营造组织变革的氛围，为整个区域的组织创新创造良好环境。事实上，政府的政策、法令、法律、规划、战略等都直接对组织创新行为具有指导意义和约束力。所以政府在组织创新过程中所倡导的价值观和为了组织创新所提供的一系列的法律、制度和资源保证。政府凭借其政治上的权利和经济上的调控职责，在打破旧的组织束缚和建立新的组织架构上，具有无可比拟的优势，因此，区域政府在组织创新上必须要发挥超前引领的作用。

四、"超前引领"的主要载体

城市经济是区域政府"超前引领"的主要载体，理由如下：

（一）在区域政府的竞争中，城市竞争是区域政府之间竞争的主体力量

1. 城市在发展经济过程中实际权力较大，竞争最为激烈。

在中国，尽管中央和区域政府提供有关土地及其他经济政策的指引，有干部任命权、财税再分配权等等，但在这样一个发展中国家，市场经济三要素中的资本要素主要受制于中央的货币政策调控，劳动力要素供给主要由市场决定，只有土地使用权（或者土地）的供应或变更可以由城市政府来主导或引导。

2. 城市的经济独立性强，政府利益与经济发展关联度大。

城市政府主要收入、官员经济政绩、财政税务松紧，都与项目建设、招商引资、区域发展密切相关。

3. 同一区域内，城市之间自然禀赋差异小，可比性高。

省州之间，有的位于沿海，有的位于内地，有的条件好，有的条件差，自然禀赋差异大，可比性相对下降。而城市之间，条件清楚，容易对比。

4. 城市主体数量多且具有一定规模，具备竞争环境和充分的竞争条件。

宪法规定，中国政府行政机构分为中央、省、县、乡四级制，但由于省和县中间还多了地级市这一级建制，事实上中国实行的是中央、省、地级市、县、乡这样的五级政权体制。

需要指出的是，这里所说的城市是相对于农村而言，"城市政府"是相对于"乡村政府"而言。因此，"城市"是一个相对的概念，既可以指"城市的行政区域划"，又可以指"城市的区域范围"。

通过分税制等合约竞争纽带，即与上级政府、投资者均有合约的约束竞争，各级政府在发展经济这个问题上，具有高度的一致性。无论是政治诉求，还是经济利益，各级政府都想通过发展来增加税收，增加自己可支配的收入。因此，经常可以看到，在市级和县级政府的竞争中，特别是涉及跨省之间招商项目的竞争中，往往都有区域政府的参与和竞争。

（二）城市经济发展是区域经济增长的主要驱动力量，也是政府"蒂伯特选择"机制的作用核心

城市经济以城市为载体和发展空间，由工业、商业等各种非农业经济部门聚集而成，在特点上主要包括：a. 人口、财富和经济活动在空间上的集中；b. 非农业经济在整个经济活动中占支配地位；c. 经济活动具有对外开放性。

城市第二节、第三产业繁荣发展，经济结构不断优化，资本、技术、劳动力、信息等生产要素高度聚集，规模效应、聚集效应和扩散效应十分突出，是整个区域发展的重要推动力量。中国外的理论研究和实践都证明城市是区域经济增长的发展极，城市的带动作用增加了地区差别效应，改变了直接的地理环境。作为人力、资本资源的积累和集中中心，它促进了其他资源集中和积累中心的产生，而且如果足够强大，城市经济的发展还会改变它所在的国民经济的全部结构。在经济增长中，由于某些主导部门，或有创新能力的企业，或行业在某一区域或大城市聚集，形成资本与技术高度集中、具有规模经济效益、自身增长迅速并能对邻近地区产生强大辐射作用，促进自身并带动周边地区的发展。中国经济发展实践已经证明，在长三角和珠三角的城市化群落中，城市化率与经济增长之间具有显著的正相关关系，城市化率对经济增长具有重要的新引擎作用。

在城市经济发展中，区域政府通过"蒂伯特选择"机制来实现区域经济的"超前引领"。"蒂伯特选择"机制是指在人口流动不受限制、存在大量辖区政府、各辖区政府税收体制相同、辖区间无利益外溢、信息完备等假设条件下，由于各辖区政府提供的公共产品和税负组合不尽相同，所以各地居民可以根据各区域政府提供的公共产品和税负的组合，来自由选择那些最能满足自己偏好的区域定居。居民们可以从不能满足其偏好的地区迁出，而迁入可以满足其偏好的地区居住。形象地说，居民们通过"用脚投票"，在选择能满足其偏好的公共产品与税负的组合时，展现了其偏好并做出了选择哪个政府的决定。

在"蒂伯特选择"机制下，政府为了吸引城市群外的企业和产业，可以采取加大固定资产投资中的更新改造的比例、加大对城市群内基础设施建设投资的比例、降低企业交通运输成本、强化需求关联的循环积累效应和投入产出联系，促进区域经济增长。中国改革实践充分说明，在珠三角和长三角城市化群落中，各区域政府均加大了固定资产投资中的更新改造投资的比例，加大了对城市内和城市间的基础设施建设投资的比例，结果不仅降低了企业的交通运输成本，而且增强了投资需求对经济增长的循环积累作用，促进了经济增长。

（三）城市经济发展的规模效应、集聚效应、邻里效应决定了政府"超前引领"的战略重点

规模效应又称规模经济，即因规模增大，单位产品的固定成本不断降低而带来的经济效益的提高，但是规模过大可能产生信息传递速度慢且造成信息失真、管理官僚化等弊端，反而产生"规模不经济"。城市经济发展同样具有规模经济效应，随着城市的发展壮大，城市管理的单位成本下降，为税负减轻和公共服务支出的增加奠定了经济基础，吸引更多的资本和劳动的投入，产出效率和发展速度进入快车道。城市经济发展的规模效应越来越突出。区域政府的"超前引领"也必须将着力点放在城市规模上，为政府的管理成本的降低、管理效率的提高创造先决条件。并且要借助区域政府的预测、规划能力防止出现规模过大而产生的规模不经济，在防微杜渐上也要发挥好"超前引领"的作用。

城市经济发展中的规模效应还只是在成本上说明了城市经济的优势，产业的集聚效应才是真正代表了城市的创新和引领能力。

"集聚效应"是指各种产业和经济活动在空间上集中产生的经济效果以及吸引经济活动向一定地区靠近的向心力，是导致城市形成和不断扩大的基本因素。产业的集聚效应是城市经济集聚效应的主要表现形式，是创新因素的集聚和竞争动力的放大。从世界市场的竞争来看，那些具有国际竞争优势的产品，其产业内的企业往往是群居在一起而不是分居的。产业的集中最终形成了城市，也在不断扩大城市规模和提升城市经济实力。

但产业集聚效应并非简单的企业集中就能产生。一个优秀的企业，在产业创建、转移和发展过程中比较多关注产业的外部环境是否具有持久的竞争优势。所以城市经济的发展必须是有高度关联性产业的整合，形成内部经济和外部经济的双重区域竞争优势，才能真正吸引有效投资，促进城市经济发展。而在规划产业联盟、引导产业、培育区域竞争优势方面，区域政府在制度创新与技术创新的能力上具有"超前引领"的天然优势，区域政府可以合理规划土地资源来培养产业园区；可以提供交通、电讯、大型交易中心、大型原材料基地等公共设施；可以建立完善的法律、社保、环境制度体系和良好的融资环境；可以对跨区域的产业集聚进行政府间沟通；也可以加强在公共服务方面的投资，包括大学以及其他教育培训机构、管理、技术等咨询机构，公证、法律、会计服务机构，产品检验认证机构等；而且通过区域政府活动可以更好促进企业之间的各种交流与合作，倡导植根本地的区域文化以及适应竞争与合作需要的企业文化。

邻里效应，最早由美国社会学家威尔逊提出，主要是指区域社会环境的特点可以影响人们的思想和行为的方式。产生原因在于人们普遍存在一种建立和谐的人际关系的期望；人们看待对方时，也倾向于多看积极的方面；人们在互动过程中，总是不由自主地图以最小的代价换取最大的报酬。邻里效应的作用机制主要包括社会化机制、社会服务机制、环境机制和区位机制四类。其中社会化机制又称社会互动机制，强调邻里内部群体之间以及与外部群体之间的社会互动对邻里内部群体的社会行为将产生影响,这种社会化机制邻里效应有积极和消极之分,好的邻里效应会形成互相带动、互相促进的良性循环,而一个消极的邻里效应也会产生诸如风气恶化、环境污染、区域贫困、地区污名化等恶性循环。

作为区域政府,有责任在社会服务机制、环境机制和区位机制方面发挥"超前引领"的作用,强化邻里效应的正面扩散效应,扼制其消极思想和行为方式的恶性传播。欧美应对邻里效应的政策主要以区域政策为主,通过进一步完善医疗卫生、教育文化、商业服务等公共性服务设施,致力于区域公共交通条件的改善、完善就业、技能培训、福利申请的信息咨询服务等,极大促进了实现区域的复兴与提升。

五、区域政府的职能边界

市场调节和政府调节有各自的优势和不足,需要相互配合,而区域政府的职能边界在于区域政府解决一个经济问题的成本与市场解决这个问题的成本的比较,理论上说,当区域政府作用的边际收益(成本)等于市场作用的边际收益(成本)时,市场和区域政府的职能边界达到最佳状况,当政府作用的边际收益大于市场作用的边际收益,或者政府作用的边际成本小于市场作用的边际成本时,就应当选择和扩大政府的作用。

在实践操作中,由于对区域政府和市场作用的边际成本和边际收益看法不同,所以对于区域政府具体的职能界限还存在一定争议。韩国、日本等地的发展模式,都基本体现了一种政府主导型的经济发展模式,不同的是政府干预程度与驾驭经济发展的能力上存在的差别。而以美国为首的西方国家在经济发展上比较倡导"小政府"的理念,政府职能主要体现在保障人的基本权利、创造自由的环境、完善法治和产权制度、给市场经济营造稳定的基础方面。无论市场与区域政府的具体组合如何,都和一定的发展阶段、具体的社会背景密切相关,所以区域政府"超前引领"的范围也需要根据不同发展阶段明确界定。

一般来说,区域政府应充分发挥其在制度创新方面的引领优势,成为构建区域创新体系的主体,用制度创新为技术创新的提供基础条件和保障环境。一项技术创新若要在经济中实现效用最大化,不仅需要有知识产权等立法的保护,也需要资本的投入,更需要人才等软环境的配套。技术创新活动是一根完整的链条,这一"创新链"具体包括:孵化器、公共研发平台、风险投资、围绕创新形成的产业链、产权交易、市场中介、法律服务、物流平台等。完整的创新生态应该包括:创新政策、创新链、创新人才、创新文化。以高科技产业为例,世界上发达国家都是通过立法、投资、税收、人才教育等建立完善的创新体系,从而保障高科技产业的高速发展。

六、区域政府"超前引领"的范畴

对于一个经济体的发展而言,制度、组织、技术、理念等要素都很重要,因此,可以将政府"超前引领"归纳总结为制度的"超前引领"、组织的"超前引领"、技术的"超前引领"和理念的"超前引领"。

制度的"超前引领",是指充分发挥政府,特别是区域政府在制度创新上的作用,通过创设新的、更能有效激励人们行为的制度和规范体系,改善资源配置效率,实现社会的持续发展、变革和经济的持续增长。它的核心内容是社会政治、经济和管理等制度的革新,是支配人们行为和相互关系的规则变更,是组织与其外部环境相互关系的变更,其直接结果是激发人们的创造性和积极性，促使新知识的不断创造、社会资源的合理配置及社会财富源源不断地涌现，最终推动社会的进步。只有创新型政府，才能发挥制度上的"超前引领"作用，形成创新型的制度。

组织的"超前引领"，是指通过政府，特别是区域政府在政府组织结构、组织方式、组织制度等方面进行的创新活动，提高经济和产业发展的组织基础，从而促进经济发展和社会进步。通常而言，组织创新的内涵和目的实质上是制度创新和技术创新。

技术的"超前引领"，是指发挥政府在集中社会资源中的优势，使其直接或间接参与技术发明，推动技术进步，促进企业技术创新能力建设。这包括两个方面：一是为企业提高技术创新能力创造一个有利的外部环境，如加强专利体系和产品标准化建设等；二是采取一系列直接在经济上激励企业技术创新的措施和政策，如通过关键技术领域的研发资助计划或设立技术基金等。

理念的"超前引领"，是指政府在行使国家公共权力和管理社会的过程中，对不断出现的新情况、新问题进行前瞻性的理性分析和理论思考，对经济和社会现象进行新的揭示和预见，对历史经验和现实经验进行新的理性升华，从而指导经济制度和组织形式的创新和发展。在新的经济发展阶段，只有全面创新中国政府的理念，如公民社会理念、有限政府理念、政府公开理念、政府效能理念等，才有可能为创新中国政府的管理体制、管理行为、管理方法和管理技术，提供正确的价值导向和巨大的创新动力。

在不同的经济体制、不同经济发展阶段、不同的经济禀赋的条件下，政府"超前引领"的侧重点会大不相同。对于转型国家而言，市场经济制度尚不完善，经济增长方式比较粗放，在这种背景下，制度、组织、技术和理念上的"超前引领"显得尤其重要，这在中国三十多年经济改革开放中区域政府竞争上体现得比较充分。

在改革开放的前沿地带，如中国顺德、江阴等地，这些区域的政府从市场经济的内在要求出发，超前性地实践和探索市场经济发展中政府的作用，在经济体制、组织形式上率先进行创新。如20世纪80年代初期，顺德政府提出"三个为主"（公有经济为主、工业为主、骨干企业为主），以此推进农村工业化。江阴确定了无工不富、无农不稳、无商不活的发展路子，决定"大办乡镇工业"。1992年后，顺德又以制度创新为先导，在中国率先进行产权改革。

这种在制度、组织、技术和理念上的"超前引领"，使这些地区赢得了改革的时间差，抓住了发展的主动权，区域政府的社会经济也就走在了前列。顺德在改革开放三十多年的发展中，一直领跑中国的县域发展，成为中国首个GDP突破千亿元的县域，连续多年位居中国百强县榜首。江阴也因乡镇企业的异军突起，被著名社会学家费孝通概括为"苏南模式"，实现了由农业县向工业市的历史性跨越。

七、区域政府"超前引领"发挥实效的条件

区域政府"超前引领"的目的是实现区域资源的有效配置，形成领先优势，促进科学发展和可持续发展，但是"超前引领"能否真正发挥实效、达到上述目的还需要具备一定的条件。

首先，要具有完善的市场机制和法治环境，它是政府发挥"超前引领"作用的前提。市场经济不仅是政府进行"超前引领"的基础，也是政府优化资源配置的基础和动力。其

次，要具有经济职能和竞争动力。对于全球经济来说，我们要创造一个良好的发展氛围和竞争环境。对于一个国家来说，我们也要鼓励各区域或城市有序竞争，推动发展。再次，要推动政府信息透明公开，防止腐败，增强公民对政府的信任。最后，要创造一个良好的人才选拔机制，让优秀人才来参与政府管理。

（一）完善的市场机制和法治环境是"超前引领"的基本前提

强调政府"超前引领"，就要特别强调在市场经济的基础上进行"超前引领"。没有完善的市场经济，政府"超前引领"就失去了意义。而且"超前引领"利用的也是市场机制、市场手段、市场力量，并推动市场更完善。

市场经济是法治经济，法治环境不仅是政府"超前引领"的保障，也是政府"超前引领"过程中必须努力维护的目标。

1. 以市场为基础配置资源是政府"超前引领"的重要条件。

以市场为基础配置资源有两层含义：一是要具有市场经济的基础环境；二是政府要尊重市场经济的基本规则。要使区域政府能够发挥引领经济的作用，必须使这种引领作用与市场经济有机地结合起来。还是以中国为例。

（1）要具有市场经济的基础环境。从中国体制改革实践来看，较大的体制调整有两次：一次是20世纪50年代末期，中国经济管理体制进行行政性调整，由集权变为分权，结果是获得一定自主权的区域政府仍以行政方式管理经济，政企关系无法理顺，企业缺乏活力。实质上，这是集权模式的弊病在分权模式中的重演。另一次是20世纪80年代中后期，中国普遍推行财政包干体制，虽然搞活了区域经济，但是也导致了各区域行政性贸易保护严重、诸侯经济割据的后果。

总结这两次体制改革的教训，根本的原因不在于是否应该放权，而在于缺乏有效的市场经济环境。

在计划经济时代，第一次体制改革因没有触动资源配置机制而无法解决旧体制中发展动力不足的根本问题。

由于实行高度集权型的计划经济体制，一切社会资源都是统筹统配，市场基本上被排除在经济活动之外，政府特别是中央政府的职能空前扩大，它几乎取代了所有经济主体的决策和选择权力的机会，包办包揽一切。在这种情况下，区域政府在经济活动中的角色主要是一个传达中央指令给企事业单位的中介，是中央政府上传下达的中转站，没有独立的经济利益和责任，根本不是真正的经济主体，更谈不上所谓政府"超前引领"。

第二次体制改革虽然已经开始由计划经济向市场经济转型，但仍然因缺乏有效的市场规则而妨碍了统一市场的形成。总之，这都是市场经济发育不足造成的结果。

同时，这也说明，只进行政府之间权力转移是不够的，还必须要形成一个使用权力发展经济的有效运行机制，这就是市场机制。没有市场经济，就无法形成有序的经济运行秩序，在这种情况下，无论怎样分权都无济于事。

（2）政府要尊重市场经济的基本规则。在培育市场机制和市场体系的基础上，广东省政府也积极地制定市场规则。市场规则是根据市场运行规律制定出的各类市场运行的法规、秩序，让市场活动的各类主体——政府、企业、团体、个人共同遵守。20世纪80年代初，广东省政府在做出允许农民进城经商决定的同时，也制定了对城市交通、卫生和市容管理的措施和条例。此外,政府还制定了一系列法规,涉及社会保障、劳务安全、卫生标准、环境保护等前面已经提到,广东省经济发展较快既是因为区域政府引领作用的发挥,也是因为其市场经济机制建设得较好。

在强调政府对经济的引领作用时,必须要防止一种倾向,就是片面夸大政府的作用,进而无限扩张政府的职能。政府对经济的无作为,会影响经济的长期稳定发展。但强调政府的作用,并非等于政府什么都要管。不适当的政府干预可能会妨碍市场的正常发育,从而导致更多的政府干预。反之,适度的政府干预不仅有利于社会目标的实现,还能促进市场的发育。也就是说,在政府和市场的关系中,必须要保持一定的平衡和适当的尺度。正如阿瑟·刘易斯所说:"政府的失败既可能是由于它们做得太少,也可能是由于它们做得太多。"

那么,什么是合适的政府引领方式?什么样的尺度才能保持政府和市场之间适当的平衡呢?应该主要遵循以下三个原则:一是可经营性资源(私人物品)依靠市场原则,交给市场去处理;二是非经营性资源(纯公共物品)由政府提供;三是准经营性资源(准公共物品)视各类政府财力和私营部门的经济状况,通过多种组织形式,利用市场资源配置和私营部门的经营与技术优势,采取政府推动、企业参与、市场运作的原则进行。

政府的运行机制和市场的运行机制是不同的。政府主要是通过征税来提供公共物品。但是,征税是可以精确计量的,而公共物品的享用一般是不可以分割的,无法量化。

此外,由于公共物品具有非排他性和非竞争性的特征,它的需要或消费是公共的或集合的,如果由市场提供,每个消费者都不会自愿掏钱去购买,而是等着他人去购买而自己顺便享用它所带来的利益,这就是经济学中的"搭便车"现象。

由以上分析可知,市场只适合提供私人产品和服务,对提供公共物品是失效的,而提供公共物品恰恰是政府活动的领域,应该由政府提供。

公共物品可以分为纯公共物品和准公共物品,一般来说,纯公共物品只能由政府提供;而准公共物品既可以由政府提供,也可以由私人提供但政府给予补贴。

必须说明的是,在准公共物品的生产和提供上,可以没有统一的做法,但应根据实际情况,视各类政府财力和私人部门的经济状况,通过多种组织形式,利用市场资源配置和私营部门的经营与技术优势,采取政府推动、企业参与、市场运作的原则进行。

在政府财力足够且政府运营效率相对较高的情形下,可以采取政府直接生产提供的方式。在政府财力有限,而私人部门资本充足且运营效率较高的情况下,也可以采用BOT(建设—经营—转让,Build - Operate - Transfer)等方式,由政府通过契约授予企业(包括外国企业)一定期限的特许专营权,许可其融资建设和经营特定的公用基础设施,并准许其通过向用户收取费用或出售产品以清偿贷款,回收投资并赚取利润;特许权期限届满时,该基础设施无偿移交给政府,中国很多高速公路、污水处理设施都是采取类似的模式。这种模式能聚集社会资本,加快公共物品的供应。

2. 市场化程度的高低决定"超前引领"作用的大小。

纵向来看,"超前引领"随着市场机制的建立和完善而逐步加强。

以中国为例。改革开放以来,中国从过去的计划经济体制向市场经济体制转变,其核心就是市场逐渐成为调配资源的主体。这一过程大致可以分为三个阶段:

第一阶段是1978—1991年,是计划经济向市场经济过渡。这一阶段由于市场经济基础并不牢固，该阶段宏观调控仍以行政手段为主，未掌握也未能按照市场经济的基本规律办事，因此区域政府的"超前引领"作用大打折扣。

第二阶段是 1992—1997 年，初步建立市场经济，市场经济意义上的宏观调控逐渐走上历史舞台。这一阶段宏观调控已改变过去单纯依靠行政手段的做法，宏观调控目标明确，宏观调控手段逐步健全，在运用经济手段和法律手段的同时，辅之以必要的行政手段，具有理性干预的许多特征。与此同时，区域政府也更多地采用市场化手段来引领经济发展，有远见的区域政府逐步改变政府与企业的关系，不再参与企业的生产经营活动以适应企业发展的需要，而是转而创造和维护有利于企业经营的市场、法律等外部环境。因为只有区域企业的充分发展，才能保证区域政府的财政来源。

第三阶段是 1998 年以后，是市场经济的发展阶段，也是中国加入 WTO 的完成阶段。这一阶段，中国政府宏观调控体现出较强的预见性、针对性和灵活性，且宏观调控方向、节奏和力度的把握比较准确，多种宏观调控手段和方式能够协调使用。同期，区域政府在引领经济的方式上也产生了重大转型，出现了不少新的政府管理理念，包括经营城市、服务型政府等。尤其是深圳和顺德启动的"大部制"改革，大幅精简原有党政机构，改革后政府部门职能交叉减少、服务增强，有效提高了政府部门的行政效能，降低了行政成本，取得了很好的成效；同时，强化了领导责任制，使行政问责制落到实处。"大部制"改革对广东乃至中国经济社会发展的科学转型，对推动区域政府机构改革，建设公共服务型政府，具有很好的借鉴意义。

从这三个阶段的变化中，可以清晰地看到，政府"超前引领"的作用是随着市场机制的建立和完善而逐步加强。在市场经济刚开始建立的阶段，政府的"超前引领"更多体现在理念、制度和组织上；在市场经济初步形成之后，政府的"超前引领"则更多地转向组织和技术上的"超前引领"。

横向来看，市场化程度相对较高的地区"超前引领"作用体现得较好。

众所周知，与新加坡同处一个地理位置、资源禀赋还更为优越的马来西亚没有实现与新加坡一样的经济奇迹。这说明一个地区的经济发展固然是该地区的历史条件、文化背景、内外环境和政策体制等多方面因素综合作用的结果，但是，其中一个不容忽视的原因是各级区域政府在地区经济发展中发挥的主导作用，也就是"超前引领"的作用。政府"超前引领"作用的发挥与其市场化程度高度相关，市场化程度相对较高的地区，政府"超前引领"作用往往发挥得较好；市场化程度相对落后的地区，政府"超前引领"作用发挥得就会较差。

20 世纪 80 年代，中国广东省改革开放与经济发展就是沿着行政性放权与市场经济相结合的道路走过来的，市场经济的发育使区域政府发展经济成为可能。

当然，市场机制和政府的"超前引领"是相互依存、相互作用的。政府"超前引领"作用发挥得较好，也会反过来促进市场机制的形成和完善，而这又会提高政府的"超前引领"作用，从而形成一个循环往复的正激励效应。

为了保证区域财政收入的不断增加，中国区域政府必然要千方百计地帮助企业开拓新市场、获取新资源、引进新技术、增加新品种，这样，区域政府与其所属企业才能形成一股应付市场变动的共同力量，从而加快市场经济活动中主体力量的成长。最明显的例证是广东省乡镇企业的成长与发展，在乡镇政府的大力扶持下，乡镇企业在市场经济中扮演了最具活力的重要角色。

广东省各级区域政府正是将政府的主导作用和市场机制有机地结合在一起,借助于毗邻港澳、市场基础较好的优势,通过更大程度地对外开放,使得经济走在了中国的前面。

3. 完善的法律体系是实现"超前引领"的重要基础。

市场经济必须依靠法律来解决市场经济活动的秩序问题。只有具备合理而完备的法律,才能发挥市场经济有效配置资源的功能。

市场经济是法治经济,强调用法治思维和法律手段解决市场经济发展中的问题,调整经济关系,规范经济行为,指导经济运行,维护经济秩序。法治是建立现代市场经济体制的重要基石。倘若没有法治的保障,那么从根本上讲产权是不安全的,企业不可能真正独立自主,市场不可能形成竞争环境并高效率运作,经济的发展也不会具有可持续性。

首先,不断建立和完善市场经济的法律体系,不仅为市场经济的培育和发展提供重要的法律条件,而且为公私财产权的保护和公平的市场竞争秩序的建立提供较为有效和全面的制度保障。

其次,要建设法治政府,全面推进依法行政,增强依法行政的意识和能力,提高制度建设的质量,规范行政权力的运行,不断提高政府的公信力和执行力,实现建设法治政府的目标。

最后,要构建法制化的营商环境。如加强知识产权保护;创新政府管理服务方式;建立合法科学、精简高效的行政审批制度,减少行政手段对微观经济活动的不恰当干预;提高行政决策的公众参与度,提高行政权力运行的透明度。

在建设竞争有序的市场环境方面,要以激发市场主体活力、促进市场主体诚实守信经营、推动生产要素高效公平配置为目标,有效降低市场准入门槛和企业运营成本。在建设市场监管体系方面,要创新监管机制和监管方式,逐步形成统一、开放、竞争、有序的市场生态环境,建立起政府负责、部门协作、行业规范、公众参与的市场监管新格局;完善质量监管体系,加强质量技术标准、质量检验检测、质量预警和风险防范工作;强化对垄断、不正当竞争等违反市场竞争秩序行为的监管,建立和完善"打、控、防、管"综合监管机制,推动监管向长效化、规范化转变;加强行业自律,推动政府把能由行业组织承接的行业管理职能权限向行业组织转移,支持行业组织制定行业经营自律规范,建立行业准入和退出机制。

(二) 区域政府的竞争动力是"超前引领"的重要前提

竞争是市场经济的固有属性,亚当·斯密以利己主义和自然秩序为基础,论证了市场竞争的客观性、必然性和合理性,分析了竞争的均衡机制和作用过程,指出自由竞争具有宏观的协调功能和微观的动力功能,竞争的必然结果是劳动要素和资本要素的合理配置,从而促进国民财富的增加。

后来,蒂布特模型(Tiebout Model)理论提出消费者会从对区域公共产品和服务的偏好出发来"用脚投票"以选择区域政府,区域政府竞争逐渐成为欧美国家多方讨论的热点话题。特别是近年来,随着欧洲经济一体化进程的加快,德国在政府竞争的理论研究方面取得了较大进展,布雷顿的"竞争性政府"概念、何梦笔的政府竞争大国体制转型理论分析范式、柯武刚和史漫飞的共同体和辖区间竞争引导着较有益于公民和企业的规则演化等理论都被相继构建出来，用以描述区域政府间在资源、控制权分配和制度创新方面的相互竞争的状态。中国转型过程中区域政府间的竞争也在充分展开，各区域政府的竞争实践也充分说明在制度竞争和体制竞争的作用下，区域政府竞争对区域公共物品供给和公共物品融资的影响极大，区域政府的竞争推动了经济体制改革、促进了对外开放、改善了基础设施、对中国经济增长有较大影响。当然，经济领域的分权导致也会导致区域政府之间围绕经济资源展开竞争，如果没有很好的制约机制，这种竞争并不必然带来经济的良性增长。

（三）透明的信息是减少政府失灵的重要手段

任何组织都有其自身利益，政府也不例外。作为以公共利益为目标的组织，如果信息不公开透明，政府也会产生寻租、腐败现象，从而导致政府失灵。阳光是最好的防腐剂，透明的信息不仅可以防止政府腐败，还有助于公民参与政府管理，增进公民对政府的信任，形成国家或地区的凝聚力。

1. 信息不透明和缺少监督机制导致政府"超前引领"失效。

正如前面所说，不仅市场会有失灵，政府也存在失灵。往往由于政府自身行为的局限性和其他客观因素的制约而产生缺陷，无法使社会资源配置效率达到最佳的情景，这就出现了萨缪尔森所说的政府失灵。政府失灵包括：

（1）政府政策的低效率。政府政策的低效率，即公共决策失误。相对于市场决策而言，公共决策是一个十分复杂的过程，具有相当程度的不确定性，存在着诸多困难、障碍或制约因素，使得政府难以制定并实施好的或合理的公共政策，甚至导致公共决策失误，如出现短缺或过剩。如果政府的干预方式是把价格固定在非均衡水平上，那么将导致生产短缺或者生产过剩。当把价格固定在均衡水平之下时，就会产生短缺；反之，则会产生过剩。

一般认为公共政策失误的主要原因有：一是信息不足，政府不一定知道其政策的全部成本和收益，也不十分清楚其政策的后果，难以进行政策评价；二是缺乏市场激励，政府干预消除了市场的力量，或冲抵其作用，这就可能消除某些有益的激励。

（2）政府工作机构的低效率。政府工作机构往往有低效率的倾向，特别是在发展中国家。一般认为政府工作机构低效率的原因在于：

缺乏竞争压力。一方面，由于政府工作机构垄断了公共物品的供给，没有竞争对手，就有可能导致政府部门的过分投资，生产出多于社会需要的公共物品；另一方面，受终身雇用条例的保护，政府工作机构的人员没有足够的压力去努力提高其工作效率。

没有降低成本的激励机制，行政资源趋向于浪费。首先，官员花的是纳税人的钱，由于没有产权约束，他们的一切活动根本不必担心成本问题。其次，官员的权力是垄断的，有无穷透支的可能性。

监督信息不完备。在现实社会中，社会对政府的监督作用将由于监督信息不完全而失去效力。再加上前面所提到的政府垄断，监督者可能为被监督者所操纵。

（3）政府的寻租。根据布坎南的定义，"寻租是投票人，尤其是其中的利益集团，通过各种合法或非法的努力，如游说和行贿等，促使政府帮助自己建立垄断地位，以获取高额垄断利润。"① 可见，寻租者所得到的利润并非是生产的结果，而是对现有生产成果的一种再分配，因此，寻租具有非生产性的特征。同时，寻租的前提是政府权力对市场交易活动的介入，政府权力的介入导致资源的无效配置和分配格局的扭曲，并产生大量的社会成本，如寻租活动中浪费的资源，经济寻租引起的政治寻租浪费的资源，寻租成功后所损失的社会效率。此外，寻租也会导致不同政府部门官员争权夺利，影响政府的声誉和增加廉政成本。

公共选择理论认为寻租主要有三类：通过政府管制的寻租；通过关税和进出口配额的寻租；在政府订货中的寻租。

（4）政府的扩张。政府部门的扩张包括政府部门组成人员的增加和政府部门支出水平的增长。对于政府机构为什么会出现自我膨胀，布坎南等人从五个方面加以解释：政府作为公共物品的提供者和外在效应的消除者导致扩张；政府作为收入和财富的再分配者导致扩张；利益集团的存在导致扩张；官僚机构的存在导致扩张；财政幻觉导致扩张。

虽然政府具有"超前引领"的作用，但是造成政府失灵的某些原因同样也可能削弱政府"超前引领"的作用。因此，"超前引领"机制的发挥离不开政府职能的良好发挥。

区域政府之间存在着激烈的竞争，这在很大程度上可以减少政府失灵的程度。但是，如果没有一个公开、透明的信息披露机制和监督机制，政府仍然可能会产生寻租、低效等失灵现象。

2. 信息公开、透明有助于提高政府的行政能力和行政效率。

政府与民间组织、公共部门与私人部门之间的合作与互动才能最大限度地发挥公共管理的效力。政府作为国家权力的执行机构，应该重视公共利益，同时要重视社会媒体的作用，如果企图将信息封锁在政府内部，而在公共舆论的强大压力下不得不公开信息，就会降低政府的公信力。政府信息公开、透明是确保公民知情权、参与权的根本保障，有助于提高公民政治参与的程度，从而有利于政府决策的民主化、合理化；有助于加强社会监督，有效防止公共权力的滥用；有助于提高政府的行政能力和行政效率。

美国是拥有较为完善的政府预算信息公开体系的国家。美国政府（包括联邦政府、州政府及区域政府）的预算信息都能通过相关的网站与出版物获得。各级预算不仅对国会、议会公开，同时也对社会公众公开。通过预算及相关财政信息的广泛披露，纳税人可以详尽地了解政府的税收政策、支出政策以及财政资金的安排使用情况，得到关于政府的资产和负债情况、政府的运营成本和绩效情况、政府的现金流和预算执行情况等信息。

美国预算信息公开的实践始于20世纪初纽约市政研究局创设的预算展览。1908年，纽约市政府制定了美国历史上第一份现代预算。当年10月15日，纽约市政研究局与大纽约纳税人协商会合作发起并组织了展览，其中让人印象最深刻的是一个6美分的帽钩，说明城市为每个钩子付了0.65美元，外加2.22美元将每个钩子安在了合适的位置。7万市民参观了展览，超过100多万人从报纸上读到过这次展览的介绍。该展览激发了美国公众通过预算来了解政府的热情。

在美国信息公开的改革过程中，一系列法律文件的通过与实施为预算信息的逐步公开和透明化提供了制度保障。1921年美国国会通过了《预算与会计法》；1946年，修订了法

---

① 詹姆斯·M. 布坎南著，吴良健、桑伍、曾获译. 自由、市场与国家 [M]. 北京经济学院出版社，1989.

律，制定了《情报自由法案》；1966 年，通过和实施了旨在促进联邦政府信息公开化的行政法规《信息自由法案》（Freedom of Information Act，FOIA），这一法案极大地扩展了可以向公众披露的政府信息的范围，成为当今世界上政府信息公开方面最为完备的法律之一，也是世界各国仿效的典范；1974 年，通过了《联邦隐私权法》，更进一步规定了会议、文件以及与信息有关的公开和保密事宜；1976 年，通过了《政府阳光法案》，要求政府将政府财政支出公开，公开政府财政信息，以利于新闻、舆论和公众的监督。另外，1996 年出台的《电子情报公开法修正案》、州和州以下政府的《阳光政府法案》和《公共记录法案》也是政府公开预算信息的重要依据。在这一系列法案下，美国实现了财政预算的公开以及支出的各个分项和各个级次的全部对外公开。目前美国政府每年都将所有与联邦政府预算和财务报告有关的正式文件，不论是提交总统的，还是提交国会的，均通过互联网、新闻媒体、公开出版物等渠道向社会公布。

美国联邦政府向社会公开的预算文件包括五个部分：一是预算，主要列示了 20 多项功能预算；二是附录，主要列示了 20 多个部门和其他独立机构的预算；三是分析与展望，包括对预算编制中各种因素的分析和展望；四是预算体系与概念；五是历史报表与数据。概括而言，预算文件包括预算指导方针文件、功能分类和经济分析文件、部门分类文件等。其中，在部门预算的附属文件中，预算内容细化到每一个具体的支出项目。美国总统预算的内容也是非常详尽的，以 2007 年总统预算为例，预算报告包括总统预算咨文、预算概况、经济运行分析、国家财政展望、效果管理，还包括 21 个部门（机构）以及其他机构部门的预算等内容。

美国政府预算信息不仅包括收支信息，还包括资产、负债及所有者权益等财务信息和统计信息。有关政府资产负债的信息都可以在政府年终《综合财政报告》中获得。财务报告中应该包括什么内容是由会计准则委员会决定的。政府必须报告所有政府部门的资产负债信息，而不是仅仅报告主要政府部门的信息。附属于主要政府部门的政府实体的资产负债信息也包括在其中。那些虽然在财务上独立核算，但最初是由基本政府部门设立用来提供公共服务的实体（如经营性政府实体），其资产负债信息也应包含其中。

美国预算信息公开制度有其鲜明的特点。

第一，法律先行。美国预算信息公开以一系列法律规范为基础。美国宪法第一条第九款规定："一切公款收支的报告和账目，应经常公布。"除了宪法的明确规定，国会及审计署制定并颁布的《预算与会计法》、《联邦管理者财务一体化法》、《信息自由法案》、《阳光政府法案》、《联邦机构政策和程序指南手册》等法律文件中有关政府预算信息编制、公布的条款构成了预算信息公开的法律规范体系。

第二，完整、具体地公开。美国政府预算信息公开贯彻预算活动的全程，从预算的编制、审批、执行到审计。预算报告包括收入报告和支出报告。收入报告文件不仅包括各种税收收入，还包括各种收费、出售资产收入、受捐收入等其他来源的收入；支出报告具体到每个项目的每项支出、每个部门的每项支出上，具体的支出数额精确到小数点后两位。美国将所有的政府支出都包括在预算及与预算直接相关的文件中，不存在预算外的政府支出。

第三，提前、及时、连续地公开。美国的财政年度是从每年的 10 月 1 日到次年的 9 月 30 日，在每个财政年度前 18 个月就开始准备预算方案，国会各委员会须在财政年度当年的 2 月 25 日前向预算委员会提交预算审查报告,预算委员会就预算草案举行听证会。国会通过的预算决议案在预算年度开始前完成核准与拨款,然后送交总统签署后公布。在预算资金活动的每一个阶段,除了法律明确规定免除公布的文件,政府都及时、详尽地公布相关的信息。

美国推行预算信息公开以来,取得了很大的成效,尤其是在克林顿政府时期财政由大幅度的赤字变为了盈余,政府效率显著提高。

(四)优秀的政府管理者和选拔机制是"超前引领"的有力保障

1. 选拔有智慧的政府人员,创造健康的市场环境。

在《经济周期:资本主义过程的理论、历史和统计分析》一书中,熊彼特做出了著名的论断:"没有创新,就没有政治企业家;没有政治企业家的成就,资本主义就无法运转。"在熊彼特看来,资本主义发展的动力在于政治企业家的创新精神,因此,政府在经济生活中应扮演的角色是成为一个好的"周期管理者",这需要高素质的政府公务员和专业人士,因为只有当那些真正有智慧的人在执行经济的监管职能时,他们才有可能"使用一只细致的手调节资本主义的发动机,以免使政治企业家精神窒息"。而一个好的政府基本上就等于一个好的"周期管理者",它应当履行的亦不仅是亚当·斯密所说的保护产权、监督契约履行等责任。

熊彼特不赞同传统经济学的观念,即认为"追求利益最大化"是资本家从事生产的唯一目的,他相信,那种"为改变而改变,而且喜欢冒险"的创新精神,或许才是他们从事经济活动的更大动力。他将具备这种精神的资本家称为政治企业家。

熊彼特期望的市场监管者应该是一个对资本主义本质有着深刻理解的人,真正懂得如何巧妙细致地调节经济周期,从而保持政治企业家的创新精神,进一步维持资本主义的经济体系,而不是与之相反。他认为,在一个无视经济学基本原理的国家,政府简单粗暴的经济干预手段根本没办法起到调节经济的作用,只会不断扼杀政治企业家的创新精神,从而瓦解经济的根基。

历史已经证明,放任自由、缺乏监管和引导的市场经济将不可避免地伴随着经济危机和市场波动。但不恰当的经济干预,又会扼杀政治企业家的创新精神,这对于熊彼特而言,是个两难问题。

按照熊彼特的观点,政府"超前引领"的出发点,应该是选拔一批有智慧的政府人员,创造一个健康的市场经济环境,不断引领和激发政治企业家的创新精神。

2. 良好的人才选拔机制有利于塑造引领型政府。

熊彼特认为,创新的主体是政治企业家。政治企业家是市场经济最稀缺的资源。同样的道理,政府要实现"超前引领",优秀的政府管理人才是十分重要的。也是一种稀缺资源。

事实上很多区域缺的不是人才,而是人才的选拔机制。在中国,政府管理人才的选拔经常出现按年龄"一刀切"、论资排辈等情况。周黎安使用委托代理模型对此现象进行了分析说明:假定参与者是中央政府以及 N 个省,中央政府处于委托人的地位,区域政府处于代理人的地位。在模型中,如果区域政府官员的政绩最好,那么他就会晋升一级。区域政府的官员会根据中央政府给予的财政包干留存比例,有一个努力的反应函数。如果中央政府对区域官员是按照年龄"一刀切"的话，从他的模型就可以得出结论：如果区域官员比较年轻的话，那么晋升后许多年都可以在任，而且有机会晋升到更高的一级，努力带来的收益就会很大，所以年轻官员的努力程度会很高；相反，如果区域官员年龄比较大的话，那么，即使他的政绩很好，也可能很快会退休，努力带来的收益相对较小，他的最优努力程度就会小于年轻官员的最优努力程度。这样，即便这位官员的专业能力和经验远远超过那位年轻官员，这个选拔制度却不鼓励他努力做好他的政绩，从而削弱了政府的"超前引领"作用。

从中国的情况来看，这些年确实有唯"年轻化"的倾向，配备政府领导者过于强调年龄，而忽视了才干和经验。比如县级的官员一般到 50 岁就会觉得自己升迁无望，实际上这个年龄做县级的领导者往往是最成熟的。

在考察不同国家和不同区域的经济发展速度与社会福利水平时发现除了资源禀赋、制度、技术等因素外，最根本的还是人的因素。凡是发展得好、发展得快的区域，总有一群优秀的政府领导者发挥极其关键的作用。比如在中国改革开放的前沿地带，如顺德、江阴等地，由于其靠近港澳等外部市场，市场经济基础相对较好，政府领导眼界较为开阔、思维较为超前，这些区域就把握住了改革的先机，抓住了发展的主动权。相反，在一些政府管理者思想不够解放、市场经济基础较差的区域，区域政府职能转变就显得步履蹒跚，政府"超前引领"作用发挥的较差，区域经济的发展也较为缓慢。

从新加坡的情况看，也明显发现优秀的政府管理人才对于区域发展的作用。新加坡历来重视吸引优秀人才参与政府管理，执政的人民行动党大力推行精英治国方略，把精英选拔到国家最重要的领导岗位，保证政府管理的高效率。李光耀甚至认为，"只要有五位真正肯做事的领导者，十年岁月里，就可能建造出新的国家"，"假如新加坡被平庸与投机主义者所控制，就要付出极大代价"。

中国的古人说："千里马常有，而伯乐不常有"，可见"伯乐"比"千里马"重要。而今天的"伯乐"，就是一个良好的人才选拔机制。创造一个良好的人才选拔机制，首先在选才上要公平竞争，任人唯贤；其次在用才上要职适其能，人尽其才；最后在管才上要动态管理，能上能下。只要我们营造一个尊重人才，让人才脱颖而出和充分发挥作用的社会环境，政府"超前引领"的作用就能真正发挥。

八、区域政府"超前引领"的重大理论意义

2011 年度诺贝尔经济学奖颁给了"因其对宏观经济政策动因和效果的深入研究"的美国经济学家托马斯·萨金特和克里斯托弗·西姆斯。两位学者的研究交集点在于政策因素对经济的影响，研究政策在宏观经济运行中扮演的角色。瑞典皇家科学院诺奖评委会称，萨金特和西姆斯的获奖原因是"宏观经济领域的因果关联"，他们分别于 20 世纪 70 年代和 80 年代独立提出的理论解释了暂时性加息和减税措施是怎样影响经济增长和通胀水平的。虽然获得诺贝尔经济学奖标志着他们已经站在世界经济学界的顶峰，但这只是在习惯了线性思维的西方经济学界对复杂经济现实的一个简单思考而已。长久以来，西方经济学界习惯通过各种数学模型去研究"是什么导致了什么"，这种思考逻辑貌似找到了解释复杂经济现实的关键分析工具，但现实经济世界的复杂程度却远超于此。

随着人们认识世界的能力不断提高，人们对自然世界和经济现实的认识也在不断提高和更新。在亚当·斯密1776年发表其伟大著作《国富论》之后，人们才真正形成了对市场经济的完整认识，并由此建立了微观经济的理论体系；在随后的160年间，经济学一直围绕着微观经济学这一体系发展，直到20世纪30年代世界性经济危机带来对自由经济理论的否定和质疑。1936年，在凯恩斯提出"看得见的手"的政府干预理论之后，经济学由此分化为微观经济学和宏观经济学两大体系，并在对抗中发展了近八十年。

然而，20世纪70年代出现的世界经济滞胀和2007年年底爆发的世界经济危机，都清楚地向世人表明，市场失灵和政府失灵会同时存在，只依靠主张自由主义的微观经济理论和主张政府干预的宏观经济理论已经不能够很好地解释经济现象。与此同时，中国的经济奇迹也让经济学家们在思考，在传统的宏观经济学和微观经济学的经典经济理论框架之外，是否有新的理论有待去挖掘和发现？

政府"超前引领"理论正是经济学理论体系所需要的重大创新，在以"企业"为代表的微观经济和以"国家"为代表的宏观经济之间，多了一个以"区域"为代表的中观经济，这不仅从理论上回答了中国经济发展奇迹的原因，也丰富和完善了经济学体系。如果说市场经济理论奠定了微观经济学的基础，凯恩斯主义使经济学划分为微观经济学和宏观经济学，政府"超前引领"理论则使经济学又划分成了宏观经济学、中观经济学和微观经济学。政府"超前引领"理论不仅可以填补经济学理论体系的研究空白，指导经济体制改革的重要方向，还可以通过将区域经济和区域政府纳入经济理论体系中，创造出多层次的市场，从而增强国民经济的稳定性。

"超前引领"理论挑战和打破近百年来的经济学理论体系，是现代经济学理论体系的重大创新。

（一）"超前引领"理论扩大了市场作用范畴，开创了政府层面的市场原理运用

传统经济学认为，企业是市场竞争的唯一主体，微观经济学的主要研究内容就是在不同市场结构下的企业长短期的均衡问题，而关于政府行为的一系列研究则纳入到宏观经济学范畴，政府仅被定义为市场的调控者而非参与者，而且，传统经济学也比较排斥政府对市场的参与，认为政府对市场的过多介入是对企业的排挤和剥夺。这些说法并非毫无道理，政府作为宏观管理者，拥有公共权力和公共资源，对政府的监管又存在相当的难度，其与企业在权力上、资源上确实有相当大差距，同时，政府还是各种规则的制定者，企业多半是法律和其他制度的被动接纳者，政府既做裁判员又做运动员，二者如果同时在市场展开竞争，对企业而言无疑是不公平的。

但这里所讲的引发"超前引领"的市场参与者——区域政府，并非是和企业展开市场竞争，而是在区域政府之间展开竞争，其竞争规则来源于市场。也就是说把市场竞争机制扩展至区域政府之间，这一做法本身就有一定的"超前引领"的性质。以往的理论比较多忽视区域政府之间的关系，区域政府的职能和行为方式常常模糊化，和宏观政府的职能混为一谈，只考察其作为调控者的调控手段和影响效果。区域和区域之间的竞争表现为一些经济指标的比较，但很少考虑这些指标背后的政府因素，假定政府在区域经济发展方面是完全被动和放任自流的。但这一刻板化的认识被中国经济实践所否定。中国区域经济发展和区域政府之间的竞争有着紧密联系，中国区域政府在专业化市场的建立、产业结构的调整、高新技术的引进、研发立项、经济发展基础设施、企业融资引导、外资引进上不遗余

力,如果没有把市场作用机制扩大到区域政府这个层面,没有在区域政府间开创性地引入市场竞争机制,这一切的政府行为是很难被激发的。

这种区域政府之间的市场竞争更多体现在区域政府的规划性和引导性上,对区域政府的战略定位、资源调动、规划统筹能力是极大的挑战,完全区别于自由放任主义、政府干预主义、凯恩斯政府干预主义的事中和事后干预,而是强调区域政府对区域经济发展的事前控制和规划,这种事前的引领作用是建立在对市场的充分认识和分析的基础之上,充分发挥市场机制在资源配置中的决定性作用。

(二)区域政府"超前引领"理论构建了全新的多层次市场体系

传统市场经济理论中,国家和企业构成宏观经济和微观经济的"两维"主体,政府和企业在权限范围上是相互对立的,一方的强就意味着另一方的弱,比如政府管理范围的扩大就意味着企业自主权的缩小、市场作用的减弱;如果政府收缩其在经济运行中的干预,企业的自主权就会提高,也意味着市场化程度的提高。在政府和市场二维之间,到底孰强孰弱,也就是政府和市场的关系到底应如何界定,无论在理论上还是实践上始终是西方国家争论的焦点。从西方国家经济发展的历程上看,完全竞争的市场经济发展时代较为排斥国家对市场的参与,强调市场自身的巨大创造力和自我平复的内在机制,但在1929年到1933年的世界性经济危机面前,政府的宏观调控力度显著提升,市场完美的信念受到质疑,国家对经济的控制范围大大扩张。但是到了撒切尔—里根的时代,又开始反思政府干预经济的各种缺陷,通过市场化的进一步改革,给企业以更大的自主权,但是这种改革又出现了失业攀升、福利下滑等种种问题,于是国家干预再次变得强硬,企业的经营自主权在一系列制度和法律的干涉下再度被限制,企业活力受到一定程度的影响,于是政府对经济的干预会有所调低。2008年后的全球金融危机,又迫使欧美进入新一轮国家力量的加强,比如企业的国有化、银行的国有化等,管制在不断加强。随着金融危机的减缓,国家的管制也会逐步撤出。从西方经济在政府和市场间不断的摆动可以看出,政府和市场始终是作为经济运行的两极,政府和市场中的企业之间的关系也出现时而积极时而消极的状况。这种情境也常被称为"钟摆"现象。

但中国的改革实践却为市场与政府之间的钟摆关系做了一种突破。中国30多的经济改革实现了经济增长的奇迹,企业焕发了前所未有的生机活力,而政府治理方面的改革也在实践中不断创新,建立了一种"强市场"与"强政府"并存的"双强"关系模式,打破了传统经济学的非此即彼的惯性发展套路,建立了一个全新的多维的市场经济体系。这个多维市场经济体系建立的关键因素就是在传统的企业竞争和政府宏观调控中插入了一个参与市场竞争的区域政府体系,成为市场经济体系中的第三个维度。这个变化在结构上具有十分深远的意义,与西方国家区域政府参与经济有质的不同。我们看到,美国的州政府也招商引资,如弗吉尼亚州找海尔,北卡罗来纳州、佐治亚州找丰田,但这些区域政府的行为并非是基于区域之间的竞争而形成的,而且多半是出于经济形势的需要而使用的短期调控手段。而中国区域政府之间的竞争是在承认市场为首要资源配置手段的前提下将市场竞争机制扩展到区域政府层面而实现的,中央政府通过长期国家战略有效将区域政府的竞争目标纳入到国家总体战略规划中,而使得区域政府在"超前引领"上具有总体的长期的战略规划性和内部竞争的可控性与促进经济良性发展的有效性。这样的一个具有"超前引领"作用的有序竞争的区域政府体系大大增加了中央政府的决策空间，使中央政府从当年计划经济下的微观地管，更多集中于区域和产业的宏观调控，更多着眼于长期稳定的国家战略发展规划，而涉及具体的区域和行业发展与调控，则交给区域政府这样一个中观主体，可以更准确、有效地把握和实施对微观层面的引导和管理，兼顾整体经济发展的稳定性和灵活性。可以说中国在市场经济道路上，创造了一种不同于西方传统体系的市场机制，区域政府"超前引领"在制度创新上建立了全新了理论和实践模式，是中观经济学确立的关键核心。

（三）三大经济学理论体系的确立

政府"超前引领"理论在以"企业"为代表的微观经济和以"国家"为代表的宏观经济之间，多了一个以"区域"为代表的中观经济，这不仅从理论上回答了中国经济发展创造奇迹的原因，也丰富和完善了经济学体系。如果说市场经济理论奠定了微观经济学的基础，凯恩斯主义使经济学划分为微观经济学和宏观经济学，"超前引领"理论则使经济学又划分成宏观经济学、中观经济学和微观经济学。它不仅可以填补经济学理论体系的研究空白，指导经济体制改革的重要方向，还通过将区域经济和区域政府纳入经济理论体系中，创造出多层次的市场，增强了国民经济的稳定性。

1. 与自由资本主义相适应的古典经济学微观经济理论。

微观经济学的历史渊源可追溯到亚当·斯密的《国富论》和阿尔弗雷德·马歇尔的《经济学原理》。20世纪30年代以后，英国的罗宾逊和美国的张伯伦在马歇尔均衡价格理论的基础上，提出了厂商均衡理论，标志着微观经济学体系的最终确立。它主要包括：均衡价格理论、消费经济学、生产力经济学、厂商均衡理论和福利经济学等。

微观经济学的发展，迄今为止大体上经历了四个阶段：第一阶段，17世纪中期到19世纪中期，是早期微观经济学阶段，或者说是微观经济学的萌芽阶段。第二阶段，19世纪晚期到20世纪初叶，是新古典经济学阶段，也是微观经济学的奠基阶段。第三阶段，20世纪30—60年代，是微观经济学的完成阶段。第四阶段，20世纪60年代至今，是微观经济学进一步发展、扩充和演变的阶段。

从微观经济学的产生和发展历程来看，完全遵循了生产关系必须适应生产力，上层建筑必须适应经济基础这一社会历史发展的基本规律。

15世纪末、16世纪初的地理大发现，表明了商品生产发展对开拓世界市场的需要，同时，也预告了资本主义新时代的到来。从16世纪中叶到18世纪末叶，以分工为基础的协作——工场手工业作为资本主义生产的特殊形式，在欧洲居于统治地位。

随着18世纪中叶工业革命在英国的爆发和兴起，机器代替了手工劳动，以大规模工厂化生产取代了个体工场手工生产，资本主义生产完成了从工场手工业向机器大工业的过渡，实现了从传统农业社会转向现代工业社会的重要变革，社会生产力得到了极大的解放和提高，限制经济贸易自由的重商主义政策已经不适应新的社会经济发展实践。在这种背景下，重商主义被自由经济理论取代，亚当·斯密正式登上了历史舞台。他强调从生产领域来研究财富增长，主张自由放任，这就是西方经济学史上的第一次重大变革。这次变革，西方人把它称为"古典革命"。通过这场革命，学者们建立了第一个西方经济学的理论体系，即古典经济学。以亚当·斯密1776年出版的《国富论》为标志，现代政治经济学的第一个比较完整的理论体系——微观经济学开始建立。

当然，也可以看到，由于在这一时期，技术进步和生产方式的改变极大地提升了生产力，世界市场的开辟也大大地增加了市场容量，生产过剩的矛盾还不突出，因此，当时经济学理论主要的研究对象是单个经济单位，如家庭、厂商等，要解决的是资源配置问题，即生产什么、如何生产和为谁生产的问题，以实现个体效益的最大化。在生产力空前提高、社会经济向上发展的自由资本主义时期，生产关系是适应生产力发展的，还未体现出二者的对立和矛盾之处。在这种背景下，产生以市场出清、完全理性、充分信息为基本假设的，认为"看不见的手"能自由调节实现资源配置的最优化生产的微观经济学基本理论也是理所当然的。

2. 应对世界经济危机的宏观经济学理论。

"宏观经济学"一词，最早由挪威经济学家弗里希在1933年提出。经济学中对宏观经济现象的研究与考察，可以上溯到古典学派。法国重农学派创始人魁奈的《经济表》，就是初次分析资本主义生产总过程的经济学文献。

然而，在古典经济学家和后来的许多庸俗经济学家的著作中，对宏观经济现象和微观经济现象的分析都合在一起，并未加以区分。特别是自所谓"边际主义革命"以来，经济学家大多抹煞经济危机的可能性，无视国民经济总过程中的矛盾与冲突，只注重于微观经济分析，以致宏观经济问题的分析在一般经济学著作中几乎被淹没了。

但随着传统古典经济学在20世纪30年代经济危机袭击下的败落，以及凯恩斯的《通论》一书的出版，宏观经济分析才在凯恩斯的收入和就业理论的基础上，逐渐发展成为当代经济学中的一个独立的理论体系。《通论》出版以后，许多西方经济学家放弃了传统观点，追随凯恩斯，对凯恩斯的有效需求原理进行注释、补充和发展，形成了一套完整的宏观经济理论体系。在《通论》基础上形成和发展起来的凯恩斯主义的经济理论和政策主张，对第一次世界大战后的资本主义国家产生过很大的影响。因此，有些西方经济学家把战后二十年左右的时间，称为"凯恩斯时代"。

经济学研究的是由生产力决定的、与生产力相适应的生产关系，因此经济学的产生和发展也是随着生产力和生产关系的发展而发展的。

在亚当·斯密所处的时代，虽然有工业革命带来了生产力的解放，社会发展迅速，经济增长快，但毕竟那个时期的经济总量仍然较为有限。根据麦迪森在《世界经济千年史》[①]中提供的经济数据，1700年英国GDP约250亿美元（按1990年国际美元计算），人均GDP为1 250美元（按1990年国际美元计算）。1800年美国GDP也仅约4亿美元（按当年价格计算，按2008年美元价格计算约为80亿美元）。此外，这一时期不仅国家经济总量相对较低，社会的产业结构也较为简单，主要是初级的工商业和国际贸易，国家财政收入相对有限，中国经济主要都交由私人部门完成，国家承担更多的是"守夜人"的职能，即只承担对外的军事、外交和行政、安全等国家内部必要的公共事务。在这种生产力和生产关系的背景下，需要经济学更多研究的是如何通过资源配置，解决生产什么、如何生产和为谁生产的问题，以实现居民和厂商个体效益的最大化，这就是微观经济学产生的哲学基础。

---

① 安格斯·麦迪森著，伍晓鹰、许宪春译. 世界经济千年史 [M]. 北京大学出版社，2003.

而在凯恩斯所处的时代，世界经济有了飞速的发展，1929 年美国 GDP 约 1 000 亿美元（按当年价格计算，按 2008 年美元价格计算约为 10 000 亿美元），与 1800 年相比，增长了 125 倍。更为重要的是，此时的经济结构也发生了重大变化，经济主体更加多元化，出现了很多大型跨国企业以及卡特尔、托拉斯等垄断组织形式，并且由于科学技术进步，生产力进一步发展，生产出现大量过剩，世界经济面临着重大危机，经济学家们认识到，市场不是万能的，市场也有失灵的时候。自由竞争的市场经济会出现垄断，进而影响市场效率的实现，并造成经济周期的巨大震荡；会导致财富和收入分配的严重不均衡，带来社会矛盾的尖锐冲突。在这种新的生产力和生产关系的局面下，最需要经济学研究的一个中心问题是：国民收入的水平是如何决定的？

因此，产生了现代宏观经济学，把资源配置作为既定的前提，研究社会范围内的资源利用问题，以实现社会福利的最大化。宏观经济学研究作为整体的经济，诸如通货膨胀、失业和经济增长这样一些问题，解释为什么经济会经历衰退和失业不断增加的时期，以及为什么在长期内有些经济体比其他经济体增长得快得多，宏观经济学强调市场机制是不完善的，政府有能力调节经济，通过"看得见的手"纠正市场机制的缺陷。

在同一时期，面对市场失灵，还产生了另外一种经济理论体系，即社会主义计划经济理论。在西方资本主义世界面临经济危机的同时，处于东方社会主义阵营的苏联却呈现出一片繁荣的景象。苏联实行计划经济体制，将社会经济资源统筹进行调配和管理，并在 1928 年实施了第一个五年建设计划，迅速完成了工业化，一跃从农业国转变为工业国，经济快速增长，社会稳定、欣欣向荣。应该说，当时的社会主义计划经济理论也是在原有俄国较为落后的半封建生产关系的背景下产生的，在一定的时期内体现出了新生产关系和上层建筑的优越性，促进了生产力的发展。但是随着生产力的进一步发展，这种否定市场的经济理论体系又阻碍了生产力的进一步发展，从而引起了社会体制的变化，这也体现了"生产关系必须适应生产力的发展"这一理论的普遍性。

3. 与当前生产关系发展相适应的中观经济学理论。

20 世纪 70 年代以后，资本主义世界出现了大量的失业与剧烈的通货膨胀并存的"滞胀"，这种情况标志着凯恩斯主义的失灵。于是，在当今的西方经济学界形成了众多经济思潮和流派纷争的局面。

从某种意义上讲，凯恩斯主义的失灵表明这种经济理论已不再适应当前的生产关系，只依靠微观经济学和宏观经济学已经不能解释复杂的现实经济世界，需要产生新的上层建筑，来适应新的生产关系。

与凯恩斯主义产生的时期相比，当今的世界经济格局已经悄然发生了巨大的变化。

一是经济总量日益庞大，单独依靠简单的宏观和微观管理，已经很难及时有效地对庞大的经济体进行调节。2010 年，美国 GDP 总量约为 15 万亿美元，与 1928 年相比，大约增长了 15 倍。

二是城市化水平快速提高，城市在国民经济中的作用大幅提高。最能说明问题的现象是，1920—1970 年全欧洲人口（除苏联外）增长了 42%（由 3.25 亿人增至 4.62 亿人），这五十年中它的城市人口却跃增了 182%（从 1.04 亿人增至 2.93 亿人）。中国城市化率也从 1949 年以前的不足 10%，飞速提高到当前的 50%。

三是经济结构转型，产业结构深度调整。过去一百多年，世界经济出现过几次大的产业结构调整，主要特点是：①在科技进步的推动下，一批高新技术产业脱颖而出，它们以信息产业为龙头，以生物工程、新材料、新能源等为后续，不仅产值大幅增长，就业也呈上升趋势，在整个国民经济中所占比重不断上升；②资本密集、技术密集的传统制造业正在运用信息技术实现产业升级，产值继续增长，但速度较慢，就业呈下降趋势，在国民经济中所占比重逐渐降低；③在以劳动密集为特征的制造业中，有一部分行业生产萎缩，另一些行业则运用高新技术进行脱胎换骨的改造，技术水平和竞争力大幅度提高，但整体而言，这些产业在全球化浪潮中正在进行由发达国家向发展中国家的生产转移；④新兴服务业和传统服务业蓬勃发展，无论是产值还是就业方面，在国民经济中所占比重均持续上升。当前，又面临着新一轮产业结构大调整。

目前中国等发展中国家还处于工业化发展的后期或后工业化发展的初期，产业结构逐步向新兴产业和服务业转型。但是，与发展中国家不同，国际金融危机发生后，美国等发达国家都对本国产业结构进行了反思，明确意识到，发生危机与实体经济和虚拟经济的比例严重失调有密切关系。为改善这种产业结构比例失调，美国政府已明确提出，降低美国金融业在经济中的比重，振兴制造业，大力发展包括中低端传统制造业在内的各种实业，将美国经济建立在"岩石"上而不是"沙滩"上。为稳定和促进经济增长，抢占经济、科技制高点，世界主要经济体都进入了空前的创新和发展新兴产业时代，把突破核心关键技术、推动战略性新兴产业发展作为新的经济增长点，并确定了重点发展领域。

四是经济全球化。20世纪90年代以来，以信息技术革命为中心的高新技术产业迅猛发展，不仅冲破了国界，而且缩小了各国和各地的距离，使世界经济越来越融为一体。但经济全球化是一把"双刃剑"。它推动了全球生产力的大发展，加速了世界经济增长，为少数发展中国家追赶发达国家提供了一个难得的历史机遇。与此同时，它也加剧了国际竞争，增多了国际投机，增大了国际风险。目前，经济全球化已显示出强大的生命力，并对世界各国的经济、政治、军事、社会、文化等所有方面，甚至思维方式等，都造成了巨大的冲击。

除了上述特点外，不同国家在不同的发展阶段还存在很多不同的经济特征，比如中国的二元经济结构、东中西部的经济发展差异等。

面对这些总量越来越大、结构越来越复杂、变化越来越快的经济关系，传统的宏观经济和微观经济的二元理论体系已经显得力不从心，既不能很好地回答为何西方国家会同时存在政府失灵和市场失灵，也不能解释中国过去三十年改革开放所创造的经济奇迹。在对中国经济增长的研究中，我们发现区域政府在区域经济发展中具有至关重要的作用，由此产生的经济理论，定义为中观经济学。

从历史唯物主义出发，在宏观经济学和微观经济学不再适应新的生产力和生产关系的发展时，必然会有一个新的理论体系来替代或者完善这一旧的理论体系，从而适应和促进新的生产力发展。基于政府"超前引领"理论提出的中观经济学，既是一种偶然，也是历史的必然。有了中观经济学，极大地完善和弥补了当代的经济学理论体系，与宏观经济学和微观经济学一起构成了新的经济学上层建筑，更好地促进和服务于生产关系，从而促进生产力的发展。

(四) 以"超前引领"为核心的中观经济增强了国民经济的活力与稳定性

首先，有了中观经济，就可以利用其创新和突破功能，为宏观经济起到"试验田"的作用。20 世纪 80 年代中期，中国各地根据自身情况探索出了一些中观经济发展模式，如苏南模式、温州模式、珠江三角洲模式等。这些模式是各地区审时度势主动发展的结果，对宏观经济发展具有重要的推动作用。对于新生事物成长来说，中观层次有直接的经济利益，能提供直接便利的服务；新生事物的成长，反过来又能解决中观经济发展中某些迫切需要解决的问题。而这些问题通常也是宏观上的热点和难点，往往一经解决就会逐步得到国家的确认和完善，产生良好的示范和带动效应。中国绝大多数改革措施和政策的出台，走的都是中观先"摸石头"、宏观再"过河"的路子。

其次，有了中观经济，还能更好地发挥稳定和协调功能，有效削弱宏观经济的过度震荡。中观经济对于宏观经济来说，具有一定的"稳定器"和"减压阀"的作用。这包括自上而下、自下而上两个方面。一是自上而下方面，当宏观经济出现大的振荡或者不利于中观经济发展时，发挥中观经济主观能动性，通过中观经济各个层次的逐层"吸收"，将有害"辐射"降低到最低程度。20 世纪 80 年代初期，国家进行国民经济调整，大力压缩基本建设投资，但有些省份发挥中观的调节功能，在基本建设投资大幅度下降的情况下，主要经济指标仍保持全面增长的好势头；90 年代中期，国家出台房地产业降温、消除"泡沫经济"的政策措施后，海南省经济受到极大冲击，但它们通过开发旅游业、高效农业以及为微观经济创造良好的外部环境等途径，将冲击波大大减轻，使中观经济经过短期波折后很快重现生机与活力。二是自下而上方面，当微观层出现不良征兆时，中观层可以及时干预，这可以弥补宏观层鞭长莫及或者说"山高皇帝远"之缺憾。

最后，中观经济能完善国民经济控制系统，分散集中控制的风险。从改革的角度来看，中观调控系统在整个国民经济系统中具有不可替代的作用。根据控制论的观点，国民经济系统多目标最优化问题，归根到底是求函数的极值。在集中控制的条件下，函数自变量的个数急剧增加，使最优化系统空间的维数急剧增加，给精确的计算带来巨大的困难。同时，集中控制的结构具有高度刚性，系统对随机变化和环境变化的适应仅仅来自于它的中心。虽然，集中控制可以使系统长期保持稳定，但是系统的不变结构和其各部分进化创新的矛盾最后将发展到十分尖锐的地步。另外，集中控制还会降低系统工作的可靠性。一旦控制中发生失误，各子系统都难以预防和纠正，从而使整个系统的状态恶化。如果不同层次的决策分别由不同的主体提出，各子系统具有较强的独立性，这就称为分级（或分散）控制。分级控制对权力的纵向分割，在很大程度上可以克服集中控制的上述弱点，能够适应环境和系统内的变化，使每个层次具有自主应变的功能。同时，下级层次由于自行接受和处理的信息增加，控制效率也随之而提高。实行分级控制的经济运行机制，就是由中央管理地区、部门和大型集团，再由地区、部门和大型集团管理企业或微观经济层。

(五) 中国经济学发展必将受到世界更多关注

1. 中国经济的逆势发展。

在全球经济危机不断爆发的今天，大洋彼岸的中国却成功地抵御了 1997 年亚洲金融危机和 2007 年美国次贷危机，实现了改革开放三十年以来的经济持续快速发展。广东省佛山市更是在政府"超前引领"理论的指导下，在金融危机中实现了经济结构的顺利调整，成功实现了"弯道超车"，率先从金融危机中突围。

自由经济理论的"市场失灵"、凯恩斯主义的"政府失灵"，以及过去三十年的中国经济，尤其是区域经济的发展实践证明，政府不仅应当进行事中和事后调节，而且应当并且完全能够进行事前的"超前引领"。对此，中国著名经济学家厉以宁教授也有类似的观点，他在2010年提到，中国经济要摆脱投资冲动怪圈以及与此有关的资产泡沫怪圈，政府不能仅仅停留在"事后调节"的地位，而必须采取"事前调节"的措施，建立预警机制。

经过了三十多年的改革开放，中国取得了持续高速增长的巨大成就，世界经济中心逐步向以中国为核心的亚洲转移。

2010年，日本中国生产总值为54742亿美元，低于中国的58786亿美元。中国超越日本，成为世界第二大经济体。日本则自1968年以来，首次退居世界第三。

国际货币基金组织（IMF）的预测称，按照购买力平价计算，中国的经济规模按照目前的增长速度，到2016年，将会增加到19万亿美元。与此同时，美国的GDP将从现在的15.2万亿美元增加到18.8万亿美元，略低于中国。到2016年，美中两国在世界经济中所占份额也会发生变化。中国的比例会从现在的14%增加到18%，而美国的份额将会从现在的略低于20%下降到17.7%，稍低于中国，位居世界第二。美国有线电视新闻网（CNN）甚至宣称，IMF的报告预测"美国时代"已经接近尾声，并将在5年后结束，2016年将成为"中国世纪元年"。

当然，在中国何时超越美国的问题上，IMF不是第一个做出此类预测的，诺贝尔经济学奖得主福格尔很早就做出了中国在2020年前将成为世界经济总量第一的预测。随后很多学者和机构都发表了此类声明。英国老牌杂志《经济学人》预测，在未来10年中美两国GDP的增长率各为7.75%和2.5%、通货膨胀率各为4%和1.5%，以及人民币兑美元一年升值3%的假定下，中国GDP超过美国的时间为2019年。世界银行的经济学家则预测称，中国经济规模将在2030年超过美国和欧盟，成为世界最大的经济市场。

虽然中国经济学界对这类预测反应较为低调，甚至将之更多地看作是一种"警惕"。不管各种预测是否准确，或者预测何时能够成为现实，都不可回避这一事实——世界经济中心已经逐步向中国以及以中国为核心的亚洲转移。也正因为如此，美国总统奥巴马才提出"重返亚洲"的战略。中国经济发展将成为世界经济中的重要经济现象，对于中国经济发展的研究和理论分析，也必将成为世界性的经济理论。美国经济学家米尔顿·弗里德曼曾说过，"谁能正确解释中国改革和发展，谁就能获得诺贝尔经济学奖。"

近些年来，国际上很多著名经济学家，如约瑟夫·斯蒂格利茨等高度关注中国，很多诺贝尔经济学家都是中国的常客。中国的经济学家们更是在借鉴和吸收西方经济理论的基础上，对中国经济现象做出了各种研究，研究和解释中国经济为什么能够成功的文章如雨后春笋般地涌现。

以新古典主义为核心的主流经济学派，认为中国的成功主要得益于一系列有利的初始条件和内部条件，采用了市场机制，充分发挥了后发优势。哈佛大学教授萨克斯是这种观点的典型代表，他不认为中国的成功是渐进主义发挥了特别的作用，真正起作用的是允许足够的经济自由，从而最好地利用了中国的结构。他认为中国的成功与两个因素密切相关：一是中国的结构状况与苏联和东欧国家不同。改革之初，中国国有部门就业人员大约占中国总劳动力的 18% 左右，70% 的劳动力在农村。中国的改革是在自由化过程中生产率较低的农业向生产率较高的工业过渡的典型的经济发展问题，正常的经济发展比结构调整要容易。大量不享有国家补贴、急盼流动的剩余劳动力为新的非国有部门的发展提供了劳动力。如果中国的国有部门就业比重不是 18%，而是像波兰、苏联那样是 80%、90%，则中国的改革也不好办。二是改革之初中国的金融相对稳定，没有严重的外债。[1]

当然，还有很多人认为中国彻底成功是因为走了一条渐进式改革道路，是策略运用的成功。美国加州大学教授巴里·诺顿认为，中国所采取的改革策略是其取得改革成功的重要因素。他把中国改革的特点概括为：双轨制的运用，经营绩效指标从数量型转为效益型，计划逐步向市场转化，最初的宏观稳定，宏观波动的不断持续对经济的长期市场化助了一臂之力，私人储蓄的增加使储蓄和投资维持较高的水平。[2]经济学家对价格双轨制给予足够重视，他们认为，价格双轨制是代表一种既保留计划分配同时又将增量产出拖入市场体制的折中，通过"变大震荡为小震荡"降低了经济改革的风险。双轨制的增量轨也使价格改革和企业改革的贯彻成为可能。美国斯坦福大学教授罗纳德·麦金农认为，由于在改革初期阶段，中国在国有部门实行了价格双轨制，使得中国的改革避免了"通胀税"，而这个价格双轨制的做法也应该在其他过渡经济中被采纳。[3]中国经济学家盛洪指出，"双轨制过渡"，可以视为中国改革的一个基本方式，即在旧体制"存量"暂时不变的情况下在增量部分首先实行新体制，然后随着新体制部分在总量中所占比重的不断加大，逐步改革旧体制部分，最终完成向新体制的全面过渡。所以"双轨制"改革，又称"增量改革"或"体制外改革"。增量改革相当于经济上讲的"帕累托改进"或"卡尔多改进"。[4]中国人民大学教授张宇认为，从体制外到体制内的改革道路，是中国渐进式改革获得成功的一个重要经验，它具有许多优点，如体制外发展是推进市场化改革的基本动力，从体制外入手改革显然比体制内获得突破容易些；在不破坏正常经济社会秩序的前提下，发展非国有经济，可以增强经济的活力，提高资源配置效率，增加国民收入，创造更多的就业机会，实现改革与发展的相互促动，减少改革的阻力，避免"休克疗法"的经济后果。[5]

但也有很多经济学家对"渐进式改革"的提法提出质疑。中国经济学家吴敬琏认为，不能用"渐进论"概括中国的改革战略。中国的改革方式体现在中国改革的战略方针上，而改革的战略方针先是体制外改革，后转到改革国有经济体制本身。中国的改革战略不是渐进的，而是非常激进的。例如，两年内实现了农村承包制，"五年价格闯关"等。[6]中国经济学家李晓西认为，中国的改革是渐进与激进相结合，"渐进"是中国改革诸多特点中的一个，并不是唯一的特点。[7]

---

[1] 杰弗里·萨克斯、胡永泰. 中国、东欧、苏联经济改革中的结构因素 [J]. 经济政策（季刊），2003（4）.
[2] 诺顿. 改革计划经济，中国独特吗？[D]. 从改革到增长，法国巴黎发展中心 OECD，1994.
[3] 麦金农. 社会主义经济渐进还是激进自由化：宏观经济控制问题 [D]. 世界银行年会关于发展经济学的学术会议，1993.
[4] 盛洪. 寻求改革的稳定形式 [J]. 经济研究，1991.
[5] 张宇. 过渡之路——中国渐进式改革的政治经济学分析 [M]. 中国社会科学出版社，1997.
[6] 吴敬琏等. 渐进与激进——中国改革的选择 [M]. 经济科学出版社，1996.
[7] 李晓西. 渐进与激进的结合：经济为主导的中国改革的道路 [M]. 渐进与激进——中国改革道路的选择，经济科学出版社，1996.

对于中国经济发展的成功，陈世清认为根本原因有：①转型过程中的结构调整产生再生生产力；②转型对人的主体性的解放；③转型使中国出现前所未有的创业潮；④转型中的制度融合。[①]郑京平认为，创造中国经济增长奇迹的主要原因有：①成功地实现了从计划经济向市场经济、从半封闭型经济到开放型经济的转变；②体制的平稳和渐进性转换，充分享受了体制转换过程的红利；③抓住全球化浪潮的机遇。

在研究中国经济过程中，许多经济学家也发现，中国经济改革已难以用主流经济学的原理进行解释。

中国经济实行价格双轨制改革初期，西方主流经济学界普遍的看法是，要对社会主义国家进行改革，就应该推行以私有化为基础的休克疗法。他们认为经济体系要运行成功，必须有制度保证，包括完全地让市场决定价格，政府应该是小的政府。美国前财政部长、经济学家劳伦斯·萨默斯（Larry Summers）曾经谈到，经济学家通常在很多问题上有分歧，但是对计划经济进行改革，大家有出乎预料之外的共识。但是，中国 GDP 在 1978—1990 年年均增长 9%，在 1990—2005 年年均增长 9.9%，并没有像当时经济学界预计的那样出现崩溃。而当初实行休克疗法的苏联和东欧国家也没有出现西方主流经济学家预测的甜蜜时期，反而经济出现了严重的衰退。虽然到现在，它们的经济出现了增长，但跟中国比较起来还是有很大差距。

回顾历史，可以看到，当时很多西方主流经济学家，甚至是大师级的经济学家，都对中国经济转轨时期做出了错误的判断和预测。这些著名经济学家对中国改革开放过程中的许多现象屡屡做出不正确的判断，主要是因为现有的经济学理论体系存在缺陷。

任何经济现象如果不能用现有的理论来解释，并不代表它不能用理论来解释。理论的创新总是来自于一些新的不能被现有理论解释的现象，而中国经济就充满难以用现有理论解释的新现象。相比外国的经济学家而言，中国经济学家更加了解中国的经济改革，具有近水楼台先得月的先天优势。中国过去三十多年改革开放成功的经济实践对中国经济学家来讲，是一个推进理论创新的千载难逢的机会。如果能做到这一点，随着中国经济的发展、中国在世界上地位的提升，很有可能未来世界上绝大多数著名的经济学家也会出现在中国。

2. 中国经济学发展必将受到世界更多关注。

重新审视三十多年的中国经济改革和经济学的发展历程，可以清晰地看到，无论是中国经济政策，还是中国经济学界，都走过一条从"摸着石头"到"主动构建"、从"解释"到"引领"的发展脉络。

在改革开放之前，中国经济学舞台上几乎没有现代经济学，中国经济学家们大都是马克思主义经济学家，他们在马克思、列宁和斯大林的基础上，致力于宣传、解释政府的经济政策，缺乏国际经济学界的学术交流。在中国开始进行改革开放时，中国经济学界大多缺乏现代经济学的基础知识，更不了解市场经济的基本逻辑体系，没有一支掌握现代经济学的专家队伍，更多的是依靠少数高层领导的战略远见和经验直觉来指导改革。1978 年第十一届三中全会提出改革开放，采取邓小平和陈云提出的"摸着石头过河"的改革策略，即没有预设目标模式和实施方案，"走一步，看一步"。在这一经济学发展的基础背景下，

---

① 陈世清. 中国经济解释与重建 [M]. 中国时代经济出版社，2009.

这项策略的提出就不难理解。

这一时期的改革举措主要包括三个方面：一是在广大农村，将集体所有的土地"包"给农民耕种，实现了农业经营的私有化，"乡镇企业"也蓬勃发展起来。二是恢复"财政包干"的办法，向省、县政府下放权力，实行分级预算、收入分享，形成区域政府间竞争"的格局，支持本地区（省、县、乡）非国有企业的发展。三是实行对外开放政策，打破国家对外贸易的垄断，降低贸易壁垒，允许外国直接投资进入中国，设立合资企业。

这种"摸着石头过河"的策略，在改革初期确实取得了很好的效果。但这种没有预定目标，"走一步，看一步"的策略也产生了很大的问题，在1979—1988年的十年中，中国出现了三次严重的通货膨胀。此外，双轨制造成的寻租、以权谋私、腐败滋生等现象，引起了社会的极大不满，导致社会动荡。

与此同时，中国经济学界加紧了理论构建的步伐，掀起了"西天取经"即学习现代经济学的热潮。中国大学开始开设西方经济学课程，大批学者去欧洲、美国和日本等地留学或者进修，学习西方经济学理论。经过大规模的留学和进修之后，中国的经济学家重新融入世界主流经济学。到20世纪80年代中期，中国已经逐渐成长出一批具有现代经济学素养的经济学家，他们与国外经济学家共同探索中国改革的目标模式并参与政府决策。

在经济学界众多研究成果的基础上，1992年10月召开的十四大确立了建立"社会主义市场经济"的目标，并通过了题为《关于建立社会主义市场经济若干问题的决定》的市场化改革总体规划，建立了市场经济体系的基本蓝图。具体包括：①建立包括商品市场、劳动力市场、金融市场在内的市场体系；②实现经常项下人民币有管理的可兑换，全面推进对外开放；③通过"国退民进"，对国有经济的布局进行战略性调整；④实行"放小"，将数以百万计的国有小企业和乡镇政府所属的小企业改制为多种形式的私营企业；⑤建立、健全以间接调控为主的宏观经济管理体系；⑥建立新的社会保障制度；⑦转变政府职能；⑧加强法律制度建设。

这一轮改革是中国经济学界真正意义上的理论构建和政策引领，帮助中国初步建立起市场经济制度框架，大大解放了生产力，促使20世纪90年代以来中国经济持续高速增长。

在20世纪末和21世纪初，世界经济经历了1997年的亚洲金融危机、2000年的互联网泡沫以及2007年年底开始的世界性金融危机，"亚洲四小龙"失去了往日的风采，日本经济依旧不见起色，美国经济低迷、债台高筑、失业率高企，欧盟更是危机四伏。而中国经济却成功克服了重重危机，实现了经济持续高速增长，甚至有的区域在经济危机中完成了华丽转身，实现了产业结构的再造和升级，为下一轮增长蓄积了力量，中国的佛山就是一个典型案例。

在2008年金融危机来袭时，中国各地均在为经济的下滑恐慌、担忧。而广东省佛山市却因为区域政府提前对产业机构进行规划，实行"三三三"产业发展战略，领先一步进行产业结构调整，从简单工业制造和出口导向型向拥有自主技术的新兴支柱产业转变。这样，佛山市在这次金融危机中不但经受住了考验，而且在珠三角城市"保增长"的战役中率先突围。在金融危机的大环境下，2008年佛山市完成生产总值4 333.30亿元，同比增长15.2%，增速居珠三角之首；人均生产总值72975元（折合10 423美元），同比增长14.3%；外贸进出口总值依然保持11.6%的增长，其中出口增长10.6%；全市实际外商直接投资18.07亿美元，增长14.9%。

中国经济为何能够持续高速增长并且成功抵御了几次国际金融危机的冲击？佛山市为何可以转"危"为"机"？在这些重要的经济现象背后，蕴含着一个重要的经济学理论——政府"超前引领"。

一个真正成功的经济体制，政府要依靠市场经济的基础、机制和规则来"超前引领"，用"有形之手"去填补市场"无形之手"带来的缺陷和空白，同时以"超前"的引领来规避"摸着石头过河"带来的事后纠错成本。政府"超前引领"，特别是区域政府的"超前引领"，使得经济学的体系在宏观经济学和微观经济学之间形成了一个中观经济学，在"企业"和"国家"之间形成了一个区域政府"，从而构成一个完整的经济学体系。

微观经济好比一条条小溪，宏观经济好比浩瀚的海洋，而中观经济就像众多江河。小溪汇成江河，江河流入大海；只有江河，可以贯通溪流与大海，使三者之间保持均衡和协调，才能防止大旱大涝。经济亦是如此。

以"超前引领"和中观经济的视野，可以发现一些区域发展的规律。比如当考察不同国家和不同区域的经济发展速度和社会福利水平时，我们会发现在差异的背后，不仅有资源禀赋、制度、技术等因素，更重要的还有区域政府职能效果发挥好坏的因素。

佛山市位于珠三角腹地，既没有矿产资源，又不靠海，资源禀赋一般，区位优势不明显，但其却在金融危机中，领跑珠三角诸多城市，其中重要原因就是其政府"超前引领"作用发挥得较为出色。

新加坡更是在产业政策、人才战略、营造环境等一系列政府"超前引领"下，在不到半个世纪的时间内，从一个没有任何资源的小渔村转变为一个发达国家，这无疑是政府"超前引领"理论具有普遍意义的又一力证。

【阅读材料一】

从"摸着石头过河"到"超前引领"

当经济发展木已成舟，才进行亡羊补牢式的服务，会消耗大量的政府资源，降低政府的公共福利供给能力；而在经济规模日益膨胀的今天，政府要进行保姆式的事中服务，也是极不现实的。将事后和事中服务延伸到"超前引领"和超前服务，无疑事半功倍。

众所周知，在一定时期内，政府掌握的资源是有限的，如果政府在经济发展上投入过多资源，会导致公共福利供给的短缺。实践证明，政府对经济的过度干预极易导致政府规模的膨胀，引起一系列负面效应。政府想要在发展经济和提供公共福利方面做到平衡，需要高超的经济驾驭能力。

在中国县级区域中，顺德政府以最小的规模，产出了最多的GDP。在"三三三"产业发展战略从战略制定阶段进入战术实施阶段，将政府对经济的事中、事后干预和服务，延伸到了事前引领和事前服务，无疑体现了顺德政府更为高超的经济驾驭能力和执政智慧。

一、将事后和事中服务延伸到超前服务

当经济发展木已成舟，才进行亡羊补牢式的服务，会消耗大量的政府资源，降低政府的公共福利供给能力；而在经济规模日益膨胀的今天，政府要进行保姆式的事中服务，也是极不现实的。将事后和事中服务延伸到"超前引领"和超前服务，无疑事半功倍。

刚到顺德工作的时候，曾经有媒体记者问我：中国有不少专家学者认为，国家分税制划清了中央与各级区域政府的财权和事权，客观上导致了区域政府公司主义"的滋生，即区域政府片面追求经济利益最大化，区域一把手相当于企业的董事长。

从我的思维角度和工作经历出发，我很不赞同这种提法。企业的目标是追求利润，而区域政府最直接的目标是为群众、为区域和社会的全面发展而努力。至于区域政府在区域经济发展中应该承担什么样的角色，的确在理论和实践上有不断演绎、延伸的过程。早期的经济学家认为政府不应该担任调控、干预经济的角色，应该用"无形的手"来促进经济发展，这是经济学鼻祖亚当·斯密的理论，这种理论在相当长时期内居于主导地位。

后来资本主义社会经历了许多次席卷全球的经济危机，尤其是20世纪30年代，国家逐渐感觉到有必要对经济发展进行一定的引导、调控甚至干预，从而克服经济自由化的弊端，避免出现类似的经济危机。提出这个理论的是经济学大师凯恩斯。

在政府应该扮演什么样的经济角色这个问题上，产生了"混合经济学"、"综合经济学"，但这些学术观点都没有脱离两位大师的理论。到了20世纪90年代，不断有经济学家提出新观点，指出政府不仅可以借用市场经济的手段，对经济进行引导、调控和干预，还可以运用政府的权力和资源来超前引导、调控和干预经济发展。明确提出"超前干预"，防患于未然，使经济发展过程少走弯路，我认为这是经济学的一大突破。

"超前干预"，其思想火花到底起源于什么？我想，是从中国经济体制改革取得的伟大成就、从西方发达国家经济发展的成功经验和失败教训，以及二者的比较中总结出来的。以顺德过去的成功经验来说，政府根据市场的发展，超前引导、调控并促进经济发展，许多政策和措施，与经济学家的"超前调控"和"市场型政府"不谋而合。顺德改革了计划经济指令型的做法，以市场经济体制和企业的持续发展推动社会和谐建设，并且发挥了"超前引领"的作用。

因此，从理论上我也不赞同区域政府公司主义"的提法。党中央也提出了"执政为民"，明确界定了政府的目标是"为民"，而不是追逐经济利益，发展经济只是为民谋利的一种手段。

那位记者还问道，董事长和书记都是长于战略管理的关键人物，这两个角色之间，有何相同及不同之处？

我认为，企业的目标是追求利润，因为有利润的企业才能发展；而对区域来说，只有区域经济发展了，才能为群众谋更好的福利。董事长和书记的相同之处在于，都要全力促进企业或区域经济的发展，都至少要抓好四个方面的工作：第一要抓战略制定和管理，第二要抓人事组织与管理，第三要抓资金组织与安排，第四要抓信息搜集与分析。

当然，企业管理虽然也涉及方方面面，但企业属于微观经济层面。政府促进经济发展，必须从宏观经济层面来决策和发展。有企业经验、有微观实践的人来做宏观层面的管理决策，当然有较好的基础；但如果不能上升到宏观经济层面的高度和广度来思考问题，思路就会不开阔，工作也难以打开局面。

二、探索政府、企业、社会三者的互动关系

以空间维度审视"三三三"产业发展战略，它既具有宽阔的国际视野，也积极响应了国家战略；以时间维度审视"三三三"产业发展战略，它既立足于区域现状，也是对既往

战略的传承和创新。顺德制定"三三三"产业发展战略的国际和中国背景，主要是基于三个层面的思考与探索。

第一，是基于顺德实际。我2004年年底来顺德工作，当时顺德GDP超过600亿元，其中第二产业占60%，在第二产业中，家用电器和家用电子又占70%，较为单一的产业结构积聚了相当的产业风险；顺德经济上去了，但城市建设与发展还相对滞后；顺德的各镇街经济发展不平衡，出现了东强西弱的现象。这就提出了顺德下一步该怎么走的问题。

第二，是基于国家战略。2004年年底，中央召开经济工作会议，提出了优化产业结构、增强自主创新的要求。顺德作为一个基层区域，如何结合实际落实国家战略，是一个紧迫的问题，因为中央政府只能给我们指明大方向。

第三，是基于发达国家的先进经验。我一直在思考，为什么美国、日本在经济上会如此强大？尤其是日本，经济总量却长期居于世界前三位。我利用到日本招商引资的机会，对日本的产业经济和区域经济做过考察。结果发现，在日本，一个企业反馈出一个行业，一个行业反馈出一个产业链条及其延伸对日本经济产生的影响。日本的每个产业，都有完善的产业链条，例如汽车行业，有一级、二级、三级配套商。丰田的一级配套商有200多家，二三级配套商加起来超过1000家，也就是说，组装一辆丰田车，需要1000多家企业共同运作。日本的每个行业中，至少有3—5家龙头企业形成产业链条的带头人在引领发展。仍以汽车行业为例，有丰田、日产、本田等领头企业。在日本的区域中，又有多个支柱行业，如汽车、电器等，在共同促进日本经济的繁荣。我去过不少发达国家进行考察，日本的经济和产业给我留下了深刻的印象。

因此说，"三三三"产业发展战略是立足于对顺德发展的思考，立足于对国家政策的把握并借鉴发达国家和地区的成功经验而酝酿形成的。

巧合的是，顺德的经济发展战略一直与"三"有关，在制定"三三三"产业发展战略时，也曾受到顺德既往战略的启示。

其实，我们用半年左右的时间梳理了顺德改革开放以后提出的各项经济政策。现在看来，有的政策已经不合时宜，有的政策精神内核还在，有的政策需要补充和完善新的内容，因此，从政策的延续性这个角度来看，"三三三"产业发展战略是在原有政策基础上的一种传承和开拓。

顺德经济从农业发展阶段转到工业发展阶段，再从计划经济转到市场经济的变革，再到今天与国际接轨、参与国际竞争的过程，政策引领都具有超前性。顺德在引领经济可持续发展的过程中，用自身实践不断探索、完善政府、企业、社会三者的互动关系。

至于"三三三"产业发展战略的出台，一开始我们并没有专门的概念。正是基于对上述三个层面的思考与探索，与当时顺德的周天明区长多次商讨，并向顺德前任领导、后任广东省人大常委会主任欧广源和后任广东省人大常委会副主任陈用志请教的过程中得到首肯，我们才最后明确地表述出"三三三"产业发展战略的全面内涵。

《道德经》曰：一生二，二生三，三生万物。我们希望顺德的事业能够得到顺利发展。

三、产业发展区域协调的战略制胜和根本方向

"三三三"产业发展战略，是推动顺德政府进一步深化改革和创新的体现。在顺德的"十一五规划"中，明确提出建设创新型、服务型、公共治理型政府。区域政府该如何自主创新？今后顺德还会进行哪些方面的创新？

我认为创新有两种类型。一种是与现有的政策、法律和法规不相符，跳出政策、法律和法规的约束，提出新的措施和方向。这种行为有时候也能被称为创新，当然，这对区域政府来说，既不许可，也不具可行性，容易造成违规和违纪。另一种是在现行的政策、法律和法规的范围内，进行技术层面的组织创新、制度创新和技术创新，当然，在这里首先还要有个意识创新。我们所思考的创新，主要是在这四个方面。因此，我们响应国家建设创新型区域的要求，结合顺德的实际，要在这些方面不断推进发展。

创新的意义十分重大，创新会提高政府、企业和社会的运行效率，会促进经济发展和社会和谐。顺德政府在率先发展中、在以民营经济为主体的区域中进行的创新，所提出的政策和所采取的措施，应该代表了今后中国县域经济发展的一个方向。

除了从政府创新方面看"三三三"产业发展战略，我们还可以从经济学的角度来看"三三三"产业发展战略。

这是一个优化产业结构、引领企业自主创新、克服区域产业风险的过程，与此过程相连接，顺德政府推出了一系列扶助、引领政策措施，有利于顺德产业结构优化升级、提高企业在中国外市场的竞争力，从而促进顺德走上科学、协调、可持续发展的道路。

可以说，理论来源于实践，实践先于理论，"三三三"产业发展战略理论是对实践的一种概括与升华。在经济发展过程中，实践是一个创造性的过程，是一个"摸着石头过河"的过程。实践产生了对理论的需求，理论如果能够反过来引领实践的发展，将具有重要的意义。从经济学的角度来说，真正的经济学是一门"致用"之学，致用之学崇尚简单有效，最简单的往往是最美好的。根据这个原则，我们没有提出更加复杂的经济学名词来替代"三三三"。而恰恰是这个简单、易传播的"三三三"，里面蕴涵了许多产业经济学、区域经济学的内涵。

应该说，"三三三"的提出与其他区域提出的类似"三大措施"或者"八大步骤"是有本质区别的，它不仅是发展经济的一个战术性和技术性问题，而且是产业发展、区域协调的一个战略制胜和根本方向问题。"三三三"产业发展战略能够被民众、社会和企业所接受，说明它有着深厚的实践基础，并在实践中具有强大的生命力。

四、既要长于战略规划，也要长于战术实施

我一直认为，区域政府既要长于战略规划，也要长于战术实施，这样，好的战略才不至流于空谈。在战术实施时不仅要加大力度，而且要运用智慧创新性地执行。

那么，要将"三三三"战略层层推进，都有些什么样的战术和战役？

战略和战术一定要配套，如果缺乏战术，战略肯定流于空谈。政府为此制定了系列化的推进政策和具体措施。

当时的顺德制定了优化产业结构的目标：争取在2010年，三大产业的比例达到1.7:53.3:45左右，形成协调发展的格局。在第一产业方面，考虑到顺德土地资源日益稀缺，但顺德农业先行一步的优势条件，我们提倡发展外延农业，力争国家和广东省省委的支持，与台湾合作建设"粤台农业发展基地"，做到"小区域，办大事"。在第二产业方面，结合国家自主创新战略和顺德实际，优化传统产业，重点发展具有潜力的高新技术产业，同时推进与之相配套的产品国家标准化等措施，以此引领民营企业做强做大。在第三产业方面，顺德不提倡就第三产业而发展第三产业，而是要大力发展与第一、第二产业相配套的物流业、会展业、商贸业和旅游业。例如顺德家用电器行业需要大量的钢材，上海宝钢和韩国浦项都来顺德建设钢铁物流基地。在发展旅游业方面，顺德评出"新十景"，开发"广州顺德一日游"、"港澳顺德三日游"等旅游路线，这些举措也会促进酒店业、餐饮业等行业的发展。

我们知道，党和国家制定的战略方针，在不少区域会流于口号。例如中央把自主创新作为国家战略，这是一个很好的方向，没有人不赞同。但如果基层在贯彻中没有切入点，执行不具体，方向战略就可能难以落到实处。"三三三"会不会同样遇到执行难的问题？

我认为，顺德对国家战略方针的实施具有很强的执行力。例如"科技进步、自主创新"战略，顺德就用创建著名品牌与驰名商标的多少，抢注产品专利权的多少，产品标准成为国家标准、国际标准的多少来量化，作为切入点进行衡量与检测，从而推动企业科技进步和自主创新的发展。

因此，对顺德各镇街、各部门、各企业落实推进"三三三"产业发展战略，我们有很强的信心。

如果要问"三三三"产业发展战略在什么时候会达到预期效果，我想，这是一个动态的过程。其实，顺德在2005年推进招商引资、产品标准化、联合国采购基地等战略，"三三三"的前期成果已经在当年年底有所展现。2004年，家用电器和家用电子在第二产业中约占70%，但到了2005年年底，这个比例已经下降到不足50%；其他行业，如机械装备、模具业及精细化工业和涂料业等，其比重已经开始得到提升。

资料来源：陈云贤，超前引领：对中国区域经济发展的实践与思考［M］．北京大学出版社，2011.2．

【阅读材料二】

城市竞速：佛山如何跻身"新一线城市"

一、从全国、全球的角度打量佛山冲刺万亿的城市理想，将会发现什么？

尽管衡量一座城市发展程度的标准众多，但GDP仍是最常用的标准。至2015年年底，中国大陆共有北京、上海、广州、深圳、天津、重庆、苏州、武汉、成都、杭州10座城市的地区生产总值超过一万亿元。

在这些城市中，除北上广深四地被称为一线城市外，其他城市被很多媒体称为"新一线城市"，或"新一线城市"的有力竞争者。而能否进入"万亿俱乐部"，是跻身"新一线城市"的一个量化标准。

记者梳理国内城市"十三五"发展目标后发现，除南京、青岛两地距离万亿城市仅有一线之隔外，至少还有包括无锡、长沙、佛山在内的8座城市提出了冲刺万亿的目标。

在今后五年中，向万亿冲刺将成为中国城市竞争发展中一段异常激烈的赛道。

跻身万亿俱乐部，在中国乃至全球意味着什么？冲刺万亿城市，佛山面临着什么？闯入万亿版图，佛山将为中国带来什么？佛山如何从制造业一线城市迈向综合实力一线城市？

这将是今后五年，以鲁毅为"班长"的佛山需要解答的"万亿之问"。在众多城市中，佛山这座以制造业、以民营经济为根的城市，其跻身万亿对整个中国的意义，将格外与众不同。

二、万亿级城市，撼动全球的中国力量

何为"新一线城市"？国内尚无公认的权威定义；无可否认的是，GDP 达到 1 万亿元是"新一线"的基础条件。当一座城市经济总量达到万亿水平，往往足以迸发影响全国的力量。

中国大陆拥有万亿级城市的历史，至今已满十年。2006 年，上海市 GDP 达到 10297 亿元，突破 1 万亿元，成为万亿俱乐部的首位成员。此后在 2008 年，北京 GDP 也突破 1 万亿元。时隔两年，广州成为首个万亿级别的省会城市，"北上广"三大公认的一线城市成功会师"万亿俱乐部"。

紧接着，"万亿城市"集中爆发。仅在 2011 年这一年，全国就有深圳、天津、重庆、苏州四座城市成功"闯关"。"万亿七巨头"的格局持续至 2014 年。这一年，中部和西部的两大中心城市——武汉与成都 GDP 突破万亿。此后，电商之都杭州在 2015 年成为万亿城市中的最新成员。

上述城市也正是中国城市 GDP 排行榜上的前十名。任何城市都会为跻身万亿而振奋、自豪。以武汉为例，时任武汉市代市长万勇作政府工作报告时表示，"这是全市人民期盼多年、奋斗多年、凝聚着城市光荣与梦想的历史性突破，是武汉发展的重要里程碑"。

从上海到杭州，这十座城市已成为中国经济社会发展的"定盘星"，在很多领域成为产业"领头羊"。以汽车这个反映制造业实力的行业为例，2015 年重庆汽车产量达 304 万辆，上海也达到约 243 万辆，两地汽车总产量就超过了全国的五分之一。

此外，这十座城市也几乎都是所在城市圈的产业中枢：既在城市圈中充当技术创新、各类信息交互中心的角色，也面向周边产生了强大的外溢和辐射效应。

在高附加值、知识型的服务业领域，万亿级城市优势更强。以软件业为例，2015 年全国软件业务收入为 4.3 万亿元，其中仅深圳一地软件业收入就超过四千亿元，接近全国十分之一。杭州、广州、成都三座万亿级城市的软件业收入均超两千亿元。

经济总量与"钱袋子"挂钩，政府"有钱"，才有力量持续推动基础建设，完善城市功能。正因如此，2015 年国内地铁运营里程前十名城市排行榜上，万亿级城市占据了大量席位。

充裕的就业机会、高质量的城市功能，让这些城市保持了对大学毕业生、白领们的吸引力。除杭州外，其他九座万亿级城市常住人口总数均已超过一千万大关。在二三线城市日益加强关注的"人口争夺战"中，万亿级城市往往能抢占先机。

另一方面，庞大的经济总量容易转化成为政策优势，让万亿级城市在省级乃至中央政府部门制定的政策规划体系中，获得重视。

以 2014 年突破万亿的成都为例，国务院今年批复的《成渝城市群发展规划》就提出，"以建设国家中心城市为目标，增强成都西部地区重要的经济中心、科技中心、文创中心、对外交往中心和综合交通枢纽功能"。而政策优势则有利于城市在发展中获得更多资源。

去年，国内 GDP 达到 67.67 万亿元，成为全球第二的强大经济体；而万亿级城市是各国认识与融入中国经济、展开跨国协作的主要窗口。其中，除北京、上海两座很早就已拥有特殊地位的国际化大都市，其他万亿级城市在国际范围内的影响力日益增强。

杭州和深圳是近两年来的典型例子——前者拥有全球最大的电子商务公司阿里巴巴，并于今年成功举办了 G20 峰会；而后者孕育了华为、大疆无人机等科技公司，其"全球科

创中心"的形象刷新了全世界对中国经济形象的认知。

佛山能跻身这个行列吗？这正是以鲁毅为"班长"的佛山的新命题。

资料来源：赵越，南方日报 2016.11.30

【阅读材料三】

德国"城市智库"是如何运行的？

从州首府汉诺威出发大约半小时，汽车抵达策勒市中心，眼前出现一座四层高的建筑，门拱上罗马式浮雕记录着昔日的辉煌。这是下萨克森州管理学院所在地。每个工作日，来自全球不同肤色不同年龄的人群在这里进出，带来不同信息的交流与汇聚，成为影响当地发展的"智库"。

与大家印象中从属于政府机构不同，这个"智库"却是一个非营利性的有限责任公司。"之所以说是有限责任公司，是因为我们完全按照公司形式操作。"下萨克森州管理学院院长 Ralf Othmer 说，跟一般有限责任公司不同，学院的主要目的并非营利，即使有了盈利也要再投入项目当中。在德国，几乎每座城市都有类似的"城市智库"，有的是下萨克森州管理学院类似的组织，有的可能是弗劳恩霍夫协会在当地的分支机构，还有的可能是政府注资成立的投资促进公司，但他们都或多或少担当着"城市智库"的功能，通过信息的汇聚、政府企业资源的共享，深刻影响当地经济发展。

这种由政府主导、按市场化运作的组织究竟如何汇聚资源？又是如何促进当地经济发展？

一、以培训汇聚各方资源成就"城市智库"雏形

成立于1989年的下萨克森州管理学院，是下萨克森州对外经济部的一个机构。其主要目的是为下萨克森州培训高端技术人才和管理人才，以此促进该州和其他国家包括与中国的合作。

而在这20多年间，学院的培训和咨询服务从下萨克森州扩展到世界各地，在其展示的国际合作网络中，学院正以下萨克森州为中心辐射至欧亚大陆50多个合作地区。目前已成为下萨克森州对外交往的一个重要窗口，同时也是影响地方发展的"类智库"机构。

"学院专门为来自经济界与行政管理领域的领导人员提供培训与咨询服务。"Ralf Othmer 介绍，学院客户群体包括国内和国际的经济促进机构、德国联邦的各部委等。同时，学院也接受欧盟委托，帮助欧盟机构进行培训项目的执行。

一手是政府，另一手则牵企业。由于下萨克森州99.6%的企业都属于中小企业，使得企业管理一直是下萨克森州管理学院的一个重点内容，为企业提供人才培训、变革管理、财务与控制等课程。同时，学院也会进行技术层面的培训，例如组织降低能耗、节约能源等培训课程。

"对于参加培训的学员，一方面可获取更多知识，另一方面也能建立起更多合作关系。"Ralf Othmer 说。丰富的培训课程，让学院拥有更为广阔的"关系网"。Ralf Othmer 举例，由于在培训时，管理学院与沙特阿拉伯的企业多有接触，通过牵线搭桥，学院为一家专做海水脱盐的公司在沙特阿拉伯开拓了新的业务市场。

除了与政府和企业频繁"亲密接触"外，Ralf Othmer 介绍，学院在 MBA 和 EMBA 领

域也与世界许多大学进行合作,在中国包括上海交通大学、南京大学等。多方面的信息汇聚,使学院在课程设置方面紧跟经济界的需求。"我们会关注和探讨国际上最前沿最先进的技术。"Ralf Othmer 说,在工业 4.0 成为热门课题前,学院已开设相应的培训课程。

培训和咨询带来的信息流,大量汇聚到管理学院,让策勒市变成了区域的信息中心。信息转换成的生产力,同时带动了一批"智慧资源"的聚集,使学院成为名副其实的城市智库。目前,学院共与 100 多名国际专家进行专业合作,其中既有自由职业者,也有专门做培训的讲师,还有不少来自经济界或企业界的实干家。就连院长 Ralf Othmer 本人,也曾在汉诺威工业博览会举办方德意志展会股份公司工作多年,负责国际业务开拓的国际项目总监 Harald Becker 同样"浸濡"企业多年,曾为欧洲多家知名公司提供咨询。

二、政府占股 51% 却不参与日常运作

在介绍时,Ralf Othmer 更愿意把管理学院称为公司,"我们学院的这个公司是一个非营利性的有限责任公司。之所以把它说成有限责任公司,是因为我们完全按照公司形式操作,但同时它又是非营利的。"Ralf Othmer 说,与一般的有限责任公司有所区别的是,学院的主要目的并非营利,即使有了盈利也要再投入项目当中。

这主要由学院的股东结构所决定。管理学院的股东分为三大块,分别来自政府、企业以及其他机构。像著名的大众汽车股份公司、德意志展会股份有限公司、沙多利斯股份集团等企业均为学院的股东。而最大股东则是下萨克森州政府,占有 51% 的股份。

但与中国国内运作不同的是,作为最大股东,下萨克森州政府并不直接介入学院日常管理。整个学院就像普通公司一样,在学院管理层,有一个由各大股东推荐人选组成的监事会,进行战略的制订和预算控制等。"具体来说,监事会会确定学院要开拓哪些国家的市场,招什么样的学员。"Ralf Othmer 说,剩下的事情则由管理层来决定。

通过大股东对方向上的把握,学院提供具体的课程培训,并招募相应地区的学员。通过培训这一纽带,建立起下萨克森州与各地的联系,间接地为股东开拓新的市场和服务板块。在对股东回馈方面,Ralf Othmer 介绍,管理学院曾利用自己的"关系网"为股东开辟新的全球业务。君特帕本堡股份集团是管理学院的股东之一,主要负责公路建筑工程,正尝试进行海外业务拓展,却苦于没有资源。同为股东的沙多利斯股份集团有限公司则是一家实验设备公司,从业务上看两者似乎并无交集。但沙多利斯在哈萨克斯坦早有业务往来,Ralf Othmer 介绍,管理学院通过沙多利斯的业务关系将君特帕本堡介绍至哈萨克斯坦,使后者成功获得了当地一条 300 公里的公路建筑项目。"通过这些例子可以说明,这种学院和股东之间的合作及互动是共赢的。"Ralf Othmer 表示。

三、各具特色的"城市智库"遍布德国

下萨克森州管理学院只是德国类智库机构中的一员。在德国,几乎每座城市都有类似的组织,但不同的是它们依托当地经济实际,有着不同的表现形式。

同属下萨克森州,离策勒市一小时车程外的沃尔夫斯堡市也是一座小城,它同时是大众汽车股份公司总部所在地。当地没有成立"管理学院",但却以市政府作为大股东成立了沃尔夫斯堡市集团。沃尔夫斯堡市集团也是一家以市政府为大股东成立的公司。为了提供更好的市政业务服务,集团下设招商投资促进局等各类分公司与子公司。

以沃尔夫斯堡招商投资促进局为例,政府作为大股东占有 80% 股份,此外该市的储蓄银行和旅游市场联合协会各占 10% 的股份。专业的土地买卖和招商引资,使沃尔夫斯堡投资促进局带给股东的盈利更为直接。由促进局对接建成的沃尔夫斯堡奥特莱斯商场每年吸引 250 万人次前来购物，去年 850 万游客的接待量更为这座工业城市打开了一扇更宽敞的对外推广窗口。

如果说下萨克森州管理学院和沃尔夫斯堡市集团只是一个地区机构，那么弗劳恩霍夫协会则是一个全国性"智库"。作为欧洲最大的从事应用研究方向的科研机构，弗劳恩霍夫协会在德国各地已设有 67 个研究所。作为一个非营利性组织，它超过 70%的研究经费来自于工业合同和由政府资助的研究项目，剩下近 30%经费是由德国联邦和各州政府以机构资金的形式赞助。

斯图加特是世界著名的"汽车城"，对于工业 4.0 研究有着迫切的需求。去年，弗劳恩霍夫协会就在斯图加特专门设立了工业 4.0 应用中心（以下称"IPA"）和生产学院。该中心总监 Martin Landherr 向调研组介绍，IPA 在为企业解决新技术应用的同时，也为工业领域的技术人员进行培训，目前学院可为在职的企业高级工人提供 200 多种不同类型的进修培训。

虽然德国正在大步迈向工业 4.0，但工匠精神依然是德国制造品牌与品质最为重要的支撑。这种工匠精神的培育与德国浓厚的"学徒式"教育体系密不可分。

资料来源：胡智勇 蓝志凌 张培发 刘嘉麟，南方日报 2016.5.9

【复习思考题】

1. 区域政府的内涵是什么？如何理解"区域"的相对性？
2. 区域政府的双重属性是什么？这两个属性的内涵是什么？
3. 请从经济学的角度分析为什么区域政府具有准微观角色？
4. 区域政府作为准微观角色和准宏观角色都有收入这一概念，请解释这两个角色下的"收入"有何异同？
5. 区域政府的财政支出有哪些项目？各项目定义是什么？
6. 关于区域政府支出增长有哪些经典理论？主要内容是什么？
7. 作为准宏观角色，中国区域政府具备哪些基本职能？
8. 区域政府的双重属性是什么辩证关系？
9. 为什么说超前引领的主体一定是区域政府？依据是什么？
10. 超前引领的主要载体是什么？为什么？
11. 何为城市经济发展的规模效应、集聚效应、邻里效应？与政府超前引领理论有什么关系？
12. 超前引领理论中，区域政府的职能边界是什么？
13. 应如何理解区域政府超前引领理论的内涵？
14. 区域政府超前引领发挥实效的条件有哪些？
15. 试述区域政府超前引领理论有哪些重大理论意义？

第三章

"三类型"资源界定

第一节 政府资源配置理论

一、马克思经济学关于资源配置论述

马克思经济学中的资源配置理论主要解决了资源价值配置及其归属的问题。

劳动价值理论揭示了价值的内容即价值的质和量、价值的表现形式以及价值的运行规律，从社会必要劳动时间、等价交换、市场需求诸方面阐述了商品经济中的资源配置模式。生产理论是以剩余价值的生产为核心的，剩余价值生产是资本主义商品生产的本质特征；它实质上论述了生产要素的配置问题，市场经济企业合理配置资源的标准就是看它是否带来剩余价值或利润，能带来剩余价值，资源配置就是合理的，反之就不合理。流通理论包括了个别资本流通和社会资本流通，个别资本流通中的资金周转实际就是论证了资本要素的合理配置；而社会资本流通理论则阐明了社会资源的配置要以市场为导向，使社会生产保持适度的比例，协调发展，才能使资源得到合理利用。分配理论论证了剩余价值如何转化为利润和平均利润、利息和地租；资本向利润率高的部门转移、货币所有者借出货币而获得利息，土地所有者出让土地使用权而获得地租；他们必须讲求效益，节约资本和土地，而利润、利息、地租无疑是实现资源配置强有力的经济杠杆。

马克思主义经济学虽然没有像西方经济学那样明确提出资源配置问题，但是马克思主义经济学所论述的理论是资源配置原理不可缺少的组成部分。

二、"外部性"与"公共产品"理论对政府配置资源论述

"外部性"英文词的原型来源于剑桥学派奠基者阿尔弗雷德·马歇尔1890年的著作

《经济学原理》中首次出现的"外部经济（External Economy）"[①]。到了 20 世纪 20 年代，马歇尔的学生、公共财政学的奠基人庇古在其名著《福利经济学》中进一步研究和完善了外部性问题（Externality）[②]。庇古全面接受了马歇尔提出的内部经济和外部经济的概念，并从社会资源最优配置的角度出发，应用边际分析方法，最终确立了外部性理论。庇古认为，在经济活动中，如果某厂商给其他厂商或整个社会造成不须付出代价的损失，那就是外部不经济。当这种情况出现时，依靠市场是不能解决这种损害的，这就需要政府进行适当干预。对外部性分析如下：①不仅生产活动可以产生外部性，消费活动也能产生外部性。例如，当某种商品的生产涉及正外部性时，市场决定的产量就会太少，价格会太高，政府就会试图扩大其供给；反之，政府则会试图减少其供给。②外部性是指产品的私人消费或生产产生的社会溢出收益或成本。也就是说，由于外部性的存在会使得完全竞争状态下的资源配置偏离帕累托最优。

"公共产品"是正外部性的极端情况。"公共产品"的定义由萨缪尔森在《经济学与统计学评论》1954 年第 11 月号上发表的《公共支出的纯理论》中提出，按照他的定义，所谓纯粹的公共产品是指这样的物品，即每个人消费这样的物品，不会导致别人对该产品消费的减少。为了辨别公共产品（公共资源）与私人产品，经济学家们提出了"非排他性"和"非竞争性"这两个概念或标准，也就是说，公共产品具有很强的非排他性和非竞争性。纯粹的公共产品因边际消费者的边际成本为零，且排除任何人享受某种公共产品在技术上不可行或成本高昂，因此政府利用其公众委托的权力向社会提供这些公共产品，如通过政府投资向公众提供防务、安全、公共设施等。市场中还有多种竞争程度介于公共产品和竞争性产品之间的准公共产品，这部分产品中的一部分通常由政府投资提供，或由政府投资与私人投资共同提供。

一般来说，如果竞争受到限制、如果存在外部性、如果涉及公共物品、如果市场欠缺，以及如果信息受到限制，资源就没有达到有效配置。即使整个经济处于完全竞争状态，只要存在外部性，涉及公共物品，那么整个经济的资源配置就不能达到帕累托最优，就需要政府在资源配置中发挥作用。因此，从根本上说，政府或财政的资源配置职能是由市场失灵引起的。由于市场的资源配置功能不全，不能有效提供全社会所需要的公共产品和公共服务，因而就需要政府利用其权威来对资源配置加以调节和管理，使社会资源和要素按照有利于提高效率的方向重新组合。

三、发展经济学对政府市场资源配置作用论述

（一）20 世纪 50～70 年代第一代发展经济学家主张政府通过计划和规划主导资源配置

20 世纪 50 年代对政府和计划的推崇以及其中结构主义对市场价格体系的排斥。这一

---

① 外部经济：又叫外在经济是指由于消费或者其他人和厂商的产出所引起一个人或厂商无法索取的收益。是指当整个产业的产量（因企业数量的增加）扩大时（企业外部的因素），该产业各个企业的平均生产成本下降，因而有时也称为外部规模经济（External Economy of Scale）。

② 外部性问题：是某个经济主体对另一个经济主体产生一种外部影响，而这种外部影响又不能通过市场价格进行买卖。

时期（1950—1975）的发展经济学家们认为，发展中国家没有可靠的市场价格体系，企业家有限，需要进行大的变革，而国家是变革的主要行为主体。对对外经济的悲观和对内部经济的乐观的结合，成为这一时期发展经济学家的主导思想。在对发展中国家现状的这种认识和这一主导思想作用下，他们主张发展中国家的政府应该促进资本积累，利用剩余劳动储备，实施进口替代以放松外汇管制，通过规划和计划协调资源配置，来完成经济的结构性转换和实现经济增长。

基于上述政策主张的一系列模型，如罗斯托的"增长的阶段"[1]、纳克斯的"均衡的增长"[2]、罗森斯坦·罗丹的"大推动"理论[3]、刘易斯的劳动无限供给和二元部门模型[4]等，其核心即是资本积累。他们认为，资本积累才能保障 GDP 的增长，才能保障在人口不断增长的前提下实现人均收入的增长，从而达到发展的目的。他们中的结构主义者更是强调刚性、滞后、短缺与剩余、供给和需求缺乏弹性、结构性通胀和出口悲观论，对市场价格体系进行批判，主张政府更多地通过计划规划等手段介入资源配置。

20 世纪六七十年代由关注有形资本转向关注人力资本以及对上述发展经济学理论的质疑与批判。20 世纪 60 年代，对有形资本的关注让位于对人力资本的关注，人们认识到人对发展起着决定性作用，具备一定知识、良好的健康和营养状况以及技能的增加，可以促进全要素生产率的提高。尽管发展经济学家们对自己的理论持乐观态度，但在这些理论指导下的许多发展中国家大规模贫困、失业与就业不足依然存在，绝对贫困和收入分配不平等仍在增加。为了解释这些现象，许多人指责政策导致的扭曲和公共政策导致的非市场失效、忽视农业、国有企业的效率低下、进口替代政策的负面影响和国际收支逆差。20 世纪 60 年代末至 70 年代初，产业规划和综合计划的缺陷变得更加突出，此时的批判指向计划的缺陷、不充分信息、意外的国内经济活动失序、制度缺陷和公共政策系统的缺点等政府失灵。而克鲁格曼在 20 世纪 90 年代更是指责这些发展经济学家的主张使"作为独具特色的发展经济学挤出了经济学的主流"[5]。1952 年阿瑟·刘易斯对这一时期发展中国家的经济发展实践进行了解释：落后国家政府要做的如建立产业中心、农业革命、严格地管理外汇，以及制定公共服务和经济立法等工作，在发达国家可以通过企业家去完成，而在

---

[1] 罗斯托（Walt Whitman Rostow），经济成长的阶段，1960；政治和成长阶段，1971。经济成长阶段论（Rostovian take – off model）又称作"罗斯托模型"、罗斯托起飞模型，是经济发展的历史模型。在罗斯托的经济成长阶段论中，第三阶段即起飞阶段与生产方式的急剧变革联系在一起，意味着工业化和经济发展的开始，在所有阶段中是最关键的阶段，是经济摆脱不发达状态的分水岭，罗斯托对这一阶段的分析也最透彻，因此罗斯托的理论也被人们叫做起飞理论。

[2] 平衡增长理论认为在各个部门和产业应当同时投资推进经济发展的经济学主张。平衡增长理论为发展中国家迅速摆脱贫穷落后的困境、实现工业化和经济增长提供了一种发展模式，对一些发展中国家的实际经济发展产生了一定的影响。纳克斯、罗森斯坦·罗丹等平衡增长论者认为，宏观经济的计划化，是政府在平衡增长战略中最为有力的手段；但是，只要市场发育充分，各行业中具有创新精神的企业家能不受干扰地创新，那么，私人企业的自发活动也会促进经济的平衡增长。

[3] 罗森斯坦·罗丹（P. N. Rosenstein – rodan），东欧和东南欧国家工业化的若干问题，1943。核心是在发展中国家或地区对国民经济的各个部门同时进行大规模投资，以促进这些部门的平均增长，从而推动整个国民经济的高速增长和全面发展。

[4] 刘易斯，无限劳动供给下的经济发展，曼彻特学报，1954.5。

[5] Krugman, P., 1995, Development, Geography, and Economic Theory, Cambridge, Massachusetts: the MIT Press, p. 7, p. 28, p. 24.

发展中国家需要通过比发达国家差得多的公务员系统去完成，政府要做的工作太多而政府的能力又较差，等等。

（二）20世纪80年代以来第二代发展经济学家主张政府在弥补市场失灵和新市场失灵领域发挥有效作用

1975年以来的第二代发展经济学家，将发展经济学作为新古典主义经济学基本原理之上的应用性学科，从第一代发展经济学家们高度概括的宏大模型转向分解型的基于生产单位和家庭的微观研究。他们强调人力资本，认为技术进步是资本积累的索洛模型①的补充，并对解释国家在发展上的差异性给予更多的关注。

目前，发展经济学家们在政府和市场的关系上，认为政府和市场并不是可供选择的资源配置机制，政府是构成经济体制的必要因素，它的作用在于有时可以替代其他制度因素，有时则是其他制度因素的补充。在政府发挥作用的领域上，他们认为政府去做它能做得最好的事，伴随的挑战是如何以最低的代价获取政府行动的好处；政府在处理新市场失灵（不完全信息和高成本、不完备市场、动荡的外部性、规模收益递增、多重均衡和路径依赖性、交易成本等）、提供公共产品、减少贫困和改善收入分配、提供社会基础设施、保护环境等方面，具有广泛的功能。

四、制度经济学"交易成本"在资源配置中的作用

20世纪60年代之前，经济理论界基本上因袭庇古的传统，认为在处理外部性过程上应该引入政府干预力量，对外部性产生者或课税或给予补贴。这一传统被美国经济学家、1991年诺贝尔经济学奖得主科斯于1960年发表的论文《社会成本问题》所打破。科斯提出了被斯蒂格勒命名和形式化的著名的"科斯定理"，其含义是产权的界定是市场交易的必要前提②。科斯认为：①如果产权被明晰地界定，且所有的交易成本为零，那么资源的利用效率与谁拥有产权无关；②如果产权能被清晰地界定且交易成本为零，那么，帕累托条件（或经济效率）将能够实现。由科斯定理不难推断，在解决外部性时可以用市场交易形式替代法律程序以及其他政府管制手段。尽管科斯定理有一些局限性，但总的说来，它主张利用明确的产权关系来提高经济效率，解决外部性给资源最优配置造成的困难，尤其是解决公共资源中出现的严重外部性问题，具有不可低估的重要意义。科斯在他的《社会成本问题》中指出，在交易费用为正的情况下，一种制度安排与另一种制度安排的资源配置效率是不同的。这个结论被诺斯教授更为简洁地概括为，当交易费用为正时，制度是重要的。这句话道出了制度经济学的基本观念：制度结构以及制度变迁是影响经济效率以及经济发展的重要因素③。

---

① 索洛模型描述了一个完全竞争的经济、资本和劳动投入的增长引起产出的增长。这一生产函数与储蓄率不变、人口增长率不变、技术进步不变的假设结合，形成了一个完整的一般动态均衡模型。索洛模型强调资源的稀缺性，强调单纯物质资本积累带来的增长极限，在人口增长率不变和技术进步不变条件下的稳态零增长正是这一思想的体现。
② R. H. 科斯. 社会成本问题，法律与经济学杂志，第3卷，1960.10.
③ 诺思. 制度、制度变迁与经济绩效，格致出版社，2014.4.

五、中观经济学的资源配置分类

关于资源配置中市场与政府的各自作用及职能边界，西方理论做了大量论述，至今仍然争论不休。这些理论或者将市场功能过分完美化而排斥了政府可能的积极作为，或者将政府功能过分强化而违背了市场规律。在西方经济学的主流研究倾向上，政府的资源配置功能总是处于缺少重要理论依据的尴尬境地，而西方实践中的政府资源配置行为却日渐增多，所以传统经济学中关于政府参与资源配置的理论依据需要扩充，政府与市场在资源配置中的作用需要重新定位。

中观经济学认为区域政府是中观经济学的研究主体，区域政府既承担着对本区域的宏观调控职能，又与其他区域展开充分竞争，通过政策制度上的超前引领打造区域核心竞争力以维护本区域经济的稳定增长。因此，区域政府兼具宏观调控的"准宏观"角色和参与市场竞争的"准微观"角色。区域政府的"准微观"角色决定了现代市场经济体系中双重竞争主体的存在，即企业和区域政府分别在市场的不同层面上与各自的竞争对手展开竞争，以使得私人产品、公共产品和界于二者之间的准公共产品都能在资源配置上实现优化，在"内部性"与"外部性"、"市场失灵"与"政府失灵"的问题上有了更好的分析角度。

世界各国，稳定、发展和对突发事件处置，是其三大任务。各国发展，经济增长、城市建设、社会民生是其三大职能。国家政府实施其三大职能，实质上却表现为对国家现实和可能拥有的各类有形资源和无形资源的一种经济学分类、一种资源配置和一种政策匹配措施上。

a类资源：与社会民生相对应的资源——在市场经济中被称为"非经营性资源"。它以社会公共产品资源为主，包括社会保障、文化、科技、历史、地理、环境、形象、精神、理念；应急、安全、扶助，以及其他社会需求。与之相匹配的政策原则应该是"社会保障、基本托底，公平公正，有效提升"。

b类资源：与经济增长相对应的资源——在市场经济中被称为"可经营性资源"。它以产业资源为主。包括一、二、三产业。由于各国经济地理和自然条件不同，三次产业发展比率不一。但许多国家精细发展第一产业，优化发展第二产业，加快发展第三产业，也不断获得成功案例。对此，与之相匹配的政策原则应该是"规划、引导，扶持、调节，监督、管理"。

c类资源：与城市建设相对应的资源——在市场经济中为称为"准经营性资源"。它以城市资源为主。包括用于保证国家经济社会活动正常进行的公共服务系统和为生产、生活提供公共服务的软硬件基础设施，比如公用工程、交通邮电、供电供水、园林绿化、环境保护、项目开发以及教育、科技、文化、卫生、体育、新闻出版、广播影视等。之所以称其为"准经营性资源"，是因为它们的开发和管理，既可由政府来实施——此时它是公益性的，是"非经营性资源"；也可由市场来推动——此时它是商品性的，是"可经营性资源"。它由政府或由市场来开发运营管理，取决于政府财政状况、市场需求和社会民众可接受程度。

第二节　三类资源界定

一、可经营性资源

（一）可经营性资源内涵

与经济发展相对应的资源——在市场经济中称为可经营性资源。它以各区域产业资源为主。由于经济地理和自然条件不同，决定其区域以三次产业中的某一产业为主导方向。当然在现实区域经济发展进程中，也不乏在发展第一产业或第二产业的过程中，伴随着强盛的物流业、会展业、金融业、旅游业、中介服务业和商贸零售业等第三产业的案例。实质上就是指商品、产业以及与其相关的配套服务行业的另一个说法，所以此类资源包含三个层次：①产品或商品，②产业或行业（产业链），③与商品或产业相关联的服务设施及其机构。此类资源配置应该完全遵循市场机制，交给企业经营才能最大程度地实现资源的优化配置，所以称之为"可经营性资源"。

西方经济学对应此类资源机构主要为商业企业。在中国，政府对应此类资源的管理机构有：（1）发展改革、统计、物价；（2）①财政、金融、税务、工商，②工业、交通、安全、能源、烟草，③科技、信息、专用通信、知识产权，④商务、海关、海事、口岸、邮政、质检、外事、旅游；（3）审计、国土监察、食品药品监督管理等。世界各国政府机构有同有异，但对此类资源配置政策原则主要是"搞活"——即①规划引导，②扶持、调节，③监督、管理。这点理论认识已很明白。比如各种日用消费品、一般生产资料、普通通讯和交通工具等在生产和生活中大量使用的物品，以及生产、生活服务，都可以通过企业和家庭、个人的自主决策在市场交易中获得。这些产品、产业和相关服务机构也毕竟经过市场竞争的洗礼才能获得生存的机会。市场通过自由选择机制和竞争淘汰机制，推动可经营性资源的优化配置，实现消费者效用的最优和企业利润的最大化。像家电等制造行业就是典型的可经营性资源，家电企业不断进行技术创新和成本控制，目的就是在市场竞争中获得先机，引领行业趋势，获取更大的市场份额。由家电业带动起来的人工智能、绿色环保等行业又引发新一轮的行业理念、技术和经营模式的革命。这些都说明了可经营性资源只有交给市场进行资源配置才能激发出最大的潜力，创造更多的价值。

（二）配置原则

可经营性资源的竞争性意味着由市场规则配置该资源。由市场以某种价格提供或配置竞争性资源，可以确保人们在生产和使用产品的决策过程中，考虑成本和收益。将竞争性资源留给市场，可以提高经济效率。排他性意味着企业可以获得经营资源的收益，市场愿意提供这种资源。总之，对可经营性资源来说，商品、产业及其相关配套服务行业应当按照市场配置原则、市场运行机制和市场运行规则来运行和管理。

既然可经营性资源属于私人产品而非公共产品范畴，那么区域政府在经营上就不宜插手干预，而是尽可能地将区域可经营性资源项目通过资本化手段、措施和调节方式，把这类资源交给市场、交给社会、交给区域内外的各类投资者来经营。使可经营性资源根据市场需求、社会供给和国际经济发展的客观趋势进行有效投资，优化结构，促进市场化机制健全发展，并且，根据对市场的预测进行风险有效调控，防止大起大落。

可经营性资源既然是市场配置的范畴，政府就应当遵循市场规则，在政策措施上制定和形成符合市场规律的基本准则或政策生态，并在政策配套中阐明各项政策应该怎么干。比如，不干预政策、鼓励扶持政策、反垄断政策、风险处置政策，等等。这一系列的政策措施就成为遵循市场规则的政策系列或政策生态。

总而言之，区域政府对可经营性资源的配置原则应遵循三点：第一，对产业进行规划和引领；第二，对市场或企业整体进行扶持和调节；第三，对区域或局部市场进行监督和管理。

（三）政策配套

对于可经营性资源，区域政府在产业政策上可以多规划多引领。比如2013年中国共产党第十八届三中全会指出，要紧紧围绕使市场在资源配置中起决定性作用深化经济体制改革，坚持和完善基本经济制度，加快完善现代市场体系、宏观调控体系、开放型经济体系，加快转变经济发展方式，加快建设创新型国家，对于属于市场配置的可经营性资源政府应当采取不干预政策；而2005年中国顺德区政府发布的"三三三"产业发展战略，顺德政府则将自己的作用定位在鼓励与扶持的位置上，引领产业调整，一旦产业运转进入轨道，政府便逐步退出，这一发展战略使顺德仅用了四年时间再造了一个"经济顺德"。

对市场和企业整体，区域政府不宜直接干涉，但可以通过政策充分发挥扶持和调节的作用。比如，在风险处置政策上，以美国政府应对2008年金融危机的政策措施为代表。为应对2008年金融危机，美国财政部和美联储相继出台了一系列罕见的应对措施：美联储实行了调整贴现窗口贷款政策等七项新的流动性管理手段，并直接救助金融机构。美国财政部在2008年1月实施1500亿美元的一揽子财政刺激计划，2008年7月起援助并接管"两房"，2008年10月推出有史以来最大规模的7000亿美元的金融救援计划。中国在应对国有企业改制问题上，针对"存量资产"的载体产权改造，为了形成与运用资本市场手段相适应的载体，将"存量资产"的载体改制成国有民营、股份制、合资、合作、拍卖给市场上的私人投资者，使其成为独资形式等作为区域可经营性项目的载体；而对于新增区域可经营性项目——"增量资产"的载体，则一开始使其能够按照经营区域的市场规划奠定好载体基础和发展条件。对于那些新增的区域可经营性项目，一时由于资金与投资者"短缺"而先用了财政资金或政府财政作担保向银行贷款的资金来组建的政府公司，在其投资建设的过程中及时、有效地进行转制，有效地防止了"增量资产"的建设中重新走回国有体制管理载体的老路。

对企业和局部市场的监督与管理也是区域政府针对可经营性资源政策配套的重要一环。美国政府比较多采用反垄断政策来保证可经营性资源的市场配置准则，1890年颁布的《谢尔曼反托拉斯法》、1914年颁布的《联邦贸易委员会法》和《克莱顿法》都明确禁止垄断协议和独占行为，限制市场集中度、企业兼并等行为，保护消费者权益和禁止不正当竞争行为等。

二、非经营性资源界定

(一) 非经营性资源内涵

与社会民生相对应的资源——在市场经济中称为非经营性资源。它以各区域社会公益、公共产品为主。其包括经济（保障）、文化、科技，历史、地理、环境；形象、精神、理念；应急、安全、救助，以及区域其他社会需求。西方经济学对应此类资源机构主要为社会企业。在中国，政府对应此类资源的管理机构有：①财政、审计、编制；文史、参事、档案，民政、社保、扶贫，妇女、儿童、残联、红十字会，民族、宗教、侨务等；②地质、地震、气象；③应急、安全、人防、人民武装、公安、司法、监察、消防、武警、边防、海防与打私等。世界各国此类管理形同名异，但对此类资源配置政策原则主要是社会保障、基本托底；公正公平，有效提升。这点实践认识也很一致。

(二) 配置原则

对于"非经营性资源"，即在市场达不到的领域，政府应责无旁贷地、全面地、确保基本保障地承担起此类资源的配置、管理和发展事务，按照"基本托底、公平公正、有效增长"的原则配套政策。这也就是为什么作为取之于民、用之于民的财政要弱化其建设性财政职能、强化其公共（公益性）财政作用的缘故。

非经营性资源的配置原则实质就是"社会公共产品"的保障原则，或者说是"民生托底、公平公正、社会福祉政策"的实施原则。社会公共产品因其消费的非排他性和非竞争性，很难通过市场交易实现"谁生产谁获益"的基本利益原则，对于以赚取利润最大化为主要宗旨的企业难以提供利益激励，所以在社会公共产品的提供上无法获得市场的认可，生产动力严重不足。但这些社会公共产品又涉及民生福祉、公共利益，对于整个社会和国民经济而言具有重大的战略意义，所以这部分非经营性资源的配置必然要由政府完成，也就是主要采用公共生产和公共提供方式免费供给公共产品或服务。

为解决公共问题、达成公共目标、实现公共利益、规范和指导有关机构和团体或个人的行动，政府需要通过一系列法律法规、行政规定或命令或政府规划等对社会利益的权威性分配，集中反映和促成社会利益，这些以公共利益为价值取向和逻辑起点的公共政策形成了非经营性资源配置的政策生态。政府要做到社会公平、社会稳定、社会基本保障，在非经营性资源的配置上政府最基本政策或措施应该包括公共产品投资政策、转移支出政策、公共产品定价政策等。公共产品投资政策是指政府直接对涉及公共利益基础设施和公共服务进行投资，提供全部财政支撑来保证公共设施和公共服务的运行。转移支出政策则是通过社会保障、财政补贴等相应手段对涉及社会公共安全、民生福利等项目进行货币化投入，并制定降低税费负担的一系列政策措施，确保社会危机阶段的社会平稳和民众的基本福利维持，这种政策职能与政府作为国民政府的本质意义完全相符。公共产品的定价政策因公共产品的提供目的不同、种类不同、运营和管理等方面的要求不同也有所差异。比如对于国防、外交、司法、公安、行政管理、生态环境保护等这些政府负有义不容辞的责任的纯公共产品，政府必须用税收来保证其全额费用，实行零价格政策。

（三）政策配套

非经营性资源政策配套应也应该沿着"基本托底、公平公正、有效增长"的配置原则来制定。分配社会资源、规范社会行为、解决社会问题、促进社会发展是政策配套的主要目的。

公平公正、有效增长的原则要求政策在分配社会资源上从社会发展的长远战略着手，进行社会资源规划的超前引领，比如对土地资源的合理规划和战略布局，实现土地资源的优化配置和集约利用，以保证土地资源的可持续利用。规范社会行为的政策主要是从法律上进行产权的界定和保护，保障合同的实施、公共产品和服务的监管及提供，并在社会文化及价值观的营造上给予政策上的激励。

基本托底的原则要求政策配套必须对社会基本民生问题给予解决。建立社会保障机制，完善社会养老保险制度、基本医疗保险制度、失业救助和培训制度、生育和工伤保险制度，以及救灾赈济制度，切实对老年人口、贫困人群、失业群体等社会弱势群体进行系统救助，将社会资源有意识的放在社会民生发展和社会稳定平台的构筑上。促进社会发展的政策配套则需要立足全球的开阔视野，建立一个"有足够的营养、免于疾病的侵害、创业的机会、教育和就业机会、社区参与和自我实现等"的人类福利社会①，摆脱"有增长无发展"的窘境。

中国的"科学发展观"就是以"促进社会发展"为根本目的的政策理论体系，通过实施科教兴国战略、人才强国战略、可持续发展战略，着力把握发展规律、创新发展理念、转变发展方式、破解发展难题，提高发展质量和效益，实现又好又快发展，为发展中国特色社会主义打下坚实基础②。

三、准经营性资源界定

（一）准经营性资源内涵

与城市建设相对应的资源——在市场经济中称为准经营性资源。它以各区域城市资源为主。其主要为用于保证国家或区域社会经济活动正常进行的公共服务系统，以及为社会生产、居民生活提供公共服务的软硬件基础设施，包括交通、邮电、供电供水、园林绿化、环境保护、教育、科技、文化、卫生、体育事业等城市公用工程设施和公共生活服务设施等。其设施的软硬件水平，直接影响着一个国家或区域的外形、特征、品位、功能和作用。完善的软硬件基础设施将促进区域社会经济各项事业发展和推动城市空间形态分布和结构的优化。我们之所以称这类资源为准经营性资源，是因为这一部分在西方经济学中还是"模糊板块"，在传统经济学中归类为政府与市场的"交叉领域"——即可由市场来承担、也可由政府来完成的经济发展社会民生事业。在中国，政府对应此类资源的管理机构有：①国有资产、重大项目，②国土资源、环境保护、城乡建设，③人力资源、公共资源交易，④教育、科技、文化、卫生、体育、新闻出版、广播影视、研究院所，⑤农业、

---

① ［印度］阿马蒂亚·森. 以自由看待发展［M］. 任赜，于真，译. 北京：中国人民大学出版社，2002.
② 中国共产党第十七次代表大会报告，2007.10.

林业、水利、海洋渔业等。

(二) 配置原则

区域政府竞争有广义和狭义两个层面：广义的区域政府竞争是区域全要素的竞争，包括"可经营性资源"及其配套政策的支持、"非经营性资源"及其政策体系的有效实施、"准经营性资源"及其开发与配置政策；狭义的区域政府竞争主要就是指"准经营性资源"的开发、运营、实现可持续以及政策体系的支撑和保障等。由此，DRP资源配置体系也有广义和狭义之分：广义的DRP是三类资源配置事宜，狭义的DRP是指"准经营性资源"的有效配置问题。

而其中的"准经营性资源"概念的提出和分析是本书的创新点和重点突破之处，因为区域政府的竞争，不是体现在"可经营性资源"和"非经营性资源"上，而是重点体现在"准经营资源"上。企业竞争与区域政府竞争都包含对经济目标的追求，但区域政府竞争更着重于准经营性资源配置效率的竞争上，区域资源配置模型（DRP）的落脚点以及"区域政府竞争"创新的落脚点，都集中归属到"准经营资源"配置这一核心概念上。

对于"准经营性资源"，我们应根据区域发展、财政状况、资金流量、市场需求和社会民众的接受程度与承受力等因素来确定其是按可经营性资源来开发配置还是按公益性事业来运行管理。

1. 遵循市场规律的原则。

准经营性资源具有双重属性，也就是说准经营性资源配置是既可以由市场来完成，也可以由政府来承担，是市场资源配置机制和政府资源配置机制发挥作用的交叉领域。而区域政府本身也具有双重属性理论，在具备"准宏观"角色的同时也具备"准微观"性质，"准微观"的性质决定了区域政府在准经营性资源配置上的参与竞争，但区域政府对准经营性资源的配置必须充分尊重市场作为资源配置手段的主导地位，坚持按照市场规律发挥管理职能，强化区域政府行为的市场适应性，展开区域政府间的良性竞争，以各地区市场运转的效率、实现的经济和社会收益作为竞争的主要考核目标。区域政府因此实现从远离市场竞争的权力机构到参与市场竞争、提高管理绩效的"准微观"的角色转换。

对于这类区域准经营性资源，区域政府和市场都可以介入，也就是说在区域准经营性项目上，区域政府和市场的边界关系可以看作是相互替代的，是一种"非此即彼"和"此消彼长"的博弈关系，即选择一定的区域政府，通过发挥区域政府职能作用来获得一定的产出，就意味着必须放弃一定的市场机制的作用。或者说，选择一定的市场，通过市场机制的作用来获得一定的产出，就意味着放弃一定的区域政府职能作用。区域政府与市场的这种相互替代关系意味着由区域政府和市场的作用边界存在一个最优组合的问题，而最优组合点由二者的等产量线和等成本线的切点位置决定，在这一点上，可以实现成本在一定情况下的产出最大或产出在一定情况下的成本最小，符合资源配置效率最大化的基本原则。

2. 调控市场运行的原则。

"准经营性资源"配置、开发、管理，有个载体确定和资金运营的问题。对于"载体确定"，如果把"准经营性资源"放入市场体系中去配置、开发、运营和管理，区域政府则可以独资、合资、合作、股份制甚至国有民营等方式组建建设项目的载体。它不仅能根据市场需求、社会供给和国内外经济发展的客观趋势进行有效投资，优化结构，促进经济和社会稳步发展，而且能根据对市场的预测进行有效调控，防范政府在以往的城市建设和发展中"只为社会提供无偿服务型、共享型的公共产品；只投入、不收益；只建设、不经营；只注重社会性，而忽视经济性；只注重公益性，而忽视效益性，从而造成城市资源的大量损耗，城市建设的重复浪费，城市管理的低层次、低水平和无序性运转"的问题，以避免重大损失。因此，在世界各国"准经营性资源"配置、开发、运营、管理方式的变革过程中，各区域政府应对原有配置的城市资源——"存量资产"的载体进行产权改造，让其按照客观规律和市场经济发展的要求，形成与运用资本市场手段相适应的载体，即将"存量资产"的载体改制为国有民营、股份制、合资、合作、拍卖给国内外投资者等形式，使其成为符合市场经济运行规则的载体，参与市场竞争；对于新增城市项目——"增量资产"的载体，则应从一开始就从独资、合资、合作或股份制等形式入手组建，使其能够按照市场规则奠定好载体基础和发展条件，成为市场竞争参与者。要防止区域"增量资产"的配置、开发中重回政府作为唯一管理载体的老路。

对于"资金运营"，如果把"准经营性资源"放入市场体系中去配置、开发，区域政府则可主要通过资本市场融资方式去解决。如发行债券或可转换债券、发行股票、设立项目基金或借助于海内外基金投资项目、以项目为实体买壳上市、项目资产证券化、项目并购组合，捆绑经营、租赁、抵押、置换、拍卖。区域政府也可以通过收费权、定价权等手段，运用 DBO（设计—建设—经营）、BOT（建设—经营—移交）、BOO（建设—经营—拥有）、BOOT（建设—经营—拥有—转让）、BLT（建设—租赁—转让）、BTO（建设—转让—经营）、TOT（转让—经营—移交）等方式实施特许经营权资本运营。区域政府还可根据各"准经营性资源"项目不同特点和条件，采取不同资本运营方式，或交叉运用不同资本运营方式——如采用"3P"方式（Public + Private = Partner）作载体，运用 BOT 或 TOT 等特许经营权运营，在条件成熟时改组项目公司为上市公司，通过发行股票或债券进一步把资源项目做强做大，从而促进区域政府克服资金瓶颈制约，提升城市资源配置、开发、运营、管理科学可持续发展，达到有限的公共财政"四两拨千斤"，更有效地满足社会人民群众日益增长的公共产品、公益事业需求上。

3. 参与市场竞争的原则。

区域政府"准微观"的性质决定了区域政府在准经营性资源配置上可以参与市场竞争。区域政府内部的组织管理可以充分吸收借鉴企业管理的丰富的理论模型和优秀的实践经验，建立高效运转的内部管理模式，成为制度创新、组织创新、技术创新和管理创新的重要力量。同时，区域政府拥有较强的经济独立性，以实现本地区经济利益最大化为目标，自身具有强烈的开展制度创新和技术创新的动力，区域执政者在竞争中培养了改革魄力和超前思维，具有鲜明的如熊彼特所说的"政治企业家精神"①。

总而言之，"准经营性资源"配置、开发、运营、管理过程中的"政府推动、社会参与、市场运作"方式，一开始就奠定了以下几点：①区域政府是市场竞争参与者之一；②区域政府必须依靠市场规则，按市场规律办事；③区域政府同时又是宏观经济代表的引导、协调、监督者。对"准经营性资源"配置开发，区域政府应按此原则配套政策。

---

① [美] 熊彼特. 经济发展理论 [M]. 北京：商务印书馆. 1990.

(三）政策配套

经营性资源的配置属于纯粹的市场机制调节范畴，而非经营性资源的配置也是区域政府直接管控的范畴，唯有在准经营性资源的配置上，最能体现区域政府的超前引领职能，所以对准经营资源的政策配套就是一系列的超前引领政策手段，其中以PPP模式形成的超前引领政策最为重要。

PPP模式源于新公共管理运动发起的公共服务供给的市场化改革，倡导引入私人部门参与公共项目的运营和建设，实质上是一种联结全社会内部公共部门、企业部门、专业组织和社会公众各方的准公共品优化供给制度，一方面解决财政资金不足的问题，另一方面也大大提升了公共项目的运营效率。"交易费用理论"和"委托—代理理论"是推动这一改革实践的理论力量。早在18世纪，欧洲的收费公路建设计划就已经开始了对PPP模式的尝试，到了20世纪70年代，英美国家开始积极引入私人部门参与公共项目建设运营，同时将PPP模式运用于公共政策领域，并为规范、推进该模式出台了一系列的政策，极大地促进了公私合作伙伴关系的发展。20世纪80年代中期，中等发达国家和其他发展中国家也开始引入PPP模式，由香港合和实业公司在深圳投资建设的沙头角B电厂项目就是该模式的一个典型项目。随后PPP模式相关的特许经营、运营和维护以及租赁合约等形式都得到了迅速推广和应用，世界各国在城市和区域重大设施的项目上陆续尝试实施PPP模式。PPP模式逐渐成为国际市场上实施多主体合作的一项重要项目运作模式。

PPP模式的政策重点在于准经营性资源项目中，确定政府、营利性企业和非营利性组织的相互合作关系的形式，在适当满足私人部门投资营利目标的同时，合作各方共同承担责任和融资风险，为社会更有效率地提供公共产品和服务，使有限资源发挥更大的效用。在政策配套上就需要围绕PPP模式所必需的伙伴关系、利益共享、风险共担这三个机制进行政策制定和引领。

1. 法律法规体系。

准经营性资源配置需要市场和区域政府的共同介入，双方界限和合作模式都必须建立在高度法治化、规范化和良好契约精神的基础之上。实践中，需要市场介入的准公共项目的运作往往非常复杂，投资额巨大、合作周期长，民间资本、社会资金交织、区域政府管理和市场周期变化交错，不确定因素很多。所以，完备的合同体系和良好的争议解决协调机制是项目长期顺利进行的重要保障。必须加快法律法规建设，争取先行完善政府制度约束。同时注重制定法律、法规保障非政府主体的利益。如果没有相应法律、法规来保障非政府主体利益，PPP模式就难以有效推广。只有通过立法等形式，对非主体利益予以保障，才能吸引更多民间资本进入。

从PPP模式在中国的运行来看，关于准经营性资源的配置还缺乏国家层面的政策制度，一些地方性的或行业性的管理办法或规定权威性不够，需要区域政府发挥超前引领的优势制定统一的基础性、规范的法律体系，明确界定部门之间的分工、协调、审批、监管等诸多问题，以及对准公共项目的立项、投标、建设、运营、管理、质量、收费标准及其调整机制、项目排他性、争端解决机制，以及移交等环节做出全面、系统的规定。

2. 契约文化制度体系。

准经营性资源的配置中要大力引入市场机制，就必须强化市场经济所强调的契约精神,以自由、平等、互利、理性原则建立区域政府与非政府主体的契约合作关系。这种契约是多重的,包括区域政府与公众之间、区域政府与私人部门之间、参与准公共项目的非政府企业和专业机构以及社会组织之间形成契约关系,尤其重要的是区域政府与私人部门之间契约关系,这种契约关系以双方就具体项目或事项签订的合同为基础,由政府部门与私人部门通过合作来提供公共产品与服务,以诚信的商业文化和契约精神为铺垫,本身是对传统的政府单纯行政权力意识的一种冲破,对法治化水平要求较高,区域政府必须需要加强自身的制度约束,提高对契约精神和契约约束力的认同,引导全社会培育契约精神。

3. 金融模式的创新与超前引领。

区域政府需要加快完善准公共项目的融资支持政策。建立政府主导的PPP模式的准公共项目融资支持基金,考虑通过债权、担保、股权等形式,为难以获得市场融资的PPP项目提供资金支持。项目开发成功之后,再由投资人把前期垫付的费用补偿回来,区域政府的资金就可以回到资金池,实现资金的循环利用。也可以尽快完善现有管理办法,将PPP项目纳入专项资金的支持范围或是建立PPP项目投资交流机制。

除了财政融资政策上的超前引领外,更要鼓励金融机构积极创新融资管理方式和融资产品,比如运用商业银行贷款、信托、基金、项目收益债券、资产证券化等金融工具,建立多元化的项目融资渠道,根据项目建设内容匹配相适应的融资方式,降低融资成本,提升资本运作效率,发挥PPP模式的优势。

4. 监督管理机制的完善与引领。

准经营性资源配置项目本质上仍有较强的公共产品性质,涉及公众利益,区域政府有义务维护公众利益,对项目的全周期运行负有监管责任。区域政府在PPP模式中,既是履约的一方,又是监管方,在保证市场参与方能够得到合理收益的同时必须要代表公众利益对代表市场利益的非政府主体的利润进行调节,强化政府对准经营资源配置项目的监管职责,防范一切可能发生的财政风险。

第三节 区域政府资源配置模型(DRP)设计

一、资源配置层次划分

资源配置问题是经济管理中的常见问题,资源配置就是对有限的、相对稀缺的资源进行合理配置,以便用最少的资源耗费,生产出最适用的产品和劳务,获取最佳的效益。通过资源合理的配置,配置主体可以利用有限的资源创造出更多更好的产品和服务;为实现供求平衡保证各类资源在不同产品与服务之间、同类产品与服务的不同品种之间以及同种产品与服务的不同生产者之间的有效合理利用提供了重要支撑。

资源配置主体包含微观、中观和宏观配置三个层次,具体如下所述。

(一)微观层次是资源配置的最基础层次

是指具体的某一活动主体如企业、大学与科研机构、政府等,如何在其内部匹配与运用各种资源,以便高效率地产出相关成果,从而提高其经济与社会效益。这是一种较低层次上的资源配置,是建立在单个活动主体的运行基础之上的,关注在各活动主体内部的资源组合与使用,其目标是提高主体的产出水平。由于这一层次的资源配置以考察资源利用的直接收益、以资源的最有效利用为目标,活动主体本身对于产出效益的积极性和其资源组织与运用能力,是资源配置效果的决定性因素。

(二) 中观层次是资源配置的中间层次,即资源在区域层面上的配置

这一层次配置的主体是从市场和区域政府的角度,综合分析考察本地区和本部门的现实情况,发挥优势力量,强化资源与生产的结合力度,从而提升区域和部门的整体效益。这个层次可以在较大的范围内比较直接和具体地发挥对资源配置的调节作用,是国民经济宏观调节与微观调节的桥梁和中间环节,同时也具有相当大的独立性。中观层次的配置效果不但影响微观层次的配置效率,也直接影响着宏观层次的配置效率。本书将区域环境下的中观资源配置作为主要研究对象。

(三) 宏观层次是资源配置的最高层次

是指宏观调控国家管理职能部门在把握经济发展全局的前提下,对全社会的资源在不同区域、不同部门、不同行业、不同活动主体、不同活动过程、不同学科领域之间的分配。其目的是为了实现经济持续发展、社会和谐稳定、国家强盛、人民幸福安康,通过法律、法令和市场参数以及行政命令将宏观调节的指令和信息注入于资源配置其他两个层次之中,并对其进行方向性调节。

资源配置的三个层次密不可分,各自完成其任务并构成一个运行的有机整体。宏观层次是资源配置的规划和指导,中观层次更多地体现为资源配置的调节和优化,微观层次则是资源配置的实施。宏观、中观合理的规划和调控能对微观层次的实施充分发挥出方向性与保证性的作用。在中观层次和宏观层次中,中观层次的调控和优化常常是技术性的,受微观层次要素的制约影响较大;宏观层次所进行的规划指导常常是政策法规性的,受微观层次配置方式的制约影响作用较小,独立性较强。中观调节优化反作用宏观规划调控的同时,也对微观层次直接发挥作用。在资源总量一定的条件下,中观资源配置是否合理,会直接影响到微观资源的利用效率。同样,微观资源配置是否合理,是否具有效率,将直接关系到有限的资源能否得到充分利用,从而对中观也包括对宏观资源总量的配置产生影响。

二、区域政府资源分类

(一) 直接资源与间接资源

从区域政府对资源的控制力角度可以把区域资源分为直接资源和间接资源。

直接资源是指区域政府可以直接调配的资源,如专属性的国有资源、财政收入、政府公职人员、政策资源等。区域政府对这些资源拥有绝对的使用权限,可以按照政府意志进行直接的配置。

间接资源则是泛指那些区域政府不能直接调配,但可以通过政策引导或调控的资源。

比如属于私有产权范围内的资本、劳动力、土地、企业家才能等。这些资源的直接支配权在资源的实际所有者手中，但区域政府往往可以通过财政政策、收入政策、货币政策等手段调配这些私人资源的流向和使用效率，间接影响这些资源的配置效率。

（二）有形资源与无形资源

从资源是否可见以及是否能用货币直接计量的角度，资源可以分为有形资源和无形资源。

就微观企业而言，有形资源主要包括物质资源和财务资源。物质资源包括企业的土地、厂房、生产设备、原材料等，是企业的实物资源。财务资源是企业可以用来投资或生产的资金，包括应收账款、有价证券等。无形资源包括专利、技巧、知识、关系、文化、声誉及能力，也是稀缺资源，代表了企业为创造一定的经济价值而必须付出的投入。

无论长期还是短期，企业从来都是按照利润最大化原则进行资源配置，这些有形、无形的资源都需要计算长期和短期的总成本、总收益、平均成本、平均收益、边际收益和边际成本，然后按照长、短期利润最大化的要求进行产量的确定。当然处于不同的市场类型，上述原则会有调整，但都以资源的有效配置为前提，而且市场竞争越充分，资源配置效率就越高。

从区域政府所掌握和调控的资源体系来看，物质资源主要包括土地、矿山、森林和人口资源等实物资源；财务资源是区域政府可以用来投资的资金等。无形资源是指那些非物质性的、看不见摸不着的人文资源，如区域文化素质、区域政策体系及配套措施、区域产业分布及发展状况、区域科学技术发展状况及区域政府的管理能力等。相对于有形资源而言，无形资源具有更强大的力量，常常是区域竞争制胜的关键。实物和资金等有形资源有一定的先天性，但其稀缺性的约束力也是较大的，而长期形成的无形资源却可以不断开发和挖掘，其优势是很难简单复制和超越的。其中区域政府的管理能力是无形资源中最为关键的资源，其价值存在于各无形资源价值链的联系之中，对于其他有形和无形资源的配置效率起着至关重要的作用。这种区域管理能力决定了区域产出竞争力和区域调控竞争力。

各种有形资源与无形资源的配置决定了区域产出水平的高低，区域政府以区域资源的有效配置、达到最佳产出效率为目标，也就是说区域政府负有发展区域生产力的天然使命。

（三）可移动资源与非移动资源

从资源是否可移动，又可以把资源分为可移动资源与非移动资源。

可移动资源是指可以进行区域间流动的资源，包括金融资本、人力资本、技术资源等，这些资源的跨区域流动常常是受高利益或低成本的驱动所引发，最终会带来区域间的均衡发展，但在转移过程中也会制造新的区域间发展的不平衡，这些可转移资源的流向对区域竞争力的影响尤为关键，也是区域政府竞争的焦点。从人才资源来看，发达国家作为全球人才最重要的培养和就业基地，是高级人才资源最集聚的地区。但随着发展中国家经济快速发展及国内社会条件的改善，在全球人才环流中的吸引力不断提高，配合部分国家实施的更积极的人才战略，高端人才会出现回流的趋势。从技术资源来看，全球的专利申请主要集中在美国、日本、欧洲、中国和韩国五大专利局，各区域之间的技术交流和技术转移活动也日益频繁。从资本的转移来看，也主要是从发达国家向劳动力成本较低的发展中国家进行转移，但随着中国等国的人工成本的逐年提高，资本也开始出现向发达国家回流的趋势。

非移动资源主要是指土地、矿山、森林等无法流动的资源，属于区域自然禀赋的一部分。当然，当土地的产权清晰并可转让时，土地资源在某种程度上也可以实现结构上的可流动性，对于提高土地利用率和产出率较有作用。

（四）可经营性资源、非经营性资源、准经营性资源

21世纪是经济发展、城市建设、社会民生同生同长、协同繁荣的世纪。纵观世界各国政府，稳定、发展、对突发事件的处置，是其三大任务。纵览各国区域政府，经济发展、城市建设、社会民生，是其三大职能。

政府三大职能的发挥，实践中表现为对区域资源的一种配置、一种管理、一种政策——即政府对区域中现实存在的自然资源、人力资源、资本资源、产业资源和城市资源等的经济学分类、优化配置与政策配套问题。

与经济发展相对应的资源——在市场经济中称为可经营性资源。它以各区域产业资源为主。由于经济地理和自然条件不同，决定其区域以三次产业中的某一产业为主导方向。当然在现实区域经济发展进程中，也不乏在发展第一产业或第二产业的过程中，伴随着强盛的物流业、会展业、金融业、旅游业、中介服务业和商贸零售业等第三产业的案例。西方经济学对应此类资源机构主要为商业企业。在中国，政府对应此类资源的管理机构有：（1）发展改革、统计、物价；（2）①财政、金融、税务、工商，②工业、交通、安全、能源、烟草，③科技、信息、专用通信、知识产权，④商务、海关、海事、口岸、邮政、质检、外事、旅游；（3）审计、国土监察、食品药品监督管理等。世界各国政府机构有同有异，但对此类资源配置政策原则主要是"搞活"——即①规划引导，②扶持、调节，③监督、管理。对于这一点的理论认识已很明白。

与社会民生相对应的资源——在市场经济中称为非经营性资源。它以各区域社会公益、公共产品为主，其中包括经济（保障）、文化、科技、历史、地理、环境、形象、精神、理念、应急、安全、救助，以及区域其他社会需求。西方经济学对应此类资源机构主要为社会企业。在中国，政府对应此类资源的管理机构有：①财政、审计、编制、文史、参事、档案、民政、社保、扶贫、妇女、儿童、残联、红十字会、民族、宗教、侨务等；②地质、地震、气象；③应急、安全、人防、人民武装、公安、司法、监察、消防、武警、边防、海防与打私等。世界各国此类管理形同名异，但对此类资源配置政策原则主要是社会保障、基本托底，公正公平，有效提升。这点实践认识也很一致。

与城市建设相对应的资源——在市场经济中称为准经营性资源。它以各区域城市资源为主。其主要为用于保证国家或区域社会经济活动正常进行的公共服务系统，以及为社会生产、居民生活提供公共服务的软硬件基础设施，包括交通、邮电、供电供水、园林绿化、环境保护、教育、科技、文化、卫生、体育事业等城市公用工程设施和公共生活服务设施等。其设施的软硬件水平，直接影响着一个国家或区域的外形、特征、品位、功能和作用。完善的软硬件基础设施将促进区域社会经济各项事业发展和推动城市空间形态分布和结构的优化。我们之所以称这类资源为准经营性资源，是因为这一部分在西方经济学中

还是"模糊板块",在传统经济学中归类为政府与市场的"交叉领域"——即可由市场来承担、也可由政府来完成的经济发展社会民生事业。在中国,政府对应此类资源的管理机构有:①国有资产、重大项目,②国土资源、环境保护、城乡建设,③人力资源、公共资源交易,④教育、科技、文化、卫生、体育、新闻出版、广播影视、研究院所,⑤农业、林业、水利、海洋渔业等。

三、区域政府资源有效配置原理

(一) 全要素生产率(TFP)提高是区域政府资源配置有效性的具体检验标准

1. 全要素生产率(TFP)含义。

从经济学角度,全要素生产率(TFP)(Total Factor Productivity,TFP)一般的含义为资源(包括人力、物力、财力)开发利用的效率。从经济增长的角度来说,生产率与资本、劳动等要素投入都贡献于经济的增长。从效率角度考察,生产率等同于一定时间内国民经济中产出与各种资源要素总投入的比值。从本质上讲,它反映的则是某个国家(地区)为了摆脱贫困、落后和发展经济在一定时期里表现出来的能力和努力程度,是技术进步对经济发展作用的综合反映。全要素生产率(TFP)是用来衡量生产效率的指标,它有三个来源:一是效率的改善,二是技术进步,三是规模效应①。在计算上它是除去劳动、资本、土地等要素投入之后的"余值",由于"余值"还包括没有识别带来增长的因素和概念上的差异以及度量上的误差,它只能相对衡量效益改善技术进步的程度。

2. 全要素生产率(TFP)的产生与计算。

全要素生产率(TFP)最初源于柯布—道格拉斯生产函数。1928 年,芝加哥大学经济学教授道格拉斯(P. H. Douglas)与数学家柯布(C. W. Cobb)合作,在研究分析大量历史数据之后,提出了著名的"柯布—道格拉斯(Cobb‐Douglas)生产函数",简称 C‐D 生产函数②。

他们根据有关历史资料,研究了从 1899—1922 年美国的资本和劳动对生产的影响,认为在技术经济条件不变的情况下,产出与投入的劳动力及资本的关系可以表示为:

$$Y = AK^{\alpha}L^{\beta} \tag{3-1}$$

其中:Y 表示产量,A 表示技术水平,K 表示投入的资本量,L 表示投入的劳动量,α、β 依次表示 K 和 L 的产出弹性。

指数 α 表示资本弹性,说明当生产资本增加 1% 时,产出平均增长 $\alpha\%$;β 是劳动力的弹性,说明当投入生产的劳动力增加 1% 时,产出平均增长 $\beta\%$;A 是常数,也称效率系数。通常情况下,有 $\alpha + \beta = 1$。在柯布—道格拉斯生产函数早期的描述中,认为 A 是一个常数,而实际上,最简单的 C‐D 生产函数描述的是某一时刻产出量与投入量之间的关系,因此,在 α 已知的情况下,可以计算出某一时刻的技术水平 A:

$$A = Y/(K^{\alpha}L^{\beta}) = Y/(K^{\alpha}L^{1-\alpha}) \tag{3-2}$$

C‐D 生产函数的提出,使生产理论从抽象的纯理论研究转向了面向实际生产过程的

---

① MBA 智库百科,http://wiki.mbalib.com/wiki/全要素生产率。
② 龚曙明. 应用统计学(第二版修订本)[M]. 北京交通大学出版社,2007. 6.

经验性分析，为现代经济学的发展奠定了良好的基础。但它也存在一定的缺陷，这是因为它的假设与实际情况往往是不同的。比如，技术进步对于不同的样本点所起的作用有可能是不相同的，同时，在生产函数研究中，经常以时间序列数据为样本，不同的样本点表示不同的时间，而技术的发展恰恰是与时间紧密相关的，因此，如果不将技术进步因素对于生产率的推动作用考虑进来的话，得出的结论就是不科学的，甚至是不正确的。

由于上述缺陷的存在，后来的研究者们在 C-D 函数的基础上做了大量的改进性工作，使得它更加具有实用性。而随着其应用层面的扩大，其理论价值和实用性被越来越多的学者所接受。在后续的研究中，丁伯根（J. Tinbergen）、索洛（R. M. Solow）、丹尼森（E. Denison）以及美国著名经济学家乔根森等都为柯布—道格拉斯生产函数的研究做出了大量的贡献。

1942 年，荷兰经济学家丁伯根（J. Tinbergen）提出在生产函数中加入时间指数趋势项以测定技术进步，将原 C-D 生产函数中的常数 A 换成一个时变参数 A^t，并将其设为指数形式：$A^t = A_0 e^{rt}$（A_0，r 为常数），同时，资金和劳动力投入都是各个时期的数据 $K(t)$、$L(t)$，从而原 C-D 函数可以转化为：

$$y(t) = A_0 e^{rt} K(t)^\alpha L(t)^\beta \tag{3-3}$$

这就是丁伯根的动态 C-D 生产函数，这一动态模型改变了 C-D 生产函数仅能描述在某一恒定技术水平下生产要素资源配置状况及其与产出量之间的关系，并使生产领域技术进步的测算成为可能。

1957 年 R. Solow 在一般生产函数的表达式中引入了一个一般技术系数，得出了技术进步的显式表达，创立了测定技术进步的余值法，并在此基础上基于产出增长型中性技术进步假定得到了著名的增长速度方程：

$$\frac{\dot{y}}{y} = \frac{\dot{A}}{A} + \alpha \frac{\dot{K}}{K} + \beta \frac{\dot{L}}{L} \tag{3-4}$$

该方程表明，产出的增长是由资本、劳动投入量的增加和技术水平的提高带来的。

1957 年美国经济学家罗伯特·索洛（R. Solow）在《经济学与统计学评论》上发表了《技术进步与总量生产函数》一文，论文统一了生产的经济理论、拟合生产函数的计量经济方法，第一次将技术进步因素纳入经济增长模型。在定量研究中，索洛将人均产出增长扣除资本集约程度增长后的未被解释部分归为技术进步的结果，称其为技术进步率，这些未被解释的部分后来被称为"增长余值"（或"索洛余值"）。在该文中，Solow 提出了如下改进的 C-D 生产函数模型：

$$Y = A(t) K^\alpha L^\beta \tag{3-5}$$

关于 $A(t)$ 的形式，通常有两种设定：

$$A(t) = A_0 (1 + \lambda)^t \tag{3-6}$$

$$A(t) = A_0 e^{\gamma t} \tag{3-7}$$

对于公式（3-6），λ 具有明确的经济含义，它表示技术进步率；而公式（3-7）中，γ 则没有明确的经济学含义。但是，如果技术进步率非常低，也就算是说当 $\lambda \to 0$ 时，有：$\ln(1 + \lambda) = \lambda$，此时：

$$\ln(A_0 (1 + \varphi)^t) = \ln A_0 + \ln(1 + \varphi)^t = \ln A_0 + t\varphi \tag{3-8}$$

$$\ln(A_0 e^{\gamma t}) = \ln A_0 + t\varphi \tag{3-9}$$

所以也可以将后一种表达式中的 γ 看作为技术进步速度（实际上 γ 除体现技术对经济增长的贡献外，也含有政策、教育、品牌等对经济增长的影响因素）。改进的 C-D 生产函数模型的表达式为：

$$Y = A_0 (1+\varphi)^t K^\alpha L^\beta \tag{3-10}$$

$$Y = A_0 e^{\varphi t} K^\alpha L^\beta \tag{3-11}$$

除了以上两种模型之外，改进的 C-D 生产函数还有其他的表达形式，推导如下：对公式（3-11）等式两边同时取对数，得：

$$\ln Y = \ln A_0 + \varphi t + \alpha \ln K + \beta \ln L \tag{3-12}$$

对公式（3-12）两边的 t 进行求导，得：

$$\frac{dY}{Ydt} = \varphi + \alpha \frac{dK}{Kdt} + \beta \frac{dL}{Ldt} \tag{3-13}$$

由于所搜集的数据在时间上是离散的，因此在所取时间间隔较小的情况下，可用差分方程近似地代替微分方程：

$$\frac{\Delta Y}{Y\Delta t} = \varphi + \alpha \frac{\Delta K}{K\Delta t} + \beta \frac{\Delta L}{L\Delta t} \tag{3-14}$$

公式（3-14）中的 $\frac{\Delta Y}{Y\Delta t}$, $\frac{\Delta K}{K\Delta t}$, $\frac{\Delta L}{L\Delta t}$ 可以利用样本观测值直接求得，然后采用多元线性回归方法并能得到 φ, α, β 的值，这样所得到的结果与利用公式（3-12）所求的相应估计值相差很大，而且如果用实际观测数据来检验非线性回归方程（3-14），会发现绝大部分结果都不相符合，这是因为通常计算时，所取的 t 值一般都是 1 年，时间跨度比较大，而一年之内，技术变化可能是相当大的，这就导致了结果的不稳定，因此偏微分方程在应用时就收到了限制。

回过头看公式（3-14），令：$\dot{Y} = \frac{\Delta Y}{Y\Delta t}$, $\dot{K} = \frac{\Delta K}{K\Delta t}$, $\dot{L} = \frac{\Delta L}{L\Delta t}$，从而索洛的余值增长方程可表示为：

$$\dot{Y} = \varphi + \alpha \dot{K} + \beta \dot{L} \tag{3-15}$$

式中 $\dot{Y}$, $\dot{K}$, $\dot{L}$ 分别表示产出增长率、资本投入增长率、劳动投入增长率。α, β 分别是产出对资本投入和劳动投入的弹性，φ 是全要素生产率（TFP）增长率。将增长方程移项变形得到：$\varphi = \dot{Y} - \alpha \dot{K} - \beta \dot{L}$，即全要素生产率（TFP）是产出增长率与资本投入增长率、劳动投入增长率的加权线性组合之间的差额。后来索洛把这个差额称为"增长余值"，也就是我们常说的"索洛余值"。索洛认为增长余值的变化是由技术进步带来的。

索洛余值的意义在于它扩展了一般生产函数的概念，它将技术进步这一生产要素引入到了生产率的分析之中，进而建立了全要素生产率（TFP）增长率的模型，从数量上确定了产出增长率、全要素生产率（TFP）增长率与各要素投入增长率的产出效益之间的联系，同时从增长方程中可以确定各种生产要素投入对经济增长的贡献。而综合上述理论，定义全要素生产率为：全要素生产率（TFP）的提高意味着区域政府资源配置的重点在"质量"而非"数量"上，它成为区域政府资源配置有效性的具体检验标准。而带动全要素生产率的"技术进步"包含了制度、管理、技术进步、组织创新、理念、专业化和生产创新等。

(二) 帕累托最优是区域政府资源配置有效性的理论参照标准

帕累托最优是指资源配置的一种理想状态，假定固有的一群人和可分配的资源，从一种分配状态到另一种状态的变化中，在没有使任何人境况变坏的前提下，使得至少一个人变得更好。当不使任何人利益受损，却可以让某人收益增加的改进叫帕累托改进。当改进到这样一种状态，即不存在帕累托改进可能的状态，称为帕累托最优状态。帕累托最优包含三个方面：生产的帕累托、交换的帕累托、生产和交换同时的帕累托，三方面对应实现条件是边际产品转换率必须相等，边际替代率必须相等，产品边际替代率与边际产品转换率相等[①]。

帕累托最优是站在效率的角度来衡量资源配置的结果，从社会福利的角度来界定公平，因此帕累托最优是效率意义上的公平。但是，在现实经济活动中绝对的帕累托最优是不存在的。帕累托最优的假设前提是完全竞争的市场经济体系和每个人相同且不变的消费偏好，但完全竞争的市场经济体系在现实中是不存在的，不同的人也有不同的主观偏好，而且一个人的需求和偏好也在不断变动中。这些现实情况都说明了帕累托最优只是一种理论上假设。但是通过效率的提高可以最大限度地接近帕累托最优，所以，帕累托最优的标准对判断区域经济制度和政策是否有利于优化资源配置还是具有十分重要的意义的。以下以无约束条件下资源分配的帕累托最优状态为例进行说明：

假定整个经济中有 M 个消费者、K 种资源，第 k 种资源的单位成本为 C_k，对第 m 个消费者分配第 k 种资源的数量为 X_k^m（$m = 1, 2, \cdots, M$，$k = 1, 2, \cdots, K$），为决策变量。第 m 个消费者的效用为 U^m，其表达如下：$U^m = U^m(X_1^m, X_2^m, \cdots, X_K^m)$，则资源配置实现帕累托最优的充分条件（二阶条件）为：$d^2 U^m < 0 (m = 1, 2, \cdots, M)$，必要条件（一阶条件）为：$dU^i = dU^j = 0 (i, j = 1, 2, \cdots, M)$，即：

$$\frac{\partial U^i}{\partial X_l^m} / \frac{\partial U^j}{\partial X_n^m} = C_l / C_n = -\frac{dX_n}{dX_l} = MRS_{X_l^i X_n^i}^i = MRS_{X_l^j X_n^j}^l \tag{3-16}$$

式中，$i, j = 1, 2, \cdots, M$，$i \neq j$，$l, n = 1, 2, \cdots, K$，$l \neq n$，这意味着当资源配置达到帕累托最优时，不同消费者对同一资源的边际效用相等。

帕累托最优意味着资源配置实现效率上的最大公平，也是区域资源配置是否有效的重要理论参照标准。

(三) 区域全要素生产率 (TFP) 比较

表 3-1 是根据公式 (3-16) 计算各区域 1999—2006 年度的全要素生产率及其平均增长率：

表 3-1　　　　主要国家 1999—2006 年间的 TFP 及其平均增长率

国家/年份	1999	2000	2001	2002	2003	2004	2005	2006	平均值	年增长率（%）
挪威	31.005	30.649	31.587	35.815	41.383	42.178	42.405	40.136	36.895	3.279
瑞典	30.422	26.361	24.820	27.149	33.833	37.060	35.524	35.131	31.287	1.815

---

① 新帕尔格雷夫经济学大辞典，英国麦克米伦出版公司，1981。

续表

国家/年份	1999	2000	2001	2002	2003	2004	2005	2006	平均值	年增长率（%）
英国	28.821	26.947	25.861	27.010	30.808	33.754	34.074	33.874	30.144	2.040
美国	28.429	28.507	29.078	30.663	30.817	30.469	29.806	29.846	29.702	0.610
法国	28.377	23.518	22.514	24.062	29.781	32.406	31.522	31.010	27.899	1.116
德国	24.756	21.369	21.629	24.079	29.297	32.534	32.442	31.698	27.225	3.138
日本	28.343	29.362	25.692	25.297	27.010	28.351	26.995	24.477	26.941	−1.816
荷兰	22.529	19.854	19.982	21.642	28.169	31.498	30.854	30.389	25.615	3.814
意大利	24.100	20.348	19.536	20.659	25.966	28.847	28.740	28.669	24.608	2.194
加拿大	21.017	21.999	20.876	20.875	23.260	24.514	25.547	26.364	23.057	2.874
澳大利亚	19.194	18.773	16.556	16.443	20.267	22.874	23.524	23.010	20.080	2.293
新西兰	17.322	15.220	14.528	15.666	19.423	21.676	22.838	21.158	18.479	2.532
葡萄牙	12.915	11.155	11.161	12.345	16.240	18.284	18.680	19.222	15.000	5.096
墨西哥	12.130	13.060	14.175	14.327	13.400	12.885	13.632	13.278	13.361	1.137
韩国	9.768	9.914	10.118	10.790	11.496	12.162	13.725	14.649	11.578	5.196
匈牙利	8.689	7.805	7.905	9.141	11.551	13.286	13.712	13.620	10.714	5.780
巴西	3.030	3.660	3.364	3.188	3.659	4.204	3.792	3.628	3.566	2.280
俄罗斯联邦	2.331	3.367	3.134	3.203	6.233	3.526	3.521	3.615	3.241	5.640
中国	1.154	1.159	1.181	1.166	1.189	1.198	1.227	1.278	1.194	1.287

资料来源：吴先华等. 基于面板数据的世界主要国家全要素生产率的计算 [J]. 数学的实践与认识，2011.7：12-28.

世界主要国家在1999—2006年的TFP平均值表明，北欧的挪威、瑞典全要素生产率全球领先，以欧美为首的区域全要素生产率都在20以上，巴西、俄罗斯和中国则排名靠后，中国的全要素生产率只有1.194。这充分说明，欧美等发达国家飞速的科技进步和相对成熟稳定的制度等因素在经济增长中起到关键的引领作用。而中国的经济增长则是外延式扩张为主，科技进步的作用还没有得到体现。从年均增长率来看，匈牙利、俄罗斯联邦和韩国是增长速度最快的国家，增速都在5%以上；而对于大多数发达国家来说，由于稳态经济增长率较低，其经济增长是艰难且缓慢的，最终取决于技术进步的速度，凡是不能做到依靠科技创新、实现生产可能性边界向外扩展的国家，就不能保持适当的增长速度。所以法国、美国和日本的增长速度排在最后，日本还出现了−1.816%的增速衰减，中国全要素生产率年增长率为1.287%，优势也不明显，从每一年的TFP值上看，各年的全要素生产率也是时高时低、不够稳定，这和政府在制度上、组织上、理念上、技术上的创新引领不够有直接关系，因此通过政府资源配置的优化应该可以使TFP得到较大的释放。

四、基于区域政府竞争的区域资源配置系统（DRP）设计

区域政府竞争的目标是提高全要素生产率（TPF），其通过区域优化资源配置得到提升。区域政府竞争的实质就是区域政府超前引领（GFL）实力的竞争，也就是区域政府对资源配置决策能力的竞争。随着目前信息化程度逐步扩大，决策变得非常困难，之前"摸

着石头过河，拍脑袋决策"的管理方式逐步不能适应现在管理的要求，管理需要数据化、科学化的决策，区域政府资源配置系统（DRP）正是要通过科学的分析方法运用规划理论来搭建区域管理科学决策的框架。

（一）设计依据

区域政府资源配置系统（DRP）的优化是为了提高全要素生产率（TFP），如何提高提高全要素生产率（TFP）是设计政府资源配置系统（DRP）的主要依据。全要素生产率（TFP）包括四个方面的创新产生的生产率，即技术创新、组织创新、制度创新和理念创新。而这些创新对不同资源配置的主导作用不同，比如技术创新和组织创新更加侧重企业，也就是可经营资源的配置与管理问题；而制度创新和理念创新则更加侧重政府，是针对非经营性资源与准经营性资源的配置与管理问题。所以作为区域政府，在配置资源时主要是在非经营性资源和准经营性资源上进行优化配置，通过制度和理念上的一系列创新提高区域全要素生产率，并引领企业在技术和组织上一系列创新，实现全要素生产率的快速增长。

（二）设计标准

DRP 是一个区域政府资源配置的系统工程，不仅可以对区域内外的资源信息进行集成和处理，更可以对区域资源进行有针对性的分析和管理，通过优化区域资源配置、强化区域管理实现系统预期的目标和效益。因此，DRP 模型设计应立足于区域的管理模式、管理水平、综合能力和经济效益方面的改进和提高。

评价标准是指一系列可能据以评判项目是否成功的原则与准则，是判断的基础。利益相关者是指那些积极参与该项目工作的个体和组织，或者是那些由于项目的实施或项目的成功，其利益会受到正面或反面影响的个体和组织。不同的利益相关者对项目有不同的需求和期望，甚至相互冲突，为取得项目成功，必须对这些需求和期望进行权衡并制定为各利益相关者所接受的项目成功标准。

DPR 模型设计应主要考虑以下四个方面标准：

1. 系统运行集成化。

DRP 在技术解决方案方面最基本的表现。DRP 系统是对区域物质资源、资金、制度、政策、信息等进行一体化管理的软件系统，软件的应用将跨越多个部门甚至多个区域，为了达到预期设定的应用目标，最基本的要求是系统能够运行起来，实现集成化应用，建立区域决策完善的数据体系和信息共享机制。运行 DRP 系统所需的各种基础数据应该及时、准确、有效，其准确率应达到 95% 以上。

2. 业务流程合理化。

DRP 在改善管理效率方面的表现。DRP 应用成功的前提是必须对区域管理的业务过程进行管理，区域政府是否使用 DRP 系统对整个资源配置供需链上的各个环节实行有效的规划和控制，也体现为区域政府超前引领（GFL）机制的发挥程度。因此，DRP 应用成功也即意味着区域管理业务处理流程趋于合理化，并实现了 DRP 应用以下几个最终目标：区域竞争力得到了大幅度提升；区域内部管理效率显著改善；区域管理面对市场变化的响应速度大大加快，也就是超前引领的作用程度大大提升。

3. 绩效监控动态化。

DRP 信息在区域管理和决策有效性方面的表现。DRP 系统可以为区域管理提供丰富的管理信息，如何用好这些信息并在过程中真正起到作用，以便提高区域政府决策反应的即时性和有效性，也是衡量 DRP 应用成功的重要标志，如果区域政府没有利用 DRP 系统提供的信息资源建立起政府绩效监控系统，就意味着 DRP 系统应用没有完全成功。

4. 管理改善持续化。

DRP 系统的构建和应用最后应落实在区域管理水平的明显提高上。为了衡量区域管理水平的改善程度，可以依据区域管理评价指标体系对区域管理水平进行综合评价。评价过程本身并不是目的，为区域建立一个今后可以不断进行自我评价和管理不断改善的机制才是真正目的。

通过 DRP 应用，将促使区域政府在管理方法、管理机制、管理基础、业务流程、组织结构、规模经济实力、投入产出能力、盈利能力、营运能力、区域竞争力与应变力、区域人力资源素质、区域形象、科学决策和信息化建设等方面发生明显的改进、提高和创新。

通过 DRP 应用，将促使区域政府改善财务分析，在区域经济增长、市场预测分析、超前引领企业、资源优化配置、提高全要素生产率（TFP）、降低区域污染、减少资源浪费、加强预算管理、降低资源配置成本、提高区域产出质量、扩大区域影响力等方面产生明显的经济效益。

通过 DRP 应用，将促使区域政府提高区域评价综合能力，如：区域经济增长率、区域居民消费水平、区域居民收入水平、固定资产投资、财政收支、进出口、区域失业率、区域物价水平等。从而不断优化区域资源配置，提升区域管理的目标和效益。

（三）DRP 设计框架

对区域内而言，DRP 系统整合区域内部的各种资源，通过系统的最佳规划与配置来达到资源的有效利用，并通过管理系统化对资源信息进行及时的动态、更新分析，使得管理或调控透明化与自动化。区域内部信息的畅通无阻，将提升区域政府快速应变反应能力。

对区域外而言，它通过网络与系统来有效与区域外各经济主体互通信息，形成水平或垂直整合的更大区域共同体。DRP 系统以区域内资源整合为主，同时互通区域外资源信息于一体，不受时空限制，可以快速而又有效地掌控区域整体运作。

总之，DRP 就是一个将区域内外的资源连贯起来的信息系统，避免管理和资源上不必要的浪费，管理者可以迅速而正确地得到数据以便做出正确的决策。基于 DRP 功能，有效的 DRP 系统必须是在互联网和大数据的背景下才能够构建并实施。

1. 大数据下的 DRP 开发。

大数据是基于互联网的海量、多样的数据构成的庞大的信息资源系统，是一种现代化数据处理技术和数据应用活动。这些数据资源蕴藏着巨大的价值，对经济发展、环境保护、社会管理、科学研究等各领域都具有非常重要的战略意义，已经成为区域经济新的经济增长动力。

区域政府可以利用大数据技术建立 DRP 系统，充分挖掘蕴含在区域内外的海量数据中的重要知识和信息，推动资源的合理配置，减少资源消耗，提高经济活动效率，降低经济发展成本，推动产业升级，实现经济的集约式可持续发展，成为新的经济增长动力。

尤其是在信息的急速更新和环境快速变化的时代，大数据为依据的区域政府 DRP 系统能够根据环境的变化而随时进行调整。不但能够实时获取和处理海量数据，并能在此基础上对未来做出准确的预测，建立完善的预警系统，提高区域管理的快速反应能力，推动管理活动由静态向动态的变革。

2. DRP 设计框架。

根据区域政府战略目标，可将政府资源优化模型（DRP）的设计做如下规划（图3-1）：

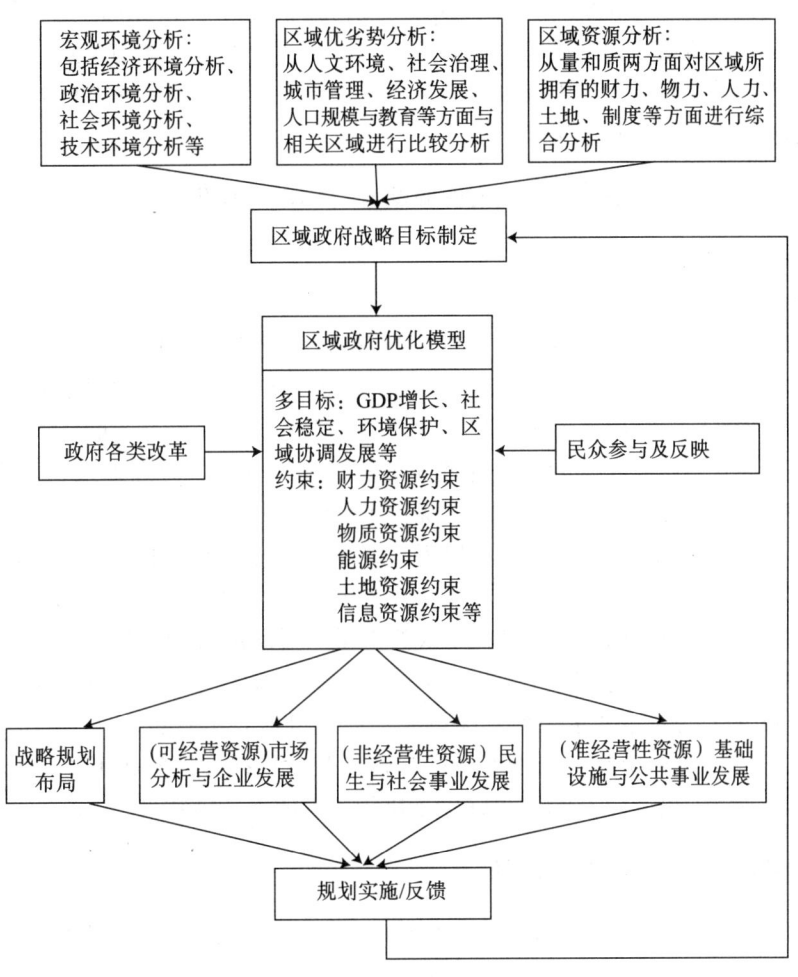

图 3-1 区域政府资源配置（DRP）模型

DRP 以较长时间为一个周期（如三年或五年）进行资源配置的设计，政府周期开始时间必须先制定区域战略目标，为了使战略目标科学、合理、具有激励性及可行性，必须先做好如下工作：首先做好宏观环境的分析，如对当前经济形势进行判断、学习、了解并分析当前国家的路线、方针、政策等，对当前的社会发展形势、人们的生活方式以及技术发展趋势等进行充分了解及准确把握；其次，同周边具有可对比性的区域进行优劣势比较分析，比较的方面包括人文特色、社会治理、城市管理、经济发展、人口规模、教育水平等；再次，应对该区域拥有的各类资源进行分析，包括人才资源、财力资源、物资资源、土地资源、各类能源等。

根据上述几点确定政府战略目标后再根据政府资源优化模型进行资源的配置，资源配置是一个多目标规划，涉及多类资源约束，具体目标包括经济增长、社会就业与企业发展、环境保护、民生工程、区域协调发展等，而约束条件包括财力资源、人力资源、物资资源、自然条件、信息资源、能源、土地、制度等。在构建政府资源优化模型时，应考虑到各级政府改革的政策、举措、意向等，还必须考虑民众的参与程度、支持度及其资源获取意向等。尽量做到科学、合理、公平、公正。

通过区域政府资源优化模型可进一步制定区域政府的"三类型资源"规划与实施措施，从而界定对市场竞争为主体的企业行为准则，对社会事务主体的民众行为准则和对区域竞争主体的区域政府行为准则。规划制定后再进行实施与反馈，必要时可对战略目标及其各类规划进行适当调整和修正。

五、基于线性规划方法的区域政府资源配置（DRP）优化

（一）线性规划方法简介

线性规划（Linear programming，简称 LP）是运筹学中研究较早、发展较快、应用广泛、方法较成熟的一个重要分支，它是辅助人们进行科学管理的一种数学方法。研究线性约束条件下线性目标函数的极值问题的数学理论和方法。它是运筹学的一个重要分支，广泛应用于军事作战、经济分析、经营管理和工程技术等方面。为合理地利用有限的人力、物力、财力等资源配置做出了最优决策，提供了科学依据。

从实际问题中建立数学模型一般有以下三个步骤：第一步：根据影响所要达到目的的因素找到决策变量；第二步：由决策变量和所在达到目的之间的函数关系确定目标函数；第三步：由决策变量所受的限制条件确定决策变量所要满足的约束条件。

所建立的数学模型具有以下特点：（1）每个模型都有若干个决策变量（x_1，x_2，x_3……，x_n），其中 n 为决策变量个数。决策变量的一组值表示一种方案，同时决策变量一般是非负的。（2）目标函数是决策变量的线性函数，根据具体问题可以是最大化或最小化，二者统称为最优化。（3）约束条件也是决策变量的线性函数。

（二）参数设置、模型构建及算例分析

参数设置：M：政府任务的种类数，如：GDP 增长率、国民收入水平、就业水平、教育水平、医疗水平、环境保护、社会稳定等；N：资源的种类数，如政府的财政收入、土地资源、人力资源、信息资源、政策资源等；X_m：第 m 项任务的目标值，如：保持地区 GDP 平均年度增长率为 10%，国民净收入平均年度增长率为 8% 等；Y_n：第 n 项资源的数量上限；a_{mn}：第 m 项任务的单位目标值需要的第 n 项资源的数量；X_m^0：针对第 m 项任务设定的最低目标值；p_m：政府所在区域完成第 m 项任务单位目标获得的价值；c_{mn}：花费第 n 项资源用于任务 m 的单位成本。说明：上述参数中，$1 \leq m \leq M$，$1 \leq n \leq N$，时间范围为政府的中长期计划，如年度预算或五年制规划等，且各参数都经过了同一化处理，即各参数的单位都为 1，因而可直接进行加减乘除四则混合运算。

1. 将各项任务目标设定作为决策变量的模型构建如下：

$$\max f(X_1, X_2, \cdots, X_m) = \sum_{m=1}^{M} p_m X_m - \sum_{n=1}^{N} \sum_{m=1}^{M} c_{mn} a_{mn} X_m \quad (3-17)$$

$$s.t. \begin{cases} \sum_{m=1}^{M} a_{mn} X_m \leq Y_n, 1 \leq m \leq M, 1 \leq n \leq N. \\ X_m \geq X_m^0 > 0, 1 \leq m \leq M. \end{cases} \quad (3-18)$$

对上述模型解释如下：X_m（$1 \leq m \leq M$）为决策变量，其余为常数。模型含义是：已知每项任务单位目标所需的资源及价格、成本等，确定每项任务的目标值使收益最大。式（3-17）为收益最大化目标函数。其中：$\sum_{m=1}^{M} p_m X_m$ 表示政府所在区域完成所有任务的预期目标值能够获得的总价值，$\sum_{n=1}^{N} \sum_{m=1}^{M} c_{mn} a_{mn} X_m$ 表示为完成预期目标值付出所有资源后的总成本。式（3-18）中，$\sum_{m=1}^{M} a_{mn} X_m \leq Y_n$ 表示为完成各任务目标值的每项资源的数量限制。$X_m \geq X_m^0 > 0$ 表示每项任务设定一个最低目标值，若某些目标值应越小越好，则可通过变换得到上述不等式。通过式（3-17）、式（3-18）可得到各任务的最优目标值及每项任务所需的资源。

2. 将各项资源配置作为决策变量的模型构建如下：

$$\min f(a_{11}, a_{12}, \cdots, a_{mn}) = \sum_{n=1}^{N} \sum_{m=1}^{M} c_{mn} a_{mn} X_m \quad (3-19)$$

$$s.t. \begin{cases} \sum_{m=1}^{M} a_{mn} X_m = Y_n, \\ a_{mn} \geq 0, \\ 1 \leq m \leq M, 1 \leq n \leq N. \end{cases} \quad (3-20)$$

对上述模型解释如下：a_{mn}（$1 \leq m \leq M$，$1 \leq n \leq N$）为决策变量，其余为常数。模型含义是：已知每项任务的目标值及各项资源单位成本、资源有限性等，确定每项资源在各项任务中的使用量使资源花费总成本最低。式（3-19）中，$\sum_{n=1}^{N} \sum_{m=1}^{M} c_{mn} a_{mn} X_m$ 表示为完成预期目标值付出得所有资源的总成本。式（3-20）中，$\sum_{m=1}^{M} a_{mn} X_m = Y_n$ 表示为完成各任务目标值的每项资源的数量限制。通过式（3-19）、式（3-20）可得到各项资源在各项任务中的最优安排。

对上述模型的求解：求解线性规划问题的基本方法是单纯形法，已有单纯形法的标准软件。为了提高解题速度，又有改进单纯形法、对偶单纯形法、原始对偶方法、分解算法和各种多项式时间算法。当各参数取值确定后，就可对上述模型进行求解。上述模型的意义在于

3. 数值分析。

假定政府要设定两项任务，对应有两项资源可供利用，对相关参数取值设定如下：$p_1 = 9$，$p_2 = 12$，$c_{11} = 2.5$，$c_{12} = 2$，$c_{21} = 1.5$，$c_{22} = 1$，$a_{11} = 1$，$a_{12} = 2$，$a_{21} = 3$，$a_{22} = 4$，$Y_1 = 60$，$Y_2 = 80$，$X_1^0 = 10$，$X_2^0 = 10$。

对于将各项任务目标设定作为决策变量的模型（即 X_1，X_2 为决策变量，其余为常量），将上述数值代入式（3-17）、式（3-18）中，采用单纯形法得到：

$X_1 = 20$，$X_2 = 10$，$\max f(X_1, X_2) = 85$

即：在上述成本及资源约束下，当给第一项任务的目标设为20，给第二项任务的目标设为10时，区域预期收益最大化，取值为85。

对于将各项资源配置作为决策变量的模型（即 a_{11}，a_{12}，a_{21}，a_{22} 为决策变量，其余为常量）。将上述数值代入式（3-19）、式（3-20）中，采用单纯形法得到：

$a_{11} = 0.3$，$a_{12} = 0.2$，$a_{21} = 0.9$，$a_{22} = 1.9$，$\min f(a_{11}, a_{12}, a_{21}, a_{22}) = 55.5$

即：将第一项任务分类第一类资源0.3，分配第二类资源0.2，将第二项任务分类第一类资源0.9，分配第二类资源1.9，政府付出的成本最小，取值为55.5。

上述算例分析表明通过政府资源配置优化模型的构建可实现政府各类任务最优目标的确定以及通过资源合理配置实现成本最小化。DRP 是区域政府有效资源配置（即区域经济增长）的重要工具，又是区域政府制定可持续增长政策与措施的重要依据。

【阅读材料一】

经营城市，把城市作为一种资源来管理

政府在市场经济条件下，按照经济规律，用资本化的手段、措施和管理方式，将城市发展中的可经营性项目推向市场、推向社会，以求城市建设与管理的良性发展。

21世纪是城市世纪。21世纪的到来将使城市在经济社会发展中的地位和作用更加突出。伴随着中国加入 WTO 后的经济转型和全社会固定资产投入的迅猛增长，经营城市——把城市作为一种资源来管理，已实实在在地摆到了各级政府的议事日程上。

一、城市是一种资源

虽然说源于20世纪90年代的新理念"经营城市"作为一种新的城市发展模式，至今还有争论，但它遵循了一条无可争议的定律——政府在市场经济条件下，按照经济规律，用资本化的手段、措施和管理方式，将城市发展中的可经营性项目推向市场、推向社会，以求城市建设与管理的良性发展。这是"经营城市"的精髓。其核心在于各城市建设发展中，借助于市场化、资本化和国际化的运作，既解决各级政府在现代化大城市建设中资金严重不足的瓶颈制约问题，又全面提升城市管理、城市功能、环境、品质及其承载力、辐射力、带动力和竞争力，进而全面推动社会进步。其理念——经营城市，应贯穿于城市发展的全过程。

可以这样来解读城市是一种资源这一理念。

首先，它是一种泛资源。这里包括城市的经济、历史、文化、地理、环境、人文、科技、形象、精神、政策、制度、理念，以及各个领域所产生的社会需求等。

其次，它是一种基础设施资源。这就是通常我们所说的类似路桥、地铁、轻轨、交通、现代化中心组团、环境保护、体育场馆，甚至包括某些能源、水利、信息技术设施建设。该资源由有形的基础设施和无形的技术网络设施所组成，并由此影响着城市的外形、特征、品位、功能和作用。

最后，它是一种产业资源。各城市由于经济地理和自然条件的不同，决定着其以三次

产业中的哪种产业为主要的发展方向。当然在现实的经济发展进程中，也不乏在发展第一产业或第二产业的过程中，伴随着强盛的物流业、会展业、金融业、旅游业、中介服务业和商业零售业等第三产业的案例。

在上述城市三个不同层面的资源中，至关重要的一点是我们的各级政府领导，应清晰地认识到该城市资源性质可分为三类：

第一类是城市可经营项目，诸如城市基础设施、交通、环保、供水、供电、供气、垃圾处理设施、主要标的的冠名权以及各种产业等等；

第二类是城市非经营性项目，如城市河道治理、城市防灾体系、消防、公安、防空、水利等等，通常我们称之为公益性事业；

第三类是城市准经营性项目，如机场、轨道交通、自来水管网、污水管网、体育场馆、教育、科技、文化、卫生等等。

我们可以以此三类城市项目划分来界定政府在城市建设和发展中的职能。对于第一类，政府在经营城市中，应尽可能地通过资本化的手段、措施和管理方式，把它们交给市场，交给社会，交给中国外各类投资者；对于第二类，在那些市场达不到的领域，政府应责无旁贷地、全面地承担起建设、管理、发展的作用，这也就是为什么作为取之于民、用之于民的财政要弱化其建设性财政职能、强化其公共（公益性）财政作用的缘故；对于第三类，我们可根据城市发展、财政状况、资金流量、市场需求、社会承受力等因素来确定其是按可经营性项目来开发还是按公益性事业来管理。

二、把城市作为一种资源来管理

可见，经营城市——把城市作为一种资源来管理，是把城市发展中的各种可经营性项目作为一种资源来管理。它包括两层含义：一是经营各种可经营性项目的载体的确定问题；二是经营、建设各种可经营性项目所需资金的筹集问题。

对于前者，我们通常可以以独资、合资、合作、股份制甚至国有民营等方式组建建设项目的载体。它不仅能根据市场需求、社会供给和国际经济发展的客观趋势进行有效投资，优化结构，促进经济和社会的稳步发展，而且能根据对市场的预测进行有效调控，防范风险，避免重大损失。因此，在中国城市发展方式的变革——实施经营城市的进程中，各级政府应对原有城市可经营性项目——"存量资产"的载体实行产权改造，让其按照客观规律和市场经济发展的要求，形成与运用资本市场手段相适应的载体，即将"存量资产"的载体改制成国有民营、股份制、合资、合作、拍卖给中国外投资者，使其成为独资形式等作为城市可经营性项目的载体；而对于新增城市可经营性项目——"增量资产"的载体，则应一开始就从独资、合资、合作或股份制等形式入手组建，使其能够按照经营城市的市场规划奠定好载体基础和发展条件。对于那些新增的城市可经营性项目，一时由于资金与投资者"短缺"而先用了财政资金或政府财政作担保向银行贷款的资金来组建的政府公司，则应在其投资建设的过程中及时、有效地进行转制。要防止"增量资产"的建设中重新走回国有体制管理载体的老路。

对于后者，我们则可以通过资本市场融资的方式解决项目建设资金的问题，如：①发行债券和发行可转换债券；②发行股票；③设立项目基金或借助于海内外的基金投资项目；④以项目为实体买卖上市；⑤项目资产证券化；⑥项目并购组合，捆绑经营；⑦租赁；⑧抵押；⑨置换；⑩拍卖。我们也可以通过项目融资的方式，招商引资，吸纳国外资金、民营资金、混合体企业集团资金来建设项目。

我们还可以通过收费权、定价权等手段,运用 DBO(设计—建设—经营)、BOT(建设—经营—移交)、BOO(建设—经营—拥有)、BOOT(建设—经营—拥有—转让)、BLT(建设—租赁—转让)、BTO(建设—转让—经营)、TOT(转让—经营—移交)等方式实施特许经营权融资。

各级政府可根据不同的城市可经营性项目的特点和条件,采取不同的融资方式,或交叉运用不同的融资方式。例如城市的环境保护项目,对关系人民群众切身生活与生命利益的供水工程,政府应该 100%或以绝对控大股的方式去建设、运营和管理;而对于污水治理工程,政府则可以采取"3P"的方式(当然也可以用独资的方式)——即政府的供水公司作为公共公司(Public)和私人公司(Private,可以是多个)组建成合作伙伴(Partner),向政府运用 BOT 或 TOT 等特许经营权方式进行城市污水处理厂和管网的建设、运营与管理;如果"3P"的载体模式、运营方式得当,成本小,收益大,则完全可以同时在适当的时期,将整个城市的污水治理项目作为一个上市公司来运作,发行城市污水处理项目或公用事业项目股票,既把城市公共事业项目的经营管理提高到中国国际水平和档次,又能借助于资本市场手段发行股票,把募集来的资金进一步用到环保项目上去,把城市的环保事业做强做大。这样,按照市场化、国际化的要求,各级政府运用多层次、多渠道的社会直接融资手段,再结合必要的银行贷款等间接融资方式,并运用财政在城市建设和发展中"四两拨千斤"的作用,城市建设将能克服资金的瓶颈制约。城市管理将能提升并科学地可持续发展,有限的财政才能真正作为公共财政用在人民群众日益需求的公益性事业上。

三、把经营城市作为政府行为方式的一次变革

应该要懂得,在中国不同的经济发展阶段,政府有着不同的城市建设与发展职能。

在计划经济阶段,政府对城市的建设和发展主要表现为"行政指令、政绩工程、非经济性"的方式。

在社会主义市场经济成长阶段,政府对城市建设和发展的作用主要表现为"政府推动、社会参与、市场运作"的方式。

在社会主义市场经济成熟阶段,政府对城市建设和发展的作用主要表现为"政府引导、市场运作"的方式。

现在我们所处的是从计划经济走向市场化、社会化、国际化的转型时期,即社会主义市场经济的成长阶段。在这个阶段中,政府应改变在城市建设和发展中"只为社会提供无偿服务型、共享型的公共产品;只投入、不收益;只建设、不经营;只注重社会性,而忽视经济性;只注重公益性,而忽视效益性,其长期结果是造成城市资源的大量损耗,城市建设的重复浪费,城市管理的低层次、低水平和无序性运转"的状况。

各级政府应该看到,中国现有的各类城市——其"存量",是中国各级政府长期巨额投资的一笔庞大资产;其"增量",是中国各级政府加速发展和提升城市管理的一笔巨大资源。应该用社会主义市场经济的眼光,重新认识和审视我们的城市;应该用社会主义市场经济的手段,改制、重组我们原有的"存量",营运、盘活我们将有的"增量"。

经营城市——把城市作为一种资源来管理,"政府推动、社会参与、市场运作",应是当前转型时期中国各级政府在城市建设与发展中的主要方向。

因此，在现阶段，各级政府应把经营城市当作政府行为方式的一次变革，在方式上应从计划经济时期的行政指令性调配城市资源转化为以市场经济和法律、法规手段来配置城市资源；在对象上应从对某一具体项目的微观管理转向对整个城市资源的规划、开发、利用、经营、管理和对整个城市人民群众生产、生活、生态环境的优化升级上来。以经营城市的视野规划城市，挖掘城市资源，打造城市品牌；以经营城市的手段开发、建设城市，拓展融资渠道，搭建投资平台；以经营城市的方式运营、管理城市，盘活城市资产，整合城市资源，使城市真正能够实现率先发展、协调发展、科学发展、可持续发展。

资料来源：陈云贤．"超前引领"——对中国区域经济发展的实践与思考［M］，北京大学出版社，2011．

【阅读材料二】

从美国"产业公地"说起

今年初，笔者在顺德采访了广东万和新电气股份有限公司董事长卢础其。这位以修理电视机白手起家的商界大佬，谈起万和采用创新技术研发的新款热水器时，显得十分兴奋。他说，在当前经济形势下，万和还是要坚持实体经济，在制造业领域不断创新发展，通过技术创新给用户提供更有价值的产品，创造出更多的产品需求。

佛山企业家对于制造业的坚守难能可贵。但在新经济快速发展的当前，很多人面临一个新的问题：当马云、马化腾等互联网领军者成为创新创业新生代的偶像时，我们能不能就此远离制造业，远离工厂车间？

在不少人的固有印象里，创新和制造往往分属于经济体系的两端——创新是一种创造高附加值的专长活动，而制造却更像是一种低附加值产物。在出发前往美国调研前，笔者阅读了由哈佛大学管理学教授加里·皮萨诺和威利·施所著的《制造繁荣：美国为什么需要制造业复兴》一书。该书对此给出了不一样的答案："当一个国家失去制造能力时，同时也在失去创新能力。"

加里·皮萨诺和威利·施提出了产业公地的概念，以此论证制造业的重要性。产业公地是由各种专有技术、产业运作能力和专业化技能的网络交织构成，其中就包括制造行业、企业、环节。制造业外迁，将导致产业公地解体，继而让依靠公地能力来保持竞争力的各类企业难以生存，企业及其供应商都将被迫外迁，寻找新的产业公地。

有这样一个与产业公地相关的例子，能引起人们的深思：40年前，消费电子产品从美国外迁，索尼和松下承接了消费电子产品的外包，导致产业链研发环节迁往日本。当市场需求转向笔记本电脑和手机后，电子企业加速推动对电池的革新。因此锂电池技术岁发源于美国，最终却是亚洲在锂电池研制上逐渐占据主导地位。

培育技术创新的产业公地，是发达国家实施"再工业化"战略的目标所向，也是佛山迈向中国制造2025值得借鉴的经验。在笔者看来，这本书也提出了这样一个值得思考的命题：今天，我们在佛山如何创新？

剑指中国制造业一线城市的佛山，未来的创新无法逃离制造业，佛山未来的创新应该是根植于制造业基础上的创新，与这里遍布城乡的工厂车间紧密相连。美的工程师两年内用了两吨米不断地做饭，耗费了6000—7000张板材，凭借着精益求精的工匠精神和创新精神，造出媲美日本的鼎釜电饭煲，这样的案例正是制造业创新的最佳样本。

从制造业出发，佛山需要卢础其等企业家们的不舍坚守，需要美的工程师们的孜孜追求，更需要更好发挥政府作用，为制造业的繁荣开拓出一片沃土。在《制造繁荣：美国为什么需要制造业复兴》一书中，我们看到，即使已经成为一个世界上市场化程度最高的经济体，美国政府政策在促进经济增长方面仍然发挥着重要的补充作用。皮萨诺认为，市场和政府在经济发展上可以成为高度互补的有效工具，政府可以创造良好的环境，而企业管理决策会决定最终的行动。

政府如何不越位、不缺位，在关键领域发挥作用，做好向新经济转型的产业引导和基础建设，这也是佛山面向未来发展需要回应的问题。前不久，顺德党政领导班子到苏杭考察，"无中生有"的梦想小镇在短短两三年间聚集了一支以海归系、浙大系、阿里系、浙商系为代表的创业"新四军"，让考察团成员倍感震撼。

像这样创新平台的建设不大可能获得短期利益，企业往往不愿跟进，这个时候只有政府站出来，投入、引导和带动，才能起到创新引领的作用。而这方面，恰恰是佛山需要补课的。

从佛山的产业发展历程看，让市场在资源配置中发挥决定性作用，是佛山经济发展重要的特征。政府简政放权、打造"有限政府"，营造公平、公正的营商环境，造就了佛山民营经济的蓬勃发展。今天，在经济全球化条件下，在创新的浪潮中，市场可以解决很多其他制度安排难以胜任的复杂问题，但是市场无法解决所有问题。对于佛山而言，在创新驱动发展的新命题下，如何优化新经济发展的创新制度环境，以知识运营为核心，以资本运营为纽带，扶持新兴产业的发展，急需找到答案。

美国政府到底以哪种方式支持制造业发展？到底以什么样的方式重建产业公地？引领世界潮流的创新技术背后，究竟有着什么样的产业推动力？在未来的一个多星期里，我们将带着这些问题，走进波音、惠普等美国制造业企业探寻制造繁荣的美国密码，更将走进斯坦福人工智能实验室、硅谷创客科技办公室，挖掘创新技术萌发背后的产业土壤。

资料来源：郑佳欣. 南方日报 2016-04-18.

【复习思考题】

1. 试述非经营性资源、可经营性资源和准经营性资源的内涵。
2. 准经营性资源的配置原则和政策配套包括哪些？相对于非经营性资源和可经营性资源有什么不同之处？
3. 区域资源配置系统（DRP）的涵义是什么？设计依据和标准是什么？
4. 试述 DRP 的设计框架。

第四章

"四阶段"资源配置

  区域政府竞争通过区域资源要素的有效配置来实现。区域政府竞争存在广义竞争和狭义竞争。广义竞争体现为"可经营性资源""非经营性资源""准经营性资源"三类资源配置的全要素竞争，狭义竞争则侧重体现在"准经营性资源"的结构调整与有效配置上。

  无论是企业利润的实现还是地区收益的增长，都是一个投入产出的过程，都离不开资源的投入和配置，但资源的定义和配置路径又是一个不断调整和变化的动态过程，一方面资源的概念已经突破了传统的有形资源的范畴越来越多地向无形资源扩展，另一方面在配置的主导因素上也在不断由简单要素驱动向技术、创新等全要素配置模式过度。迈克尔·波特（Michael Porter）在《国家（或地区）竞争优势》一书中提出，一个国家（或地区）经济发展会历经四个阶段：要素驱动，投资驱动，创新驱动，财富驱动[①]。从各国政府的经济发展来看，区域政府的资源配置路径也经历了：要素驱动—投资驱动—创新驱动—财富驱动等一系列动态变化过程。在资源配置路径中的四个阶段，区域政府所处的政策生态环境不同，所运用的资源配置手段也必须因时而定，因此，区域政府必须有效判断经济增长的核心驱动力并运用一系列的资源配置手段进行政策生态引领。

第一节 要素驱动阶段的资源配置

一、要素驱动型资源配置内涵

  任何产出都需要资源的投入，各种资源的不同配置路径决定了产出效率的不同。在产出过程中，资源一般以生产要素的形式出现，生产函数一般被定义为：在生产技术给定的条件下，一定时期内生产要素的各种投入组合与产品的最大产出量之间的物质数量关系，是生产过程中存在于投入与产出之间的关系在技术上的说明，可以表现为：

---

① [美]迈克尔·波特. 国家竞争优势[M]. 李明轩等译. 北京：华夏出版社，2002.

$$Q = f(L, K, E, N)$$

其中，Q 代表产量，L 代表劳动，K 代表资本，E 代表以土地为首的各种自然资源，N 代表企业家才能，也可以看作区域政府的管理才能。

在经济发展的最初阶段，技术水平较低且长期内不会有显著提高，资本也缺少有效积累，常常显得不足，所以经济增长更多依靠劳动、土地、自然资源等生产要素在投入数量上的简单扩张来获得和维持发展动力，这种经济增长驱动方式比较简单易行，短期效果也比较显著，但长期看必然会很快遇到资本、技术等发展瓶颈，导致边际生产率下降，发展潜力非常有限，难以获得企业经济发展的持久驱动力。所以这种要素驱动的资源配置方式只适合经济发展初期。

二、土地资源配置特点

从土地的要素视角上看，在农业社会，土地被认为是影响经济增长的重要要素，最初的区域经济发达的地区多半都是在地大物博、自然资源和劳动力资源丰富的区域，而那些土地面积狭小、人口稀少的地区往往是历史上的落后地区。在一个区域内部或一个企业也是一样，刚开始都是依赖于生产要素的大量投入、扩张规模来实现区域和企业的短期崛起。但长期看，这种要素驱动的增长与发展都是后继乏力，只能是短期扩张的一种初级手段，进入工业社会，由于土地更容易被资本替代和土地投入约束更容易被技术进步克服，土地要素对经济增长的影响逐渐淡出，西方发达市场经济条件下土地的要素投入作用日渐式微。然而中国的土地资源在区域政府竞争的条件下却有着重大作用，高速工业化和快速城市化都离不开土地资源的投入，土地扩张已经成为中国区域政府城市经营和谋求经济增长的主要手段。中国经济增长奇迹与中国区域政府以土地谋发展的模式有密切关系。

土地出让竞争一直是中国区域政府竞争的重要手段，激烈的竞争使区域政府更加主动谋求土地经营和发展的主动权，土地已不仅仅是简单的"地块"，还承担了引资、融资和财政等多重职能，通过土地出让规模、方式、价格和收益分配等一系列运营机制最大化地挖掘土地资源的配置产出，并以此来实现招商引资、城市扩张和财政平衡，最终影响经济增长的方式和路径。土地在区域政府的竞争中已经不再仅仅是传统生产要素，而是一种可以通过"土地出让"来经营的战略资源，土地的"准经营性资源"性质充分彰显。

从中国 1998—2012 年省际空间面板数据的实证研究结论来看，土地这种准经营性资源的配置对经济增长产生的影响包括以下三点：①土地不仅可通过要素投入，还可作为制度工具对经济增长产生影响，土地出让规模、土地出让收入和土地出让竞争对经济增长具有显著的正向影响；②从影响的区域差异特征来看，东部地区土地对经济增长的影响最显著，其中土地出让收入对经济增长的影响为正，大于土地要素投入的影响；③从影响的机制来看，土地具体可通过两种作用渠道影响经济增长：城市化渠道，区域政府土地出让收入推动城市建设和城市化发展，并最终推动经济增长；工业化渠道，低价工业用地出让吸引大量投资，并推动区域工业发展，最终带动区域经济增长[1]。

---

[1] 杜雪君、黄忠华. 以地谋发展：土地出让与经济增长的实证研究 [J]. 中国土地科学，2015，7.

第二节 投资驱动阶段的资源配置

一、投资驱动型资源配置内涵

投资驱动型资源配置也可以称之为效率驱动型,是以投资形成的资本来带动经济增长的一种模式。资本也是生产要素之一,之所以将投资驱动从要素驱动中抽离出来,是因为在经济发展过程中,带动经济增长的力量逐渐从资源禀赋的优势转移为资本的优势,资本相对于其他生产要素而言,驱动能力更为突出,且不受时空的限制,成为主宰经济发展的关键因素,而且这里所探讨的投资驱动型也更多从投资效率的角度出发,是有效率的投资驱动模式。

长期来看,在资本投入量基本不变的情况下,单纯地扩张自然资源和劳动力资源的投入,必然会遭遇资本瓶颈而导致边际生产率的下降,所以资本投入必须与劳动投入保持一定的配比共同增长,这样的生产函数被称之为"长期生产函数"。所谓长期生产函数就是假定技术水平给定,并且经营管理良好,一切投入要素的使用都是非常有效的,为实现长期内的最大产出,资本必须与劳动等要素配合投入,配置的最优路径应该是二者组合而成的等成本线和等产量线的一系列的切点的连线,也被称之为生产扩展线。

二、基础设施投资与配置特点

基础设施属于典型的"准经营性资源",是区域政府竞争的主要领域。

基础设施分为广义和狭义两种,狭义的基础设施主要是指经济性的基础设施,包括交通运输、通讯、电力、供排水等公共设施和公共工程等。广义的基础设施除此之外,还包括教育、卫生、法律、秩序及行政管理等部门。基础设施具有以下几点特性:基础性、投资和时间上的不可分性、空间依附性、自然垄断性、外部性和公共产品性。区域基础设施作为一种区域政府的主要公共产品,是区域经济发展的重要基础条件之一。教育、科研、技术开发等是区域公共产品重点内容,也是保持和提升区域经济竞争力的重要资源和发展基础。

对于一些存在着竞争性的基础设施,政府与市场共同参与其中。政府需要允许企业集团、实力较强的私营企业对有盈利能力的公益性和基础性项目进行投资。Holtz – Eakin (1994)[1] 在分析美国公共投资的形成与增长时,将公共投资按照其最终用途分为四类:第一类是教育投资;第二类是道路以及高速公路投资;第三类是污水处理设施投资;最后是公用事业投资。在 Etsuro – Shioji (2001)[2] 的研究中,将上面列举的后三类合并称为基础设施类公共投资,从而与教育类公共投资组成为两个类别。按照 Holtz – Eakin 的估计,

---

[1] Douglas Holtz – Eakin, Public – Sector Capital and the Productivity Puzzle, *The Review of Economics and Statistics*, Vol. 76, No. 1, 1994, pp. 12 – 21.

[2] Etsuro – Shioji, Public capital and economic growth: A convergence approach [J]. Journal of Economic Growth, 2001, 6: 205 – 227.

1988 年，在美国，上述四项公共投资在政府投资总额中的比重分别是：教育类占 20.2%，道路及高速公路类占 34.5%，污水处理占 7.5%，公用事业类占 13.2%。日本对公共投资的定义相对广泛一些，总计包括 14 个项目，Etsuro Shioji（2001）将其合并为四个项目：一是教育类；二是基础设施，包括公共房屋，污水处理，垃圾处理，水的供给，城市公园，道路，港口，机场，工业用水；三是国有保护土地，包括山脉，河流和海岸；四是农业和渔业。1990 年，在日本，上述四项在公共投资中的比重分别为 12.1%、60.6%、13.5% 和 13.7%。

Justman、Thisse 和 Ypersele[①] 认为，在基础设施服务上的竞争，区域政府比较多进行多样化方面的竞争，多样化的基础设施不仅能减少财政支出上的浪费，更重要的是多样化基础设施难以被对手模仿，可以形成区域间的差异化竞争优势，满足区域多元化的需要，也可以刺激其他区域政府提高其基础设施多样化水平，形成良性循环。

Bucovetsky（1982）[②] 分析了基于公共品投资的政府竞争。认为政府的基础设施投资可以产生劳动力的集聚效应，即良好的基础设施和公共环境有助于为本区域吸引更多的流动性较强的熟练劳动力，但区域间的公共投资竞争也可能是破坏性的。他通过对公共品投资模型的纳什均衡分析，认为即使假定各个辖区初始条件相同，均衡也未必是对称的。问题不仅在于各个辖区的公共品投资太多，而且还在于太多的辖区都会选择进行投资。不同辖区之间的要素流动性越强，竞争就越强，因为政府之间为吸引流动性要素的竞争可能会损耗掉公共品投资产生的租金。

John Douglas Wilson（2005）[③] 考察了具有自利倾向的区域政府官员的公共品投资倾向对于辖区公共品支出的影响。他们认为区域政府官员非常有动力进行公共品投资，因为这可以对本辖区的劳动力和资本的效率产生正效应，辖区政府可以得到更多的税基。因此，公共品投入和税收收入之间的正相关关系被一再强化。假定资本可以在不同辖区间自由流动，则区域政府官员会陷入"支出竞争"，反而比资本不能流动的情形时降低了本辖区居民的福利。

Jon H. Fiva 和 Jom Rattso（2006）[④] 利用空间计量经济学方法，经验性地估计了政府之间福利竞争的结果。区域政府之间的福利竞争并不会导致辖区公共品的提供不足，因为区域政府具有的内在冲动和巨大的财政能力使得它们通常会产生过度的公共品支出。

Keen 和 Marchand（1997）[⑤] 考察了区域政府利用基础设施投向来吸引资本流动的情况，认为这将导致生产性基础设施提供的过量和生活性基础设施提供的不足。

中国学者张军、高远、傅勇和张弘（2007）[⑥] 研究了中国的基础设施建设问题，发现在控制了经济发展水平、金融深化改革以及其他因素之后，区域政府之间在"招商引资"上的标尺竞争和政府治理的转型是解释中国基础设施投资决定的重要因素，这意味着分

---

① Justman M, Thisse, J. F., Ypersele, T. V., Taking out the bite of fiscal competition [J]. Journal of Urban Economics 2002, 52, 294–315.

② Bucovetsky Sam, Inequality in the Local Public Sector Journal of Political Economy, 1982, 90 (11): pp. 128–145.

③ Wilson. J. D, Theories of tax competition. National Tax Journal 1999, 52. 269–304.

④ Jon H. Fiva, Jom Rattso, Local choice of property taxation: evidence from Norway, Public Choice, 2007.

⑤ Keen, M. and M. Marchand. Fiscal Spending [M]. Journal of Public Economics Competition and the Pattern of Public, 1997.

⑥ 张军，高远，傅勇，张弘. 中国为什么拥有了良好的基础设施 [J]. 经济研究，2007 (3).

权、蒂布特竞争、向发展式政府的转型对改进政府基础设施的投资激励是至关重要的。

美国经济学家马斯格雷夫（Musgrave）和罗斯托（Rostow）认为在经济发展的早期阶段，区域政府投资在社会总投资中占有较高的比重，公共部门为经济发展提供社会基础设施，如道路、运输系统、环境卫生系统、法律与秩序、健康与教育以及其他用于人力资本的投资等。这些投资，对于处于经济与社会发展早期阶段国家的"起飞"，以至进入发展的中期阶段是必不可少的[①]。在经济发展的中期阶段，区域政府投资还应继续进行，但这时区域政府投资只是对私人投资的补充。无论是在发展的早期还是中期，都存在着市场失灵和市场缺陷，阻碍经济的发展。为了弥补市场失灵和克服市场缺陷，也需要加强区域政府的干预。马斯格雷夫认为，在整个经济发展进程中，GDP中总投资的比重是上升的，但区域政府投资占GDP的比重，会趋于下降。当经济发展到成熟阶段，人均收入水平大幅上升，人们开始追求高品质的生活，因而对区域政府提出了更高的要求，迫使区域政府提供更好的环境、更发达的交通、更快捷的通信以及更高水平的教育和卫生保健服务等，因此公共投资的份额又会出现较高的增长。此外，随着经济的发展，市场失效日益突出，这就要求区域政府立法、增加投资和提供各种服务来协调和处理冲突及矛盾，其结果是公共支出的增长。总之，公共支出规模的上升与下降取决于经济发展的不同阶段，公众对区域政府提供的公共产品的收入弹性。

美国经济已经处于成熟阶段，所以其区域政府支出多用于国家安全、教育、医疗、养老等公共服务领域。而中国还处于发展中期，部分省市地区还处于发展初期，因此区域政府支出中区域政府投资等用于经济建设性的支出占比较高。

第三节 创新驱动阶段的资源配置

一、创新驱动是全要素生产率（TFP）驱动

创新型驱动是围绕全要素生产率（TFP）的增长展开的。在劳动、资本、土地等有形资源的生产效率都释放到最大，而且都呈现出边际生产率递减的态势的情况下，区域经济增长还能依靠什么，这是经济学家非常感兴趣的一个话题。20世纪50年代，诺贝尔经济学奖获得者罗伯特·M.索洛提出了"全要素生产率（TFP）"这一概念。

所谓"全要素生产率（TFP）"的增长，实质是指技术进步率，是除去所有有形生产要素（劳动、资本、土地等）以外的纯技术进步的生产率的增长。用函数形式表达的话，"全要素生产率（TFP）"的增长就是在所有的有形生产要素的投入量保持不变时，那些无形资源的变动带来的生产量的增加。"全要素生产率（TFP）"的"全"并非是指所有要素的生产率，而是经济增长中不能归因于有形生产要素的增长的那部分，特指纯技术进步等无形资源带来的生产率，属于长期经济增长来源的重要组成部分。所谓纯技术进步包括知识、教育、技术培训、规模经济、组织管理等方面的改善，但这种纯技术进步不是指高级

---

① 理查德·A.马斯格雷夫等，财政理论与实践，中国财政经济出版社，2003.6.

资本设备的更多投入、高技术劳动的更多增加和肥力更大土地的扩展等，因为这种投入仍然是属于资本、劳动、土地等有形的生产要素的投入，而"全要素生产率（TFP）"必须是那种非具体化的技术进步带来的生产效率的提高。

对于区域政府而言，经过拼土地、拼资本等有形生产要素的简单扩张后，资本报酬递减这一瓶颈使得粗犷经济增长方式已经难以为继。长期制度的构建和可持续增长政策的制定成为经济增长的源泉，全要素生产率（TFP）所指向的以创新为核心的技术进步、资源配置和经济结构调整不可避免地成为区域经济增长的新驱动力。

20世纪90年代的日本，面对人口老龄化的挑战，采取了投入了更多的物质资本的发展策略，不断提高劳动力的人均资本数量，直接导致同期以技术创新为代表的全要素生产率（TFP）的贡献率从37%下降到-15%，削弱了日本经济增长的持久动力，直接导致了日本经济长期徘徊不前。所以，在经济发展已经深入到精细化的今天，必须将资本、土地、劳动力等生产要素投入的增长转到更多依靠提高全要素生产率（TFP）的轨道上来，各类创新要成为全要素生产率（TFP）的更重要来源，创新驱动就是全要素生产率（TFP）驱动，全要素生产率（TFP）驱动是有质量的经济增长速度，是启动经济可持续增长的源动力。

二、创新驱动是区域政府竞争焦点

创新驱动是把高科技、管理、组织、制度等都作为最重要的资源，通过市场化、网络化实现科技与经济的一体化，形成产业聚集，带来全生产效率的提高，也带来管理观念和手段、组织架构和模式、制度理念和执行上的一系列革命，从而驱动经济发展。创新驱动的本质是一个"创造性毁灭"的过程。熊彼特曾指出：把经济体系"从一个均衡推向另一个均衡"的不仅仅是外部因素，"在经济体系内部存在着自动破坏可能达到的任何均衡的能量源泉"。创新是"企业家对生产要素的新的组合"，是一个"创造性毁灭"（Creative Destruction）的过程[1]。当前的市场竞争已经不是价格竞争，而是创新竞争，创新竞争的结果就是那些生产率表现更优的竞争主体发展壮大，而生产率和竞争力低下的竞争主体退出经营，整体经济进入全要素生产率（TFP）驱动型。而区域政府所要做的就是创造一个良好的创造性毁灭环境，在市场起决定性作用的前提下充分发挥区域政府"超前引领"（GFL）的职能，通过优胜劣汰的压力和公平竞争的环境，进行理论、体制、制度、人才等一系列的创新，迫使各竞争主体必须具备提升全要素生产率（TFP）的动力，让资源重新配置和技术进步在经济增长中起支配作用。

资源可以是有形的也可以是无形的，创新驱动型的资源配置更多着眼于无形资源的有效配置。区域政府创新驱动包括科技创新、管理创新、组织创新和制度创新这四个方面，由于科技、管理、组织和制度上的竞争性，所以创新驱动阶段的资源配置也属于"准经营性资源"的配置。

三、创新驱动阶段资源配置特点

创新驱动阶段的资源配置主要表现为人力资源、资本、技术、管理、政策等各类资源

---

[1] ［美］熊彼特. 经济发展理论［M］. 北京：中国画报出版社，2012.6.

向新科技、新管理、新组织、新制度等方面的倾斜和汇集。

从美国、日本、芬兰、韩国等世界上创新型国家的发展历程来看,进入创新驱动的条件一般包括[1]:经济发展中的科技贡献率应在70%以上;创新投入上,研发投入占GDP的比例一般在2%以上;从创新过程来看,大量创新活动是原始创新,对外技术依存度指标一般在30%以下;从创新产出来看,创新产出高,发明专利多;从产业发展来看,创新不仅仅体现在科技优势上,而且体现在产品或服务的国际竞争优势上,这个阶段会形成较为完善的产业集群,对经济的变动和外部事件影响的免疫力强;从社会发展上看,创新驱动不仅体现在增长上,而且扩散到社会发展、环境改善、体制优化等多领域。

就全球科技创新的资金投入而言,2013年全球R&D经费约13958亿美元,2010—2013年平均增长速度为5.2%,总体上保持平稳增长趋势。但全球R&D经费仍然集中在少数几个国家。美国继续位居第一,占30.8%。位居其后的国家分别为中国(14.3%)、日本(11.1%)、德国(7.4%)、法国(4.3%)、韩国(4.1%)和英国(3.4%)。其他国家和地区R&D经费合计只占24.6%。从增长速度看,中国和韩国的R&D经费增长大大快于全球平均增长速度;美国和德国的R&D经费缓慢增长;法国和英国的R&D经费增长则低于全球平均增长速度;日本的R&D经费则出现了负增长[2]。

表4-1　　　　　　　　主要国家R&D经费(2011—2014年)　　　　单位:百万美元(当年价)

年份 国家	2011	2012	2013	2014	年均增长速度(%)
中国	134443	163148	191205	211826	16.4
美国	429143	453544	456977	—	2.1
日本	199795	199066	170910	164925	-6.2
德国	104956	101993	109515	109941	0.16
法国	62594	59809	62616	63826	0.1
韩国	45016	49225	54163	60528	10.4
英国	43868	42607	43528	50832	0.5
全球	1325026	1368363	1395802	—	5.2

资料来源:中华人民共和国科学技术部 http://www.most.gov.cn/kjtj/。

近年来,中国R&D经费投入强度继续呈现逐年上升的趋势(图4-1),已达到中等发达国家投入强度水平。2014年,中国R&D经费总量为13015.6亿元,排名仍居世界第2位。中国R&D经费投入强度[3]达到2.05%,比2013年提升了0.04个百分点,比2010年上升了0.32个百分点,已经连续两年超过2%,高于欧盟28国平均1.94%的投入强度,达到中等发达国家R&D。虽然与部分发达国家3%—4%的水平相比虽然还有差距,但是正在呈现出逐年提升的趋势。其中R&D经费中来源于企业的资金为9817亿元,占R&D

---

[1] 夏天. 创新驱动过程的阶段特征及其对创新型城市建设的启示. 科学学与科学技术管理[J]. 2010.02.
[2] 中华人民共和国科学技术部 http://www.most.gov.cn/kjtj/。
[3] 该数据来源于国家统计局、科学技术部《中国科技统计年鉴2015》。国家统计局根据第三次经济普查结果对2006年以来中国R&D经费投入强度进行了调整。

经费的 75.4%。财政科技拨款达到 6455 亿元，占财政总支出的 4.25%。

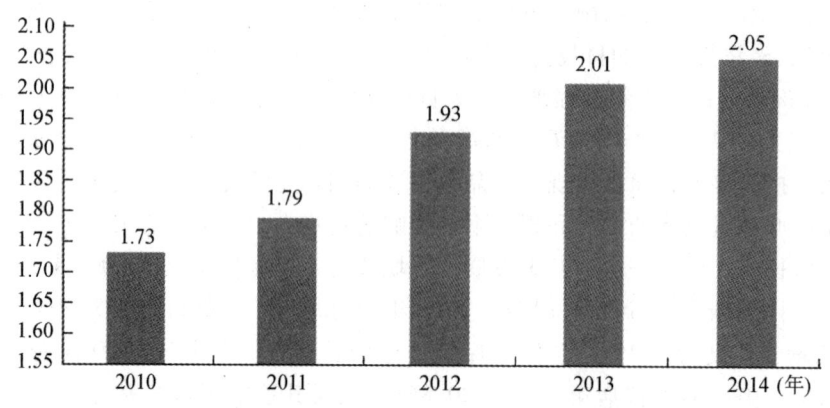

图 4-1 中国 R&D 经费投入强度（2010—2014 年）

资料来源：中华人民共和国科学技术部 http：//www.most.gov.cn/kjtj/。

从高技术产品贸易状况的分析来看（如图 4-2 所示），根据中国海关统计的商品进出口数据，中国 2014 年高技术产品贸易总量首次出现下降，特别是进口额较上年下降 1.2%。高技术产品出口的技术领域仍以计算机与通信技术为主，占高技术产品出口总额的 69.4%。高技术产品进口的来源地主要集中在东亚和东南亚地区，出口的主要目标市场为香港地区、美国和欧盟。一般贸易出口占中国高技术产品出口贸易的比重稳步提升，达到 19.9%。外商独资企业在中国高技术产品出口额中的份额仍然最大，达到 56.3%。

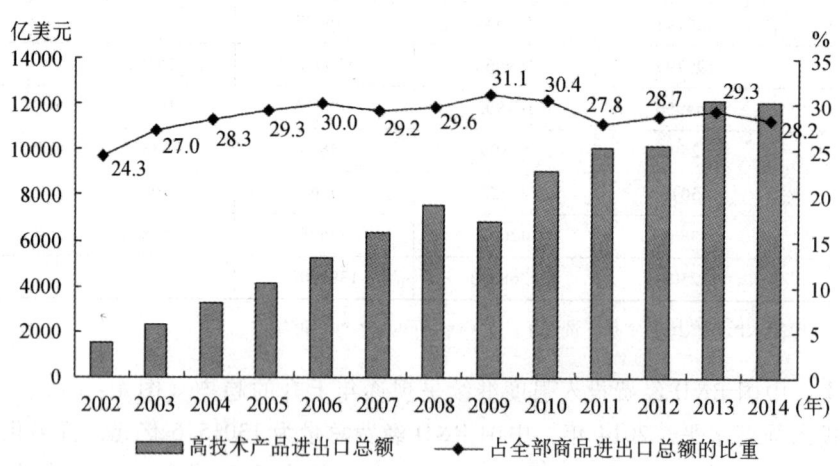

图 4-2 高技术产品进出口总额及其占商品进出口总额的比重（2002—2014 年）

资料来源：中华人民共和国科学技术部 http：//www.most.gov.cn/kjtj/。

从发明专利申请量上看，2014 年中国发明专利申请量占专利申请总量的比重达到 39.3%，专利申请结构进一步优化，发明专利的申请量和授权量均比 2013 年有明显提升。发明专利申请达到 80.1 万件，比 2013 年增长了 13.6%；实用新型专利和外观设计专利则出现下滑。发明专利授权量为 16.3 万件，比上年增长了 13.3%。企业发明专利申请量持续高速增长，国内企业发明专利申请量占国内发明专利申请量的 60.5%；发明专利授权量占国内总量的 56.5%。国内发明专利申请量排名前 10 的企业均为内资企业。中国每万人口发明专利拥有量已达 4.9 件。2014 年中国 PCT 国际专利申请量达到 2.6 万件，国际排名继续保持在第 3 位；三方专利拥有量为 1897 件，国际排名第 6 位。

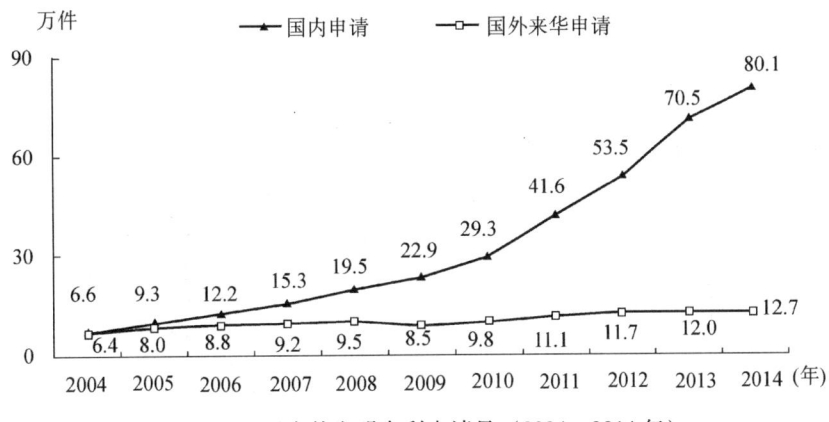

图 4-3　国内外发明专利申请量（2004—2014 年）

资料来源：中华人民共和国科学技术部 http://www.most.gov.cn/kjtj/。

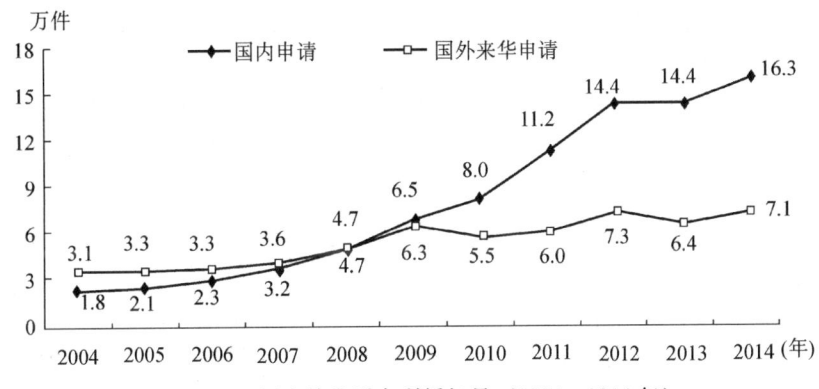

图 4-4　国内外发明专利授权量（2004—2014 年）

资料来源：中华人民共和国科学技术部 http://www.most.gov.cn/kjtj/。

从科技人力资源规模上看，中国科技人力资源总量稳定增长，在国际上继续保持科技人力资源规模优势。2014 年中国科技人力资源总量达到 7512 万人，比 2013 年增长 5.7%。其中大学本科及以上学历的科技人力资源总量为 3170 万人，这些本科及以上学历科技人力资源在科技创新上定位相当于美国的科学家工程师。根据美国《科学与工程指标 2016》，2013 年美国科学家工程师总量为 2110 万人。如果按全时当量统计①，2014 年中国 R&D 人员总量为 371.1 万人/年，比 2013 年增加了 5.0%；R&D 研究人员总量为 152.4 万人/年，比 2013 年增加了 2.7%。发达国家中，美国研究队伍规模最大，2012 年美国 R&D 研究人员为 126.5 万人/年②。显然，无论是按人头数还是按全时当量统计，中国投入研发

---

①　全时当量：国际上通用的用于比较科技人力投入的指标。指 R&D 全时人员（全年从事 R&D 活动累积工作时间占全部工作时间的 90% 及以上人员）工作量与非全时人员按实际工作时间折算的工作量之和。

②　根据 2016 年 1 月 OECD 发布的《主要科技指标》（2015-2），美国 R&D 研究人员全时当量年度数据被全部向下调整，2007 年的数据由 141.3 万人/年下调到 113.4 万人/年，2011 年为 125.3 万人/年。

活动的人力规模都已经成为全球最高的国家。而且中国 R&D 研究人员全时当量数仍呈现不断上升的趋势，根据 OECD 对 41 个主要国家和地区的统计，中国 R&D 研究人员全时当量数占全球总量的比重从 2009 年的 18.4% 上升到 2014 年的 21.4%，而美国的比重则从 19.9% 下降到 17.8%，如图 4-5 所示。

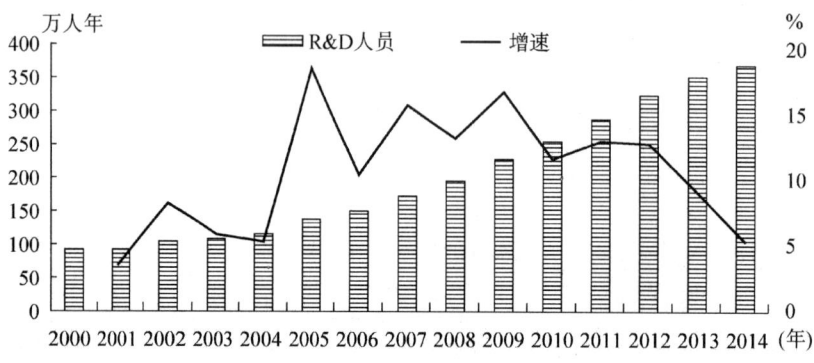

图 4-5　中国 R&D 人员总量变化趋势（2000—2014 年）

但是，从国际比较上看，中国研发人力投入强度指标在国际上仍处于落后水平。2014 年中国每万名就业人员的 R&D 人员数为 48.0 人年/万人，但每万名就业人员的 R&D 研究人员数只有 19.7 人年/万人，而 2010 年这个指标就已经达到 15.9 人年/万人，增长速度较慢。做国际对比的话，中国每万名就业人员的 R&D 人员在 R&D 人员总量超过 10 万人年的国家中仅高于土耳其和巴西等发展中国家。韩国、法国等国家的万名就业人员中 R&D 人员数量是中国的 3 倍以上。2014 年中国每万名就业人员中的 R&D 研究人员在 R&D 人员总量超过 10 万人年的国家排名中倒数第 2，发达国家这一指标值普遍是中国的 4 倍以上。

表 3-2　R&D 人员总量超过 10 万人年的国家

国　家	年　份	R&D 人员 （万人年①）	万名就业人员 R&D 人员数 （人年/万人）	R&D 研究 人员 （万人年）	万名就业人员 R&D 研究人员数 （人年/万人）
英国	2014	38.8	126.3	27.4	89.0
加拿大	2013	22.7	125.6	15.9	88.2
美国	2012			126.5	87.4
荷兰	2014	12.3	140.9	7.6	86.4
德国	2014	60.1	140.7	36.0	84.2
西班牙	2014	20.0	111.1	12.2	68.0
俄罗斯	2014	82.9	115.9	44.5	62.2
波兰	2014	10.4	66.4	7.9	50.0
意大利	2014	24.6	101.2	12.0	49.3
土耳其	2014	11.5	44.5	9.0	34.6
巴西	2010	26.7	21.7	13.9	11.3

资料来源：OECD, Main Science and Technology Indicators, January 2016.

---

① 万人年：统计计算数据单位，指某年全国 R&D 人员折合全时当量的数值。

以上分析表明，中国正在从投资性驱动的资源配置模式上向创新驱动型的资源配置模式跨越，就创新条件而言，已经完全做好了准备。但所有创新，如果失去了组织创新和制度创新的支撑和保护，一切都难以持久，而包括管理、组织和制度等一系列要素在内的政策生态的创新和引领才是创新驱动的关键。

第四节 财富驱动阶段资源配置特征

一、财富型驱动内涵

生态经济学家 Manfred Max – Neef（1995）的"门槛假说（threshold hypothesis）"理论阐述了这样一种经济增长的状态——"每个国家都存在一个特定的阶段，该阶段经济增长带来生活质量的改善将达到一个门槛点，超过此点后的经济增长反而可能带来生活质量的下降"[1]。这个假说实际上是对经济增长的意义提出质疑，也就是当经济增长引起的环境和社会压力时，这一区域就从生态盈余转向生态亏损，社会福利会随着经济增长而出现损害，明显违背了经济增长的初衷，而好的经济发展应该是生态规模一定的情况下社会福利的持续增加。这个阶段就是波特提出的经济发展的第四个阶段的驱动力——财富驱动。

二、财富驱动阶段资源配置

财富驱动模式下的资源配置以经济增长与社会福利的同步提升为目的，以单位自然资本消耗所产生经济社会福利为衡量生态绩效的主要衡量指标，将社会经济发展的动力定位为人们对美好家园、幸福生活的不懈追求，将财富的内涵进一步扩大为除了经济利益之外的生命体验和人本价值的回归。

研究发现，当财富增长达到一定程度，人们开始追求个性的全面发展、追求文学艺术、体育保健、休闲旅游等生活享受，与此相适应的新经济模式和新兴产业不断涌现，成为经济发展新的驱动力。财富驱动模式下的经济发展往往呈现出以下特点：第一，传统产业所能吸纳的劳动力越来越少，无法为快速增长的人口提供更多的就业机会，而新兴行业以人性服务为本的产业特征使得服务业不断创新发展，能够提供大量的就业机会。第二，人们的资源与环境意识越来越强，以自然资源的消耗和环境破坏为代价的传统产业越来越难以被社会大众接受。第三，传统产业的市场潜力基本定型，不能为新加入者提供快速积累财富的机会，资本的逐利动机在不断催生和引发新的财富创造的产业。所以，财富驱动阶段也是寻找新经济模式的阶段，这种新经济模式强调人的享受和发展，强调创造财富的潜力和充分就业的空间。

财富驱动阶段资源配置的突出特点就是优质资源在新经济模式和新兴产业汇聚及高效配置。包括基础设施投资、区域政府管理、组织模式、制度创新等一系列"准经营性资

---

[1] M Max – Neef, "Economic growth and quality of life: A threshold hypothesis", Ecological Economics, 1995, 15 (2): 115 – 118.

源"的大量投入。

财富驱动主要以英国为代表。20 世纪末，英国的传统需求趋于萎缩，资本集约化的行为也难以带动经济更快的增长，人们开始不停地寻找新经济模式和新兴产业。但是在英国财富驱动型经济增长初期也出现过诸如过多依靠并购来创造财富、对国外投资的兴趣大于本国投资、享乐主义超越奋斗理念等一系列问题，英国税负过高、劳工工作努力程度下降、劳资关系逐渐对立。这些问题的发生也在一定程度上说明了财富驱动型经济增长是一把双刃剑，引导得力就可以实现经济与社会发展最终为人服务的终极目的，但如果引导失利也很容易陷入享乐主义、经济停滞的恶性循环。当前的欧洲，尤其是希腊、西班牙、冰岛等国，过于追逐人性的享受而丧失了经济的竞争性和进取性，也带了巨大的财政危机和社会危机。英国后来又提出了"创意产业"的发展策略，充分利用计算机及互联网提供的知识和信息平台，从人的个体角度出发去选择学习机会，公平获取充分的信息资源，新型的产业创意、商业模式不断发生革命性变化，成为经济发展的主动力。这些国家和地区经济的发展实践都是值得其他区域在进入财富驱动阶段的时候所需要注意和借鉴的。

第五节 各阶段资源配置政策

一、要素驱动阶段资源配置政策

亚当·斯密的绝对利益理论、大卫·李嘉图的比较利益理论和赫克歇尔与奥林的生产要素禀赋理论都支持要素驱动型的资源配置模式。绝对利益理论认为，任何区域都有一定的绝对有利的生产条件。若按绝对有利的条件进行分工生产，然后进行交换，会使各区域的资源得到最有效的利用，从而提高区域生产率，增进区域利益。但对于没有绝对优势的区域应如何发展未做出有力回答。比较利益理论则认为在所有产品生产方面具有绝对优势的区域没必要生产所有产品，而应选择生产优势最大的那些产品进行生产；而在所有产品生产方面都处于劣势的区域也不能什么都不生产，而可以选择不利程度最小的那些产品进行生产。这两类区域可从这种分工与贸易中获得比较利益。无论比较利益理论还是绝对利益理论都是以生产要素不流动作为假定前提的，存在理论上的缺陷。赫克歇尔与奥林的生产要素禀赋理论认为，各区域的生产要素禀赋不同，造成了各区域比较优势的不同，也是区域分工产生的基本原因。如果不考虑需求因素的影响，并假定生产要素流动存在障碍，那么每个区域利用其相对丰裕的生产要素进行生产，就处于有利的地位。

要素驱动的资源配置模式在过去相当长的一个时期里为类似中国等发展中国家的经济增长做出了巨大贡献，中国凭借丰富廉价的劳动力资源实现了经济的快速崛起；目前越南、泰国等东南亚国家也正是由于劳动力资源的优势成为了世界制造中心；依靠自然资源获得作为经济支撑的企业还包括石油输出国组织、非洲等国家，要素驱动的资源配置都是该区域实现经济平稳增长的根本所在。

但从长远看，由于要素边际收益递减，在生产率下降的同时伴随着要素成本不断上升，要素驱动红利衰减，要素驱动的发展模式不可持续。要素驱动易于导致高投入、高耗能、高排放、高污染、低经济效益、低劳动力回报的粗放式经济发展方式。随着要素红利的衰减，以及国际贸易壁垒高筑、其他新兴经济体崛起等外在持续压力，这一发展模式显然无法继续推动一个区域从中等收入阶段向高收入阶段迈进。以中国为例，中国一些以资源能源输出为主、产业结构相对单一的中西部省份，近年来经济下滑趋势明显，山西和内蒙古两个资源大省，2014年地区生产总值增速分别为4.9%和7.8%，山西在全国排名垫底，内蒙古排名也比较靠后（第22位），较2013年分别下滑了4.0和1.2个百分点。同样是曾经资源储备丰富但目前生产要素已经接近枯竭的东北地区也陷入板块式经济塌陷，面临巨大挑战。2014年，黑龙江、辽宁和吉林三省经济增速持续回落，地区生产总值增速分别为5.6%、5.8%和6.5%，分别排名倒数第二、第三和第四位，较2013年分别下降了1.8、2.9和2.4个百分点。要素驱动型的资源配置模式已是强弩之末。但是，要素驱动阶段的资源配置要实现发展上的扬长避短以及驱动模式的跨越，绝不是一蹴而就的，由于区域差异、个体的生产力差异以及经济发展驱动转换需要一个过程，所以在要素驱动的资源配置模式发展中，政策生态引领至关重要。

根据要素驱动型资源配置模式面临的困境，政策生态的引领上主要应从提高工业化水平和城镇化水平、夯实经济基础、调整产业结构、压缩产能过剩、控制环境污染、加大基础设施和公共服务投入等方面入手，进行政府职能转变、提高制度效率、发展现代农业、战略新兴产业和先进装备制造业，实现全要素生产效率的提高。具体包括以下几方面。

在需求侧方面，要认识到经济在一定情况下出现需求缺口是不可避免的，缺口不弥补就必然影响经济增长速度，但问题的关键是怎么来弥补。以往的需求缺口主要靠区域政府无限的投资来弥补，结果反而容易造成投资刺激依赖过强、而效率低下的问题。2008年中国"四万亿"经济刺激计划很多资金就是流向了本来就资金充裕的国有企业，这造成重复投资、无效投资的不断累积，经济的造血机制不足。统计显示，2013年年末中国工业企业产能综合利用率基本低于80%。2014年和2015年，钢铁、煤炭、电解铝、水泥、平板玻璃、造船等行业都有超过30%以上的产能过剩率，而在政府财政补贴扶持和指定技术路线之下，风电设备、多晶硅、光伏电池等许多战略新兴产业一哄而上，同样出现了严重产能过剩，行业利润大幅下滑。这种投资形成自我循环，为了追求更高的增长，就用增长来刺激增长，用资源生产资源，结果产生了大量过剩产能。所以在需求方面，必须合理控制投资方向和投资规模，放弃过去以数量和规模为参数的追赶战略，调整到注重质量和效益目标上来。

从供给侧角度，政策生态的核心是激活生产要素，提高全要素生产力，促进国民收入的持续提高。以往中国政府常用的政策性补贴，导致了要素市场价格的扭曲，压低了投资成本，这种体制上的根本性弊端扭曲了区域政府和国有企业的投资行为，造成了普遍的结构性产生过剩及投资效率和资源配置效率的下降。所以，在微观层面，推进改革要着眼于提高供给的质量和效率，纠正财政补贴的扭曲，着力激发市场主体的自身活力，使各类要素能够便利地进出市场，自由地创造价值，自主地实现价值，形成经济持续增长的不竭的动力。也就是说供给侧的改革意味着更少的垄断领域或者垄断环节，更少的市场准入的限制，更低的进入门槛，更多的社会资本参与机会，更均等的要素价格，包括土地、资本、劳动力，更强的资源和环境约束等，倒逼企业改革，强化区域竞争意识。土地要素的供给潜力也需要进一步释放，推进土地审批制度的改革，加快审批；遏制用地成本上升、推进土地整治、进行农村产权制度改革等。关于区域政府自身，着力创新行政管理体制和宏观管理方式，打造市场主体能够充分释放财富、创造潜力的良好环境，并使各类政策工具的运用，有利于存量资源的不断优化重组，提高国民经济的总体素质和国际竞争力。

关于土地等资源的政策配套，首先是深化土地利用和出让制度改革，通过土地引资、土地财政和土地竞争等制度进一步释放"土地红利"，促进土地市场化和资本化发展，提高土地扩张、土地引资和土地财政支出的效率来推动经济增长；其次，政府应规范工业用地出让，防止低价过量工业用地出让导致的企业低效用地和经济粗放型增长；最后应规范和协调地方政府土地出让竞争，避免土地出让过度竞争带来的高资源代价和低社会效率。

二、投资驱动阶段资源配置政策

从经济增长驱动要素的发展历史看，劳动投入相对是容易获得的，而资本一向是短缺资源，尤其是在劳动投入已经显出边际生产率下降的情况下，对资本的渴求已经累积到一定程度，资本投入所产生的驱动力就愈发显得强大，投资便成为当仁不让的区域政府的首选经济增长驱动工具。对于区域经济而言，区域 GDP 的增长也主要源于区域消费、投资、区域政府支出和净出口的拉动，在这四个拉动要素中，投资的力度是最大的，效果也是最直接的，尤其是对于政府权力较大的区域而言，投资拉动经济增长是最为便捷快速的手段。美国、欧洲等发达国家，虽然一贯抵制政府在经济调控上的直接干预，但在第二次世界大战后以及经济危机爆发期间都毫不犹豫地采用了政府直接投资这一强力的经济刺激杠杆，保证区域经济在短期内迅速稳定。东南亚大多数国家和地区也都是投资驱动型经济的典型代表，区域政府在投资上都是不遗余力的，为这些国家和地区经济基础的打造和国际市场的开拓都起到了积极的作用。中国更是典型的高储蓄率、高投资率和低消费率并存的"投资驱动型经济"。根据世界银行经济学家的估算，1978—1994 年期间，中国投资增长所带来的资本劳动比的提高对劳动生产率的贡献率达 45.3%，2005—2009 年更是大幅提高到 64.7%，可见，这种投资驱动型的经济模式在中国持续了 30 年之久。

值得反思的是，投资驱动性经济固然能起到一定的刺激总需求进而提高 GDP 的作用，但其所引发的一系列副作用也是不可忽视的。严格意义上说，投资驱动型经济增长仍然没有摆脱有形生产要素驱动的经济增长动力的基本框架，仍然是一种外延上的、规模上的扩张，这种扩张一方面导致对资本的极大饥渴，可能引发金融方面的一系列危机；另一方面极易产生依赖性，导致经济的粗放式增长，大量的低回报的重复建设，而经济结构的调整、优化等经济增长的深层次矛盾都可能被掩盖和不断扭曲，最终反而成为阻碍区域经济增长的致命因素。中国目前提出的新常态下的经济增长模式正是对投资驱动型经济增长方式的反思，投资必须是有效率的而不是单纯的规模上的扩张。投资之所以没有形成效率驱动，原因是并不针对社会有效需求。所以在需求侧上，首先要激励有效需求的形成，包括满足市场供给的结构性短缺，也包括创造新的需求，政策生态的超前引领十分关键。

在投资需求上，区域政府要破除垄断，进一步放宽民间资本投资领域，允许民间资本进入垄断产业进行投资与经营。还要推动和完善普惠制金融体系的建设，降低中小微企业的融资成本，拉动投资需求的增长，从而有效支持实体经济和产业的转型升级。

在消费需求上，是要加强消费市场对创新行为的引导，让产品更具有个性化，让服务业更加人性化，让品牌更具有竞争力，扩张消费需求。同时，区域政府也需要把产业结构转移到适合现在市场需求结构的轨道中来。

在民生需求的创造上，要增加资源能源、广电、文化、医疗、养老、教育和文化设施等方面的投资，提高上述领域对民间资本的开放程度。逐步推进等行业改革，适当放开准入，减少管制，通过资本市场等途径，引入新的投资者。提高公共服务的能力和保障水平，释放消费者消费的意愿。同时，增加对贫困人群的扶持力度，加强对城乡环境的整治等都将是扩大有效需求的落脚点。

在税收政策上，也要实施差别化减税，提升企业和居民生产和消费的积极性。减低中小微企业税收负担，同时改革个人所得税、房地产税、遗产和赠与税等，增加中低收入人群整体收入水平，减小收入差距。

在供给侧上的调整，主要是调整产业发展方向，改变供给结构，投资所形成的供给应是符合需求、甚至是引领需求的有效供给。制度环境上，区域政府要简政放权，明确企业家、研究者在科技成果研发和转化中的主体地位，为创新主体的创新和创业行为创造宽松的社会环境，并完善市场机制，加快科技成果向产业化、市场化转化的步伐。

在金融手段上，区域政府要增加对企业的资金供给能力，降低企业融资成本，从而加强企业对综合经营成本的把控能力，为实业资本投资的增加创造条件。同时通过利率、汇率等手段减少资本外流的速度，增强企业的研发水平和提升科技人才的研发能力，激发国内的创新动力和企业活力。

在产业结构调整上，区域政府要采取措施大幅度降低产能过剩产业的供给能力，并推动优势企业主导的市场化兼并重组。围绕产业互联网、智能制造等战略方向，加快新产业培育。同时也促进政府资本向关系区域安全和区域经济命脉的重要行业和关键领域集中，向前瞻性战略性产业集中，有效提升产业核心竞争力，实现转型升级。

三、创新驱动阶段资源配置政策

在科技创新的资源配置政策上，首先是加大创新投入，提高研究与开发费用在总体收入中所占比重和研发人员占总员工的比重。这两个指标是判断是否进入创新驱动发展方式的重要衡量指标，也是由要素驱动、投资驱动向创新驱动转变的重要标志，同样是投资，但投资在科技创新上比直接投在生产上更有效益，资源被用于创新后，资源的效益更高。除了投资数额上的提高外，投资结构也应加大调整力度，向人力资本尤其是高端创新创业人才上倾斜、向孵化和研发新技术环节倾斜，只有抓住这两个创新驱动的重点环节，才能获得源源不断的新技术，这两个方面的投资有保证，就可能转向创新驱动的发展方式。在科技创新环境建设上，为高端的创新创业人才提供良好的生活和发展环境，是留住人才、实现创新驱动的根本保障。环境上应当是宜居、宜研、宜产业化的，包括网络信息通道在内的基础设施建设，产学研合作创新平台的硬件建设和创新创业人才的宜居环境建设，活跃的风险和创新投资，创新文化建设等。环境政策上要突出打造具有激励创新功能的公共环境来，包括市场竞争的维护、技术创新压力的持续。而且，还应当通过专利等知识产权保护制度在保障必要的竞争机制的基础上允许一定程度的垄断，承认创新企业在一段时间内垄断和独占创新收益的权利，可以使创新者的创新成本得到充分的补偿，激励创新产出的不断提高。

在管理创新的资源配置政策上，要明确"供给侧"的管理才是创新的关键所在。在对需求侧与供给侧的分析中发现,需求是永无止境的,即是"永新"而"无新"的,调控管理所讲的有效需求,只能是指有货币支付能力的需求,即可通约总量状态下的有支付意愿与能力的需求,所以,就需求侧而言,无所谓"创新"含义,创新实质上是供给侧的创新,而供给要针对有效需求并创造新的需求,必然要面对很多细化的、不确定的因素,因而供给创新特别需要政策的激励,对供给进行引领的政策的重要性更为突出。当然,供给侧管理创新驱动的政策并不否定以货币政策和财政政策为主的短期总需求管理,以结构性改革和市场化改革为核心的供给侧改革属于中长期政策,而以货币政策和财政政策为主的短期总需求管理属于短期政策,两者相互补充、相得益彰。大力推进结构调整和去产能,短期内会加剧经济下行压力,因此需要货币政策和财政政策适度宽松加以缓冲,也给供给层面的创新打造良好的生态氛围。政策生态上应该把握"在适度扩大总需求的同时,着力加强供给侧结构性改革",短期和中长期结合。短期政策以货币政策与财政政策为主,主要用于逆周期调节经济波动。中期政策要以拉动消费与降低企业税负为核心,从需求和供给两端促进经济平衡增长,对创新活动给予大力扶持。长期政策则要依靠供给侧改革和市场化改革,以创新为主要驱动力,提高潜在经济增长速度。

在组织创新的资源配置政策上,要特别注意那些针对新经济新业态而建立起来的组织架构和模式的改变,应当给予充分的肯定和扶持。比如,在金融组织创新上,必须充分发挥金融支持实体经济发展的作用,以服务实体经济为核心,扩大金融对内对外开放水平,积极拓展新业务、新模式,健全多层次资本市场建设,促进资源优化配置,解决企业融资难题,提高资本使用效率,为推动供给侧改革激发新活力。资产证券化的布局上,应有效盘活存量资产,增强经营性资产的流动性,降低实体经济融资成本,促进经济结构调整和转型。金融信托作为连接实体经济和资本市场的纽带,也可以围绕区域发展战略开对新技术、新产业和新商业进行信托创新,加快培育新业务领域。同时,金融投资应倾向于高新技术产业,推动科技创新,促进技术进步来扩大产品供给边界。如推进绿色经济、低碳经济和循环经济发展,就可以通过信托公司来集成债权、股权等多种金融工具,将投资者、实体企业和中介服务机构等各方权益统一在信托平台上,将金融资本引入实体经济,将民间资本引入国家战略新兴产业,推动实体经济创新和发展。信托政策创新还反映在对企业员工持股计划的参与上,可以通过信托持股方式持有企业股权,避免股权过于分散,进而提高公司决策效率,也可以根据需要主导或参与设立并购基金,帮助企业并购重组,通过结构化设计为资金提供杠杆,将社会资金引入企业。或是通过私募股权投资、PE产品投资等多种方式直接或间接入股企业,获取投资收益。金融政策的创新还可以体现在多层次资本市场建设、开拓新兴资本市场业务,推动股票和债券发行交易制度改革,提高直接融资比重,降低杠杆率,实施新股发行注册制,为创业、创新企业打开资本市场融资通道,自然优化配置结构,摈弃过剩产能,选择新兴产业,也为企业融资创造多元渠道。还应大力发展海外业务,实现资产配置全球化、实施国际化发展战略,促进资本要素的跨国流动和市场化配置,通过构建更加开放型的金融体系,提高金融资产配置效率。

在制度创新的资源配置政策上,区域政府应着力打造"区域创新系统"。政府介入创新最为重要的是对企业的技术创新与大学的知识创新两大创新系统的集成,使创新系统中各个环节之间围绕某个创新目标的集合、协调和衔接更为顺畅,形成企业与研究机构间的知识与应用的创新集聚活动,并逐渐内生形成了一套成熟的创新系统,培育区域创新能力。在这个区域创新系统中，企业与科学研究机构通过灵活的市场机制发生相互作用。政府在区域创新系统中的主要作用就是发挥财政激励、投资指引和规范市场等作用有效地发挥政府在提供创新资源、培育创新主体、克服知识流动障碍等方面的职能，并进一步发挥协调公共组织的功能，搭建产学研合作创新平台，如区域科学委员会、技术推广机构、大学科技园、企业孵化器等，提供跨越"知识发现"与"知识应用"之间的桥梁，协助克服市场的失灵现象。

四、财富驱动阶段资源配置政策

财富驱动阶段，第一，是构造生态创新体系，为财富驱动转型提供制度支撑。财富驱动阶段的创新就不能仅仅停留在技术层面了，必须与生态导向相连接，倡导生态创新，比如使用降低资源消耗的经济增长方式，采用全新的产品或服务、流程设计、营销模式、组织架构和制度安排来防止经济增长对环境的损害。在社会管理层面，强调体制性创新和系统性创新，改变产品结构，通过改变人的生活和工作追求来寻找替代式的发展道路，避免单纯依靠技术创新对高效率的片面追求，关注系统的创新，实现从效率导向演变成效果导向，真正提高区域生态绩效。

第二，是调整产业结构，发展循环经济、低碳经济，打造服务经济为主的新型工业化模式，一切的经济发展都指向人的自我提升、外部环境的和谐美好以及经济增长动力的持续加强。就业结构上也要依托产业结构调整，从单纯的生产性或制造性创造就业转向服务性与绩效性相结合创造就业，彻底改变传统的线性经济增长模式，建立有显著绿色经济特征的生命价值提升、社会和谐、环境友好、经济富足的福利型社会。

第三，是加强基于生态规模的公共产品和服务的提供。提供公共产品和服务是政府的应有职责，应充分运用管制性政策、市场性政策和公众参与性政策，基于生态总体规模控制的考虑提供有助于城市绿色转型的基础设施和公共服务，并进一步控制和淘汰对环境有破坏力的产业，从而提升社会的福利水平。也要通过一系列的激励制度，推动企业自觉承担起"从摇篮到摇篮"的产品全生命周期责任，实施资源节约型和环境友好型的产品设计、生态型工艺、清洁生产和产品回收体系等措施。对公众则应培养基于生态足够的新型消费方式，通过教育机构、行业协会、非营利组织、媒体、公益活动等手段加强对消费者的宣传和教育，倡导健康的消费观和生活方式，减少资源环境压力。

第四，区域政府还应积极培育新的消费热点，开拓新型消费领域。随着互联网在生产和生活领域的全面覆盖，人们的消费方式和消费热点的变化越来越快，而收入的增长和价值观等理念的日益成熟，也使得人们在消费领域中越来越多地追求生命质量，人们已经不再单纯追求物质生活，而是越来越看重精神层面的享受，这也正是财富驱动模式的源动力所在。所以，区域政府有必要完善养老、健康、教育、文化等服务消费的政策，加大旅游消费、家政服务、信息消费等市场的培育力度，鼓励商业企业发展体验式消费、无店铺消费、定制消费等新型消费模式，促进新型电子产品、智能家电、节能环保汽车、环保家居建材等绿色循环消费，以形成有效、持续的消费热点，带动相关行业的发展。

第五，区域政府一定要培育好财富驱动阶段的文化和价值观引领，引导经济健康向上持续发展。财富的富足既可以让人成为更加自主、生命质量更高的个体，也可以使人堕落为无所事事的行尸走肉。而经济发展持续向前的动力要依靠财富来实现，就必须对财富有正确的认识，学习成为财富的主人而不是受财富的捆绑，因此，财富驱动阶段，对整个社会的文明程度和进取程度提出了更大的挑战。区域政府必须未雨绸缪，培育持续稳固的健康积极、勇于拼搏、创新的文化氛围，这需要一系列制度的出台并要有持久的耐心和恒心来不断推进。

【阅读材料】

探寻以色列创新基因

沿着巴哈伊花园一路拾级而上，不消一会就能将以色列第三大城市海法尽收眼底。东北方，云雾间叙利亚的群山仿佛飘着缕缕狼烟。

目光从这个城市最高处掠下，追随奔驰的列车沿着地中海岸一路向南，Google、Microsoft、IBM等国际巨头的LOGO争先恐后跃入眼帘，那是他们在以色列设置的分支机构或研发中心。

丹·塞诺和索尔·辛格在《创业的国度》中说，每个公司在远离总部的地方进行投资时都会认真地权衡风险利弊，更不用说是在被公认为战区的地方。但以色列人能在战争和混乱的局面中保持生机，哪怕只剩下一半的员工，还是能保证所有的订单都按时甚至提前完成。

这种应对威胁的方式转化成了以色列人的资产，吸引了世界各地巨头汇聚于此，当然也包括不少中国企业。这片古老与现代交汇、东方与西方碰撞、战争与和平更替的小小土地，迸发并保持着巨大的创新能量。

创新如何在这里孕育？如何成为驱动经济发展的引擎？又有何种经验可供广东乃至中国借鉴？南方日报记者前往以色列，一探究竟。

一、失败也是重要的资历："创投更希望投资有失败经历的人"

"在我们的周围，有10万发炮弹可以覆盖以色列全境。有一次我跟妻子在超市购物出来，拦截导弹从距离我们20米开外的地方发射出去。这就是我们的生活。"

Eliran Sheraz拍拍自己的脖子："潜意识的恐惧就在这里，几个小时就从国境这头到那头，你能看到的就是你所有的。我们被邻居包围，那些威胁非常直接，它无处不在。"

作为特拉维夫大数据和云技术创新公司B.I.S Advanced Software System Lyd.的市场负责人，谈到这里，人至中年的Sheraz不禁有些激动地站起来。"这就是我们的日常生活，在压力之下接受教育、一起工作，大家形成这种非常紧密的关系，是最根本的创新基础。既然外部环境无法改变，迫使我们必须有所作为，也让我们遇强更强。这些恐惧你是可以与之共生的，学会接受和适应，每个人也能生活得很好。"

"服役能够培养年轻人在非常小的年纪，就习惯对很多人负责，着手去解决棘手的问题，学习管理和领袖能力，这对于创新是非常有帮助的品质。"海尔开放创新平台以色列区资源整合总监Ron Waldman说。

同时，军队也是以色列培养精英的摇篮。正如畅销书《创业的国度》所说，当其他国家的学生还在考虑如何进入最好的大学时，以色列的年轻人却在准备随时听从国防军精英单位的召唤。以精英情报部门"8200"和专攻科技创新的部门"Talpiot"为代表，很多创新成果正是源自军队，从这里走出的年轻人，成为以色列创新创业的中坚力量。

"全世界90%的创业公司会失败,也就是说10个创业公司只有1个会成功,所以创新创业虽然是很好的事情,但你们要对结果有正确的预期,也就是对失败有所准备。"

迎面走来的这位女士长发卷卷,曾经在"8200"的训练使她浑身散发着精干利落的气质。如今作为以色列非政府组织Start-up Nation Central的负责人,Inbal Arieli将"不怕失败"作为以色列富于创新的重要原因。

"当年摩托罗拉以色列公司的关停看似失败,但激发了32家新创业公司的诞生。人们不仅没被失败打倒,反而逆势成长,创造了新的机会。如今,超过250个跨国公司在以色列设立研发中心,每年以色列的创业公司有700个。"

"我知道东方文化是很崇尚成功,你们有成王败寇的说法,也非常看重'面子',而在我们的文化中它并没有那么严肃和重要。不要把面子看得太重。更加开放和宽容地对待失败,甚至将其作为成功的一部分,可能更容易鼓励人们创新。"Eliran Sheraz说。

他引用以色列的一句俗语:只要失败没有杀了你,它只会让你更强大。"如果你失败了4次甚至10次,那绝对是专家了。作为曾经的失败者在再创新创业的时候是一项重要的资历,因为他知道失败之后怎么重新站起来。很多成功的创新公司是由失败者创建的,创投更希望投资有失败经历的人。"

他也坦言:"由于种种文化差异,跟中国人做生意有时候挺难的。我们在全球多地都有合作,也希望拓展潜力巨大的中国市场,但是因为一些原因卡住了。观念很不同,除了比较重视'面子',中国公司的等级观念很强烈。"

"我们没有这么多Boss,也可以直接告诉Boss你错了。如果可以更扁平化,将更有利于激发创造力,更直接和有效地推进一些事情的进程,这对于初创期的企业来说至关重要。在等级观念强烈的结构中,你必须每一步向老板报告,受到的限制一多,创造力就不容易迸发。"他说。

二、在教育中种下创新种子:"希望你们能培养孔子和乔布斯的结合体"

对于广东省乃至中国来说,要怎么借鉴以色列发展经验?以色列学者和企业家表示,如果说军队、文化等因素比较难复制,但教育应当具有可借鉴、可复制的模式。

在距特拉维夫45分钟车程的以色列小城Rehovot,簕杜鹃在这片水资源极其贫乏的土地上开得格外鲜艳。路边的一所小学里,10岁的小学生Lavi正在认真地演示如何通过自制的设备将宝贵的雨水回收用作冲洗厕所。"在以色列,孩子们在开放的教育环境下选择自己喜欢的领域,很小就被鼓励创新尝试并付诸实践。"老师Ohad说。

在以色列理工学院Samuel Neaman国际政治研究所教授Shlomo Maital看来,要在教育中种下不惧失败和善于创新的种子,"让学生们知道当失败了以后,还有机会从头来过。创新创业很冒险,失败意味着宝贵的经验和教训,并不丢人。同时,需要培养学生们多样化的想法,而不是千篇一律。"

来自广东汕头的姚锐已经在以色列理工学院就读两年了,这位21岁的男生感触最深的就是以色列学生敢质疑、敢提问。"即使有时天马行空、看起来毫不相关的提问,会带来意想不到的结果,学生有着各种创新的想法。"

他说:"上电学课的时候,经常有一些我们看起来很平常的公式定律,其实背后有着很深的推理和分析,我们觉得理所当然,就忽视了。而以色列的学生会问很多问题,甚至有时候看起来很傻的问题,教授一旦开始推演解释,你会发现原来其实理解得根本不到位。"

"最早我们拥有 7 位中国学生，都非常优秀，但针对问题的解决方法每个人居然几乎一样。"以色列理工学院国际部执行董事 Ariel Geva 说，"我们教育目标是让学生针对问题能有不同的解决方法。鼓励学生做不同尝试，犯错误也没关系。中国的学校可以一点点去借鉴改变，比如每周拿出一两个小时，开展一些创造性思维的课程。"

针对这一点，在汕头大学兼任客座教授的 Shlomo Maital 正在实践。"我把我的中国学生分成四组，让他们针对一些商业课题制定计划，培养他们创造的习惯和能力，很多人有非常棒的主意。现在中国势头很好，比如小米拥有自己独特的商业模式，还有一个英语老师创建的阿里巴巴利用互联网把东西卖到全世界。这都是中国创业创新的好故事。在教育中要鼓励年轻人勇于做不同的尝试。"他说。

"现在以色列理工学院我们中国学生有百来人，其中一半都是广东学生。"姚锐说。不仅是以色列本土，目前广东无论从民间自发还是政府合作层面，都已经积极搭建同以色列交流互鉴的桥梁。去年，广东以色列理工学院在汕头举行奠基仪式，计划于今年开始招生。这是以色列理工学院第一次在以色列国土之外合作设立的本科学校，按照计划在校规模将达 5060 人。

"不过你们必须明白，中国的发展必须有中国模式，以色列也许能够提供经验，但我们没法提供完全适合的新路径。"Ariel Geva 提醒。

对此 Maital 说："中国既不会成为以色列也不会成为硅谷，需要结合自己的特点和个性培养创新性，希望你们能培养孔子和乔布斯的结合体。"

他解释："中国需要解决很多我们不必面对的问题。以色列是一个小国，打破常规进行创新，模式更加自由；而中国幅员辽阔，人口众多。"

"我们看中国有很多有才华的年轻人就在那里，你们需要把他们的创新意愿和能力挖掘激发出来。"致力于推进中以合作的咨询服务公司 Asia Business Gateway 合伙人 Ron Waldman 和 Daniel Oleiski 补充强调，"如果你们希望吸引好的人才，那么就要注意基础设施和公共服务，人才的流动往往伴随着家庭，如果生活质量不好的话，没有办法让人才安家。"

Maital 对此表示，对于基础设施的完善和创新意识的培养，中国正在做着正确的事情。"我去过揭阳的淘宝村，在那里村民们都懂得用电脑，政府免费开设培训班，请来老师教大家如何利用电子商务发家致富。"

三、完善创投孵化生态系统："光有创造性不够，要能够落实和执行"

如何让创业者失败之后还有机会从头来过？除了信念和意识，显然还需要建立良好的生态系统提供保证。

Shlomo Maital 强调，创新是整个生态系统运作的结果，公司、政府、风投、银行、大学等各个部分都很重要。"光有创造性不够，要能够落实和执行，不然只是一个梦。"

"要重视小企业的创造力，并为他们提供更多支持。"在中部小城 Ness Ziona，创新企业 MemTech 的销售和市场副总裁 Oren Blonder 正在并不大的实验室里展示公司的研发成果，通过与以色列理工学院等机构的合作实现了高分子超滤膜技术的突破性研发，显著提高污水净化处理效率，大大减少废水处理所需的资金和人力成本。

"跟中国不同，我们没有那么多的大公司，以色列很多小公司专注于某一领域的技术突破，哪怕是很小的领域也可以努力做到世界领先。"他说。

"对于政府来说，要引导社会资本、建立良好的生态系统，为创业创新失败了的人还有下一次机会提供客观条件。"Waldman 说，据初步统计，以色列每一年有 800 至 1000 人创办科技创新企业，其中超过半数会失败，但是他们还是能重新再来，良好的创投体系是关键原因。"要引导有钱的人把赚到的钱重新投入市场来，愿意为早期阶段的创意或者公司投资，才能形成一个良性循环的生态系统。"

对此 Maital 解释："很多创新创业的公司高潜力和高风险并存，而银行天然规避风险，缺乏资金对于初创企业来说非常要命。以色列政府意识到了这件事，所以政府来提供创新孵化器，为企业创业失败埋单，这非常独特。后来逐步吸引私人投资到创新创业公司。"

这个被 Eliran Sheraz 称为"温室"计划的创新孵化器项目由以色列经济部首席科学家办公室（OCS）发起，企业申请经严格的程序后与政府达成协议，政府针对企业早期创业阶段给予资助，并给公司研发产品制定一个时间计划表，等他们长成大企业后，再逐步退出。

据了解，以色列产业研究开发中心（MATIMOP）作为首席科学家办公室的执行机构，代表首席科学家委员执行，贯彻和监管相关的国际合作项目，负责实施双边和多边合作项目。"也有和中国公司合作的项目。"Sheraz 说。

据 Ron Waldman 介绍："之前来以色列发展业务的中国企业非常少，但是这几年中国企业在以色列的研发投入呈现出非常迅速的增长，特别是近两三年呈现出爆发式上升，目前以色列三分之一的研发中心与中国企业有关。"

"与中国合作业务占我们总体业务的 70%，我们想成为中以合作的纽带和桥梁。"Waldman 的同事 Daniel Oleiski 说，"以前主要是美国和欧洲企业来以色列设立创新中心，从四五年前开始，以华为为代表，大批中国企业陆续进入以色列。"

近期，在中国国务院副总理刘延东出访以色列期间，中以双方宣布同意正式启动中以自贸区谈判。以色列政府新闻办公室发布声明表示，该自由贸易协定将包括商品和服务贸易、经济和技术合作，双边自由贸易协定一旦生效，双边贸易额（目前约为 80 亿美元）将翻一番，将为两国带来重大经济效益。

"我们看到很多的企业来以色列寻求合作，但不能指望只是握个手就能建立深入的合作。两国存在很大的文化差异：我们比较直接，比如企业去中国，希望几次洽谈后可以签订合同，而中国倾向于用很长时间建立信任，很多以色列企业不了解这些，容易放弃。必须有人了解这两种不同的模式和习惯，创造共识，消除误解，这正是我们希望做的事情。"Oleiski 说。

多次前来广东的 Maital 表示："目前我们和广东的联系非常紧密，当今你们正处在由'制造'向'创造'的转型过程中，很多人都希望去广深，因为那里有很好的生态系统，特别是深圳模式非常令人惊叹。我们希望通过广东与以色列的合作，一起更好发展。"

来自以色列的声音 "最早我们拥有 7 位中国学生，都非常优秀，但针对问题的解决方法每个人居然几乎一样。中国的学校可以一点点去借鉴改变，比如每周拿出一两个小时，开展一些创造性思维的课程。"

——以色列理工学院 Ariel Geva "如果你们希望吸引好的人才，那么就要注意基础设施和公共服务，人才的流动往往伴随着家庭，如果生活质量不好的话，没有办法让人才安家。"

——咨询服务公司合伙人 Ron Waldman 和 Daniel Oleiski

创新孵化器项目由以色列经济部首席科学家办公室（OCS）发起，企业申请经严格的程序后与政府达成协议，政府针对企业早期创业阶段给予资助，并给公司研发产品制定一个时间计划表，等他们长成大企业后，再逐步退出。

——特拉维夫一家大数据和云技术创新公司市场负责人 Eliran Sheraz

资料来源：南方日报 2016.5.12。

【复习思考题】

1. 要素驱动型资源配置内涵和特点是什么？
2. 投资驱动型资源配置内涵和特点是什么？
3. 创新驱动型资源配置内涵和特点是什么？
4. 财富驱动型资源配置内涵和特点是什么？
5. 试论述四个阶段资源配置政策的内容是什么？

第五章

区域政府竞争

第一节 区域政府经济竞争理论

一、竞争理论的简要回顾

区域政府竞争理论是竞争理论的一部分，要分析区域政府竞争理论，有必要先回顾一下竞争理论的产生和发展的历程。

竞争是为谋取自身利益的争夺行为，也是市场经济条件下优化资源配置和解决利益矛盾的机制。最早的竞争理论是17世纪的法国重农学派的代表布阿吉尔贝尔提出的，他认为是自由竞争使得劳动按照比例分配于各个部门，这样才能保持社会再生产的顺利进行。但古典经济学理论体系的系统性竞争理论是从亚当·斯密开始的，他为竞争理论的发展创立了一个基本框架，系统论述了生产者之间、购买者之间的竞争导致的供求关系变化是如何对生产进行调节的，这种竞争造成市场价格围绕商品价值的上下波动。马克思的《资本论》也对竞争的机制和作用做了深刻剖析，指出资本家出于追求超额剩余价值和相对剩余价值的目的，必须不断改进技术，提高劳动生产率，这是由资本内在的冲动和经常趋势决定的。这种竞争会把社会资本分配在不同的生产部门中，使资源自动流向社会最需要的区域，达到资源优化配置的目的[①]。

19世纪后半叶至20世纪20年代，古诺、杰文斯、瓦尔拉斯、帕累托、马歇尔等人围绕市场均衡理论和价格理论，引入边际分析方法，形成了新的竞争理论。这一理论强调的重点不再是制度框架，而是为获得一种均衡结果而满足的诸条件，以完全竞争状态这种静态均衡的理想模式分析为核心。后来，古诺提出了垄断模型和双头模型；英国经济学家罗宾逊和美国经济学家张伯伦分别提出了以不完全竞争或垄断竞争为核心的竞争理论，使市

---

① 马克思，恩格斯. 马克思恩格斯全集，第1卷，上海三联书店，2009，第612页.

场竞争理论进一步具体化了,也更接近于现实,但它并未从根本上摆脱完全竞争的理论框架,并且是从静态的角度而不是动态的过程来分析不完全竞争或垄断竞争形式。克拉克摆脱完全竞争的分析框架,于六十年代提出了"可行竞争"和"有效竞争"的概念。按照克拉克的解释,"有效竞争"就是"可行的"、"有用的"、"健康的"、"起积极作用"的竞争。熊彼特把竞争描述为一种包含政治企业家的动态创新的过程,即以"创新理论"解释了市场竞争主体如何能够在激烈的竞争中占据优势地位以及竞争如何促进经济增长等问题。哈耶克发展了奥地利学派的观点,认为竞争性市场过程是一种知识和信息的发现过程。

早期的竞争理论主要是市场竞争理论,很少论及到政府竞争。

二、区域政府竞争理论的源起

亚当·斯密对市场竞争规律的经典论述奠定了市场竞争理论的基础,同时也对政府税收的竞争做了初步提示。他在《国富论》中提出:"土地是不能移动的,而资本则容易移动。土地所有者,必然是其地产所在国的一个公民。资本所有者则不然,他可以说是一个世界公民,他不一定要附着于哪一个特定国家。如果为了要课以重税,而多方调查其财产,他就要舍此他适了。他并且会把资本移往任何其他国家,只要那里比较能随意经营事业,或者比较能安逸地享有财富。"[①] 斯密的论述从人们对资本税差异的反应视角分析了要素可移动性对于政府间税收制度竞争的影响。

20世纪30年代,西方资本主义国家爆发严重经济危机,使得古典经济学家坚持的自由放任、自由竞争可以实现经济均衡的传统理论遇到了严重挑战。凯恩斯摒弃自由放任的观点,提出了国家干预经济的政策主张,肯定了政府在弥补市场缺陷、调整宏观经济运行中的积极作用,使得政府成为与市场经济相辅相成的有机组成部分。由此,政府对市场竞争的影响问题也成为研究的热点之一,政府竞争理论也开始得到发展。

明确地对区域政府竞争进行研究的是美国经济学家蒂布特(Tiebout),他在《一个关于地方支出的纯理论》中提出了第一个论述政府竞争的经济学模型。这一模型认为[②],政府是公共物品的提供者,居民是公共物品的消费者,居民在选择居住的社区时,首先会考虑该社区的税负水平和服务结构,以及在此条件下自身可以获得的利益。在居民拥有充分的流动性时,居民可以通过自由迁徙到另外的社区,以享受更加有利的税收和公共服务的水平,因此,政府竞争的结果就是,不同辖区政府的不同税收选择在居民拥有自由流动性时趋向一致。蒂布特理论开辟了区域政府竞争研究的先河,对于财政理论和政府竞争理论都有非常重要的启示意义。

此后,又有很多经济学家对"蒂布特模型"的假定进行扩充或修正,从而得出了不同的结论而使得区域政府竞争理论不断丰富。哈耶克认为区域政府的行动具有私有企业的许多优点,却较少中央政府强制性行动的危险。区域政府之间的竞争或一个允许迁徙自由的地区内部较大单位间的竞争,在很大程度上能够提供对各种替代方法进行试验的机会,而这能确保自由发展所具有的大多数优点。尽管绝大多数个人根本不会打算搬家迁居,但通

---

① 亚当·斯密. 国富论,商务印书馆,2014 (408).
② 蒂布特. 一个关于地方支出的纯理论 [J]. 经济社会体制比较,2003⑥: 37-42.

常都会有足够的人,尤其是年轻人和较具政治企业家精神的人,他们会对区域政府形成足够的压力,要求它像其竞争者那样根据合理的成本提供优良的服务,否则他们就会迁徙他处①。

Oates(1969)②通过对具有流动性的资本要素进行实证分析,分别从美国个48州的区域政府横截面数据构成样本和43个国家的中央和州级政府横截面数据构成样本,来证明模型所提出的结论是成立的。并且,Oates早在1972年就开始探讨区域政府竞争有效性的条件,认为区域政府竞争的有效性依赖于下面条件:a. 区域政府规模足够小以至于其决策不能影响资本市场,b. 区域政府之间不存在战略决策行为,c. 区域政府提供的公共品不具有地区外部效应,d. 区域政府具有恰当的财政工具,这意味着区域政府对流动的经济体征收收益税,或者以居住地的方式而不是以来源区域式征收。在这些条件下,区域政府竞争将类似于完全竞争市场的情形,"看不见的手"将导致资源的帕累托有效配置。这些条件却如同完全竞争所要求的条件一样在现实中是很难满足的,而事实上Oates提出的有效性条件也并不充足。大量的文献通过不断修改上述假定而不断扩展,得到了不尽相同的含义。

近一段时期,随着各区域经济竞争实践的展开,区域竞争理论研究日渐丰富,区域政府作为经济活动中的一个重要变量被引入竞争模型中,博弈论、制度创新等方法在区域政府竞争分析中得到大量运用,区域政府竞争理论日臻成熟。

三、区域政府竞争的理论依据

(一)基于新制度经济学的经济组织理论

人们对经济要素的组织和生产主要有两种基本形式,首先是以企业等经济组织或个体劳动者的形式对经济要素的直接组织和生产,其次是以政府的形式对经济要素的间接组织,从而构成对经济要素的二重组织。

古典企业理论。科斯认为企业之所以存在的一个基本原因在于相对于市场而言,如果由企业家来支配各种具体经济要素,可以较大程度地节约交易费用。阿尔钦和登姆塞茨认为企业是一种"队"所使用和投入的专门代理市场,它能更优越地或廉价地汇集和核实关于异质资源的知识。钱德勒则强调,现代工商企业的管理制度取代了市场机制而协调着货物从原料供应,经过生产和分配,直至最终消费的整个过程。

马克思主义的经济学理论。企业的性质和职能可以概括为以下几点:企业首先是一种生产机构,它的基本功能是组织生产;企业从市场购买劳动力等生产要素,将它们结合在一起,以生产一种或多种产品;企业的生产在权威的命令或指挥下有序进行;企业不是为了自身的消费而生产,而是为了市场、社会等提供商品和服务;企业要进行成本和收益的比较。

由上可知,无论产权理论还是马克思政治经济学,都认为企业内部具备类似市场地配

---

① 哈耶克. 自由秩序原理[M]. 生活·读书·新知三联书店, 1997.
② Oates W E, The Effects of Property Taxes and Local Public Spending on Property Values An empirical Study of Tax Capitalization and the Tiebout Hypothesis [J]. Journal of Political Economic 1969 (10): 57-71.

置和整合资源的职能,通过对经济要素的合理组织和利用,从而积累财富,推动企业发展。如果把区域比作一个大型的企业,区域政府就是整个区域的企业家,可以像企业组织内部投入产出一样,对区域内资源进行自由配置。

不过,对于区域经济发展和区域经济竞争,区域政府必须要和本区域的企业密切配合,通过所掌握的区域资源对企业行为进行"超前引领",如果区域政府的资源配置能力落后于企业的市场行为,也会导致对市场效率发挥的阻碍。

(二) 基于公共经济学的区域公共产品和服务理论

现代市场经济一般可以分为两大部门:公共部门和私人部门。私人部门包括家庭和企业,其经济活动主要通过市场进行,提供私人产品(包括私人劳务),私人产品则是指具有排他性的和竞争性的商品和劳务,其经济活动亦被称为私人部门经济;公共部门主要指政府部门,其经济活动主要通过财政形式,包括预算内和预算外两部分,提供公共产品和服务。公共产品(包括公共服务)则是指具有非排他性和非竞争性的产品和劳务,其经济活动亦被称为公共部门经济。公共部门和私人部门在社会经济过程中,相互影响和相互作用。公私两部门的收支流程相互交织,公共部门不但运用多种财政手段包括税收、国债、购买性支出和转移性支出等来联系私有部门,而且进入市场,构成价格体系中的一个部分。因此,在分配领域中,政府一方面把私人收入转移归公共使用,另一方面,通过购买和补助支出来提供企业和家庭的收入;在生产和产品流通中,政府提供公共产品和公共劳务,同时购买私人部门的产品和劳务满足政府正常运营的需要。区域政府在区域经济和社会生活中主要是提供区域公共产品和服务。

区域公共产品(包括区域公共服务)是指在受益范围上具有区域性特点的公共产品,即在特定地理区域内对部分居民具有非竞争收益的公共产品。主要包括治安和消防、公共卫生、垃圾处理、交通设施和管理、给排水服务、区域经济秩序等。区域公共产品区域公共产品具有以下特征:

1. 收益的区域性。

这是指区域公共产品在消费上具有空间的限制性。对于大部分区域公共产品而言,尽管新来的居民无须耗费更多的成本便可获得其收益,然而这种收益却被局限在一个地区中。交通、道路、治安、水利等都存在着这种受益的区域性特征。

2. 市场的相似性。

这是指区域公共产品与私人产品在市场上买卖具有相似性的特点。人们在选择一个地区居住时,会充分考虑该地区区域政府的税收和提供的公共产品的组合状况,从而使自己的满足程度最大化。这实际上等于人们在一个拥有各种地区的"市场"上选购最适合自己的地区这样一种"商品",区域政府则是地区这种"商品"的推销者。

3. 拥挤效应。

这是指由于区域公共产品随区域人口规模的扩大,使用者不断增加,这些公共产品将变得拥挤,导致消费者付出一定得拥挤成本。公园和监狱等最有可能出现这种效应。

4. 溢出效应。

这是指区域公共产品的受益与区域行政的空间范围出现不一致的情况,一般指其受益范围大于相应的行政界限,从而向相邻的地区扩散的现象。

5. 提供的层次性。

区域是一个多层次的概念，中央政府只有一个，而区域政府具有多个层次，因此，提供的区域公共产品也是具有层次性。不同层次的区域公共产品的受益范围也不同。

6. 非竞争性的相对性。

公共产品的非竞争性包括两方面，即边际成本和边际拥挤成本为零，但区域公共产品存在拥挤成本和区域性的问题。首先拥挤成本导致竞争性，当区域政府向新来者提供已有的公共产品时，尽管进入者可能发生边际拥挤成本，区域政府将获得边际收益，因此，区域政府就存在为不断获得边际收益而努力吸引新进入者的利益驱动机制，并最终形成区域政府间为争夺新进入者而展开提供公共产品的竞争活动。其次选民自由选择不同辖区使区域公共产品的提供具有竞争性，即选民可以用脚投票来选择不同区域政府提供的公共产品。

7. 非排他性的相对性。

区域政府提供的公共产品具有辖区性质，在该辖区内，区域公共产品对辖区居民来说是非排他性的，而在其他辖区的居民就不会享受到该辖区的公共产品的利益，因此，对于其他辖区的居民，该辖区的区域公共产品具有排他性。

（三）基于公共选择理论的区域政府的理性假设理论

经济学对任何一个个体都有理性假设，一般包括经济理性和社会理性两种。

1. 区域政府的经济理性假设。

经济理性是西方经济学的基本假设。经济理性认为：第一，市场能够自发形成既保护个人利益也促进公共利益发展的秩序，市场规律是一个自然演进的过程，而任何形式的干预都是对市场规律的破坏；第二，市场提供了个人发展的公平竞争环境，市场规律面前人人平等，无论人出身的高低贵贱；第三，市场尊重个人意志并保障个人自由选择，任何取代和违背个人意愿的强制都是对市场自由竞争机制的践踏；第四，对私利的追求可以使公共利益自动增长，而以个人私利组织起来的市场社会是人类社会的自然秩序，个人利益是公共利益的基础，而市场推进了公共利益的发展。

区域政府经济竞争的理论假设前提是区域政府具有经济理性，即在市场经济条件下，区域政府及区域政治活动中的各主体都是理性的"经济人"，都会根据成本与收益的核算，追求自身利益的最大化。区域政府的经济理性是由以下两部分决定的：

首先是人格化的区域政府具有经济理性。在市场经济活动中，区域政府与其他诸如企业、个人等市场主体一样，都是具有相对独立利益的主体，具有追求自身利益最大化的内在要求。因此，理性的区域政府一方面要追求辖区利益的最大化，会选择成本最小、收益最大的决策；另一方面要追求政府官员自身利益的最大化，会选择政绩、物质利益的最大化和权力、职位最高化的行动决策。

其次是区域活动中各主体具有经济理性。区域活动中的主体包括区域政治家、区域选民和利益集团。对于区域政治家，追求自身政治前程的最优化必然会体现一种自身利益的最大化；对于区域选民，决定投票的考虑是政治家提供的那些公共产品和公共服务，能够使其最大程度地满足自己的欲望，并使自己能够承担最小的税收负担。对于人格化的区域利益集团，希望那些能够服从和服务于集团的根本利益的政治家当选，从而使集团利益最大化。

区域政府的经济理性具有多种表现形式:

一是区域政府与中央政府竞争。区域政府作为区域共同利益的代表者,总希望能从中央政府获得更优惠的政策和财力支持,从而谋取比别的地区更快的发展速度和不断增进的福利。

二是区域政府纵向的利益之争。上下级区域政府都是行政管理组织,对于相同的公共事务都有管辖权。各级政府出于经济利益或是减少工作量的自利需要,也会发生冲突。

三是区域政府横向的利益之争。不同地区由于经济发展的差异会引起社会整体资源配置的不均衡问题,从而引起不同地区的利益分化。理性的区域政府为追求本地区利益的最大化,必然产生对经济资源的争夺,有时甚至为了自利而损害全社会公利或是别的地区的利益。

四是区域政府内部各部门的利益之争。对管理权限的争夺是各部门之间相互竞争的主要表现。部门间的不正当竞争会造成相互推诿和扯皮,从而降低行政效率。

五是区域政府为本地企业争利。有些区域政府的经济发展考核指标与企业经济实力密切相关,因此,一旦本区域企业与竞争对手争利,特别是当与其他区域企业争利时,区域政府为保护辖区利益而进行行政干预就很难避免。

六是区域政府对流动性经济要素的争夺。在开放经济条件下,经济要素可以在国际、中国的两个市场进行流动,区域政府通过吸引更多的资金、人才和技术等稀缺性要素来不断扩大本地区利益,从而形成相互竞争。

2. 区域政府的社会理性假设。

经济理性是依据个人稳定的利益偏好在各种行动中做出选择的;而社会理性不关注某一个人的理性或非理性选择结果,而是强调众多个人的理性选择后果[1]。社会理性认为人的行动是受社会环境和社会结构制约的,社会理性的行动原则不仅在于最大限度地获取狭窄的经济效益,还包括政治的、社会的、文化的、情感的等众多内容,其价值取向不一定是经济目的或自私自利的,也可以包括利他主义、社会公平、爱国主义等价值观。与经济理性相比,社会理性对传统的经济理性作了三个方面的修正:一是改变传统的完全理性的假设;二是承认人的行为也有非理性的一面;三是关注制度文化对个人偏好和目的的影响作用。但他们的相同点是在一定程度上都承认人的行动是有一定目的性的,都是为了追求"利益"或"效益"的最大化[2]。

区域政府从其社会属性和定位来看,更具备社会理性假设的条件,区域政府是社会主体,脱离社会的政府没有任何存在价值,区域政府不仅担负着区域经济发展的职责,更要在社会公平、价值观引领、发展平台构造上将区域社会利益的最大化放在首位。区域政府的发展也必然要受经济、社会、政治、文化、法律等多方面因素的共同制约,这些都决定了区域政府的社会理性存在的必然。

3. 区域政府是具有经济理性和社会理性的辩证统一体。

---

[1] Hechter, M. Sociological Rational Choice Theory, American Annual Reviews, Sociology, 1997 (23): 192 - 194.

[2] 文军. 从生存理性到社会理性选择:当代中国农民外出就业动因的社会学分析 [J]. 社会学研究, 2001 (6): 19 - 30.

在市场经济条件下，经济理性与社会理性相互之间并不是完全排斥的，而是具有辨证的统一性，具体表现在以下方面：

第一，由于确立了市场经济和多种经济成分，行为主体具有相对独立的利益，这就具备了经济理性的充分和必要条件。事实上，任何无论企业还是区域政府，建立有效的激励和约束机制都暗含了这样一个前提：人是经济理性的，如果只有社会理性，那他就会全心全意地把区域和企业搞好，奉献自己、贡献社会，激励和约束机制也就没有存在的必要了。

第二，行为主体又是属于社会的，具有社会属性，受到社会的制约和推动。企业在发展到一定程度后，仅仅关心利润和对股东负责、偶尔赞助某项社会公益事业已远远不能彰显企业的形象和档次。发展良好的企业需要在公众中树立起一个对社会负责的新形象，即承担社会发展的责任，社会属性在企业发展过程中得到不断强化。区域政府本身就承担着社会发展的固有使命，对区域选民负有提供公共产品和公共服务的社会责任，其社会属性是显而易见的。

第三，经济理性和社会理性还表现在，经济理性是行为主体的个体性的内在要求，是竞争的主要动力，而社会理性是行为主体在社会活动中通过竞争和发展来认知和学习所获得的，合理和有效的竞争需要社会理性进行不断的规范，因此是一种外在要求。对区域政府的理性假设不能通过否定任何一种理性来确立另一种理性。理性的企业为使自身利益最大化必然参与市场竞争，而理性的区域政府为使自身利益最大化也会与其他区域政府展开竞争。尽管企业竞争与区域政府经济竞争的内容有很大的区别，但基本的理性假设是一致的，即是经济理性和社会理性的统一体。

（四）基于市场"双重主体"的双层面竞争理论

1. 市场"双重主体"的双层面竞争理论的基本内涵。

市场"双重主体"的双层面竞争理论是指市场中存在两个竞争主体，企业和区域政府，企业之间的竞争要遵循市场规律，区域政府之间也同样存在着竞争关系，于是就形成企业之间、政府之间的双层竞争体系，但企业和政府之间不存在竞争关系，也就是说这两个体系之间是独立运行的，但这两个体系在功能作用上相辅相成。

2. 区域政府层面的市场竞争。

竞争机制是市场经济体制的本质特征，区域政府之间的竞争也是基于市场经济的条件下才可能存在。区域政府也只有在市场经济体制的国家和地区中才可能具有"双重属性"，区域政府的"双重属性"决定了市场体系中的双重竞争主体机制。

（1）竞争主体。区域政府层面的市场竞争是在区域政府之间展开，要防止区域政府和企业之间的竞争关系的形成，换句话说，企业之间的竞争和区政府之间的竞争是两个层面的竞争，双方不存在交叉竞争关系，也就是防止出现区域政府凭借权利对企业市场资源的争夺，保持微观层面上企业竞争的独立性和市场机制作用的完整发挥。在这一点上，中观经济学所主张的政府定位与微观经济学没有本质上的冲突，二者都尊重企业之间的自由竞争，反对任何政府对企业竞争的破坏。

作为区域政府层面的竞争主体，要求区域政府必须具备以下几个特点：

①组织性。区域政府是有名称、组织机构、规章制度的正式组织，是按照国家法律规

定的原则和程序组建起来的,其职能定位和执行也必须符合国家的法律法规。

②经济性。区域政府作为市场经济条件下的一种社会组织,与宏观政府单纯的宏观管理与调控职能不同,区域政府具有双重身份,一个是"准微观"角色,一个是准政府角色,这就使得它具备了企业的经济性与政府的公益性的双重属性。作为区域竞争主体之一,主要是强调了区域政府作为"准微观"角色的这一面,也就是区域政府的经济型特征。作为"准微观"角色,区域政府就会以区域经济活动为中心,实行全面的经济核算,追求并致力于不断提高区域经济效益。对区域经济效益的追求是区域政府间开展竞争的主要动机和目的。

③独立性。作为具有"双重属性"特征的区域政府,既有与上级行政机构的行政隶属关系,也以区域为单位,在法律和经济上具有一定的独立性,拥有独立的、边界清晰的产权,具有完全的经济行为能力和独立的区域经济利益,实行政区域内独立的经济核算,能够自决、自治、自律、自立,实行自我约束、自我激励、自我改造、自我积累、自我发展。它(作为一个整体)对外、在社会上完全独立,依法独立行使行政权力,独立承担行政义务与责任。区域政府之间在经济交往上应淡化行政级别和行政隶属关系,经济地位上完全平等。

作为竞争主体的区域政府,其目标是多元的,例如,保持稳定、增加就业、促进增长、减少通货膨胀、追求区域财政收入、谋取政府部门利益、政府官员的政治和经济利益的最大化等等。

当然,竞争主体也是有约束条件的:竞争不是无条件的,竞争主体在竞争中具有多种约束条件。客观约束条件包括辖区的区位、政治基础、经济基础、文化基础、上级政府规制等;主观约束条件包括选民的偏好、偏好表露等。竞争主体的偏好和表露:不同的竞争主体对同一的公共产品会有各自的主观价值,形成竞争主体对不同的公共产品的偏好。偏好表露存在信息不对称的问题,一方面是不一定每个人愿意把真实的偏好表露出来,出现故意隐藏偏好信息的可能;另一方面是偏好表露存在委托代理,代理人的表露可能产生失真。竞争主体的认知模式与学习:认知是根据发生于头脑中的感觉对现实进行无形的建构,认知以几乎难以察觉的方式在思想过程中运转,它帮助人们解释现实。同时,认知在某种程度上是受文化制约的,所以来自不同文化的人对现实做出不同的解释,也就是说,人类的知识受社会经验左右:一个竞争主体对现实的领会往往与另一个经历不同的竞争主体对同一个现实的领会相左。因此,区域政府职能的履行以及竞争主体个人利益的追求伴随着他们对自身所处环境的一系列认知或感知而发生。所以,区域政府经济竞争本身可以被看成是一个促使参与者不断学习和改变认知模式的动态过程。

(2)竞争客体。区域政府竞争的客体是指各区域政府之间通过市场进行竞争的对象,在市场经济条件下,竞争客体主要是指区域内的各种有形和无形资源。有形资源包括物质资源(土地、矿山、森林等)、人力资源和财务资源。无形资源则包括区域文化素质、区域政策体系及配套措施、区域产业分布及发展状况、区域科学技术发展状况以及区域政府的管理能力等。由于区域有形资源的自然属性,所以区域政府竞争更应当体现在无形资源上,无形资源不仅在市场价值上有更大的灵活性和创造性,而且对于区域政府竞争而言,也可以摆脱自然资源的束缚,具有一定的公平性,利于激发区域政府的创新精神和创新能力。

（3）竞争目的。企业竞争的目的是利润最大化，区域政府竞争的目的则在于区域资源配置的最优化、区域经济效率和收益的不断提升。区域政府间的竞争目的决定了区域政府在发展区域经济上的主动性，也界定了竞争范围是以区域为单位的，强化了区域政府必须以区域整体利益为重、实现区域经济均衡发展的主要任务。

竞争目的说起来是由区域政府的"准微观"特征决定，但因为区域政府还有另一个重要身份——准政府角色，这决定了区域政府不可能如企业一样只盯住经济利益即可，而是必须顾及国家层面的更高一级政府的执政要求。因此各区域政府竞争目标的最终确定实际上涉及区域政府绩效考核的各项指标的设定，从哪些方面来评定区域政府的业绩以及如何评定对于区域政府行为和最终实现的目的有着至关重要的引导作用，所以在区域政府之上的更高一级政府必须遵循市场规律，善于利用市场竞争机制，站在全局的角度客观制定区域政府绩效考评方案，才能使各区域政府间的竞争有序展开，并围绕着利于全局资源配置的目的进行。

（4）竞争方式。微观经济学介绍了不同市场类型下，却有不同的竞争方式，或者是成本竞争、或者是产品差异竞争、或者是抛开消费者的几个大寡头企业的实力制衡，这些竞争方式背后都是企业技术资源、人力资源、资金实力、市场理解力、创新能力和管理水平的相互较量。

作为"准微观"角色的区域政府，也有着类似企业成本的财政预算控制，也在力求最小成本下的最大收益，在企业面临不同市场类型采取不同竞争方式的同时，区域政府也会因势利导的按照市场和企业的现状采取相应的引领手段来实现区域经济利益增长，开展不同区域政府间的竞争。区域政府在提高税收利用效率的前提下，为企业所提供的良好的技术服务、人才服务、资金服务、文化氛围、创新扶持、政策引导、基础设施和打破有碍市场竞争机制的一切努力都将成为各区域政府竞争的主要方面。这一切的竞争都应当建立在高效利用财政预算的基础之上。

3. 企业竞争与区域政府经济竞争的比较。

竞争的目的是为了夺取人们所共同需要的对象。也就是说，竞争是因为有所需要才展开竞争的，如果没有需要也就不会产生竞争了。无论是企业还是区域政府原始的竞争动力都是因为"需要"的满足。企业竞争与区域政府经济竞争在竞争过程、市场类型、竞争类型、竞争主体、竞争目标、产品类型、制度安排等内容方面都有差异。具体如表5－1所示：

表5－1　　企业竞争与区域政府经济竞争的比较

类别	企业	区域政府
竞争过程	经济过程	政治过程
市场类型	4种市场类型	类似垄断竞争和寡头垄断市场
竞争类型	产品竞争、成本竞争	资源竞争，制度竞争
市场主体	企业家	区域政府
竞争目标	利润最大化	包含区域收益最大化的多目标
产品类型	一般产品和服务	正式制度
竞争失灵情况	市场垄断	权力垄断（集权）
制度安排	反垄断、维护市场竞争	反集权，维护制度竞争

市场竞争和区域政府经济竞争在很多方面可以类比，但竞争的各个方面却都有不同的内涵。例如，行为主体的目标函数和行为约束条件具有很大的区别，其相关的变量也有巨大的差别；二者的出发点都是利益的最大化，但企业的利益主要是"利润"，而区域政府除了经济利益，还包括政治利益。其竞争手段是提供公共产品，其作用方式是利用非流动性经济要素对可流动性经济要素进行促进或制约。区域政府经济竞争会促使区域政府提供更优的区域公共产品和服务，诸如建设良好的交通、通信和能源等基础设施以及简化行政手续、提高行政效率、维护良好的经济秩序，即不断增加非流动性要素（I）的投入量，以此来吸引资金、技术、人才和信息等稀缺性要素的流入，使企业能以更低的商务成本参与经济竞争，并强化区域内的产业集聚和升级，从而促进区域经济的优先发展。同时，区域政府的过度、甚至恶性竞争也会产生区域保护主义，利用行政权力限制经济要素的流出等。因此，区域政府间发生经济竞争的动因具有鲜明的个性。

四、市场"双重主体"竞争关系

市场"双重主体"竞争是两个层面的竞争体系，包括企业之间的竞争体系和区域政府之间的竞争体系。二者之间既相互独立又相互联系，共同构成市场经济中的双重竞争系统。

首先，企业竞争体系和区域政府竞争体系是相互独立的双环运作体系。企业竞争体系只在企业间展开，任何政府都只能是市场竞争环境维护者，从政策、制度、环境上维护企业竞争的公平展开，而不能作为和企业一样的平等主体参与到企业竞争的活动中去，也没有权力对企业微观经济事务进行直接干预。而区域政府间的竞争也只在区域政府之间展开，各区域政府是平等竞争的市场主体，就其区域资源的配置能力和所创造的区域经济效率和效益进行竞争。区域政府之间的竞争以尊重企业市场竞争规律为前提，不会将企业竞争纳入到区域政府竞争的层面中来，所以，无论是企业竞争还是区域政府竞争，都是两个层面各自独立的竞争系统。

其次，区域政府竞争体系又是以企业竞争体系为依托并对企业竞争体系有维护和引导作用的。企业竞争是市场经济的根本属性，是市场经济焕发生机活力的重要因素，没有企业竞争的经济不是市场经济，所以企业层面的竞争是市场竞争的基础，区域政府之间的竞争体系也是基于区域内的企业竞争，围绕企业竞争服务而展开的。如果没有企业竞争，区域政府间的竞争就会演化为权利纷争，也完全失去了市场经济的基本属性。所以，市场经济体制下，必然存在企业层面的竞争，而企业竞争带动了区域政府间的竞争，这一切都源于市场机制。但区域政府之间的竞争在制度、政策、氛围创造以及竞争目的上又多半带有"超前引领"的性质，所以区域政府之间的竞争又是在企业竞争层面之上的一种竞争体系，对企业竞争具有一定的指导、帮助作用。

图5-1表明了区域政府竞争体系与企业竞争体系之间既各自独立又相互衔接的关系。政府之间的竞争与企业之间的竞争互不交叉，但二者又基于区域政府"超前引领"机制而形成彼此支撑、互相影响的紧密连接，所以这两个竞争体系不是截然分开的，而是无缝衔接的两个独立竞争体系。这也意味着区域政府竞争与企业竞争的"边界划分"成为处理好这两个竞争体系的关键问题。

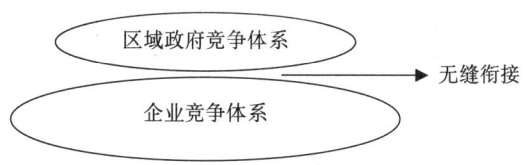

图 5-1 市场"双重主体"竞争的关系示意图

五、区域政府竞争理论

近年来,有关"政府间竞争"的经济学讨论和跨学科讨论日益增多,尤其是有关辖区政府间竞争的演化论分析比较盛行。与"政府间竞争"有关的概念包括"制度竞争、地域竞争、辖区竞争"等。亚当·斯密(1776)最早涉及政府间竞争问题研究,他分析了政府税收对可移动要素和不可移动要素的影响,进而对君主和社会收入的影响[1]。这一研究为以后研究政府竞争的作用机制和效应提供了有益的启示。其后,许多学者研究过有关政府竞争问题,其中具有代表性的有:维克塞尔(wieksell,1896)[2]和林达尔(Lindahl,1919)[3]、萨缪尔森(Smaulson,1954,1955)[4]、蒂布特(Tiebout,1956)[5]、布雷顿(Breton,1996)[6]、阿波尔特(Apolte,1999)[7]、何梦笔(Herrmann pillath,2001)[8]等。政府竞争理论首先要对政府的行为进行分析,因此绝大多数模型都将区域政府竞争分为税收竞争和公共产品竞争。根据政府在经济中不同领域发挥的职能,本书的区域政府竞争理论可分为资源优化配置竞争理论、政府投资竞争理论、政府税收竞争理论、政府出口竞争理论等体系,制度竞争理论和波特钻石模型。

(一)区域间资源优化配置竞争理论

资源的稀缺性决定了任何一个区域都必须通过一定的方式把有限的资源合理分配到区域的各个领域中去,以实现资源的最佳利用,即用最少的资源耗费获取最佳的效益。在一定的范围内,区域对其所拥有的各种资源的配置合理与否,对区域经济发展的成败有着极其重要的影响。资源如果能够得到相对合理的配置,经济效益就显著提高,经济就能充满活力;否则,经济效益就明显低下,经济发展就会受到阻碍。因此,区域之间的竞争的实质就是区域资源配置优化与否的竞争。

在现代市场经济体制下,市场机制是资源配置的主导性力量,所以区域资源优化配置首先竞争的是区域市场的成熟度、区域市场主导力量发挥的完全程度,区域市场越完善、

---

[1] 亚当·斯密,郭大力,王亚南译. 国民财富的性质和原因的研究(下)[M]. 商务印书馆,1972(408).
[2] 维克塞尔,财政理论研究[D],1896.
[3] Lindahl,Eric,Just Taxation:A Positive Solution(translation by Elizabeth Henderson),Classics in the Theory of Public Finance [M]. R. A. Musgrave and A. T. Peacock(eds),London:Macmillan 1958.
[4] Samuelson,Paul A.,The Pure Theory of Public Expenditure [J]. Review of Economics and Statistics,1954.
[5] Tiebout,Charles M.,A Pure Theory of Local Expenditures [J]. Journal of Political Economy,1956.
[6] Breton,Albert,Competitive Governments:Finance. New York:Cambridge University An Economic Theory of Politics Press. 1996.
[7] 冯兴元. 中国辖区政府间竞争理论分析框架 [M]. 天则内部文稿系列,2001(1).
[8] 何梦笔. 政府竞争:大国体制转型理论的分析范式 [M]. 陈凌译,天则内部文稿系列,2001(1).

发挥作用月充分，该区域的资源配置竞争力就越强。同时，在实际经济运行中，各区域之间的产业结构、市场结构、企业结构也在不断地变动中，在短期内存在结构失衡的情况，区域政府可通过区域财政政策，把掌握或控制的资源转移分配到急需发展的领域，使区域经济结构符合生产力发展的要求。关于区域资源优化配置竞争理论主要有以下几种：

1. 平衡发展理论。

平衡发展理论以哈罗德—多马新古典经济增长模型为理论基础，认为落后区域存在供给不足和需求不足的双重恶性循环，即"低生产率—低收入—低储蓄—资本供给不足—低生产率"和"低生产率—低收入—消费需求不足—投资需求不足—低生产率"，其实质是资本市场的资本瓶颈和产品市场的需求不足。解决落后区域这两种恶性循环的关键，是实施区域平衡发展战略，即同时在各产业、各领域进行投资，既促进各产业、各部门协调发展，改善供给状况，又在各产业、各区域之间形成相互支持性投资的格局，不断扩大需求。因此，平衡发展理论强调产业间和区域间的关联互补性，主张在各产业、各区域之间均衡部署生产力，实现产业和区域经济的协调发展。

但平衡发展理论也存在一定问题，由于资金的有限性，资金投入必须考虑产出率的问题，如果资金均衡使用的话，每个产业所得到的资金都不会充足，尤其是区域内的优势产业的投资将得不到保证，也不能获得好的效益，落后产业更没有条件发展起来。因此，实际的做法是各区域根据自身所处区位以及拥有的资源、产业基础、技术水平、劳动力等不同经济发展条件，充分考虑不同产业的投资产出效率，优先保证具有比较优势的产业的投资，而不可能兼顾到各个产业的投资。

2. 不平衡发展理论。

不平衡发展理论由赫希曼提出，遵循经济非均衡发展的规律，强调必须突出区域内的重点产业和重点领域，才能提高资源配置的效率。该理论认为区域产业发展是不平衡的，且各部门间具有关联效应，应当集中有限的资源和资本优先投资和发展关联效应最大的产业，也就是产品的需求价格弹性和收入弹性最大的产业，这些产业也可称为主导部门或直接生产性活动部门。通过这些产业的扩张和优先增长，带动后向联系部门、前向联系部门和整个产业部门的发展，从而在总体上实现经济增长。

3. 区域分工贸易理论。

分工贸易理论主要包括亚当·斯密的绝对利益理论、大卫·李嘉图的比较利益理论和赫克歇尔与奥林的生产要素禀赋理论等。绝对利益理论认为，任何区域都有一定的绝对有利的生产条件。若按绝对有利的条件进行分工生产，然后进行交换，会使各区域的资源得到最有效的利用，从而提高区域生产率，增进区域利益。但对于没有绝对优势的区域应如何发展未做出有力回答。

比较利益理论则认为在所有产品生产方面具有绝对优势的区域没必要生产所有产品，而应选择生产优势最大的那些产品进行生产；而在所有产品生产方面都处于劣势的区域也不能什么都不生产，而可以选择不利程度最小的那些产品进行生产。这两类区域可从这种分工与贸易中获得比较利益。无论比较利益理论发还是绝对利益理论都是以生产要素不流动作为假定前提的，存在理论上的缺陷。

赫克歇尔与奥林的生产要素禀赋理论认为，各区域的生产要素禀赋不同，造成了各区域比较优势的不同，也是区域分工产生的基本原因。如果不考虑需求因素的影响，并假定生产要素流动存在障碍，那么每个区域利用其相对丰裕的生产要素进行生产，就处于有利的地位。

4. 梯度转移理论。

梯度转移理论源于弗农提出的工业生产生命周期阶段理论。该理论认为，区域经济的发展取决于其产业结构的状况，而产业结构的状况又取决于该区域主导产业在工业生命周期中所处的阶段，而创新活动是决定区域发展梯度层次的决定性因素。如果主导产业处于创新阶段，则该区域具有发展潜力，属于高梯度区域，随着时间的推移及生命周期阶段的变化，生产活动逐渐从高梯度地区向低梯度地区转移。所以发达地区应首先加快发展，然后通过产业和要素向较发达地区和欠发达地区转移，以带动整个经济的发展。日本学者小岛清提出的雁行模式就属于梯度转移理论，他将日本、亚洲四小龙、东盟、中国等国家和地区列为不同的发展梯度，并冠之以第一批第二批第三批第四批大雁等。

5. 增长极理论。

增长极理论由佛朗索瓦·佩鲁提出，汉森对这一理论进行了系统的研究和总结。该理论认为受力场的经济空间中存在着若干个中心或极，每一个中心的吸引力和排斥力都产生相互交汇的一定范围的"场"。区域经济的发展主要依靠区位条件较好的少数地区和条件好的少数产业带动。所以，区域政府应集中投资以加快那些条件较好的区域或产业的发展，把这些地区和产业应该培育成经济增长极，通过增长极的极化和扩散效应，影响和带动周边地区和其他产业发展。增长极的极化效应主要表现为资金、技术、人才等生产要素向极点聚集；扩散效应主要表现为生产要素向外围转移。在发展的初级阶段，极化效应是主要的，当增长极发展到一定程度后，极化效应削弱，扩散效应加强。

6. 累积因果理论。

累积因果理论由缪尔达尔提出，后经卡尔多、迪克逊和瑟尔沃尔等人发展并具体化为模型。该理论认为，在一个动态的社会过程中，社会经济各因素之间存在着循环累积的因果关系，并且社会经济总是沿着最初那个因素变化的方向发展，从而形成累积性的循环发展趋势。市场力量的作用一般趋向于强化而不是弱化区域间的不平衡，即如果某一地区由于初始的优势而比别的地区发展得快一些，那么它凭借已有优势，在以后的日子里会发展得更快一些。这种累积效应有两种相反的效应，即回流效应和扩散效应。回流效应是指落后地区的资金、劳动力向发达地区流动，导致落后地区要素不足，发展更慢；扩散效应则是指发达地区的资金和劳动力向落后地区流动，促进落后地区的发展。区域经济能否得到协调发展，关键取决于两种效应孰强孰弱。在欠发达国家和地区经济发展的起飞阶段，回流效应都要大于扩散效应，这是造成区域经济难以协调发展的重要原因。因此，要促进区域经济的协调发展，必须要有区域政府的有力干预。

7. 一般区位理论。

俄林的一般区位理论是从资源禀赋的角度对工业区位的形成进行了探讨。该理论认为，在一个区域内的综合时间里，所有的商品价格和生产要素价格都是由它们各自的供求关系决定的。各区域的消费者偏好不同、个人收入不同，所以需求各异，同样，各区域的资源禀赋状况和物质条件不同，所以各区域的供给也不同，可以分为劳动密集型、资本密集型、土地密集型、资源密集型或技术密集型商品等几大类。各区域需求和供给的现实状况决定了不同区域生产要素价格的差异。

俄林认为，区域分工和商品流向应是劳动力丰裕的区域生产劳动密集型产品，出口到劳动力相对缺乏的国家或地区。而资本丰裕的区域应生产资本密集型产品，出口到资本相对缺乏的国家或地区。这样既能刺激区域贸易的产生，又决定了区域工业区位。在资本和劳动力可以在区域范围内自由流动的情况下，工业区位取决于产品运输的难易程度及其原料产地与市场之间距离的远近；在资本和劳动力不能自由流动的情况下，工业区位取决于各地人口、工资水平、储蓄率和各地区价格比率变动等，人口增长率、储蓄率和各地区价格比率的变化会导致有差异地区的生产要素配置状况发生变化，引起工业区位的改变。

（二）区域间投资竞争理论

1. 基础设施投资竞争理论。

基础设施分为广义和狭义两种，狭义的基础设施主要是指经济性的基础设施，包括交通运输、通讯、电力、供排水等公共设施和公共工程等。广义的基础设施除此之外，还包括教育、卫生、法律、秩序以及行政管理等部门。基础设施具有以下几点特性：基础性、投资和时间上的不可分性、空间依附性、自然垄断性、外部性和公共产品性。

20世纪50年代，发展经济学家开始将基础设施这一概念引入到经济学研究领域，并认为基础设施对于发展中国家的经济增长和经济发展有着极其重要的作用。罗斯托在《经济成长阶段》一书中对基础设施的重要意义做了特别的强调，认为基础设施是经济发展的重要前提条件。艾伯特·赫希曼在其《经济发展与战略》中提出了著名的"不平衡增长理论"，认为发展中国家应该集中有限的资源和资本发展基础设施，保障经济增长。进入20世纪80年代末期后，随着新古典增长理论和内生增长理论的兴起，关于基础设施投资与经济增长的研究主要集中于基础设施提升经济发展的效益方面。首先，基础设施发展促进生产效率的增加（Esterly，Reborol）[1]；基础设施好坏会影响生产成本高低，而且基础设施薄弱的城市不能对新的小企业提供"孵化器"功能。基础设施状况还会影响各区域的投资环境竞争力和市场的发展。据估计，目前世界资本市场中90%的投资直接流向发达国家，9%的直接投资流向发展中国家，其余国家得到的投资数量极少。综上所述，对内生（新）增长理论学家来讲，基础设施作为公共资本的一部分对私人部门的产出、生产率以及资本形成都具有显著的正向影响，也可以说，基础设施可能通过提升私人资本回报率而促进经济的增长。

2. 区域政府R&D投资。

政府R&D资助是指从各级政府部门获得的计划用于科技活动的经费，包括科学事业费、科技三项费、科研基建费、科学基金、教育等部门事业费中计划用于科技活动的经费以及政府部门预算外资金中计划用于科技活动的经费。政府R&D资助的政策工具主要分为三类：政府对私人部门的直接资助、对公共研究的资助（政府科研机构和大学）以及税收优惠（Guellec & Van Pottelsberghe, 2003）[2]。

政府直接资助企业是指政府在财政预算内安排经费对特定产业、特定企业的R&D项

---

[1] Esterly, W, S, rebelo, Fiscal Policy and economic growth: an empirical investigation, Journal of Monetary Economics, 32, pp. 417-460, 1993.

[2] Guellec, D., and Van Pottelsberghe de la Potterie, B. The Impact of Public R&D Expenditure R&D [J]. Economics of Innovation and New Technology, 2003, 12 (3).

目给予直接拨款资助，直接资助的对象一般是有较高社会收益的研发项目，或者是有助于实现政府特定目标（如健康和国防）的研发项目。通过政府采购和向选定企业的研发提供资金的方式，直接向企业的研究开发提供补助；科技拨款资助的主要目的是促进和刺激私人部门增加 R&D 投资，引导产业技术创新方向，从而达到促进技术创新发展和调整产业结构的目的。政府对公共研究的资助是指政府为了促使科研机构和高校加大对公共需要和基础性知识的供给，而将科技拨款投向科研机构和高校。如中国的国家重点试验室，美国的联邦试验室以及法国的国家研究中心所属的试验室，这些机构的设立或者是为了满足公共的需要，或者是为了提供企业所需的基础知识，使之成为创新源，从而促进技术创新的发展。政府作为技术创新活动的参与者，以期通过基础知识和基础技术的扩散来对私人部门的技术创新起到推动作用。因此，公共研发的研究领域主要是社会收益较大的技术科学和能迅速有效地促使经济体产生创新能力的基础科学研究。对 R&D 的税收优惠是指通过税收优惠政策，给予企业 R&D 支出一定的税收减免或者抵扣优惠，将本应上缴财政的部分资金留给企业，支持企业创新活动。大多数国家都采用税收激励政策。通常采用的税收优惠有以下几种：税收减让、税收折扣、税收减免、特别税率减免、延迟纳税、加速折旧和设备免税购置等。中国也出台了一系列支持科技创新的税收优惠政策，间接支持企业 R&D 活动。采用税收政策以激励企业的研究开发。其中，直接资助研发之政策效果如何，特别是资助金额之大小能否刺激企业更多的研发创新活动，常是学者对各种研发补助政策最关切的问题。

关于政府 R&D 投资的经济效应主要有以下几种研究结论：

Mario Coccia（2003）[1] 通过分析劳动生产率增长与 R&D 投资增长水平之间的关系，发现中国生产总值中的 R&D 投资是生产率增长差异超过 65% 的直接原因；经济分析表明，劳动生产率的增长函数是一个研发投资收益递减的凹函数，该函数在 2.3% - 2.6% 之间能够最大限度地影响劳动生产率的长期增长，而其关键因素就是持续的生产力和技术改进。

Eric C. Wang（2007）[2] 通过构造一个跨国家的生产模型，考虑了研发资本与人力资本存量、专利与学术出版物以及环境因素的影响，对 R&D 活动的相对效率进行了评价。研究结果显示：任何国家都可以通过有效管理 R&D 资源来提高它的利用率，而不是仅靠增加 R&n 投资量。

Eric C. Wang, Weichiao Huang（2006）[3] 结合生产模型和数据包络分析方法对 30 个国家的 R&D 活动的相对效率进行了评价。结果表明，只有不到一半的国家的 R&D 活动是 DEA 有效，并且其中有三分之二的 R&D 活动处于现阶段规模报酬递增。

Maryann P. Feldman, Maryellen R. Kelley（2006）[4] 研究了政府 R&n 投入政策在促进知识外溢方面的作用，认为研发补贴对于促进难以准确估量的公众知识外溢现象，是最有

---

[1] M. Coccia, An approach to the measurement of technological change based on the intensity of innovation, Working Pap. – CERIS CNR 2, Torino,（2003）7 – 26.

[2] Eric C.. R&D efficiency and economic performance: A cross – country analysis using the stochastic frontier approach [J]. Journal of Policy Modeling, 2007, V29（2）.

[3] Eric C. Wang, Weichiao Huang. Relative efficiency of R&D activities: A accounting for environmental factors in the DEA approach [J]. Research cross – country Policy, 2007, V36（2）.

[4] Maryann P. Feldman, Maryellen R. Kelley. The exante assessment of knowledge spillovers: Government R&D policy, economic incentives and private firm behavior [J]. Research Policy, 2006, V 35（10）.

可能提高创新和经济增长的政策工具之一。

Takayuki Hayashi（2003）① 对于 1980 年以来日本所提出的有关基础研究方面的计划，研究了日本的五个研发措施对政府部门间的影响，提出基础研究可以促进政府、高校以及企业之间的技术联系，有利于促进政府 R&D 计划的进一步实施。

Elias G. Carayannis，Jeffrey Alexander，Anthony Ioannldis（2000）② 通过对美国、德国和法国的知识管理、战略管理间理论联系的研究，认为这二者加速了研发机构、大学、政府和企业的合作，这种合作所产生的知识共享同时又进一步推动社会知识共享及其更深层次的合作，如此良性循环提高技术知识转化为经济增长。

Paul A. David，Bronwyn H. Hall，Andrew A. Toole（1999）③ 运用计量经济学方法从微观层次对政府 R&D 投入是否会影响企业技术创新的角度进行研究，结果表明，政府 R&D 投入会影响到企业研发的预期报酬。

3. 区域政府对企业项目的投资。

关于政府对企业投资项目的参与在经济学界一直存在争议，主流的看法是政府在竞争项目领域的投资会对企业投资产生挤出效应，是对市场经济的破坏。但凡事不能从单一角度出发，政府对传统意义上的企业投资领域的是否应当参与还要看经济发展背景和政府的具体参与方式，在存在挤出效应的同时也应当看到挤入效应。

（1）关于政府投资的挤出效应。凯恩斯在他的《货币、利息与就业通论》中指出，政府投资的资金来源往往是向公众（企业、居民）和商业银行的借款，这种借款行为的发生会引起利率上升和借贷资金需求上的竞争，从而抑制了非政府部门的投资、消费和净出口，抵消了政府投资对整体经济的带动效应。比如中国的社会主义市场经济体制下，政府在社会经济生活中的主导性比较突出，在金融资源既定的条件下，政府在竞争领域投资的加大，往往会使私人部门投资需求所需的资金供应减少，加剧私人部门的融资难度，从而造成挤出效应；同时，由于政府投资扩张导致利率上升，非政府部门的投资成本也有所提升，也会抑制私人投资。

上述政府投资的挤出效应也可以用"希克斯汉森模型"（IS－LM 模型）进行解释。希克斯汉森模型由 IS 曲线和 LM 曲线构成，分别代表了产品市场和货币市场的均衡状态，两条曲线的交点即产品市场和货币市场同时达到均衡的均衡点。在标准的希克斯汉森模型中，政府投资对民间投资的挤出效应主要通过利率来传导。希克斯汉森模型挤出效应的作用机制主要有两种：一是政府增加投资需要向民众和金融机构借款，造成资金供应紧张，使民间投资减少；二是政府投资的增加导致产出增加从而货币需求增加，引起利率的上升，民间投资部门投资成本提高从而产生对民间投资的挤出。

（2）关于政府投资的挤入效应。在承认政府投资对私人部门的投资挤出效应的同时，

---

① Takayuki Hayashi. Effect of R&D programmes on university – industry – government networks: comparative analysis programmes [J]. Research Policy, 2003, V32 (8).

② Elias G Carayannis, Jeffrey Alexander, Anthony Ioannidis. Leveraging knowledge, learning, and innovation in forming strategic government – university – industry (GUI) R&D partnerships in the L1S, Germany, and France [J]. Technovation, 2000, V 20 (9).

③ Paul A. David, Bronwyn H. Hall, Andrew A. Toole. Is public R&D a complement or substitute for private R&D? A review of the econometric evidence [J]. Research Policy, 2000, V 29 (4 – 5).

也有些经济学家注意到政府公共投资也会对私人部门的发展有所帮助，即所谓"挤入效应"的存在。比如在经济萧条时期，私人部门的投资预期和投资能力都陷于悲观和无力，这时就需要有政府部门投资来进行启动和示范，为企业尽快树立增长信心和创立再次起飞的条件有很大的促进作用。政府投资作为反经济衰退的手段，在熨平经济波动上有重要作用，这对私人投资者对未来经济的预期产生乐观影响，从而促进私人投资的发展。

除了经济萧条时区域政府的积极投资所带来的提振经济信心的挤入效应外，政府对特定科技产业初期发展的大笔投资也具有重大的挤入效应。虽然科技创新对于产业发展和创新利润的获得具有不可替代的作用，但科技创新初期的投入也是巨大的，而产出也具有一定风险性，如果全部交给市场，对于企业而言是一种比较大的负担，很可能因为前期资金问题和产出风险问题而使得科技创新搁浅或中途夭折，这不但是企业的损失也是区域发展的损失。基于科技创新巨大的外部效应，区域政府应对科技创新产业的发展初期进行投入，弥补该产业初创资金不足的问题，这种政府对企业项目的投入显然会带动整个产业的发展，从而产生巨大的挤入效应。当然，区域政府的投入也是存在风险的，因此政府在投入之前必须对该产业的发展战略和预期收益进行科学的评估，有效地将企业发展和区域产业战略定位结合起来。

Aschauer（1989）[①] 最早提出了"挤入效应"理论，并对其进行了系统的阐述。他认为当公共支出作为生产要素投入，且它与私人资本互补时，公共投资将对私人投资产生挤入效应，原因在于当公共支出与私人资本互补时，私人资本的边际生产率随着公共投资的增加而上升，因此，公共投资促进了私人投资。也就是说，当公共资本与私人资本互补时，私人资本的边际生产率会随着公共投资的增加而上升，从而刺激私人投资的增加，公共投资对私人投资有促进作用。由以上分析可以看出，政府投资挤入私人投资的效应是多方面的，有改善宏观经济环境的因素，有为私人经济提供必要生产资料的因素，有带动相关产业发展的因素，而这些因素归根到底就是看政府投资是否提高了私人投资的效益。

所以，区域政府之间的竞争也要求区域政府必须防止过多挤出效应的产生，而应当遵循市场规律，更好更多地配合企业和区域经济发展，更大地产生挤入效应。

（三）区域间税收竞争理论

就区域政府竞争的类型来说，税收竞争是区域政府竞争的主要形式，因为税收收入最大化无论是对区域政府还是对区域政府官员来说都是其追求的主要目标之一。因而，许多学者对地区间的税收竞争进行了研究。

税收竞争理论的一个前提条件是存在可流动的资源，因为只有这样，才能使税收成为驱逐或吸引资源流动的一个关键因素。在处理何种资源是可流动的问题上，通常做法有两种：一种是假设消费者可自由流动，另一种是假设资本可自由流动。另外，政府的行为目标在早期文献中通常被假设为是慈善而不是自利的。以下将主要从可流动的资源类型和政府的行为目标这两个角度来对有关税收竞争理论进行梳理。

1. 消费者流动与税收竞争。

[①] Aschauer, D., "Does public capital crowd out private capital?", Journal of Monetary Economics, 1989, Vol. 24.

维克塞尔（wieksell，1896）①和林达尔（Lindhal，1919）②分别对税收的利益原则做了研究，两者均认为人们是以自愿交易为基础来对公共品交纳税金的，体现了赋税的资源交换原则。萨缪尔森（Samueslon，1954，1955）③的公共品供给模型是早期维克塞尔—林达尔模型的新古典概括，确立了公共品最佳供给条件。近来许多经济学家都把林达尔模型的存在性和其他性质放在一般均衡模型中进行考察，证明了林达尔均衡的福利含义是帕累托最优的。但是维克塞尔和林达尔把民主的预算过程纳入其考虑范围，而这一结果在民主国家可以采用一致通过原则就可得到。维克塞尔把国家预算过程分为两个阶段的深层原因是：两人之间的自发交换过程是以税收的受益原则为基础的，即对每个人课征的税收份额应当与他消费公共品获得的边际效用成正比。但是只有初始收入分配公平才能使受益原则公平。维克塞尔、林达尔和萨缪尔森等人关于有关公共产品的最优供给问题的分析是把政府当成一个统一的主体来进行分析的。

而当把政府区分为不同的层级结构时，就会涉及到不同区域政府之间的竞争的问题。第一个横向辖区政府间竞争模型是蒂布特（Tiebout，1956）的"以足投票"（voting by feet）模型④。该模型假设并描述了一组社区间的竞争，这些社区用公共品政策吸引居民，并使用土地租金资助公共项目；居民则根据区域政府所提供的服务与所征收的税收之间的组合来实现自己的效用最大化。在蒂布特的研究中，通常都假定均衡是在社区形成的，而社区之间是不同的，因为每一个社区是由同质人口所组成的，即同一类型的消费者都居住在同一社区。斯蒂格利茨（stiglzti，1998）⑤发展了蒂布特模型，在很大程度上模仿了市场经济的一般竞争模型，认为社区不再是均质的。阿波尔特（Apolte，1999）⑥把萨缪尔森的公共产品理论作为其分析的出发点，假定辖区居民存在的偏好，而且政府通过征收人头税来为公共品进行融资。当居民可分为流动的和不流动的两种类型时，至少只要还可以对不流动居民征税，放弃对可流动居民的征税始终是最优的。其原因是，人口中的可流动部分可以通过向另一辖区迁移而避税。在围绕吸引居民的角逐中，那些辖区政府相互之间竞相降低对流动居民的税率，直至税率为零。在均衡状态下，那些辖区政府将完全放弃对人口中可流动部分的征税并且通过对人口中不流动部分征税来对公共品融资。

2. 资本流动与税收竞争。

与蒂布特假定消费者流动不同的是，20世纪80年代兴起的有关政府间税收竞争的模型假设资本是流动的，区域政府也可以通过对可流动的资本征税来为公共品融资。本区域对可流动资本的征税将导致域内资本向其他区域的流动，其他区域将因为流入资本的增加而出现税基的扩大和更快的经济增长，资本流动存在正的外部效应，所以均衡条件下本区域将会产生低于有效水平的税率和公共品供应，区域政府竞争是非有效的。Zodrow and

---

① 维克塞尔. 财政理论研究 [D]. 1896.
② Lindahl, Eric, Just Taxation: A Positive Solution (translation by EIizabeth Henderson), Classics i n the Theory of Public Finance [M]. R. A. Musgrave and A. T. Peacock (eds), London: Macmillan 1958.
③ Samuelson, Paul A., The Pure Theory of Public Expenditure [J]. Review of Economics and Statistics, 1954.
④ Tiebout, Charles M. A Pure Theory of Local Expenditures [J]. Journal of Political Economy, 1956.
⑤ Stiglitz, Joseph, "More Instruments and Broader Goals: Moving toward the Post – Washington Consensus," WIDER Annual Lecture 2. Helsinki: United States University World Institute for Development Economic Research, 1998.
⑥ 冯兴元. 中国辖区政府间竞争理论分析框架 [M]. 天则内部文稿系列, 2001 (1).

Mieszkowski (1986)①、Wilson (1986)② 等的分析表明,在竞争性条件下而且每一个区域都很小时,资本流出对整个经济的净收益没有影响。但在战略性条件下,区域则具有一定规模,资本流出是对较高税率使净收益降低的反应(Wildasin, 1988, Bucovetsky, 1991)③,在这两种状况下,税基的收缩降低了增税的积极性,导致了公共物品的供应不足。Bureckner (2001)④ 的分析表明,对公共产品具有较强需求的地区因为会征收较高的税收而使资本流出,从而降低流出地的福利。在征收资本税的情况下,这种负面效应比在征收人头税的情况下更加明显。wildasin (2004)⑤ 分析表明,政府再分配能力依赖于区域政府的税率调整是否被事先意识到以及不完全流动资本的调整速度,如果不完全流动的资本能够意识到这种税率增加并且可以做出快速的调整,则区域政府的再分配能力就会受到制约。在引入资本流动成本方面,以两期模型为基础,分析了因交易费用而引起的资本流动不充分条件下的跨区域的税收竞争的效应。而且,如果交易费用很大并且资本在第二期不流动,税收竞争将导致在对称均衡中公共物品的过度供给。相反地,如果交易费用较小,资本在第二期中会流动,则区域政府会倾向于把税率定得比有效水平低,这样会造成公共物品供给不足。在近期文献中,资本和消费者都是可流动的,消费者的流动性假设加强了税收竞争模型与蒂布特传统的联系。在国际税收竞争中,增加区域政府公共物品供给的比例将有利于改善福利。在存在报酬递增情况下,资本进口国将会对资本提供补贴。

3. 利己型政府与税收竞争。

早期的税收竞争模型一般假定区域政府是慈善的,其目标函数是辖区内居民的福利最大化。但事实上政府有自己的独立利益,政府行为可能是官员根据自身利益而采取的预算最大化方式。Brennan 和 Buchanan (1980)⑥ 认为,在公司和家庭可以自由流动的情况下,区域政府之间的财政竞争可以有效地避免政府将资源从私人部门通过税收的形式转移到公共部门,从而避免公共部门的过度膨胀,要素流动对政府部门征税能力的约束相当于对政府征税能力制度约束的一种替代。Eggert (2011)⑦ 认为通过引入对资本投资、储蓄和劳动收入的扭曲性税收,政府具有一个自利性消费目标,当以居住为基础的资本税不可行的时候,国际税收协调对居民的福利影响是不确定的。Edwards 和 Keen (1994)⑧ 则表明通过区域政府税收协调来增加对可流动要素征税的率,可能导致所有居民的福利改善。

---

① Zodrom, R. M. Mieszkowskl, Property Taxation and the Under – Provision of Local Public Goods [J]. Journal of Urban Economics, 1986, (19): 356 – 370.

② Wilson, J. D., Theories of tax competition. National Tax Journal, 1999. 52: 269 – 304.

③ Wildasin, D., Introduction: Fiscal Aspects of Evolving Federations, International Tax and Public Finance, 1996, Vol. 3: 121 – 135.

④ Bureckner. I. K., Do Local governments engage in strategic property – tax Competition?. National tax Journal, 2001, 54 (2),: 203 – 229.

⑤ Wildasin, D., 2004, "The Institutions of Federalism: Toward an Analytical Framework", National Tax Journal, Vol. 57, pp. 247 – 72.

⑥ [美] 詹姆斯·M. 布坎南, 里查德·A. 马斯格雷夫著, 类承暇译. 公共财政与公共选择—两种截然对立的国家观 [M]. 中国财政经济出版社, 2000.

⑦ W Eggert, Tax Rate Harmonization, Renegotiation and Asymmetric Tax Competition for Profits with Repeated Interaction, Discussion Paper, 2011.

⑧ Edwards&Keen, Income Tax, Commodity Taxes and Public Good Provision: A Brief Guide, Finanzarchiv, 1994.

Rauscher (1997)[①] 指出，政府提供经济活动赖以进行的基础设施和制度框架如果无效，即如果它提供低质量的服务但又收取高的税收，投票人会通过选择其他的政府或候选人来惩罚政府。如果政府希望在选举中重新获胜，他们就必须通过低税率和更好的公共服务来增加区域对可移动生产要素的吸引力。

（四）区域间出口竞争理论

如果把区域看成是一个国家，那么区域之间的竞争也包括出口竞争力的比拼。出口竞争力是指在现有的宏观环境和产业发展水平上，在国外市场上以较低的产业（服务）成本和与众不同的产品（服务）特性来取得最佳市场份额和利润的能力。出口竞争力所要研究的主要问题就是商品或劳务如何发挥优势在国外市场立足并占领国外市场。

影响出口竞争力的因素有很多，就产品和劳务的成本竞争力而言，汇率是至关重要的一环；而利率水平对汇率有着非常重要的影响。汇率是两个国家的货币之间的相对价格，由外汇市场上的供求关系所决定。因为外汇也是一种金融资产，持有可以带来一定收益，但到底持有外汇还是本币，要看外汇和本币的收益率孰高孰低，而货币的收益率首先是由其金融市场的利率来衡量的。某种货币的利率上升，则会吸引投资者买入该种货币；反之，如果利率下降，则该种货币的吸引力就会减弱了。因此，就本区域的货币而言，利率升，本币汇率就会提高；利率降，则本币汇率也会下降。所以不同区域的利率的高低通过影响汇率，也间接决定了该区域的出口竞争力。

1. 利率竞争理论。

利率是货币的市场价格，利率的竞争力本质上就是价格竞争力。首先，在其他条件不变的情况下，利率的提升对于本区域市场而言，意味着生产成本的提高，价格竞争力的下降；其次，利率的提高意味着本国货币的增值，也就是汇率的提升，对产品的出口竞争力也是一种打压。但随着本币的持有量增多，本币的市场供应量加大，又会带来利率的下降，产品的价格竞争力也会随之增强。总之，利率的市场化将会带来货币市场价格的长期均衡，使中国市场和国际市场维持供求平衡。因此，利率的竞争力来源于利率市场化的程度。

利率市场化在欧美地区也称之为"利率自由化"，是针对利率的政府管制，从放松管制的角度出发进行利率分析，要求政府逐渐放松对利率的管制。在中国，利率主要由中央银行决定而非市场决定，所以发挥利率竞争力的着重点是让市场机制在资金配置中发挥主导作用，实现利率市场化。无论是利率自由化还是利率市场化，都不否认政府对利率的管制的必要性，资金市场上不可能存在不受管制的、完全由市场决定的均衡利率，只是政府要把其对利率的直接管制转变为间接调控。

政府实施利率管制本来是想借此保障本区域的金融稳定和经济增长，但随着经济全球化程度的加深，利率管制导致了较高的负实际利率和金融抑制现象，对资本积累和经济增长产生了负面影响，所以，若想进一步保持区域竞争力，必须走利率市场化的道路。发展中国家的利率市场化理论的发展大致可以分为三个阶段：第一个阶段（20 世纪 70 年代

---

① M Rauscher, Interjurisdictional Competition and the Efficiency of the Public Sector: The Triumph of the Market over the State?, General Information, 1997.

初）的标志性理论是麦金农和肖的金融抑制和金融深化理论，该理论认为，金融抑制导致资源配置效率低下，妨碍了投资、储蓄的形成，从而抑制了投资和经济的增长。因此，发展中国家应放松或取消利率管制，提高利率水平；放松对外金融管制，放松汇率管制，开放资本市场。

第二个阶段（20世纪70年代末到80年代）主要是新结构主义学派的利率理论。新结构主义认为利率自由化带来的存款利率的上升在短期内会导致通货膨胀的加速和产出的下降。在中长期里，通货膨胀的加剧导致企业竞争力的下降和利润的降低，从而减少投资和降低经济增长率。因而新结构主义者反对在发展中国家，尤其是在那些金融体制不健全、存在非正规信贷市场的国家实行以提高实际利率为核心的利率市场化，利率自由化可能会导致经济停滞和通货膨胀。因此，发展中国家在制定利率政策时，应该考虑到非正规市场的存在及其在经济中的传导作用，通过现行的金融结构理顺利率，使利率适合当前的金融发展。

第三个阶段（20世纪90年代至今）金融约束理论是这一时期的主要理论。这一时期发展中国家在实施利率自由化的过程中遇到了很多挫折，部分国家发生了金融危机，有些国家甚至重新回到了利率管制的道路上。为了尽快找到解决路径，提出了利率市场化次序论，认为金融深化的宏观次序如下：第一，平衡中央政府的财政；第二，稳定物价水平，确保实际利率为正；第三，只有到中国借贷能按均衡利率进行，通货膨胀得到明显抑制时，资本项目下货币才能自由兑换。

2. 汇率竞争理论。

汇率是衡量一个国家出口竞争力的重要指标，其理论依据在于一个国家在出口竞争力主要取决于价格竞争力（Junz 和 Rhamberg，1973）[1]，而价格竞争力与汇率密切相关，汇率的升值意味着一个国家的出口竞争力下降，而汇率贬值则意味着一个国家的出口竞争力上升。在 Hinkle 和 Nsengiyumva（1999）[2] 的理论模型分析框架中，将一个经济体的出口竞争力的改善定义为该区域与外国之间的相对利润份额的增长，并且这种增长能够促进产出和投资的扩张，汇率升值意味着相对利润份额下降，即出口竞争力减弱；汇率贬值意味着相对利润份额上升，即出口竞争力增强。英国财政部（1983）[3]通过对1961-1983年期间的15个工业化国家的实证研究于1983年发布了一份国际竞争力研究报告，认为一个国家的出口增加和经济增长的确意味着该国出口竞争力的增强，汇率升值将导致本国出口下降，进口增加，进而导致本国经济增长下降。但是实际汇率并不是决定一个国家出口竞争力的唯一因素，实证研究表明实际汇率对这些国家出口竞争力的影响较小，并不像通常认为的那样显著，世界需求对出口竞争力的影响才是不容忽视的。

Fagerberg（1988）[4] 认为一个国家的出口竞争力是指在没有国际收支平衡困难的情况

---

[1] Junz Helen B., Rudolf R. Rhomberg. Price Competitiveness in Export Trade among Industrial Countries [J]. The American Economic Review, 1973, Vol. 63, No. 2: 412 – 418.

[2] Hinkle L., Nsengiyumva F. External Exchange Rate: Purchasing Power Parity, the Mundell – Flemming Model, and Competitiveness in Traded Goods [A]. In: Lawance E. Hinkle. And Peter J. M. Exchange Rate Misalignment: Conceptsand Measurement for Developing Countries [M]. New York: The World Bank, 1999: 42 – 112.

[3] Treasury. International Competitiveness [J]. Economic Progress Report, 1983, No. 158.

[4] Fagerberg Jan. International Competitiveness [J]. The Economic Journal, 1988, Vol. 98, No. 391: 355 – 374.

下，一个国家采取政策保持收入和就业增长的能力。他选取了出口市场份额作为衡量出口竞争力的指标，而一个国家的出口市场份额由出口产品的价格（或成本）竞争力、技术竞争力以及满足世界需求的供给能力决定。之所以将相对技术水平引入模型是因为产品的竞争已经不仅仅局限于价格或成本方面的竞争，而是越来越多的以技术或质量竞争的形式出现。在世界需求无限和其他国家供给能力无限的假设前提下，本国的供给能力下降会导致世界需求向其他国家转移，这样，即便本国产品在价格和技术方面具有竞争优势，但整体的出口竞争力也会受到打击。Fagerberg 通过对 1960－1983 年期间的 15 个工业国家进行实证研究，得出结论：相对技术水平和供给能力均对这些国家的出口竞争力有正向作用，并且它们是中长期内决定这些国家出口竞争力的主要因素；汇率的变动对这些国家的出口竞争力有负向作用，其对这些国家出口竞争力的影响有限。

近 10 年关于汇率失调对出口竞争力的影响方面的研究成为热点。汇率失调包括汇率高估、短期低估状态和长期低估状态。普遍结论为：偏离均衡汇率的实际汇率高估对一个国家的国际竞争力有负面作用（Palva, 2001①；Beguna, 2002②）。

综合理论研究的结论，汇率与区域出口竞争力之间的理论关系可以概括为：①在一系列假设前提下，汇率是衡量出口竞争力状况的指标，实际汇率升值（贬值），意味着该区域的出口竞争力状况恶化（改善）；②汇率是影响国际竞争力的重要因素之一，与其他一些变量共同决定出口竞争力的变动，在其他因素改善的情况下，实际汇率升值并不必然导致该区域的出口竞争力下降；③虽然实际汇率的升值并不一定导致出口竞争力状况的恶化，但是实际汇率失调却会引起出口竞争力的减弱。因此，作为区域政府，主要任务是防止汇率失调。

（五）公共品提供的竞争理论

区域政府竞争的存在是与区域政府供给公共品的职能密不可分的。斯蒂格利茨（Stislitz）十分关注区域政府竞争与公共品供给，他认为："一般说来，更分散地提供公共品和服务——由区域社区提供的产品和服务——不仅为在社区中开展竞争奠定了基础，而且还获得了蒂布特（Tiebout）所强调的潜在利益。"同时，"和管理完善的社区相比，管理良好的社区可以以较低的成本提供公共服务，因而可以吸引移居者，增加财产价值。因此，和企业里的竞争一样，社区里的竞争也发挥着相同的作用，它不仅确保了公共物品得以有效的供应，而且在公共物品的数量和种类上也更符合公众的需求……社区里的竞争还为社区的变革注入了活力，使社区适应了人们的偏好和技术的变化"③。

蒂布特（Tiebout）认为，区域政府竞争可以促进公共品的有效供给。如果居民能够在社区之间流动，他们通过选择社区显示出自身的偏好。社区要么提供居民需要的产品，要么居民迁移到其他提供更符合他们偏好的公共品或者能够有效率地提供这些公共品的社区。因此，社区间的竞争就类似于厂商间为了消费者而展开的竞争。前者也像后者一样，

---

① Paiva Claudio. Competitiveness and the Equilibrium Exchange Rate in Costa Rica. IMF Working Paper, 2001.
② Beguna Alina. Competitiveness and the Eququilibrium Exchange Rate in Latvia. EuroFaculty Working Paper in Economics, 2002.
③ 〔美〕约瑟夫·E. 斯蒂格利茨. 政府为什么干预经济：政府在市场经济中的角色 [M]. 中国物资出版社，1998（7）.

能够导致资源的有效配置,达到帕累托最优。对于区域公共产品而言,决定有效率水平的机制不是"用手投票"的选举方式,而是社区间的"用脚投票"。

Justman、Thisse 和 Ypersele[1] 认为,在基础设施服务上的竞争,区域政府比较多进行多样化方面的竞争,多样化的基础设施不仅能减少财政支出上的浪费,更重要的是多样化基础设施难于被对手模仿,可以形成区域间的差异化竞争优势,满足区域多元化的需要,也可以刺激其他区域政府提高其基础设施多样化水平,形成良性循环。

另外,竞争可以作为一个发现区域性公共品有效提供方式的过程。哈耶克认为[2],竞争不但可以促使区域政府有效提供区域性公共品,而且会激励区域政府寻找、发现更有效的公共品提供方式。不过,也有学者认为区域政府竞争对区域政府提供公共品不利,原因在于如果各区域都采取了诸如财政补贴、税收减让、财政贴息或政府担保的软贷款等积极政策来吸引外资和鼓励本地投资,就会导致各地竞相压低税收水平、主动减少政府应得收益的现象,这种不计代价的引资竞争也被称之为"扑向低层的竞争",结果会导致区域财政收入不足,难于提供最优水平的公共服务。在中国,分权后的区域政府也常常把过多的资金作为生产性投资,而区域公共品的建设往往不足,从而导致了区域经济的不平衡发展。

Bucovetsky(1982)[3] 分析了基于公共品投资的政府竞争。认为政府的基础设施投资可以产生劳动力的集聚效应,即良好的基础设施和公共环境有助于为本区域吸引更多的流动性较强的熟练劳动力,但区域间的公共品投资竞争也可能是破坏性的。他通过对公共品投资模型的纳什均衡分析,认为即使假定各个辖区初始条件相同,均衡也未必是对称的。问题不仅在于各个辖区的公共品投资太多,而且还在于太多的辖区都会选择进行投资。不同辖区之间的要素流动性越强,竞争就越强,因为政府之间为吸引流动性要素的竞争可能会损耗掉公共品投资产生的租金。John Douglas Wilson(2005)[4] 考察了具有自利倾向的区域政府官员的公共品投资倾向对于辖区公共品支出的影响。他们认为区域政府官员非常有动力进行公共品投资,因为这可以对本辖区的劳动力和资本的效率产生正效应,辖区政府可以得到更多的税基。因此,公共品投入和税收收入之间的正相关关系被一再强化。假定资本可以在不同辖区间自由流动,则区域政府官员会陷入"支出竞争",反而比资本不能流动的情形降低了本辖区居民的福利。Jon H. Fiva 和 Jom Rattso(2006)[5] 利用空间计量经济学方法,经验性地估计了政府之间福利竞争的结果。区域政府之间的福利竞争并不会导致辖区公共品的提供不足,因为区域政府具有的内在冲动和巨大的财政能力使得它们通常会产生过度的公共品支出。

Keen 和 Marchand(1997)[6] 考察了区域政府利用基础设施投向来吸引资本流动的情况,认为这将导致生产性基础设施提供的过量和生活性基础设施提供的不足。中国学者张

---

[1] Justman M, Thisse, J. F., Ypersele, T. V., Taking out the bite of fiscal competition., [J]. Journal of Urban Economics 2002, .52, 294–315.

[2] [英]哈耶克. 自由秩序原理 [M]. 邓正来译. 北京:生活·读书·新知三联书店, 1997.

[3] Bucovetsky Sam, Inequality in the Local Public Sector Journal of Political Economy, 1982, 90 (11): pp. 128–145.

[4] Wilson. J. D, Theories of tax competition. . National Tax Journal 1999, 52. 269–304.

[5] Jon H. Fiva , Jom Rattso,, Local choice of property taxation: evidence from Norway, Public Choice, 2007.

[6] Keen, M. and M. Marchand. Fiscal Spending [M]. Journal of Public Economics Competition and the Pattern of Public, 1997.

军、高远、傅勇和张弘（2007）①研究了中国的基础设施建设问题，发现在控制了经济发展水平、金融深化改革以及其他因素之后，区域政府之间在"招商引资"上的标尺竞争和政府治理的转型是解释中国基础设施投资决定的重要因素，这意味着分权、蒂布特竞争、向发展式政府的转型对改进政府基础设施的投资激励是至关重要的。

（六）政府间制度竞争理论

何梦笔的政府竞争理论。与政府税收竞争的新古典分析范式不同，这一理论把政府间的制度竞争作为主要的分析对象，强调制度的动态演化机制。这一政府竞争范式是以德国维腾大学教授何梦笔（Herrmann - Pilatlh）为代表，在吸收借鉴雷顿（Breton，1996）和阿波尔特（Apolt，1999）的政府竞争理论和演化经济学分析方法基础上建立。制度竞争理论包括纵向和横向的竞争两个方向的分析范式，也就是说任何一个区域政府都与上级政府在资源和控制权的分配上存在互相竞争的关系，同时，这个区域政府又在横向的层面上与同级区域政府展开竞争。在分析中国和俄罗斯等大国的经济转轨时，如果不能从国家和区域这两维度入手的话就很难解释一些重要的现实问题。何梦笔的贡献在于把国家和区域这两个维度引入到对经济转轨的分析之中，从而建立起大国体制转型的分析范式。在这一范式中，纵向政府间竞争主要表现在政治市场上，横向政府间竞争主要表现在要素市场、产品市场和政治市场上以及生产和消费过程中，同时，选民、消费者、投资者、雇员与政府之间也存在互动关系。

从经济学角度看，政府竞争是一种一般化的交换范式。例如区域和中央的行为主体为争取民众的赞同和忠诚而互相竞争，竞争的砝码就是他们各自提供的政府服务。这时，政府竞争就与市场竞争通过各辖区对诸如投资、人才等重要生产要素的竞争互相衔接起来，这些要素决定各区域经济增长的最终结果；在中央与区域的行为主体之间还存在对资源分配的竞争，主要表现在从经济增长收益中关于财政收入分配的竞争。

柯武刚和史漫飞的制度竞争理论②。柯武刚和史漫飞是从国与国之间以及内部各区域之间两个层次来分析制度竞争的。他们探讨了制度竞争过程中政治过程与经济过程的互动关系，尤其强调开放既可以增加制度创新的知识也可以强化退出机制，因此开放对于制度竞争和制度创新的重要作用。不但如此，制度竞争还会经由经济过程对政治过程产生影响：在经济竞争过程中的"退出"会向政治主体传递信号，政治主体可以被看作是"公共企业家"，或者"政治企业家"，但公共企业家缺少市场中真正的企业家的那种灵活应变的能力和经验。而有组织的利益集团和全体选民，因为主体利益的非直接性和信息不对称等原因也不可能真正认识到变革的必要性，所以必须借助于一个有足够规模的集团才能使他们的投票有影响。因此，"退出"机制才能真正实现开放和制度上的创新。

制度竞争可以大大促进区域政府在经济、制度和政治上的创造性。区域政府要规范辖区间政府的竞争必须要遵循一定的原则，其中主要有中国贸易和要素的流动（原产地原则）、职能下属化原则和竞争性联邦制，尤其是自由宪章在制度演化研究中的框架搭建。

---

① 张军，高远，傅勇，张弘. 中国为什么拥有了良好的基础设施[J]，经济研究，2007（3）．
② ［德］柯武刚，史漫飞著. 制度经济学——社会秩序与公共政策，商务印书馆，2000（11）：115．

何梦笔、李扬和冯兴元等的中国区域政府制度竞争。何梦笔、李扬和冯兴元等（2002）① 应用政府间竞争理论分析了中国区域政府竞争与公共产品融资问题。他们认为中国区域政府竞争具有如下的制度与环境特点：一是中国的区域政府没有决定财政制度的立法权限，而且在正式的财政制度之外存在大量非正式的财政关系。二是中国区域政府竞争是在一个单一制的主权国家框架内推行分权的结果。三是人力资本的流动还受到比较明显的限制。四是谋取中央政府提供的优惠政策和特殊待遇成为区域政府竞争的重要内容。五是处于政治经济体制改革进程中的区域政府竞争表现出许多非制度化的过渡性特征。作者还着重分析了中国区域政府竞争的积极作用和消极作用，积极的作用主要表现在：区域政府竞争推动了经济体制变革、促进了对外开放、改善了基础设施等；其消极的作用则表现为：区域保护主义、重复建设、过度竞争的压力、招商引资等领域的无序、恶性竞争等。最后提出了规范政府间竞争的对策措施。

冯兴元（2001）② 对布雷顿、何梦笔等的政府竞争理论进行了系统的综述，并以此为基础建立了中国区域政府间竞争理论的分析框架。他认为中国政府间竞争主要是制度竞争。中国改革开放以来区域政府间制度竞争主要有两种形式：一个是税收竞争和补贴竞争，另一个是规制竞争。同时受开放度、侵权程度、市场化程度、独立财力的大小、区位条件等因素的不同，各地区政府间制度竞争的强度是不一样的（冯兴元，2001）。

周业安、冯兴元和赵坚毅（2002）③ 认为在区域政府竞争中，政府总体上推行六类政策，包括区位政策、核心能力促进政策、传播政策、产品政策、销售配送政策和价格政策。每项政策均配有若干政策工具。周业安在区域政府竞争与区域经济增长的关系上进行了较为系统的分析（周业安，2003）④，进取型、保护型和掠夺型区域政府引领下的区域经济增长情况大不相同。杨瑞龙⑤深入地探讨了中国政府在制度创新中的作用和区域政府在制度创新进入权上的竞争。在放权让利的大背景下，当自上而下的改革面临障碍时，可分享剩余索取权和拥有资源配置权的区域政府在一定阶段扮演了制度创新第一行动集团的角色，对于推进中国市场化改革所起的特殊作用，并由此认为一个中央集权型计划经济的国家有可能成功地向市场经济体制渐进过渡，其现实路径是：改革之初的供给主导型制度创新方式逐步向中间扩散型制度创新方式转变，并随着排他性产权的逐步确立，最终过渡到与市场经济内在要求相一致的需求诱致型制度创新方式，从而完成体制模式的转变。在区域政府对制度创新进入权的竞争上，杨瑞龙和杨其静⑥认为主要是由中央政府主导的非平衡改革战略下的潜在制度收益引起的。

张维迎和栗树和（1998）⑦ 的区域竞争理论。他们主要是运用三阶段动态博弈模型分析来中国区域竞争与中国国有企业民营化的关系：放权导致了区域间竞争，区域间的激烈竞争促使区域政府对企业进行民营化以增强区域经济竞争力，因此区域政府之间的竞争进

---

① ［德］何梦笔. 政府竞争：大国体制转型理论的分析范式［M］. 陈凌译，天则内部文稿系列，2001（1）.
② 冯兴元. 论辖区政府间的制度竞争，国家行政学院学报，2001（6）.
③ 周业安，冯兴元，赵坚毅. 地方政府竞争与市场秩序的重构，中国社会科学，2004（1）.
④ 周业安. 地方政府竞争与经济增长. 中国人民大学，2003（1）.
⑤ 杨瑞龙，中国制度变迁方式转换的三阶段论——兼论地方政府的制度创新行为. 经济研究，1998.
⑥ 杨瑞龙，杨其静. 专用性、专有性与企业制度［J］. 经济研究，2001（3）.
⑦ 张维迎，栗树和. 地区间竞争与中国国有企业的民营化［J］. 经济研究，1998（12）.

一步引发了国有企业民营化。这种逻辑框架可以较好解释中国 20 世纪 90 年代中后期所出现的区域政府竞争推动的区域国有企业民营化改革浪潮。

李军鹏的区域竞争理论。李军鹏（2001）[①] 认为区域竞争理论在新制度经济学中占有重要地位。区域竞争是两个以上的行政区域政府竞争性地提供公共产品，以便吸引投资与发展本行政区域经济的政府间的竞争。区域竞争是不同行政区域之间政府的竞争，包括国家与国家之间的竞争，以及一个国家内部区域政府之间的竞争。国家间竞争机制是国与国之间政府治理能力、政府质量之间的竞争、国家间的竞争延伸到一个国家内部，就会引发区域政府竞争。区域竞争是各个行政区域即各国或各区域政府之间在投资环境、法律制度、政府效率等方面的跨区域竞争。区域竞争是产生产权保护机制、有限政府制度和政治企业家创新制度的前提。区域竞争理论是新制度经济学理论的基础，是理解产权、国家和经济绩效三者关系理论的核心。区域竞争包括如下内容：一是投资环境竞争。各区域改善本行政区域内的投资环境，吸引更多的资本、政治企业家和人才到本行政区域投资，政府对投资者提供良好的社会治安环境、便捷的政府服务、完善的基础设施、优惠的投资政策等条件。二是法律制度竞争。各区域政府完善本行政区域内的法律法规，制定保护投资者权益、保护财产权利和公民权利的法律，公正地执行法律，政府行为受到严格的公法约束，市场经济运行免于政府的不正当干预。三是政府效率竞争。各区域政府进行行政改革，使政府成为一个廉价和廉洁的政府，为投资者提供优质的政府服务，政府严格按行政程序办事，政府工作程序便民、公开、公正等等。区域竞争机制的作用表现在：有效解决政府中存在的"委托—代理问题"，防止政府对市场经济的不正当干预和维护市场竞争机制。

（七）波特的钻石模型

美国哈佛大学商学院教授波特主要是从产业这一视角来分析国家的竞争优势，以及政府在促进产业竞争从而增强国家竞争力方面所起的作用。其主要贡献在于系统提出了论述竞争优势的钻石模型理论，在政府竞争方面着重分析了政府在促进产业竞争优势中的作用和可行的政策工具。钻石模型包括四个基本决定因素，即要素条件、需求条件、相关及支持性产业以及企业的战略、结构和竞争，这些要素决定着产业国际竞争优势。在这四个基本决定因素之外还有两个辅助因素——机会和政府。政府作为辅助因素之一，不需要直接参与到竞争中去，而是把主要职责定位于创造和提升生产要素，改善生产率增长的环境。包括熟练技术能力的人力资源、基础科学、经济信息和基础设施等的提升，改善企业投入要素和基础设施的质量和效率，制定规则和政策来促使企业升级和创新等。另外，政府对钻石体系中需求条件的影响也是政府对区域竞争产生作用的另一个重要方面。政府的媒体政策、产业集群和行政区域发展计划都会对产业发展产生巨大的影响效应，很多区域政府通过引进外商、实行汇率和进口管制等政策措施都在企业全球化过程中扮演了重要的角色，对企业战略、企业结构和同业竞争产生十分重要的影响。现实中，各国政府都在通过政策手段来增强产业竞争力和国家竞争力。不同区域之间的分析也同样适用。

---

① 李军鹏. 论新制度经济学的区域竞争理论. 中国行政管理 [J]. 2001（1）.

第二节 区域政府竞争定位及经济效应分析

一、区域政府经济竞争的基本性质

区域政府经济竞争不同于企业之间的竞争，具有以下性质：

（一）区域政府经济竞争的政治属性

区域政府的经济竞争，从目的看是一种经济竞争，但从手段看却是一种政治竞争，因而这种竞争是通过调整经济体制和政治体制来适应和推动区域经济发展的竞争，所以区域政府的经济竞争常常脱离不了政治手段的使用，不可避免地受"政治市场"影响。布坎南认为"政治市场"是指公共经济中存在一个复杂的交易市场，有社会制度的供给和需求，并产生相应的交易，市场需求方是选民、纳税人等，供给方则是由政治家、官僚和领袖等组成的政府，供给方和需求方也必须遵循既定的行为准则。政治市场具有参与的社会性、选择的发散性、对象的整体性、决策的集体性和接受的强制性等特点。

（二）区域政府经济竞争是一个动态过程

区域政府竞争可以优化劳动力、资本、土地、技术、管理等要素配置，提高要素配置质量，激发区域创新活力。释放新需求，创造新供给，推动新产业、新业态、新技术、新机制蓬勃发展，同时实现发展动力转换。区域政府竞争的这一系列强势作为就表现为极高的动态性，政府竞争从来就不是静止的。

在竞争过程中，总会有少数区域政府竞争者能够率先通过实施行政组织创新、行政技术创新和行政制度创新等活动，从而提供更优的公共产品和服务，使辖区经济发展获得"超额利益"。这种创新会引发其他竞争者的学习和效仿，使各种创新得到扩散，然后，在竞争机制的作用下，基于对新的"超额利益"的追求，新一轮的创新又会展开，接着又是对创新的学习、模仿和扩散过程。所以，区域政府的竞争就如此循环往复，始终表现为一个动态过程。

（三）区域政府经济竞争具有辖区特征

区域政府经济竞争虽然在不同的区域之间展开，但区域政府的政策却只能直接作用于本区域。但区域之间的竞争却要求各区域之间的生产要素是可流动的，这样区域政府才能通过彼此之间的竞争来改变各自区域的资源配置情况和最终的产出效率。因此，区域经济竞争的展开首先是作用于本辖区，然后通过竞争中产生的超额利益引发资源流动，实现区域经济的竞争发展。

（四）区域政府经济竞争具有"双刃"意义

区域政府经济竞争在经济发展中的确有很多的积极作用，事实也证明在发展中国家区域政府确实在推动经济增长中发挥主导作用；但是，区域政府激烈的竞争也会导致区域保护主义，割裂市场等负面效应。

二、区域政府经济竞争的实现形式

（一）区域公共产品的要素性特征

由于市场经济并不完美，需要政府提供公共产品来直接或间接地弥补市场的失灵，所以，政府的公共产品可以被视为经济发展的必然要素之一。例如，区域公共产品中的制度，是被制度经济学反复证明的经济发展的重要要素之一；区域基础设施作为一种区域政府的主要公共产品，是区域经济发展的重要基础条件之一；教育、科研、技术开发等是区域公共产品重点内容，也是保持和提升区域经济竞争力的重要资源和发展基础。因此，区域公共产品是综合性的区域经济发展的要素。

（二）区域公共产品与辖区非流动性要素分类的一致性

区域政府提供的公共产品主要包括辖区基础设施和各项制度，属于辖区内的非流动性要素，也是政府所提供的主要公共服务，通过区域政府服务的竞争来驱动各区域之间的重要的流动性要素（如投资、人才等）的地配置，区域政府的基础设施、政策制度和投资、人才等要素的有效配置决定了各区域经济增长的最终结果。

关于辖区基础设施。一般认为包括四个部分：一是区域公共交通系统，主要有铁路、公路、水路、管道运输、航空和城市交通等；二是区域公用事业系统，主要有能源、供排水、燃气管道、邮政电信和环境保护设施等；三是区域公共工程，主要有防洪工程、灌溉工程、防护林工程等；四是社会服务系统，主要有文化教育、医疗卫生、保健、科学研究等。辖区基础设施是区域政府提供实体性的公共产品。

关于辖区自然资源。它是经济发展中的非流动性要素，区域政府在推进经济社会发展中，总是通过相关的制度来不断规范和调整人们开发和利用自然资源的行为，这些制度可以是指令性的，也可以是禁令性的，因此，区域政府对自然资源存在着经济计划和经济秩序的交互规制。

关于区域政府制度。它包括经济、政治和文化等各项制度，是区域政府对辖区进行管理的各种规范和计划，根据这些制度，人们形成的相关活动，影响区域发展。制度作为经济发展的重要要素是无可置疑的，也是区域政府提供公共产品的重要组成部分。除了政府制定的正规制度外，辖区的人文环境，也是经济发展中的非流动性要素。在考虑经济发展问题时，非正规的文化习俗、传统行为准则等制约着正规制度的作用效果，因而人们有时又把它称为"潜规则"，是制度经济学研究的"制度"的不可缺少的一部分。区域政府可以利用相关的制度来引导和营造辖区内的人文环境。因此，区域政府提供的公共产品与辖区的基础设施、自然资源、社会制度和人文环境等非流动性要素具有一致性。区域政府可以利用辖区的非流动性要素来吸引可流动性要素的流入，从而推动辖区经济的发展。

（三）区域政府通过辖区非流动性要素实现竞争

区域政府通过提供更好的公共产品来参与竞争的，实施竞争的路径是行使区域政府的各项职能，而具体形式是提供各种更优的非流动性要素，所以，区域政府经济竞争的实现形式主要有以下几个方面：提供更优的基础实施；制订和实施更优的计划秩序；制订和实施更优的自发秩序；引导和造就更优的人文环境。

区域政府通过提供辖区内各种的非流动性要素使其他区域的各种流动性要素的流入本区域，使可流动性要素和非流动性要素获得更好的结合，最终推动区域经济的发展，实现竞争的目的。

三、区域政府竞争的经济效应

（一）区域政府竞争与经济增长

1. 区域政府投资竞争与经济增长。

按照新制度经济学理论，在经济转型期，对经济增长最重要的影响因素应是经济体制的变革，通过制度革新提高对现有的经济资源的配置效率。区域政府竞争有利于地区经济转型和经济效率的提高。

（1）区域政府投资竞争利于严格区域政府预算管理，提高政府资金投资效率。公共物品和服务的供给与保障是区域政府的基本职责。区域政府在提供公共物品和服务时，有没有严格的成本预算约束意识是公共服务效率高低与否的主要原因。在没有市场力量的约束下，区域政府提供公共服务没有或者缺少效率意识，甚至因为区域政府、区域政府官员"经济人"的内在原因会倾向于扩大区域公共物品和服务的预算成本，以便为自己留下更多的资源。这里的根本原因在于公共物品和服务是由政府垄断经营，独家提供。政府垄断公共物品和服务提供时，缺乏改革制度与降低公共服务成本的客观激励，没有公共服务效率降低的愿望于事实便是自然而然、顺理成章。市场经济条件下，区域政府的任何财政支出都要受到区域政府本身财政预算的严格限制。

区域政府在有限的财政能力约束下，首先考虑的是区域政府财政收入的提高，这样就预先形成区域政府提供公共服务时的效率意识。

其次，在履行公共服务职能时，区域政府更加注重公共服务质量，这是区域政府提供公共服务效率提高的一种表现。因为公共服务质量的好坏影响着区域政府公共服务成本的支出。高质量的公共服务质量能够节约、避免区域政府重复建设或提供的财政支出，劣质的公共服务无疑会加大区域政府再次提供公共服务的机会和成本。

最后，财政分权条件下区域政府竞争的公共服务供给成本最终要由辖区内的居民承担，公共服务的消费由辖区的民众消费，过高的公共服务成本和粗糙、低劣的公共服务质量必然引起社会民众的不满并采取行动、选择其他区域。这样，区域政府竞争促使区域政府尊重社会民众意愿，提高公共服务质量，强化公共服务效率观念，节约预算成本。区域政府竞争调动了区域政府提高公共服务质量、效率的积极性与内在动力，规范、引导区域政府竞争，促使区域政府改善投资环境、推进区域开发和开放等，从而推动区域经济健康发展。

（1）区域政府基础设施和研发投资竞争利于创造良好经济环境，促进经济绩效。企业产业布局的选择需要权衡对企业的未来发展会产生重要的影响的区位、制度、人文等方面的综合因素，这会激励区域政府创造良好的经济环境。良好的基础设施，开放的制度发展环境，能够有效地促进区域政府辖区的人文环境，促进劳动力等资源要素的流动并有利于区域经济建设吸引到高级人才。同样，这些区域经济发展方面的优势，有助于企业减少交通运输等方面的生产成本、扩大盈利空间，能够促使企业提高未来财产权利发展的良好预期，这在很大程度上有效地激发了企业从事经济活动的积极性。企业经济的良好发展会促进区域经济快速发展、提高区域政府经济绩效、确立和提升区域经济在竞争中的优势地位。随着交通与通讯技术的飞速发展，区域政府竞争过程中为了招商引资、争夺更大产品市场与资源配额来促进区域经济发展，区域政府会不断地努力改进基础设施，设计良好的制度，加大区域治理力度，提高公共物品的供给数量和服务质量水平，创造良好的区域经济发展环境，促进经济绩效提高。

（3）区域政府投资竞争可以优化区域间资源配置，加强区域竞争力。在民主制国家里，区域公共产品的政治市场与经济市场非常相似，所以西方学者把区域公共产品视为放大了的俱乐部产品。由于有很多区域政府，且每个区域政府提供不同的公共产品，选民可以在不同区域选择自己喜爱的公共产品，类似产品市场的消费偏好行为。区域政府的投资必须符合选民需要，这种竞争会促进可流动性要素在不同辖区间的流动，使这些要素能够得到更加合理的配置，使一些辖区或区域产生产业集聚和规模经济，并使这些辖区经济的竞争力不断加强。区域政府投资竞争具体表现在以下5个方面：促进可流动性要素在不同辖区得到更加合理有效的配置；促使辖区产业集聚和形成规模效应；推进辖区产业结构的不断调整；推动不同辖区的合作和协调；增强辖区经济的综合竞争力。

2. 区域政府税收竞争与经济增长。

（1）区域政府税收竞争促成税收优惠，提高企业市场竞争力。区域政府间的税收优惠竞争在客观上加快了资源在地区间的横向流动，利于提高总体投资环境和行政服务效率。就中国区域发展而言，向东部倾斜的税收优惠政策在客观上造成了东西部地区的资源与人才之争，经济体制及市场化程度高的优势使东部地区迅速聚集了大量的高技术人才、宝贵的资金以及外资和大量投资项目，东部经济得到了快速发展。反过来，东部的发展又为推动对外开放和扩大投资发挥了重要的示范效应、开放效应与带动效应，提升了技术水平，促进了整体经济的快速增长。而且，各区域政府间的税收优惠竞争可以在一定程度上减轻企业与个人的税费负担，降低企业经营成本，提高企业的市场竞争力。

（2）区域政府税收竞争利于维护产权，约束政府行为。新制度经济学理论认为，制度安排的主要作用是减少交易的复杂性和不确定性，降低交易成本，提高资源的配置效率。在降低交易费用的各种制度中，最有效的是产权制度，区域间的竞争压力是实行有效产权制度安排的重要原因。蒂布特认为，在区域政府对居民展开竞争时，只要居民拥有权利从政府税收政策不满意的地区迁出，就能够形成"用脚投票"约束机制，使区域政府行为不至于过度侵犯辖区居民和企业的利益。Brennan 和 Buchanan（1980）[①] 甚至认为，区域政府之间的竞争使得各种要素能够自由跨地区流动，对区域政府财政收入产生极大的压力，这一压力约束了区域政府行为，甚至能够代替对区域政治家权力的宪法约束。

区域政府为了在竞争中处于有利地位，会倾向于通过优惠的税收制度来保护本辖区的

---

① ［美］詹姆斯·M. 布坎南，里查德·A. 马斯格雷夫著，类承曜译. 公共财政与公共选择—两种截然对立的国家观［M］. 中国财政经济出版社，2000.

要素资源，并大量吸引辖区外的要素资源，于是资源便逐渐流向和集中到那些能够提供优惠税率、建立有效产权保护制度、建立严格约束政府权力制度和优质服务的行政区域。这种区域政府竞争行为最终的结果必然是资源配置效率的提高。

3. 区域政府出口竞争与经济增长。

这里的区域主要是指国家层面，国与国之间的出口竞争就政府职能而言实际就是各区域政府的利率调控和汇率管制能力，换句话说，就是政府对资本市场的调控和运作能力的竞争。

（1）区域利率竞争与经济增长。利率作为中央银行的价格工具之一，主要是通过影响资产的价格变化，而改变市场微观主体的经济成本和预期收入变化，从而使得微观主体通过价格工具的信号来调整自己的经济行为。

利率市场化能够提高金融体系的配置效率，促进经济增长，在理论及实践上均已达成共识。古普塔等经济学家针对1974年以来施行利率市场化国家的实际利率对经济增长的影响、实际利率对储蓄的影响、通货膨胀对经济增长的影响、利率市场化对金融中介效率的影响等方面进行了实证检验。结果显示，从整体上看，利率市场化有助于经济增长，所表现出来的推动作用是其他宏观政策无法替代的。王国松（2001）[①]通过对中国经济增长率关于一年期的名义存款利率和实际存款利率为自变量的回归检验来证明实际存款利率与经济增长正相关，而名义存款利率则表现出不显著的负相关。

一般认为，利率市场化通过三种途径拉动经济增长：一是通过增加资源的流动性，提升私人储蓄率，降低金融投资的交易成本，使更高比例的储蓄转化为投资；二是通过增加金融市场的竞争性，提升资本的边际生产率，提高整体资源配置的效率，并最终提高生产效率；三是通过减低投资者获取有关经营者信息的成本，加强对经营者的监督和改善公司治理，从而促使经营者改善公司治理和调整企业战略。也就是说，利率市场化的最终目的就是要释放利率的价格工具作用，来调节微观主体的经济行为，使资本得到更加合理的分配，从而使得经济资源得到优化，最终影响宏观各经济变量。

从中央银行的角度出发，利率市场化的绩效主要体现在增强该区域货币当局的货币政策有效性，货币当局在货币传导机制上通过调基准利率间接影响贷款利率，进而影响微观经济的信贷需求，从而带动货币供应量的变化。而且，利率市场化后，商业银行的金融资产定价权加大，面临的敞口风险随之上升，市场同业竞争更加激烈，只有通过持续开发金融创新工具，商业银行才能规避风险并获得稳定收益。所以，利率市场化可以推动商业银行不断进行金融创新。

但是，利率市场化对经济增长的作用存在一定的约束条件。在利率市场化的早期，主要取决于利率市场化后总体经济中的利率水平能否达到均衡利率水平和实际利率对经济增长的贡献率。随着利率市场化的不断发展，利率市场化必须能够完善金融对经济增长推动的传导机制，经济增长才能持续。这也是使利率市场化促进经济增长效应得以发挥必须要解决的问题。

（2）区域汇率竞争与经济增长。汇率对经济增长的影响途径主要包括两个方面，即贸易机制和投资机制。贸易机是商品和服务的进出口贸易；投资机制主要作用于金融领域，

[①] 王国松. 中国的利率管制与利率市场化[J]. 经济研究，2001（6）.

国际性投资者利用其手中的游资在世界各地进行转换和投资，将区域内外的资产市场紧密地联系起来，同时也对各区域的经济增长和社会发展产生不同的影响。

在开放的经济环境下，汇率作为调节贸易走向的重要的经济杠杆之一，对一个国家的对外贸易收支会产生重大影响的。中国自1994年确立了社会主义市场经济目标，在金融、财税、外贸等领域都出台了重要措施，实现了人民币官方汇率与外汇调剂价格的正式并轨。当年人民币汇率中间价便由上年的1美元兑5.76元人民币贬值到1美元兑8.62元人民币，贬值幅度高达49.7%。人民币汇率贬值效应发挥作用，贸易收支发生重大改变，直接由1992年的外贸逆差122亿美元转变为1994年的53亿美元顺差，接着1995年贸易顺差166.9亿美元。自2005年人民币汇率形成机制改革以来，人民币汇率一直在稳中有升，对进出口贸易都产生了不同的影响，一方面人民币的升值降低了进口成本、抑制了中国通货膨胀、加大了对外投资等，另一方面服装、机械等行业的进口成本也被提升，行业压力加大。

同样，汇率的变动对出口竞争力的影响也较为显著，随着人民币汇率的提升，中国出口产业的面临较大挑战，具体表现为：a. 汇率变动促进产业转型升级。中国出口产品多为竞争优势不强的低端制造业产品，在国际市场上也主要通过价格手段进行竞争，人民币的升值是这些产业的出口价格竞争力受大极大打压，促进中国产业结构的调整和产业的转型升级。b. 汇率变动可以有效保护区域内的不可再生资源。人民币升值会使多数原料类产品的出口增长放缓。例如黑色金属、纸、木材等，出口价格竞争力弱，依赖汇率，所以人民币升值将会抑制该类产品的出口。

巴拉萨－萨缪尔森效应对某一区域的经济增长引发的汇率变动也进行了论证。该效应认为，一个区域内的所有部门可分为可贸易部门和不可贸易部门两个部分，可贸易部门的典型代表为工业，不可贸易部门的典型代表为建筑业、服务业等，一个经济快速增长的国家里，可贸易部门相对于不可贸易部门拥有相对较高的生产率，从而引起可贸易部门实际工资的上涨，根据购买力平价原理，劳动力在两部门之间自由流动，引起不可贸易部门实际工资的上涨，在无法大幅提升不可贸易部门生产率的情况下提高了其生产成本，于是不可贸易部门商品的相对价格也提高了。所以两部门之间的相对变动可以视为产业结构发生了变动，经济快速增长导致了产业结构的变动，最终引起该区域汇率的长期升值趋势。所以经济增长必然带来汇率的提升。

4. 实现区域政府竞争促进地区经济增长的必要条件。

无论理论分析还是区域实践，都说明区域政府竞争既可能带来区域经济发展的高速发展，成为推动地区经济增长的有利因素，也可能因制度设计、监管不足等原因使得这种竞争机制成为经济长远健康发展的破坏因素。在总结文献和中国实践的基础上，可以发现区域政府的竞争机制促进地区经济增长的必要条件主要有以下三个方面。

（1）辖区内经济要素能够行使退出权，在不同区域内自由流动。根据Tiebout（1956）的观点，居民跨地区的自由流动，能够对区域政府行为形成很强的约束。相反，当居民对当地区域政府提供的公共服务和开出的税负清单不满意，却无法行使退出权时，区域政府在竞争压力下，为了获得最大的财政收入，则可能对当地居民实施掠夺型的汲取。在这种情况下，即使区域政府为了保持收入的可持续性，有意识地约束自身的攫取行为，但并不能保证这种约束行为是有效的和可持续的。如果处于专制主义下，则居民的可支配收入始终处于政府的监控之下，政府虽可暂时推行"与民休息"的"仁政"，但退出自由的缺失，使得实施"仁政"的承诺缺乏保证机制。在平均税率不变的前提下，人口和资本的流入和流出，意味着区域政府征税的税基的增加和减少，直接引起区域政府财政收入的增加或减少。因此，在区域政府竞争背景下，各个区域政府对收入权力最大化的追求不再是无条件的，区域政府实现自身利益最大化的目标必须与公众福利和资本收益最大化的目标相容。区域政府在进行经济决策时，不但要考虑辖区内公众和企业的利益，还要考虑那些可能流入的个人和企业对其经济行为所做出的反应（许秀江，2003）[①]。

（2）区域政府预算硬化，区域政府收入对地区经济的依存度高。Wingast（1994）[②]认为，维护市场的联邦主义需要满足的条件之一是区域政府缺乏创造货币或者取得无限信用的能力（也就是区域政府必须面对硬的财政预算约束）。通常情况下，区域政府可支配资金来源主要是财政收入和一些国有企业的资本收入，而当区域政府与当地的金融体系之间存在千丝万缕的关系时，区域政府可以通过行使行政权力从金融系统中获取大量的资金支持，从而软化区域政府的预算约束。

（3）区域政府拥有发展本地区经济的自主权。财政分权本身的含义是指中央授予不同层级区域政府拥有控制本级财政收支的权力，但如果区域层面不掌握经济管制权、审批权、投资决策权等相关权力，区域政府的经济权力就会受到束缚。虽然限制区域政府的经济权力可以在一定程度上束缚区域政府的"掠夺之手"，但也会使区域政府无法对地区经济发挥"援助之手"的作用，从而损害区域政府促进地区经济发展的能力和积极性。同时，作为具有独立经济利益的区域政府，只有掌握一定的资源配置权力，才能谈得上参与地区之间的互动式竞争。在中国的改革开放之初，中央向东部沿海地区实施政策倾斜，东部地区陆续建起了大量的经济开发区，这些地区除了享有大量的政策优惠外，还享有其他地区所没有的发展地区经济的自主权。因此，区域竞争机制在经济开发区之间显示出更加显著的效应，促进了这些地区实施税收竞争、公共支出竞争和制度创新，这些做法随着改革开放的深入逐渐被其他地区所效仿。可以说，对本地经济发展掌握一定的独立自主权力，是在竞争机制下区域政府发挥促进经济发展作用的基本条件。

（二）区域政府竞争与区域创新

区域政府是构建区域创新体系的主体，任何创新都不是绝对孤立的，技术创新可以推动组织和制度创新，组织和制度创新又是技术创新实现的保障。一项技术创新若要在经济中实现效用最大化，不仅需要有知识产权等立法的保护，也需要资本的投入，更需要人才等软环境的配套。技术创新活动是一根完整的链条，这一"创新链"具体包括：孵化器、公共研发平台、风险投资、围绕创新形成的产业链、产权交易、市场中介、法律服务、物流平台等。完整的创新生态应该包括：创新政策、创新链、创新人才、创新文化。以高科技产业为例，世界上发达国家都是通过立法、投资、税收、人才教育等建立完善的创新体系，从而保障高科技产业的高速发展。

---

① 许秀江. 地方政府的经济行为分析［J］. 北京电子科技学院学报，2003（2）.
② Wingast B, Beyond Decentralization: Market - preserving Federalism with Chinese Characteristics, Working paper, Stanford University, Department Economics. 1994.

1. 西方政府推动创新的主要手段。

(1) 立法。为推动技术创新和高科技产业的发展，往往需要国家通过法律来进行保护。例如，美国为了保护其技术垄断及市场垄断地位，先后制定了《技术转移法》、《专利法》、《计算机软件法》、《商标法》等一系列法律；为了发展中小型科技企业，制定了《机会均等法》、《中小企业技术创新法》等；为了推动技术合作和产学研合作，制定了《国家研究合作法》、《产学研法》等，推动了美国的技术创新和高科技产业的发展。又如，日本为了推动高科技的发展，制定了《科学技术基本法》；为了推动产学研合作，制定了《产业教育振兴法》、《关于促进产学研及对国外研究交流有关制度运用的基本方针》等。再如，以色列政府为推动企业对高科技产业进行投资，制定了《投资鼓励法》、《工业R&D鼓励法》，促进其发展。

(2) 投资与融资。为加大高科技产业和技术创新的投入力度，西方发达国家一般采取多渠道筹集资金的办法。一是政府直接拨款。1994年美国克林顿政府发表声明，决定将民用科研总预算提高至中国生产总值的3%，1996年科技投入总额达到1843亿美元；日本1996年科研经费总数为13.66万亿日元，占中国生产总值的2.96%；德国对企业的资助政策始终向高科技企业倾斜，1998年对中小型高科技企业的R&D资助为6亿马克，约占其对全部企业R&D投资的三分之一。二是鼓励民间企业增加R&D投入。三是通过建立风险投资机制，吸引资金投入高科技产业。西方各国鼓励风险资本参与高科技企业运作。1996年，美国40%以上的风险资本投向了高科技产业，1997年这一比例上升到了62%；以色列约有六分之一的高科技公司是依靠风险投资发展起来的，而这些公司的快速发展又带动了整个高科技产业的发展。

(3) 税收。在市场经济体制下，西方各国运用税收杠杆推动高科技产业发展是较为成功的。它们的共同特点是鼓励R&D投资，提高企业的创新能力，扶持中小型高科技企业"二次创业"。在英国，税收贴补是政府支持高科技产业发展的重要手段。企业用于研发的支出可作为税收贴补，当年可从税前毛利中100%扣除，而高科技产业与夕阳产业的本质区别就在于研发投入上，因此，这一优惠政策的效果十分明显。日本政府从1967年以来，就制定了一系列促进高科技产业发展的税收政策。为了鼓励企业对高科技产业研发的投资，日本政府制定了"增加试验费税收扣除制度"，对超过以往最高试验研究费的增加部分给予税收上的优惠。以色列政府在吸引资金促进高科技产业发展方面十分开明，于1994年制定了"提前确定税率"办法，即资金投入高科技产业前，可与政府税收部门就投资项目产生效益后的纳税率进行协商。为吸引国外养老基金到以色列投资高科技产业，以色列政府对国外养老基金投资进行免税。

(4) 规划、计划引导。美国在实施创新战略中，采取了"三重螺旋式"的运行模式，加强学术界—产业界—政府之间的相互协作，促进整体协同进步。美国科学基金会于1971年开始，陆续制订了"大学与企业合作研究计划"、"工程研究中心计划"、"小企业等价研究计划"、"大学与企业在材料研究方面的合作计划"、"企业与大学在生物技术和高级计算机研究方面的合作计划"等7个产学研合作计划。通过这些计划的实施把基础研究和应用研究与国家工业未来的发展紧密联系起来，使得产学研合作的领域更宽、范围更广、模式更多。日本政府同时加强基础科研和应用研究，从1993年开始把"大型工业技术研究开发计划"和"下一代产业基础技术研究开发计划"合并为"产业科学技术研究开发计划",引导企业在注重当前应用研究的同时,加大基础研究,进行技术储备。

(5) 对政治企业家的培养和保护。政府的主要职责应该是通过科技创新政策来构建一个完整的创新生态,通过这个完整的创新生态,最大限度地集聚优质研发资源,形成持续创新的能力和成果。在区域政府创新生态的链条中,能够起到"超前引领"作用的政治企业家才是企业创新的关键,因此,区域政府必须保护和扩大政治企业家队伍和政治企业家精神。在熊彼特看来,创新活动之所以发生,是因为政治企业家的创新精神。从区域政府"准微观"角色的观点出发,区域政府应当具备政治企业家的精神,这种精神包括具有对胜利的热情和创造的喜悦,以及坚强的意志。这种精神是成就优秀政治企业家的动力源泉,也是实现经济发展中创造性突破的智力基础。政治企业家已经成为区域经济发展中最稀缺的资源,是社会的宝贵财富,它的多少是衡量一个国家、一个区域经济发展程度的重要指标。中国目前的区域政府管理机制在培养政治企业家方面还存在体制上、氛围上、政策上的欠缺,需要对勇于担当、"超前引领"的胆识和才能进行较大的激励。

2. 区域创新的主导力量是区域政府"超前引领"机制,区域政府竞争是实现"超前引领"的重要源动力。

(1) 先发优势的竞争。由于制度变革存在路径依赖(Path Dependence)、连锁效应和时滞,地区之间的制度差异长期存在,率先进行创新就可获得先发优势。

根据新制度经济学原理,在边际报酬递增的假设下,经济系统中能够产生一种局部正反馈和自我强化机制,这种自我强化机制会导致一种"锁定"(Lock-in)效应,即一旦偶然性因素使某一方面被系统采纳,收益递增机制便会阻止它受到外部因素的干扰或被其他方案替代,且小的事件和偶然情形的结果可能使解决方案一旦形成优势,它们就会导致一个特定的路径。任何地区的制度结构的创新都受"路径依赖"的影响,最终形成一个长期的、较为稳定的制度结构。如果没有一种力量的作用,受制度本身"路径依赖"的影响,不同地区的制度结构差异将长期存在。

"连锁效应"应用到制度创新过程中,意味着一个国家或地区的制度结构由许多正式和非正式制度安排构成,制度结构中各个制度安排都是相互关联的。任何一项制度安排的运行效率都必定内在地与其所在的制度结构中其他制度安排的效率紧密相连。一旦一个地区在初始阶段形成某种制度结构,则其中一项制度发生创新都可能会创造出制度结构中其他制度发生创新的可能和空间,但这并不必然地导致这些制度就一定会发生创新。如果没有外力的推动,大规模的制度创新几乎不可能发生,而如果没有其他制度同时进行配合性的创新,这项制度创新和创新的难度将很大,以至于会出现难以推进和中途"夭折"的现象。制度的"连锁效应",增加了制度创新的成本。

从认知制度非均衡、发现潜在利润的存在到实际发生制度创新之间存在一个较长的时期和过程,这就是制度创新过程中的时滞现象。正因为制度创新时滞的存在,决定了一个国家或地区的制度创新只可能缓慢进行。

由于地区之间制度结构存在长期差异性,使得区域政府通过制度创新能够在一定时期内获得制度的垄断利润,因此,区域政府具有强烈的开展制度创新的动力。

(2) 区域政府和企业利益目标的创新促动。区域政府和企业的利益目标均促使其主动进行创新。一方面,区域政府有其自身的利益目标和偏好,即希望可支配的财政收入最大化,以提供更多的区域公共产品。它既希望得到区域选民的拥护,又希望博得中央政府的赞赏。区域政府深知，区域财政的增加取决于两个方面：本地经济的发展和区域与中央分享财政收入的比例。税制改革以后，由于划分了区域与中央的职能和征税范围，区域政府的财政收入就更为密切地与本地经济的发展联系在一起了。因此，区域政府非常关心本地经济的发展，设法保护地区内的制度创新行动，当微观主体向它提出制度创新要求，而且有利于区域财政的增长时，它就会积极主动协调配合，并以"第一行动集团"的角色同中央政府讨价还价，突破制度创新的进入壁垒。也就是说，随着行为模式的变化，区域政府具有追求本地经济快速增长以及响应获利机会进行制度创新的动机。由于区域政府作为一级行政代理人，可以利用政治力量主动地追逐本地经济利益最大化，从而相对于微观主体有更强的组织集体行动和制度创新的能力。

另一方面，具有利益最大化的微观主体深深知道，技术创新，包括生产技术、管理技术等是提高效率、增加利益的一种重要方式，然而他们也更懂得在体制转换时期，制度创新对提高利润更重要。中国有相当数量的国有企业采取技术创新的行动较少，采取制度创新的行动较多，就是认识到了后者对它的生存和发展的重要性。比较技术创新与制度创新，企业认为，对创新技术的主动权虽然较大，但要取得成功的风险很大，如市场难以预测、项目不易选择等。而制度创新则不同，尽管突破政府设置的制度创新进入壁垒也需要花费一定的成本，但风险较小。尤其是当它认识到区域政府有能力同中央政府讨价还价，希望通过创新制度发展区域经济时，企业就会要求区域政府对它的制度创新给予支持。虽然两者的利益目标不完全相同，企业为的是利润最大化，区域政府为的是财政收入最大化，但在制度创新这个问题上它们的目标却是一致的。这种合作博弈的实质就是企业在区域政府的帮助下，通过突破进入壁垒获得潜在制度收益，进而区域政府也分享这一收益。

各级区域政府希望通过制度创新，形成长期的制度优势，在区域政府竞争中获取垄断性的利润。在这一过程中，区域政府职能发挥的好坏，决定了区域经济发展的好坏。从实际情况来看，从中央政府到各级区域政府，从沿海到内地，区域政府职能的发挥和区域经济的发展是不平衡的。在这期间，那些有远见、有魄力、有才识和超前思维的政府官员放宽视野，大胆突破旧体制的束缚并在制度创新方面不断取得进展，推动和引领了地区经济的发展。在改革开放的前沿地带，区域政府职能转变得更快。这些区域政府从市场经济的内在要求出发，超前性地实践和探索市场经济发展中政府的作用，先走一步，赢得改革的时间差，抓住了发展的主动权，其所在区域的社会经济也就走在了前列，广东的率先发展就是这方面的典型。相反，在一些思想不够解放、对市场经济理解较差的区域，区域政府职能转变就显得步履蹒跚，影响了区域经济的发展。回顾中国三十多年的改革历程，一个地区的改革进程很大程度上取决于这个地区的政府官员的改革魄力和超前的思维。

（3）区域政府在制度创新上具有明显的优势。区域政府作为国家政府机构的重要组成部分，同样具有推动制度创新的主体功能和作用，尤其是区域政府作为区域基层一级行政单元，具有推动本地经济社会发展、追求自身利益最大化的动机和权力。相对于微观主体而言，区域政府具有更强的组织集体行动和制度创新的能力。区域政府具有在制度创新方面的优势：一是区域政府更能了解制度创新的需求和预期收益；二是区域政府是诱致性制度创新与中央强制性制度创新相互转化的中介；三是区域政府的制度创新具有试验、局部和示范特性，因而由区域政府推进的制度创新具有成本小、风险小、阻力小的优点。

在中央政府与区域政府的博弈中，中央政府处于委托人的地位，区域政府则处于代理人的地位，相对拥有信息优势。区域政府之所以拥有信息优势，是因为：①区域政府更接近信息源，而且中央政府所需的信息往往就是区域政府自身的行为信息；②区域政府部门对其经营的业务有着自然的垄断性，并且可以利用本身所处的垄断地位封锁一部分公共物品及服务所涉及的有关资源和成本的信息；③中央政府虽然有一些部门，比如统计、审计、财政、新闻媒介等，从事信息的搜集、加工和整理工作，但是，这些部门所需的信息很大部分是由区域政府或者其所管辖的单位提供的，区域政府便能够左右所提供信息的多寡及其真实程度。

区域政府直接接触当地的个人和团体，能够及时了解来自个人和团体自发产生的创新意图及其新制度的预期收益，使新的制度安排在没有获得全面的合法性之前，具有局部范围内的合法性，保护了创新。

区域政府作为中央政府与区域个人及其团体之间的联系中介，也是诱致性制度创新与来自中央政府的强制性制度创新之间转化的桥梁。中国土地承包制度的创新就是明显的一例。家庭联产承包责任制是中国农村土地制度的一次历史性的重大变革。初期的家庭联产承包责任制是农民自发产生的、不规范的诱致性制度创新，后来在实践过程中，由于区域政府的作用，才逐步规范起来。

区域政府推动的制度创新往往带有试验性，因而具有收益大、风险小的优点。"在一个社会有效的制度安排在另一个社会未必有效"，同样的道理，在一个地区有效的制度安排在另一个地区也未必有效。这种情况在中国特别突出。对于地区之间差别如此大的国家来说，如果一开始就由中央政府来进行新的制度安排，不仅推行的难度大、效果差，而且风险非常大。制度变更的成本之一是对新政体将产生什么产品的不确定性。就此而言，任何制度创新都是要冒风险的。降低风险的最好方法，就是先在局部范围内进行试验。中国的改革开放之所以能够取得收益大于成本的效果，避免或减少了风险，重要原因之一，就是许多新的制度安排，先是由区域政府提出并进行试验，当实践证明新制度安排的收益大于旧制度安排，并具有可行性和普遍性后，中央政府才借助强制性权力使其获得法律地位，以法律的形式来推动新制度安排。

从中国的改革开放发展实践来看，这个"由点及面、逐步推进，以区域政府创新带动中国创新"的制度创新思路是非常值得借鉴的。当然，不可回避的是，由于区域政府具有自身相对独立的经济利益，因而在信息不对称的情况下，区域政府在与中央政府的利益博弈中就会产生逆向选择问题和道德风险问题。同时，区域政府的逆向选择和道德风险还会导致改革的过程中既得利益集团的形成。

在中国，市场经济的竞争主体中，除了企业之外，还有区域政府。中国的发展，不仅仅是企业与企业之间的竞争，还有区域政府与区域政府之间的竞争。这两个层次的竞争，是中国实现经济持续快速发展的"双动力"。虽然区域政府的竞争会推动创新，实现对经济的"超前引领"，但是由于政府和官员个人的自利性，以及政府能力（知识、制度）的限制，政府在经济发展中的作用大不相同，有的成为发展型政府促进经济发展，也有的成为掠夺型政府阻碍经济发展。

（4）区域政府竞争成为制度创新的推动力。区域政府经济竞争是一个创新的动态过程，而区域公共产品的核心就是制度的选择和执行，因此，区域政府经济竞争必然导致制度的创新。率先实行制度创新的区域政府就会使辖区获得"超额利益"，而即使是模仿其他区域政府的制度创新，也会使辖区获得社会的"平均利益"。

既然区域政府推动制度创新能够有可能获得新的制度优势，在竞争过程中获得较好的"利润"，那么，区域政府就应积极支持制度创新，因此，似乎不应存在制度创新动力的问题。但实际上，区域政府在"看到制度创新的利润"和"愿意强力推动制度创新"之间还存在着一个必须跨越的"鸿沟"，区域政府如果将制度创新的意愿付诸实施，应形成强有力的内在激励使其有动力追求制度创新形成的垄断利润。

诺思（1999）[①]认为，"获利能力无法在现存的安排结构内实现，才导致了一种新的制度安排的形成"。制度创新的目的是为了获得在旧的制度结构中无法获得的创新利润，依据新制度经济学的理论，如果预期的收益超过了预期的成本，那么一项制度安排就会被创新。据此，制度创新的一般性动因便在于制度创新可能获取的潜在利润大于为获取这种利润而支付的成本。那么，这部分利润归于区域政府还是广大公众，还是两者兼顾呢？对于这一问题的认识实际上是判断区域政府能否积极推动地区制度创新的关键之处。

按照推动制度创新的力量和方式可以将制度创新分为两种类型，一种是由公众自下而上的诱致性制度创新，另一种是自上而下的由政府推动的强制性制度创新。对于前一种制度创新方式，发生在制度非均衡状态下，一群人或者一个团体感知到制度非均衡的状态，并且预期到制度创新的潜在利润大于潜在成本，那么，这群人就会通过说服和谈判的方式，以自发的形式形成一种新的制度体系，并且在这一新的制度体系中获取超额利润。由于制度创新不能获得专利制度的保护，因此，这些新的制度体系的利润很快被其他人群感知，其他人可以模仿这种创新的制度，并可以以更加低廉的制度设计成本获得制度创新的利润。也就是说，诱致性制度创新主要是由一群人创新，然后通过其他人模仿的方式自发地扩散，进而在一个地区或国家形成新的制度体系。对于诱致性制度创新来说，一个不可回避的问题是，制度的模仿成本是如此低廉，开展制度创新的人群很难长期获得制度创新的利润，同一区域内具有相同创新条件和环境的其他人群或团体的低成本模仿会使得开展制度创新的人群或团体的垄断性利润很快消失殆尽。因此，在现实中，诱致性的制度创新的密度和频率将少于作为整体的社会最佳量。林毅夫（1994）[②]认为，"经济增长时会出现制度不均衡，有些制度不均衡可以由诱致性创新来消除，然而，有些制度不均衡将由于私人和社会在收益、费用之间有分歧而继续存在下去"，"如果诱致性制度是新制度安排的唯一来源的话，那么一个社会中制度安排的供给将少于社会最优"。

为了弥补诱致性制度创新的不足，国家及其政府通过下发政府命令和法律引入制度创新就成为另一种重要的制度创新的途径。与诱致性制度创新是在原有制度安排下无法得到获利机会而引起制度创新不同的是，强制性制度创新可以纯粹因在不同选民集团之间对现有收入进行再分配或重新分配经济优势而发生。任何制度创新形成的利润均包括两个内容，一个是地区公众可以获得利润，另一个是区域政府以及区域政府各级官员可以获得利润。前者可能导致诱致性制度创新，而后者则可能导致区域政府推动的强制性制度创新。

也就是说，区域政府在制度创新中获得利润是区域政府参与和推动制度创新的基本要

---

① North, D. C., The Contribution of the New Institutional Economics to an Understanding of the Transition Problem WTDER Annual Lectures, 1997 (1).

② 林毅夫. 关于制度变迁的经济学理论：诱致性变迁与强制性变迁，载 R. 科斯等著《财产权利与制度变迁》. 上海：上海三联书店，上海人民出版社. 2004.

求。区域政府参与区域政府竞争，本质上是为了区域政府利益最大化，如果制度创新不能实现区域政府利益最大化，则即使某项制度能够使辖区内某些人群的利益获得最大化，区域政府也可能会放弃这一制度创新。进而言之，辖区内某一群人或团体发现了制度创新的利润，并能够通过内部谈判对制度创新形成"一致同意"，从而形成一支强大的推动制度创新的力量。但是，这一制度创新的结果可能损害区域政府的利益，那么，这一诱致性制度创新也可能因得不到政府的支持而最终难以实现，或者即使最终能够实现也要经过长期的市场和政府之间的博弈，而这一过程往往是十分漫长的。特别是在转型国家里，政府在社会经济发展中仍保留着很大的主导力量，任何制度创新如果得不到各级政府的支持和认可，很难形成最终的制度体系。换句话说，如果一项来自民间的诱致性制度创新符合本地区区域政府的利益诉求，那么，这项创新制度也会得到来自政府强制力的支持，甚至这些来自民间的诱致性制度创新最终会以政府发文或区域法律的形式形成正式制度。改革开放以来，中国选择了一条渐进式的制度创新路径，中央从改革之初就通过放权让利的方式赋予了区域政府更大的决策权力，使得区域政府的利益得到来自中央的支持和认可。与此同时，中央对区域政府官员晋升考核机制与地区经济发展紧密结合起来，形成了以经济发展为中心的官员晋升考核机制。因此，"放权让利"使得区域政府以财政利益为中心的各项区域利益得到凸显，同时晋升考核机制使得经济发展成为区域政府官员追求的目标。而为实现财政利益最大化、就业人口最大化、公共福利和社会安全等为核心内容的区域政府利益，必然要求地区经济的快速发展。可以说，改革开放以来，区域政府利益与广大的区域政府官员利益存在内在的"激励相容"，这是区域政府官员作为一个内部同质性很高的利益团体推动有利于地区经济增长和转型的制度创新的根源所在。区域政府官员为了追求更高的财政利益和本地区的经济发展，必然要主动支持有利于本地区经济发展的诱致性制度创新，在中国来看，东部地区的区域政府正是因为率先支持本地区开展市场化改革和对外开放，使得在改革开放之初，地区经济就得到快速发展，并最终形成了有别于内地的制度优势，而内地的区域政府也正是模仿东部地区的制度，逐渐走上了转型之路。尽管当前东部地区与内地经济发展差距依然很大，但纵向地比较，内地的经济发展水平确实要高于改革开放之前。同时，由于制度创新无法像专利技术一样获得保护，其具有天然的外部性特征，通过自然演进形成的制度创新优势会被其他地区模仿，使得仅仅依靠本地区自发性的制度模仿和创新，很难获得长期垄断的制度创新利润。如上文所述，自然演进形成的具有竞争优势的制度结构需要漫长的时期，而且还会面临着各种不确定因素的影响，供给总是稀缺的。更为关键的是，区域政府官员的任期是有限的，晋升机会总是稍纵即逝，官员们更希望在自己的任期内使本地区在制度竞争中取得优势，因此，这些"迫不及待"的区域政府和官员希望通过政府的强制力介入到本地区的制度创新，为本地区的制度创新注入活力和支持力，以便于在短期内快速地形成显著的制度优势，或者不希望在区域政府的制度创新竞争中落败，或者能够长期保持本地区制度竞争优势，无论何种动机，都是为了获取丰厚的竞争利润。可以说，政府官员及由其组成的区域政府往往充当本地区制度创新的"第一行动团体"（杨瑞龙，1998）[①]。在这期间，那些有远见、有魄力、有才识和敢于追求超额创新利润的政府官员（政治企业家）放宽视野，既出于对提高辖区整体福利的关

---

① 杨瑞龙，中国制度变迁方式转换的三阶段论［J］．经济研究，1998（1）．

心，也出于对自身政绩的考虑，在中央政府改革政策的鼓励下，大胆突破旧体制的框架并在制度创新方面取得更多的进展。这些区域政府的官员正是看到了制度创新带来的垄断性利润（包括本地区的经济发展、高就业率、社会安定，也包括官员个人晋升的利益），因此，将其他地区或国家先进的制度体系主动移植到本地区，或者结合本地区经济发展的需要，大胆设计，展开自主性制度创新，这样做即使会触犯到本地区部分人群和团体的利益，这些强势而有魄力的区域政府官员也会在所不惜，而这些制度创新一旦成功，往往会成为其他地区效仿的对象。

综上所述，一个地区的制度创新可以通过从下到上的诱致性制度创新，也可以通过由上至下的强制性制度创新，但那些仅仅依赖于由下而上的诱致性制度创新来推动本地区制度创新的方式，很难满足区域政府官员在任期内（短期内）实现本地区制度创新并获得创新利润的需要，区域政府和官员自身希望通过制度变革获得超额的垄断利润，或者即使无法获得利润，区域政府也不希望在制度创新竞争中被其他地区赶超。当一些有魄力的区域政府展开制度创新之后，其他地区的区域政府则纷纷效仿，区域政府之间展开的制度创新竞争愈演愈烈。可以说，在中国如此激烈的区域政府竞争环境下，区域政府主动推动本辖区内的制度创新和创新，成为一种主流的制度创新形式，使中国的制度创新和经济转型显著地有别于西方国家的制度创新和创新，正是基于对这一现象的观察，林毅夫（1994）[①]总结中国经验，在诱致性制度创新以外提出了强制性制度创新的理论。

3. 区域政府竞争形成制度创新的条件[②]。

为了在区域政府竞争中形成优势，区域政府具有非常强烈的动机在本辖区内推动制度创新。但是在具体实施过程中，区域政府如何实现这一意愿，却要受到很多因素的制约。只有这些条件都满足了，才能实现地区经济制度革新。区域政府推动本区域内制度创新需要的条件主要包括：

（1）次级行动团体对制度创新的态度。区域政府具有很强的制度创新的动机，但从一个区域看，区域政府作为一个行动团体，确实具有相当强的组织能力和协调能力，且具有法律意义上的公共强制权力，能够很有力地贯彻自身的意图。但任何一项制度创新能否真正根植到本地区，除区域政府以外的其他具有行动能力的利益集团对制度创新的态度也是非常重要的。次级行动团体本身具有很强的自主利益，任何制度创新必然会影响到这些团体的利益，诺思认为推动制度创新的行动主体都是追求利益最大化。这些次级行动团体正是根据对制度创新的成本与收益的比较来决定对制度创新的态度的。制度创新对次级行动团体利益的影响或者是正面的或者是负面的，无疑，如果增加了次级团体的利益，必然会得到这些级次团体的支持，反之，次级行动集团则动用自身的力量抵制这些制度创新。支持方式的直接表现就是高度的遵从和协助，而抵制的方式则表现为违反这些创新的制度规定。政府为了达到制度创新的目的，必然加大检查和监督的力度，这将增加制度执行的成本，最极端的是当成本高于收益时，区域政府必然会自动放弃这些创新的制度模式。而当区域政府启动制度创新之后，当次级团体预见到这一制度创新可以获得可见的收益，或者

[①] 林毅夫. 关于制度变迁的经济学理论：诱导性变迁与强制性变迁 [J]. 财产权利与制度变迁，上海三联书店，上海人民出版社，1994.

[②] 刘强，覃成林. 地方政府竞争与地区制度创新：一个制度分析的视角 [J]. 中州学刊，2009（6）：46-49.

能够预见自己将在推动此次制度创新中获得收益时,它们会自觉地加入到制度创新之中。"能争取尽量多数利益团体的支持或者最起码是不反对,应是区域政府制度创新的过程中能否取得成功的一个关键性因素"(蒋满元,2007)[①]。

(2)来自对旧的制度体系"路径依赖"的影响。任何区域都存在一个初始的制度结构,如果没有外部的力量,这些制度结构受自发秩序的影响,会通过自然演进方式沿着一个既定的、可以预期的方向发展或者在某个阶段停滞。之所以在自然演进的方式下,一个地区的制度结构发展可以预期,主要是根据在现有的制度结构体系下既得利益集团的结构分布和力量来决定的。任何一个制度结构都必然产生各类利益集团,其中主要的利益集团为了维持在现有制度结构下的收益,也可以称之为制度租金,必然要维持现有的制度结构。但随着社会观念和技术的革新,即使在自然演进的方式下,一个地区也将会新兴出各类新的利益集团,这些利益集团要从现有的制度结构中分得一部分制度租金,将面临两个选择,一个是直接通过谈判和斗争的手段从现有的利益集团手中夺得,另一个是通过提出改变现有的制度结构,使自己的利益和既得利益集团的收益都得到增益,实现帕累托改进。显然第一个选择必然会引起旷日持久的谈判或者战争,社会将为此付出极大的成本。第二类选择固然对社会的发展起到直接的促进作用,但改变制度结构过程中使任何利益集团或者主要的利益集团都能获益,这样的历史机会并不多见,即使存在,也会受到当时社会对制度创新和创新预期的社会知识的约束。

区域政府如果要成为改变本辖区内制度结构沿着自然演进方向变革的力量,必然要面临两个选择:一个是借助从现有的制度结构中诞生的新兴的利益集团要求推动制度创新的力量,运用自身合法的强制力,对这些制度创新要求给予鼓励和支持,并以正式文件的形式确认这些制度变革;另一个是区域政府自身也可以身兼两个身份,即要求制度创新的利益集团和推动制度变革的行动集团,区域政府出于最大化自身的财政收益和区域政府官员晋升的利益,首先提出新的制度创新,并通过合法的政治制度体系,对这些新的制度加以确认。特别是,当区域政府从其他地区学习到新的已经显示出活力的制度体系后,为了赶超其他地区,会充当制度创新的第一行动集团,在制度创新后的新制度体系下,新的利益集团必然会形成,并逐渐在政府的支持下壮大起来,其力量很快超过旧的利益集团,并用实际行动来支持制度创新。只有出现这一情况,区域政府的制度创新才会真正得以实现。

(三) 区域政府竞争与社会福利

1. 区域政府竞争对社会福利的积极效应。

在政治市场中,各个区域政府为了辖区和自身的利益而展开竞争。虽然竞争可以实现"双赢"或"多赢",但更能分出优劣。竞争对区域政府具有强大的活动主体的激励职能,从而带来整体社会福利的提高。

(1)提高区域政府的行政效率,提供更优质的公共产品和公共服务。区域政府经济竞争也是一种较量和角力,是一个客观的、强制性的过程。充分和有效的竞争必然迫使区域政府不断提供行政效率,降低公共产品的成本,从而降低辖区企业的社会成本,促使辖区获得超额利益。公共选择学派的研究表明,政府部门和政府官员的低效率,首要的原因就

---

① 蒋满元.农村土地流转的障碍因素及其解决途径探析[J],农村经济,2007(3).

是缺乏竞争压力或者竞争不充分。因此，必须为区域政府经济竞争创设良好的条件，促进区域政府不断竞争。

区域政府要在竞争中占据优势，经济环境的高质量是其必要条件。因而各区域政府必然会最大限度为人才的引进和资本的投入改善区域经济环境，建设产业配套设施。区域政府会在道路交通、水利设施、能源资源的提供，居民生活环境、人文生态环境的改善，经济发展模式的改进等方面加大财政支出的力度，增加公共产品的数量，提高公共产品的质量，竭尽全力创造条件吸引生产性要素流入。区域政府实现争夺经济资源或经济活动的目标，除了提供优质公共产品，行政部门高效便捷的服务是必不可少的，这也对区域政府行政效率的提高提出了要求。所以，财政支出竞争将直接提高公共产品供给和公共服务的水平。

（2）优化区域政府的组织结构。区域政府经济竞争可以有效地促使区域政府在一定预算约束下，更加合理地配置政府资源，构建区域政府最优的行政组织结构，约束区域政府公共部门的无限扩张，从而更加有效地行使区域政府的职能，节约区域公共产品的成本。

（3）拓展区域政府的服务内容，提高社会福利水平。区域政府经济竞争必然会使不同辖区的公共产品具有差异性，而选民的"用手投票"或"用脚投票"则会促进区域政府的竞争，从而可以克服区域政府官僚主义的盛行和蔓延，提高公共产品的质量，多方面地服务和满足选民的需要。

区域政府为了留住要素或吸引要素流入，想方设法增加公共产品和服务的有效供给，这对于公共产品和服务的供给将产生积极影响，有利于增强地区的竞争优势和提高地区的经济竞争力，同时在整体上能够改善公共产品和服务的供给状况，提高人们享有公共产品和服务的平均水平，提高社会福利。

应该指出，区域政府间的税收优惠竞争与公共产品和服务竞争是一对"两难选择"。税收优惠竞争可能带来本地区财政收入的减少，而要提高公共产品和服务的供给水平，又要以雄厚的财力为保障，会带来财政支出的增长。这"一增一减"就是各区域政府所面临的"两难选择"。

同时，对社会福利供给的度的把握也是区域政府必须关注的，为了增加对区域选民的吸引力力而过度供给公共产品和服务或是为了税收竞争而减少公共产品和服务都会造成社会福利的损失（如图5-2，图5-3所示）。

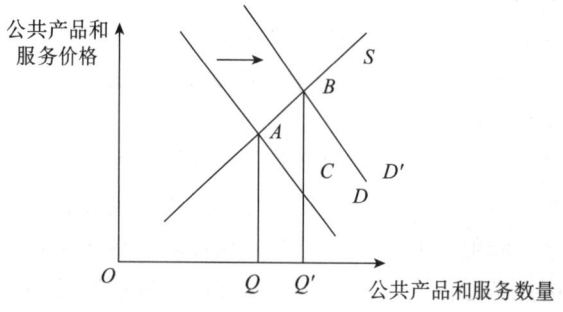

图5-2　区域政府对公共产品和服务的过渡供给造成的社会福利损失

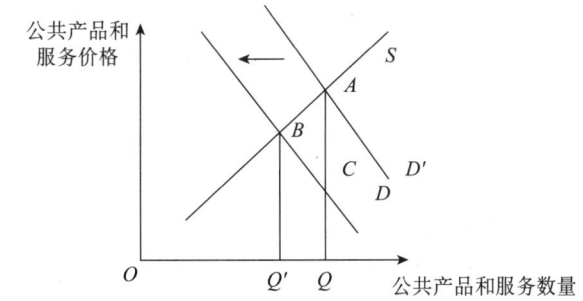

图 5-3　区域政府对公共产品和服务的供给不足造成的社会福利损失

图 5-2 中，公共产品和服务的均衡供给为 Q 点，但区域政府可能为了突出所辖区域的社会福利优势把供给量扩展到 Q′，这种公共产品和服务的过度供给会导致辖区选民对社会福利的过度依赖和预期，从而推动其对公共产品和服务的需求从 D 移动到 D′，虽然跟公共产品和服务的数量扩大到 Q′，但公共产品和服务的价格也上升到 B 点决定的位置，推高了公共福利的价格，也就是变相加大了区域政府财政支出的负担，最终或者是转移到区域税收上或者是区域政府财力的亏空，对区域政府的健康发展极为不利。同时，由于社会福利的过度提供易福利刚性，带来养懒人等福利病，给未来社会福利的调整带来巨大阻力，从长远看，对区域经济效率和社会福利发展都是损害极大的。希腊等欧洲国家的政府破产与这些国家的社会福利的过度供给是有密切关系的，对区域社会福利供给有极大启示。

同样道理，当公共产品和服务的均衡供给为 Q 时，如果实际供给仅为 Q′（图 5-3），则会直接造成 Q′Q 之间的社会福利损失，对区域福利是一种侵害，对企业政府而言也是一种失职，有可能导致区域流动性资源的流失，长远看对区域经济发展也是极为不利的。

（4）约束政府权力滥用，提高公共福利执行效率。长期以来，政府是社会进步与经济发展不可缺少的保障力量，"又是凭借其暴力权威成为社会经济发展和民众福利的最大破坏者"。政府对权力的使用如果得不到有效控制，就不可能有社会进步与民众福利的改善。区域政府竞争对政府政治权力的约束，首先来自于市场经济条件下资源要素的自由流动压力。市场经济条件下，价格是对资源要素调控最有效的手段方式，价格能够促进资源的合理配置，提高资源要素的利用效率。资源要素业主要服从市场价格的调整，其他任何人为的制度或权力约束只能在短期内发挥相对非常有限的作用，长期而言资源要素自由流动，不受政治权利、区域政府的约束限制。区域政府不得不改变资源要素的使用方式和吸引方式，这样就约束了政府权力的滥用。

其次，财政分权体制下，区域政府有上级政府规定的财政任务目标和自身的财政需求。为了履行政区域政府职责，完成区域经济发展的目标，区域政府被迫理性的使用手中掌握的政治权力和区域拥有的资源要素，深谋远虑，精打细算，合理计划安排，以区域经济建设为中心。当然，财政分权体制下区域政府经济主体地位的赋予，也使政府有非常大的权力发挥的想象和使用空间。

最后，区域政府竞争约束政府权力滥用原因还有来自其他区域政府的竞争。在同样的市场经济条件下，在同样的上级政府赋予的政策环境下，各个区域政府都有发展区域经济的强烈愿望，在落实区域经济发展计划，实施经济竞争行为时，政府间都会采取切实的行动，约束权力，利用权力，一心一意谋取区域经济发展。区域政府竞争有效地约束了区域政府的行为，促使区域官员对自己的行政行为和工作方法负责，迫使区域政府放松对经济利益的贪婪、掠夺和对社会成员的压制，给予市场更大的发展空间，促进社会民主进程、个人权利与个人自由的实现。政府权力的有效利用，约束了政府权力滥用，也树立了政府的执政形象。

2. 区域政府竞争对社会福利的消极效应。

(1) 加剧区域政府官员寻租腐败。公共选择理论认为，作为"政治人"的政府及其政府官员本身具有"经济人"的特征，即政府追求政府个体自身独立的社会公共利益最大化，政府官员追求作为个体自身独立的利益最大化。政府作为官僚集团个体，政府官员作为个人、个体，本身有自己的利益诉求。政府是为自身职能、利益存在设置的，在与其他政府的竞争中，首先满足自身政府的利益最大化。政府官员是为自身需求、利益存在的。政府官员为社会工作，也为自己工作，在履行社会公共服务职能、与其他个人、团体的竞争中，往往考虑个人利益最大化的实现。政府组织、官员拥有的垄断权力资源为其实现自身利益创造了条件。政府、官员在制定、执行公共政策的过程中由于考虑到自身的利益得失，会以个人偏好去谋求利益的最大化，这就造成了"政府失灵"现象的存在。

寻租是政府机构及其官员凭借其垄断特权取得租金的行为。政府寻租是政府凭借组织权力在干预经济活动、处理公共事务过程中直接参与经济活动得到租金，政府官员寻租的表现是凭借职位赋予的公共权力参与经济活动索取、收受贿赂获得非法租金。在市场经济条件、财政分权体制下，由于区域政府竞争行为日趋激烈，区域政府、官员层层寻租的贪污腐败行为更加严重，层出不穷、屡禁不止。

(2) 加剧社会贫富分化。区域政府竞争易带来社会群体意识的变化，利益分配格局的制度设计会使一些利益集团凭借制度、区位等赋予的资源管控优势操控公共资源，社会财富易集中于少数群体中，而且，一些具有竞争优势的区域和群体为保持这种优势会固化既得利益，排斥其他区域和群体对资源的公平利用。这种竞争带来的权力垄断会使那些资源贫乏、边远落后区域和缺乏竞争力的个体、社会弱势群体日渐贫困。同时还会造成环境污染、区域债务等问题。

不能否认，竞争确有导致贫富两极分化、收入差距拉大的严重后果，如果这种竞争失去公平公正的二次分配机制，就会造成分配秩序混乱、价值体系沦丧和社会矛盾日益加剧的严重后果，暗藏着深刻的社会发展危机。中国近年来的基尼系数始终处于高位运行，需要对区域政府竞争可能带来的利益分配机制上的消极影响进行深入分析。

表 5-2　　　　　　　　2003—2014 年中国基尼系数的变化趋势

年份	2003	2004	2005	2006	2007	2008	2009	2010	2011	2012	2013	2014
基尼系数	0.479	0.473	0.485	0.487	0.484	0.491	0.490	0.481	0.477	0.474	0.473	0.469

数据来源：中国统计年鉴和相关新闻报道数据。

基尼系数是用来反映收入分配平等程度的指标，越小表示收入分配越平均；越大，表示收入分配越不平均。国际通用标准是，基尼系数小于 0.2 表示绝对平均，0.2-0.3 表示比较平均，0.3-0.4 表示基本合理，超过 0.4 为警戒状态，达到 0.6 则属于危险状态。

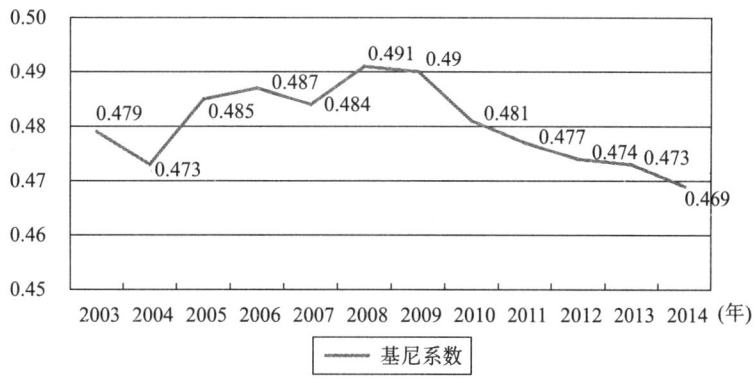

图 5-4 2003-2014 年中国基尼系数的变化趋势

中国基尼系数 1978 年是 0.185，从 2003 年到 2014 年始终保持在 0.46-0.50 的高位运行，表明中国个人收入不平等的程度在逐年加大，贫富两极分化的问题越来越严峻。区域政府作为区域居民的宏观管理者，对区域社会公平负有不可推卸的责任，在推进区域政府竞争的同时，必须把区域社会福利和区域公平纳入到区域竞争业绩考评中，形成正向激励，防止对竞争中的弱势群体的权利侵害。

第三节 区域政府竞争表现

古典经济学的市场理论是在企业追求利润最大化的前提下，面对不同市场结构所采取的不同竞争策略，并且获得不同的市场均衡状态。但在市场运行机制中，政府不参与市场运作，仅作为外生变量起着对市场的调节和干预作用，本身并不是市场机制的产物，而是和市场相对应的另一体系。但随着世界区域经济的发展，尤其是中国经济运行模式的成功，区域政府的准微观和准宏观的双重属性不断凸显，区域政府与企业共同构建的双层竞争体系已经形成。在这种情况下，原有的传统市场对企业竞争和政府行为的界定已经不能反映当前的现实经济，区域政府竞争一定是在企业与政府共同参与的现代市场体系中才能展开。

一、现代市场体系

市场体系是由不同类别、不同功能的各类市场构成的统一体，这些市场之间相互联系、相互制约、彼此交错；市场体系也是由各类市场要素构成的结构复杂、机制健全的、能反映和体现各类经济关系的综合体。传统的市场体系主要包括四个层面的含义。首先，从市场交易或流通的对象来看，市场体系是由商品市场和生产要素市场构成的体系；前者包括生产资料市场和消费品市场，后者包括土地市场、劳动力市场、金融货币市场、技术市场、信息市场等。其次，从市场交易的空间范围构成来看，市场体系是由不同区域范围的各级地域性市场构成的，具体应包括地方性市场、区域性市场、统一的全国性市场和跨国界的世界市场，是一个在空间上逐步扩大、连续统一的复杂体系。再次，从市场组织和机构设置来看，市场体系是由各种市场组织包括批发市场、零售市场、网络市场及各类市场中介组织构成的，是联结着生产和消费、供给与需求、城市和乡村、国际与国内、线上与线下的庞大网络组织系统。最后，从市场交易的具体方式来看，市场体系是由现货交易市场、远期交易市场和期货交易市场构成的。

现代市场体系不但强调市场构成的体系性，而且还强调功能的结构体系性。从市场功能结构来看，市场体系首先是利益调节体系。市场体系对市场主体的利益有分配、调节和约束作用，市场交易双方或市场竞争主体双方必须按照市场交易规则进行，不能有超越市场交易规则或凌驾于市场规则之外的权利和利益。其次，市场体系是竞争体系，市场主体之间的竞争手段、竞争过程和竞争结果是多元的、多层次的和不确定的，但是都不能违背市场体系所确定的价值规律，从而通过竞争体系来实现资源的优化配置。最后，市场体系是信息传播体系。市场体系通过价格、竞争来传播市场交易对象的供需信息，从而引导资源的流动和生产的转化，因此作为市场交易主体必须要时刻关注市场的信息的变化，要为追索市场信息付出相应的信息成本。

传统市场体系主要包括四个层面含义：①从流通对象来看，由商品市场和生产要素市场构成；②从空间范围来看，由不同区域范围的各级地域性市场构成；③从机构设置来看，由各种市场组织以及各类市场中介组织构成；④从具体方式来看，由现货交易市场、远期交易市场和期货交易市场构成。现代市场体系不但强调市场构成的体系性，而且强调功能结构的体系性；就后者而言，市场功能结构首先是利益调节体系，其次是竞争体系，再次是信息传播体系。因此，根据现代市场体系理论，市场要素至少应包括市场要素体系、市场组织体系、市场法制体系、市场监管体系、市场环境体系和市场基础设施六个子系统。这些子系统构成的大系统能比较全面地体现现代市场体系结构的整体性和功能的完备性，为市场功能的正常发挥提供保障。

（一）市场要素体系

市场要素体系是指由各类市场所包含的基本要素构成。既由各类市场（包括各类商品市场、要素市场和金融市场）构成，又由各类市场的最基本元素即价格、供需和竞争等构成。

（二）市场组织体系

具体来说是市场要素与市场活动的组织者和集中地。它包括各种类型的市场实体（比如零售市场、批发市场、网批市场、人才机构、劳务机构、金融机构、跨境贸易投资机构等）和各类市场中介机构（包括咨询、培训、信息、会计、法律、产权、资产评估等服务）以及市场管理组织（比如各种商会、行业协会等）。

（三）市场法制体系

市场法制体系是指根据市场经济属于产权经济、契约经济和规范经济等特点，以规范市场价值导向、规范市场交易行为、契约行为和产权行为等作规制对象形成的法律法规整体。它包括市场立法、执法、司法和市场法制教育等系列。

（四）市场监管体系

市场监管体系是在市场法律体系基础上，按照市场经济要求，由监管主体、监管内容、监管方式等构成的政策执行体系。它包括对机构、业务、市场、政策法规执行等监管。

（五）市场环境体系

市场环境体系主要包括完善实体经济基础、企业治理结构和社会信用体系等三大方面。其中，建立健全市场信用体系，以法律制度规范、约束信托关系、信用工具、信用中介和相关信用要素，并以完善市场信用保障机制作起点建立社会信用治理机制，极为重要。

（六）市场基础设施

市场基础设施指软硬件组合的完整市场设施系统。其中，市场服务网络、配套设备技术、各类市场支付清算体系、科技信息系统等，是成熟市场经济必备的基础设施。

构建现代市场体系，是个逐渐的历史过程：①美国早期的市场经济发展中，即1776—1861年独立战争后和1865—1890年南北战争后的这段期间，美国认可自由放任（laissez-faire）的理念，市场要素体系与市场组织体系得到发展和提升，此时美国主要出现的是市场要素体系和市场组织体系等类市场体系，整个市场反对政府干预经济的理念盛行。②1890年，美国国会颁布美国历史上第一部反垄断法—《谢尔曼法》，禁止垄断协议和独占行为。1914年美国颁布《联邦贸易委员会法》及《克莱顿法》，对《谢尔曼法》进行补充和完善。此后美国的反垄断制度与监管实践经历了近百年的演进与完善，市场法制体系和市场监管体系得到发展与提升，此时在现代市场体系中，美国除了市场要素体系、市场组织体系等二类市场体系，市场法制体系和市场监管体系等二类市场体系也得以出现与发展，整个市场形成了垄断和竞争、发展与监管动态并存的格局。③20世纪90年代开始，一方面美国政府反垄断的目标不再局限于简单防止市场独占、操纵价格等行为，对专利保护以外的技术垄断和网络寡头垄断也采取了相应的打击措施；另一方面，美国信息通讯、网络技术的爆发式增长，市场创新驱动能力和系统基础设施的升级换代成为市场竞争的主要表现。此时，完善市场登记、结算、托管和备份等基础设施，提高应对重大灾难与技术故障能力；提升市场信息系统、信用体系建设，实施市场监管数据信息共享，等等；美国的市场信用体系和市场基础设施得到了进一步提高与发展，即在现代市场体系中，除了市场要素体系、市场组织体系、市场法制体系、市场监管体系等四类市场体系外，美国的市场环境体系、市场基础设施等现代市场体系也得以不断完善，它将市场体系推向现代高度，市场竞争发展到了全要素推动和系统参与的飞跃。

二、区域政府竞争表现

区域政府的三类型资源及其作用融合于现代市场体系的六个组成部分之中。综合分析不同阶段区域政府竞争的不同侧重点，其竞争表现概括如下。

（一）项目竞争

在中国，项目管理体制是中国分税制改革以后的一种由国家到地方、地方到基层的重要的经济管理模式。这种模式是通过项目专项转移支付或"专项资金拨付"来实现的。国家重大项目主要有四大类：国家重大专项；国家科技计划中的重大项目；国家财政资助的重大工程项目和产业化项目；国家重大科技基础设施建设中的项目等。这些专项项目一般带着各级政府赋予重要的"使命"，通过政府项目扶持来实现国家乃至区域科技或某一产业的快速推进与赶超。比如，科技重大专项、高技术产业化专项、战略性新兴产业发展专项、装备制造业专项、原材料与消费品专项、特色产业发展专项、智能制造专项、物联网专项、云计算与大数据专项、智慧城市建设专项、区域主导产业发展专项，等等。政府通过竞争性分配方案来落实大部分项目，将区域政府绩效相关指标作为项目资金分配和遴选的重要依据。国家专项转移支付从1994年的15.98%增长到2012年的46.7%，增长了300%。而通过财政系统预算部门拨付的、通过国家各部委拨付的、通过有预算财政分配权的部门拨付的专项资金还要远远大于专项转移支付资金。沿着从上到下的垂直管理链条，省级区域政府及地级区域政府，也设置了一系列地方专项项目资金，通过项目申请方式来动员基层区域政府和辖区企业，使项目体制也成为各级区域政府治理经济的一种重要模式。

项目对中国区域政府来说是重要的经济资源：第一，项目可以提供直接的资金。省级区域政府获得国家的各类项目资金，地方区域政府可以获得省级的各类项目资金，促进重点产业和企业的发展，并加快区域内的基础设施建设和公共产品的提供。比如，安徽省"十三五"期间国家重大入库项目共327个，总投资资金达到2万亿元，省级入库项目877个，总资金额1.9万亿元。第二，可以凭借项目政策的合法性、公共服务的合理性来加快上级政府审批流程和农村土地征用，以及提高地方性融资的政府信用和借贷资质，帮助区域政府解决筹资、融资和征地等的困难。第三，区域在获得上级项目的基础上，可以通过相应的政策资源将区域内土地开发、基础设施建设、招商引资、扶持产业发展等合理包装成本区域内的经济项目，做到以点带面、引导性发展，并带动下一届区域政府来参与项目竞争，提高他们的项目意识和竞争意识，充分利用市场竞争机制来落实政府基础设施、公共设施项目，推动区域经济社会发展，提高资源配置效率。

项目竞争是采取纵向项目申请的方式进行的。申请项目不但要求区域政府对所在区域的发展导向、发展重点、发展优势、发展条件等进行重新审视和评估，而且更重要的是在申请过程中培养各类参与人员的项目意识、效率意识、风险意识和导向意识。这种竞争是市场化的，各级区域政府实际上为下级政府构建了一个辖区内的项目市场，下级政府通过项目申请而成为平等的参与者，虽然形式上看起来，为了争夺项目资源，各区域政府之间会各尽所能、互相竞争、互相比拼、开展竞赛，并形成错综复杂的利益关系。

另外，项目投资的国际间横向流动，也成为各区域横向竞争的主要目标。

（二）产业链配套竞争

一般来说，在中国，各级区域政府都会有自己的产业发展战略，分别对第一产业、第二产业、第三产业等进行规划，并形成自己的战略产业。产业战略和产业集群的实现及战略产业的发展主要取决于三个因素：一是基于区域内的资源禀赋，二是外来资源的汇聚，三是靠技术结构水平的升级和定位。在中国，因为中国各区域资源的横向流动以及按照垂直管理链条的垂直流动，能否持续保有内部的资源禀赋和获取外部资源的汇聚都取决于区域政府之间的竞争，产业链配套竞争有助于区域政府充分利用现有资源禀赋并发挥比较优势，同时能通过先导权利和政策优势，获得更多资源的汇聚与集成。在竞争中获胜的区域政府会非常有效地吸引产业投资，提升本地的产业集聚水平，帮助区域政府完成了既定产业目标。相反，那些没能在竞争中获胜的区域政府则很难有效吸引产业投资，在产业链上很难获得比较优势，达到价值链的高端地位，也无法促进产业集聚，形成合理的产业集群。

迈克尔·波特钻石模型看起来是用来分析一个国家某种产业为什么会在国际上有较强的竞争力，但实际上也可以用于分析区域政府的产业竞争力。波特认为，决定一个区域产业竞争力因素有四个：一是包括人力资源、自然资源、知识资源、资本资源、基础设施等在内的生产要素；二是需求条件，即区域内由经济发展水平决定的市场需求水平、需求结构；三是相关产业和支持产业的现有水平基础及在整个产业链上的分工水平；四是区域范围内的企业的战略、结构、竞争对手的表现，也就是现有企业的战略、结构和竞争对手的水平基础。波特认为，这四个要素之间是相互影响的，共同决定了区域政府的产业竞争力。除了这四个因素外，波特认为还存在两大变数：政府与机会。外部机会是可以获得但无法控制的，政府政策可以争取但需要积极主动①。

按照钻石理论，区域政府的产业链配套的竞争主要从以下两个方面展开。

1. 在生产要素方面展开竞争。

波特将生产要素分为初级生产要素和高级生产要素。根据波特的思想和发展的实际，我们认为初级生产要素是指自然资源、地理位置、非技术低端人力资源、自有资金等；而高级生产要素则是指现代信息技术、工业技术条件、网络资源、交通设施、受过高等教育的人力、研究机构、智库等。前者的重要性在降低，需求在减少，获取的成本在降低，获取的方法与途径相对简单。而后者的形成比较困难，重要性越来越大，需求越来越旺盛，获取的成本相对比较高，获取的途径与方法比较独特，既要靠外部获得也需要靠内部来投资创造。低端生产要素无法形成稳定持久的竞争力，而高端生产要素则可以，因为当低端生产要素缺乏时，可以刺激区域政府加强创新和对高端生产要素的投入。区域政府如果想通过生产要素建立起产业强大而持久的优势，就必须发展高级生产要素和专业生产要素，比如高级专业人才的培养、研究机构和智库的投资建设、外部高级生产要素的吸引，而不能仅仅依附于低端生产要素，即使这些生产要素禀赋很好。

2. 在产业链和产业集群、产业配套等方面展开竞争。

不同区域政府的产业分工形成了产业链，在产业链的不同环节其价值创造是不一样的。产业微笑曲线告诉我们价值最丰厚的区域集中在价值链的两端：研发和市场，零配件生产、组装和代加工等都是在价值的低端区域。所以，要想有竞争力要么在产业链微笑曲线的两端发展产业，要么有自己完整的产业链。每个区域政府的优势产业不是单独存在的，优势产业和支持产业形成的产业"集群"及其产业配套也非常重要。比如德国印刷机

---

① [美]迈克尔·波特. 国家竞争优势[M]. 北京：中信出版社，2007.

是全球优势产业,但同时德国造纸业、油墨业、制版业、机械制造业也是具有一定比较优势的支持产业。美国、德国、日本汽车工业的竞争优势离不开钢铁、机械、化工、零部件等行业的支持。中国佛山的机械制造有一定的比较优势,其实也离不开这里有铝型材、有色金属、智能设计等产业的支持。又如,中国深圳高新技术产业发展就有比较好的产业配套。比如电脑和计算机制造,深圳就拥有除生产芯片以外的从机箱、接插、件板卡、显示器到磁头、硬盘驱动器等全部配件生产工厂,年配套能力在 2000 万台左右。因此,区域政府要么以辖区现有基础形成以优势产业为主导的产业配套能力,要么集群式引进配套产业,要么提升自己的产业链价值,带动更大的产业配套的形成。

(三) 人才科技竞争

区域政府在人才科技方面的竞争尤其激烈。

第一,人才科技竞争最根本的是重视人才与科技,确立人才资源是第一资源、科学技术是第一生产力的理念。围绕这一理念,实施人才战略,强化对人才的培养、引进和使用,在辖区内营造尊重知识、尊重人才、尊重科技的社会氛围,营造有利于人力资源形成、人才成长、科技创新的良好环境。人才的稀缺性、独特性、不可替代性决定了人才的高端价值性。从世界范围来看,哪个国家重视人才、重视科技,哪个国家就发展快、可持续。从中国区域政府来看,哪个地方重视人才、重视科技,哪个地方就发展快。比如,中国深圳的发展既得益于改革开放,更得益于改革开放以后对人才科技的重视。

第二,人才科技竞争最关键的是完善本土人才培养体系,加大本土人才培养投入,提高科技创新投入。区域政府通常会想办法加大在教育、培训的投入,特别是创业教育、科技创新教育方面的投入,提高教育培训投入在财政收入中的比重,提高从事教育培训行业的人员的待遇,形成结构合理的、有竞争力的高素质人才队伍,并不断形成普通教育与职业教育沟通、学历教育与非学历教育并举、继续教育与终身教育结合的教育体系,逐步实现高等教育大众化。区域政府对人才培养与科技的投入包括直接投入和间接投入。对教育、科技的直接投入包括:向所属学校和科研院所直接提供财政经费支持;通过课题经费、科研奖励、财政补贴等方式直接资助和激励个人和企业从事教育培训培育和科研活动。间接投入则包括教育、科技环境建设、平台建设,用良好的人才环境来吸引和留住从事教育培训和科技活动的人员。相关的研究表明,区域内科研环境的改善越明显,对科研创新的投入越大,对周边区域人才的吸引力就越大[1]。

第三,人才科技竞争最显著的表现是区域政府创造条件吸引人才。人才引进可以解决短期内人才供给不足问题,单靠本土人才培养可能会存在人才断层,不能满足区域经济社会发展的需要。而随着人才流动成本的降低,人才与科技逐渐成为最为活跃的市场流动要素。在国际上,科技人才在发达经济体与落后经济体之间出现双向流动的趋势,在一国之内,在经济发达与落后的区域之间,也越来呈现出人才双向流动的现象,要留住人才,不一定是看经济体发达不发达,更重要的是看有没有需要,有没有政策优势。因此,各区域政府开展人才竞争的最突出的方式就是人才政策的竞争特别是人才引进政策的竞争。区域政府能否提供丰厚的物质待遇条件,并在户籍政策、子女就学、配偶与家庭的支持、科研

---

[1] 周业安. 地方政府竞争与经济增长[J]. 中国人民大学学报, 2003 (1).

资助和税收优惠、社会地位、柔性流动方式等方面提供良好的条件，促使区域政府在这些方面展开博弈甚至开展政策竞赛。

第四，人才科技竞争最核心的是科技人才的引进和培养。从世界范围和历史贡献来看，科技人才是人才科技的竞争的核心，是实现科学技术是第一生产力的保证。科技人才最具有较高的创造力和科学探索精神，能为科学技术发展和人类进步做出科技贡献的人，是任何国家、任何地区的稀缺资源和宝贵财富。美国的"曼哈顿计划"，正是借助包括顶尖科技人才在内的53万各类科技人才，使美国率先掌握了核武器，从而赢得了反纳粹法西斯战争。在中国，科技人才同样创造了不尽的辉煌，"两弹一星"、载人航天、探月工程、载人深潜、北斗导航、高温超导、纳米科技、人类基因组测序，以及超级杂交水稻、汉字激光照排、高性能计算机等基础科学和工程技术科学方面的成果背后，都是科技人才的伟大贡献。

区域政府的人才与科技竞争体现在科技竞争力上。科技竞争力通过单位科技人才竞争力、科技人才资源指数、每万人中从事科技活动人数、每万人中的科学家与工程师人数、每万人科技活动人员总数、每万人口普通高校在校学生数、万人年科技人才投入指、科技活动经费支出总额、科技经费支出占GDP的比重、人均科研经费、地方财政科技拨款占地方财政支出百分比、人均财政性教育经费支出、地方财政教育支出总额、高校专任教师数等。区域政府的人才与科技竞争力的目标就是要改善以上指标，提高总体科技竞争力。

（四）财政金融竞争

在中国，从分税制改革以来各级区域政府实际上有了独立利益，成为具有市场竞争力的利益主体，因此，区域政府之间的财政与金融竞争也成了区域政府竞争的重要手段。区域财政竞争包括财政收入竞争和财政支出竞争。所谓财政收入竞争是区域政府通过追求经济的增长竞赛，提高税收。这是最根本的竞争，通过各级区域政府的政绩考核体系来加强。所谓财政支出竞争是通过扩大政府投资支出来增加社会的资本增量，从而促进经济的发展。从经济增长螺旋来说，财政收入和财政支出没有本质的区别，而对经济增长动力来说，财政支出才是最终的驱动力；再者，从区域政府的政绩动机来看，财政收入最终是为了财政支出，财政支出特别是投资支出才能有效体现政府政绩。因此，区域政府的财政竞争集中体现在财政支出上。相关研究认为，中国财政分权以及基于政绩考核下的区域政府的财政支出竞争，重点在获取基本建设投资上，其次才是人力资本投资和公共服务[①]。

区域政府财政支出除了财政收入以外，还可以通过区域内各类金融机构或投融资平台进行融资从而获得资金支持。这种方式在近几年受到区域政府的青睐。其原因在于：通过财政资金进行投资尽管是常规手段，但有很大局限性，因为财政收入受经济发展水平的限制，不能过快增长，因此总体规模总是受限的。再者，财政收入也不能依赖预算收入的增长，如果那样会影响企业的经营活动，影响居民的可支配收入和福利，会受到区域内企业和居民的反对。中国从2009年以来，各级政府搭建的各类政府性或政策性投融资平台，最大程度地动员本地区乃至全国金融资源用于本地投资资源，产生了金融竞赛的局面，在金融总量既定的条件下，区域政府必须采用不同的金融竞争策略，吸引各路资金进入政府

---

① 傅勇，张宴. 中国式分权与财政支出结构偏向：为增长而竞争的代价[J]. 管理世界，2007（3）.

所能运作的金融机构或金融平台，从而获取尽可能多的金融资源。投融资平台的建设目的就是吸引资本，包括国内的民间资本、海外资本、当然也包括国家的投资以及各级政府的投资。从整个资本市场来看，资本的数量总是有限的，区域政府就必须采取利率优惠、税收优惠、支出优惠以及土地和相关政策等其他方面的优惠，来吸引资本流入，从而迅速提升当地的经济绩效。相关研究指出，区域政府土地竞争中工业用地协议出让价格是招商引资的重要手段，区域政府之间的这种土地优惠价格战其实质就是投资争夺战，从深层次来看，实际上是区域政府之间的金融竞争的手段[①]。

（五）基础设施竞争

区域政府改善发展环境的竞争，即区域政府生产和供给各自不流动的"产品"（包括硬的公共物品即基础设施特别是城市基础设施等硬环境和软的公共物品，如智慧城市等软环境）的竞争，是区域政府追求利益集合最大化的竞争，这种竞争不仅能够实现辖区居民利益和区域政府官员个人及集体利益的最大化，而且也能够维护国家的整体利益，从而有利于促进区域经济的协调发展。硬环境的竞争，从大的方面来讲，主要包括基础设施建设和产业配套环境的改善。基础设施建设是指高速公路、港口、航空等交通，电力、天然气等能源，光缆等信息化硬平台，污水处理厂等环境治理，等等；旨在通过建立完善的基础设施支撑体系，为投资者创造便捷、高效的基础设施服务环境。

产业配套环境是指围绕区域内已有的主导产业的培育来营造良好的上下游产业配套环境，或为了"无中生有"地培育一个新的产业而有针对性进行产业配套环境的营造。比如，世界各国的工业园区、创业园区的建设，以及中国各级区域政府进行的开发区的建设。

软的基础设施建设现在越来越重要，也成为区域政府竞争的一个重要领域。最有吸引力的软的基础设施的建设主要是智能化建设，包括大数据平台建设、云计算平台建设和智慧城市建设。这些软的基础设施的建设一般通过项目化实施，所以区域政府竞争的形势通常也表现为项目化竞争态势。

区域政府致力于基础设施环境的改善，是因为基础设施对经济社会发展具有支撑和引导功能，能促进地区经济加快发展，同时也有利于保证国家利益的实现和促进区域经济的协调发展，从而实现区域政府利益集合的最大化。支撑功能表现为一个区域的基础设施体系必须能够支撑一个地区的经济社会发展；也就是说，一个区域的基础设施体系供给要能够适应一个区域经济社会发展的需求，其支撑程度如何，表现为超前型、适应型、滞后型三种基本类型。超前型，指一个区域的基础设施供给水平超前于一个区域经济社会发展的需求，造成基础设施供给过剩；适应型，指一个区域的基础设施供给水平基本适应区域经济社会发展的需求，既不会造成基础设施供给水平不足，也不会造成基础设施供给水平过剩；滞后型，指一个区域基础设施供给水平滞后于一个区域经济社会发展的需求，造成基础设施对这个区域经济社会发展的瓶颈制约。区域政府在改善基础设施环境方面进行竞争，就是要使本区域基础设施建设水平基本适应本区域经济社会发展的需求。如果考虑本区域经济社会发展潜力的充分发挥，基础设施建设水平适当超前于本区域经济社会发展水

---

① 张清勇. 中国地方政府竞争与工业用地出让价格［J］. 制度经济学研究. 2006（2）.

平也是合适的。但如果过于超前,就会使基础设施供给严重过剩,部分基础设施的供给能力处于闲置状态,造成基础设施供给的边际效益和资源的利用效率下降;如果过于滞后,就会使基础设施供给不足,使得经济社会发展能力得不到充分发挥。基础设施供给能力是"木桶原理"在起作用,它的供给水平不是由最长的那块木板所决定的,而是由最短的那块木板所决定。区域政府竞争的目的就是要避免短板的存在。

基础设施的引导功能是指一个区域的基础设施体系在市场竞争机制和产业关联机制的作用下通过其提供的服务对区域社会经济结构、规模和空间布局起引导与反馈作用,如信息化基础设施的建设,就能引导运用信息技术改造传统产业、发展高新技术产业和现代服务业等。例如,纽约是世界上最大的金融中心、信息中心和北美的重要水陆交通中枢,同时也是工业基础雄厚的区域,它的发展首先是基础设施引导出来的。首先是因为优良的贸易港口,引来加工工业集聚;工业集聚后要求有先进的物流配送,于是产生了发达的交通运输和贸易业,而无论是工业集聚还是物流业都要求金融和信息业的密切配合,于是金融功能和信息中心的功能开始强化基础设施的支撑功能和引导功能又具体地通过提高生产率和改变生产环境来实现对区域经济增长的贡献。基础设施服务,如运输、供水、电力、信息等,是生产的中间投入,任何这种服务成本投入的减少都会提高生产的效益。基础设施服务的改善提高其他生产要素(劳动力和其他资本)的产出率。例如,交通基础设施条件的改善减少了人们的通勤时间、提高了物流效率等,由此导致生产要素产出率的提高。从基础设施的这种作用看,基础设施条件的完善与否是影响区域经济增长差异的一个重要因素,这也是区域政府进行基础设施竞争的重要动因。

(六)环境体系竞争

基础设施建设其实也是环境体系竞争的重要组成部分,所以这里的环境更主要的是指区位环境、人文环境、服务环境和信用环境。区域政府环境体系的竞争主要表现在以下几方面。

第一,区域政府通常通过宣传自己的区位优势来获得竞争优势。区位优势表现在交通位置、地理位置、经济位置(经济资源优势)等体现的比较优势。比如,中国昆山临近上海、珠三角临近港澳、佛山临近广州,在发展早期甚至现在都离不开区位优势。在中国改革开放初期东莞市利用特定的地域优势、廉价的劳动力、较低的土地价格和优惠的开放政策,迎合了港澳台和国外的产业转移,迅速发展成为世界IT业的加工中心。昆山在学习了东莞的经验之后,也如法炮制,以同样的手段大量吸引台商投资企业,使其成为中国的另一个IT业制造中心。

第二,区域政府通常通过提升服务软环境来获得竞争优势。比如昆山提出"政策不足服务补"、政府的"保姆式服务""全民亲商"等行动优化服务环境,提高投资的吸引力。依法办事、阳光执政,这是优化区域服务环境的基础和前提条件。服务环境是区域软实力的核心,当一个区域硬实力不足时,就需要这种软实力来弥补。中国福建古田县就是通过强化政府服务来优化软实力环境,从而有效地促进了在外企业家返乡创业。再比如,北京海淀区有个中关村,朝阳区则有一个望京,二者都是互联网公司聚集区,都在想办法吸引互联网公司入驻。两者比的是什么?就是比政府服务水平。哪里服务水平好,哪里创业氛围好,哪里就能吸引到更多的互联网公司。

第三，区域政府还可以通过塑造良好的人文环境来获得区域竞争优势。比如珠三角和长三角在人文环境方面就有明显的区别。珠三角的人文精神可以用"重商、务实、融合"来概括。珠三角的年轻人毫不掩饰对财富的向往和渴求，追逐财富是他们人生的最重要目标，即使是文化上的应用也要求最直接和最有效。而长三角的人们在文化等诸多领域一直底蕴深厚，注重科技和教育，关心自我和家庭的一种持续发展。正因为各自有不同的人文环境，两个区域的经济社会发展的历史轨迹也有不同的表现。区域政府通过提倡和营造一个良好的具有现代意义的人文环境作为实施竞争的重要手段。人文环境，在一定意义上已变成对投资成本的考核。对于一个企业，它所看重的人文精神包含当地人力资源的优秀性，比如，具备现代意识、商品意识；有勤勉的民风、开放的心态、温和的民众性情等。这些因素能够有效降低企业的法制风险、经济风险和经营风险。因此，人文精神是提升城市竞争力的一项重要因素，一个城市最大的竞争力就在于把每个人变成"归人"，而不是"过客"。对一个地域和城市来说，竞争到最后就是人文环境，看你能不能为民营企业的发展提供一个好的人文环境，让企业家不仅在这里创业，更在这里守业。对于那些在中国长江三角洲投资的企业来说，人文精神绝对是他们当初看重的一个要素。明基电子决定到中国内地投资设厂的时候，中国的珠江三角洲的深圳、东莞一带已经聚集了一批台资工厂，构造了一个比较齐全的 IT 制造业配套环境。因为长江流域自古以来人杰地灵，这里的人性格温和、生活愉快、工作踏实，与苏州明基追求永续经营的企业文化相契合。明基电子终于成为第一家在苏州新区投资落户的台商。

第四，区域政府的社会信用体系的竞争越显其重要。随着区域经济社会的发展，社会信用体系建设不断成为区域竞争的重要手段和保障。一个成熟的社会信用体系所能发挥的功能，不仅能整顿和规范区域市场经济秩序，同时还能将政府管理和社会监督相结合，提升区域政府管理效能。区域政府通过加快推进社会信用体系建设，构建本区域包括信用信息采集、管理、使用、公示、发布的信用体系平台，并出台失信信息曝光等惩戒措施，来提升区域治理水平和区域信用竞争力。

中国张家港市信用体系建设是比较典型的案例。2012 年，张家港市成立了市社会信用体系建设领导小组，开始了全市信用体系建设工作。2014 年，挂牌成立张家港市公共信用信息中心，主要负责公共信用信息的归集、处理和相关服务。在制度建设上，张家港市于 2014 年出台了两个地方性制度文件：《张家港市社会信用体系建设实施意见》和《张家港市企业信用信息管理办法（试行）》。前者主要从宏观层面对张家港市社会信体系建设作了要求，明确了主要任务、目标和保障措施等内容，使全市的社会信用体系建设工作有了基本框架。后者则是对企业信用数据采集方面作了规定，规范了张家港市企业信用信息的征集、发布、使用和管理等活动。2014 年，张家港市启动"公共信用信息服务平台"一期项目，协调工商、国地税、质监、法院等部门，建立起信息共享通道，形成具备信息更新机制和法人信息库。法人信息库较全面地采集了市内所属企业的信用信息数据。截至 2014 年年底，共归集本地 40582 家企业的信用信息 70 多万条。在信用信息应用方面，张家港市也进行了初步尝试，主要做了诚信口户网站——"诚信张家港"、商家信用查询的 APP 以及推动企业信用贯标。"诚信张家港"网站于 2014 年 6 月上线，重点突出了信用信息查询、红黑榜、曝光台和信用信息评定等信用信息公示功能。

（七）政策体系竞争

区域政府除了在上述各方面展开竞争之外，更为重要的是在政策体系方面展开的竞争。政策体系的复杂性、多样性和结构影响的广泛性，这方面展开的竞争会影响到区域经济、社会发展的各个方面。从这个意义上来说，政策体系的竞争是最根本的，因为财政金融、软硬环境、基础设施、人才科技等都会受到政策竞争的影响。政策区域政府之间的政策体系竞争分为两个层次：一是各个区域政府向国家政府争取优惠政策或先行政策试点的竞争；二是区域政府在自己的权限内出台各种有竞争力的政策。

中国的制度变迁方式是国家政府供给主导型的制度变迁方式，国家政府给区域政府规定了政策的底线和准入，政策"蓄水池"在国家，池里的水何时放出来、如何放、放给谁取决于国家，因此实验推广成为"蓄水池"放水的一个重要方式。因此，争取试点权成为区域政府竞争的重要内容，需要"跑政策"。政策实验意味着有机会政策先行先试、意味着国家给予的各种优惠政策、意味着政策风险会降到最低。历史上的经济特区、计划单列城市、国家级开发区，以及现在自贸区等都是在这种情况下发展起来的，没有先行先试，也许就没有今天。区域政府能够争取到某些优惠政策和特殊待遇，就能为区域经济的发展和区域预算收入的最大化创造重要条件。

除了跑政策的竞争以外，区域政府在自己权利范围内出台各种符合自身条件的政策，这些政策只有具有先进性，才有竞争力，才能获得政策红利。先进性表现在政策体系其实是一种政策创新的竞争。一个区域要获得政策竞争的潜在收益，就必须有一定的先进性、预见性、超前性，超前于其他区域政府。比如商品市场，要获得超额利润，就必须保持产品的先进性。由于政策本身是公共产品，具有非排他性和效仿性的特点，一个区域有了，其他的区域可以仿效，所以同一政策可能在不同区域同时出现，一旦被模仿并超越的话，就会降低本区域政策的潜在收益。

某一区域政府相较于其他区域的政策竞争力取决有某项政策在本区域有没有、别人知不知、政策好不好、政策行不行以及政策效果大不大。所谓政策有没有是指是否出台过某项政策，比如有没有人才政策、投融资政策、土地政策、培训支持政策等，是不是通过正式文件下发。所谓别人知不知就是政策是否广泛的宣传，深入人心或口口相传，使施策对象能够非常清楚地了解政策内容。所谓政策好不好就是政策适不适合于当地经济、社会的发展，内容是不是全面，条款是不是清晰，可操作性强不强。所谓政策行不行就是指政策的执行情况，有没有专门机构、专人对政策负责，政策执行力度大不大，政策执行情况有没有检查、考核和监督。所谓政策效果大不大是指政策对施策对象有没有较好的正面效果，能否得到他们的正面评价，在区域之外是否有示范性，能否真正为区域经济、社会的发展带来资源的汇聚。

上述几个方面必须具有一致性，不能背离，特别政策的制定和执行要配套、要一致。在实际生活中，我们经常看到区域政府出台了很多政策，但是由于执行不到位，因此整体效果差，不能体现竞争力。以中国宁波市为例，从 2010 年至 2015 年，宁波市出台有人才规划方面的政策文件 7 个、人才引进方面的政策文件 13 个、人才培养方面的政策文件 10 个、人才选拔方面的文件 2 个、人才流动方面的文件 8 个、人才奖励方面 8 个、人才考核评价方面文件 12 个、人才保障方面的政策文件 14 个。尽管这样，但是人才的使用、执行、监管等方面可依据的文件偏少,比如,现有的政策对人才引进后的约束与监管方面存在缺位;在对待引进来的人才或技术团队如何为企业服务,如何充分挖掘这些人才或团队的潜能来为企业服务方面的条款很少见;现有的人才法规,对企业人才的工作职责规定不够明确等,由于部分人才政策缺失,导致整体人才政策执行的缺位,因此,相应的人才政策目标难以完全实现,最终导致整体执行效果并不理想,相关政策在中国浙江省范围内没有竞争力,达不到政策初衷所要求的目标。

(八) 管理效率竞争

区域政府的管理效率是区域政府行政管理活动、行政管理速度、行政管理质量、行政管理效能的总体反映,是对区域政府的行政能力、执政能力、服务能力的综合评价,既要体现区域政府"做什么",又要体现区域政府"如何做"。所谓"做什么"就是行政的合规性,这里面有三个标准:第一,合法性标准。行政是否符合宪法、法令、法规以及党的路线、方针、政策;第二,利益标准。即行政结果是否符合党和国家的基本利益,是否有利于区域内经济、社会的发展;第三,质量标准。行政过程是否符合规定的程序,是否遵守预算控制流程。"做什么"是基础,是底线,是准绳。所谓"如何做"就是行政的效率性,这里面有四个标准:第一,数量标准。单位时间内完成的行政工作量;第二,时间标准。规定的期限内是否完成行政目标;第三,速度标准。完成行政任务是否坚持了"最短时间原则"或"最快速度原则";第四,预算标准。是否节约了行政成本,是否坚持了人力、物力、财力的预算,即看其是否严格控制预算,在一定预算指标内完成相应的行政任务或更多的行政任务。这里前三个标准之间实际上可以相互转化,因此本质上就是一个标准,只是计算的方式或看问题的角度不一样。

当然,区域政府行政管理效率还包括微观效率和宏观效率,组织效率和个人效率。所谓微观效率是指单个行政主体或部门或个人所表现出来的行政效率;所谓宏观效率是指区域总体来看,一定时期内经济与社会的发展,可以用经济增长指数或社会发展指数来衡量。所谓组织效率是指特定行政管理单位机构从事行政管理活动和提供公共服务的时效、办事速度、投入产出比率等,是对行政服务单位机构总体性的评价。所谓个人效率是指个人效率,指特定行政人员在履行职责过程中所体现的时效、办事速度等,是对具体操办事务的行政服务人员的办事效率评价。

基于上述的理解,区域政府管理效率的竞争主要通过下列方式来表现:

一是区域政府行政管理服务总体合规性评价。如果区域政府行政机构、部门或相关人员非法行为太多,不讲法规,不遵规矩,不守纪律,办事不讲程序,行贿受贿,利用权力寻租行为泛滥。该区域行政管理服务没有竞争性。

二是区域行政管理服务流程的通畅性和信息的透明性。如果办事流程是清楚的,时间节点和任务节点是清晰的,政府相关机构或部门之间少有互相推诿、扯皮,责权利非常清楚,且信息是公开透明的,有相应的服务信息指导或咨询平台,就能保证管理服务的公平公正性。该区域行政管理服务就有竞争性。

三是区域行政管理服务的效率性评价。如果区域政府行政机构、部门或个人提供管理服务时理念正确、服务意识良好、态度端正,且业务熟练,处理事情不会引人而异,时间观念强,能够集中办事、减少距离、减少时间等等。该区域行政管理服务就有竞争性。

因此，管理效率的竞争本质上就是服务意识的竞争、工作态度的竞争、任务责任的竞争、工作技能的竞争以及信息技术平台条件的竞争。区域政府通常通过树立良好的服务文化，培养管理队伍的服务意识、工作技能和职业素养，同时能利用信息技术平台加强联络与沟通，实施一站式服务来提升管理效率。近几年在各省市的工业园区普遍实行的一站式服务，其目的就是要提升管理效率，进而提高招商引资的竞争力。

第四节　区域政府竞争核心

区域政府之间不管是财政金融竞争、人才科技竞争、软硬环境竞争、基础设施竞争，还是政策制度竞争、管理效率竞争，其实都需要创新，创新是区域政府竞争的核心。在世界各国或在各区域政府的财政资源、政策资源等基本面都差不多的情况下，区域政府之间凭什么竞争？主要是凭创新。创新是原动力，创新是竞争力，持续的创新就是持续的竞争力。

创新有不同的层次和内容。美国学者佛雷德·里格斯（Fred Riggs）认为创新（变革）有三个层次，即技术层次、制度层次、思想行为层次[①]。成思危先生认为政府创新包括技术创新、管理创新和制度创新，本质上都是制度创新[②]。刘靖华先生把政府管理创新分为观念创新、制度创新和技术创新三个层次：宏观层面的政府管理创新——主要是指政府管理模式的创新和理念的创新；中观层面的政府管理创新——主要是指具体的政府管理制度的创新，主要包括管理决策制度、管理监督制度、机构设置制度、公务员制度、行政审批制度、户籍管理制度、社会保障制度、政府绩效评估制度等方面的创新；微观层面的政府管理创新——主要是指政府管理的方式、方法的创新。宏观层面的创新会决定着中观和微观层面的创新；反过来，微观和中观层面的创新也会影响和制约宏观层面的创新[③]。创新目的是为了有效配置内部资源和最大化汇聚外部资源。

我们认为，区域政府创新应包括技术层面的创新、组织层面的创新、制度层面的创新和思想层面的创新。从区域政府创新的内容看，它包括理念创新、组织创新、方法创新、技术创新、制度创新、服务产品创新等等。创新是区域政府竞争的核心。

一、理念创新

理念创新就是既要符合客观实际，又能开拓发展的新观念、新思想；既能脚踏实地，又能高屋建瓴。因循守旧，闭关自守，作风懒散，都会跟不上时代发展的步伐。竞争需要创新，创新首先要的是理念创新。超前理念、服务理念、竞争理念、责任理念、开放理念等需要有一个不断提升的过程。

区域政府需要超前理念。超前就是要打破思维定式，突破现状、突破自我，敢为人

---

① 佛雷德·里格斯. 行政生态学 [M]. 台北：台湾商务印书馆有限公司，1981.
② 成思危. 促进创新的主要措施 [J]. 创新科技，2005（10）.
③ 刘靖华，姜宪利. 中国政府管理创新 [M]. 北京：中国社会科学出版社，2004（7）.

先，敢于挑战，充分发挥区域政府的经济导向、调节、预警作用，依靠市场规则，借助市场力量，通过投资、价格、税收、法律等手段和组织创新、制度创新、技术创新等方式，有效配置资源，形成领先优势，促进区域经济科学发展、可持续发展。

区域政府需要服务理念。要将行政观念、管理观念转变为服务者观念，服务市场、服务企业、服务社会。服务理念包括：第一，所有区域内市场参与者和社会民众都是服务对象；第二，政府行为以扶持服务、监管服务、开拓服务、创新服务为主；第三，服务满意度是衡量服务水平的核心标准；第四，服务以服务对象的需求为转移。在这个过程中，政府是公共产品和公共服务的提供者，区域范围内的民众、企业和机构是公共产品和公共服务的需求者。以色列的创新竞争力在世界首屈一指，一个重要原因就是以色列的各级政府将自己定位为服务型的政府，政府各级公务员将自己定位为服务者的角色。特拉维夫市政府从创业者的角度考虑，提供尽可能完善的政府行政服务和基础配套服务，创业团队只要进驻众创空间，他们花费很少的租金，就可以在城市CBD——罗斯柴尔德大街旁办公，同时享有相关的服务和资源。2004年起中国开始进行服务型政府建设，并确立了服务型政府的四项职能，即经济调节、市场监管、社会管理和公共服务，贯彻了服务理念价值，提高了中国各级政府的总体行政水平。

区域政府需要竞争理念。市场总以为竞争是企业之间的竞争，而不存在政府之间的竞争，但实际上，只要资源有限，区域政府与区域政府之间竞争就存在。区域政府特别是领导团队一定要有竞争意识，要有强者精神和敢于拼搏的勇气。中国区域政府从东部到中部、到西部，经济差距具有阶梯性，产生这种差距的原因除了资源禀赋的差异外，更重要的是竞争观念和竞争力的差异，从东部到中部到西部，区域政府间的竞争意识也是呈现梯度递减状况。

区域政府需要责任理念。它需要强化区域政府的以责任为基础、以保证服务对象的利益为归属来与其他区域政府进行竞争。在责权利中，"责"在前，"利"在后。坚持责任意识首先要有责任主体，任何事务、任何行为、任何后果都要有责任者；其次要有责任评价，用评价体系来评价责任承担结果；最后要有责任监督机制和责任奖惩机制，区域政府真正成为承受责任、承受评价、承受监督和惩罚的主体。

区域政府竞争需要改革开放理念。中国佛山市多年来开展辖区内的经济行政区域竞赛，各区域之间在人才引进、科技创新、创业管理、园区建设以及产业链对接等各方面相互学习、相互合作、相互竞争，互促改革开放，形成了共同发展与繁荣的良好局面。

二、制度创新

制度创新是区域政府创新的基础和保障，是区域政府竞争的集中表现。制度创新将思想、理念落实到操作层面上，使思想、理念指导实践成为可能。没有制度创新，其他创新难以有持续存在的基础。对于区域政府而言，如果把制度当作公共产品来提供的话，创新应当包括公共服务制度、公共安全制度、社会福利制度、住房制度、医疗卫生服务制度、社会就业制度、教育培训制度、收入分配制度、基础设施建设制度、公共环境保护制度等等。但是，当我们主要围绕着区域政府市场竞争的具体制度来讨论创新时，这些制度实际上就是基于前述基本制度层面的具体政策、措施和方法的总和。相对于市场中的微观主体企业和个人而言，区域政府的宏观创新成本可能要远远低于企业和个人的微观创新成本之和。如果此成本越低、收益越大，那么构成的区域制度创新竞争优势就越明显。

2000 年以来，中国在创建服务型政府的过程中，各区域政府推出的"一站式服务"模式，就是典型的具有操作性又有竞争力的制度创新。2000 年 10 月，南京市推出全国首家"政务超市"①，开展"一站式服务"。此后，天津市实施"并联审批、超时默许"② 的行政审批制度改革；哈尔滨市、成都市等也开展办事环节的一审一核制，有效地推进区域政府的政务服务。随着移动互联网的发展，包括移动互联、政务 APP、微信公众号等在内的各类"移动政务"的悄然兴起。中国在政务超市、移动政务等方面流程简单、灵活方便，节约了时间和成本，提高了政府工作效率，节约了社会资源，通过制度创新提升了竞争力。

世界各国也在围绕竞争进行"制度创新"，以色列是其中成功的案例。为了扶植、激励创新，以色列实施了诸多政策和措施，制定了一系列法律、法规和细则。1985 年以色列颁布了《鼓励工业研究与开发法》，规定了政府鼓励和资助工业研究与开发的一般原则，即由政府提供被批准的研究与开发项目所需资金的 30% –66%。这个法律非常具体、明确，可操作性非常强，有力地促进了高新技术产业的创造、发展、运用和推广。2002 年，以色列又通过了《税收改革法案》，对主动性资本（如风险投资、证券交易、直接投资等）收益税做了重大调整，以推动高新技术产业发展。2011 年，以色列颁布了"天使法"（Angel law），鼓励处于早期阶段的高技术公司投资行为，符合资格的行为主体投资者，只要投资于高科技私营企业，就能够从所有渠道的应纳税所得中减去他们的投资数额。同时，以色列实行严格的知识产权保护制度，通过《产权法》《商标条令》《版权法》等法律对知识产权予以有力保护。为了推进产学研合作，以色列从 1993 年初推行了"磁铁计划"使产学研结合形成常态，鼓励实业集团与学术机构组成合作体，共同开发关键的通用技术。政府对申请"磁铁计划"资助的项目进行评估，主要指标包括经济优势、出口和就业潜力，革新技术和共性技术，企业参与程度等。纳入"磁铁计划"的每个项目由企业、科研机构等若干成员组成的研发联合体承担，周期为 3~6 年，为政府、孵化器及孵化企业三者之间建立了激励与约束机制，为高校和科研机构的科技成果迅速转化为生产力提供了快捷的通道。其主要采取以下三项制度。

第一，以色列政府加强对技术孵化器的引导，直接或间接提供孵化器日常运作的经费。每个孵化器都是一个非营利组织，政府可给予工资和行政管理费用。每个孵化器下的孵化企业在两年的孵化期内，工贸部首席科学家办公室给予孵化企业批准费用的 85%，每年最高可达 15 万美元。孵化企业成功后，政府则规定孵化企业的 20% 股权属于孵化器所有，其市场销售额的 3% 返还给政府的孵化基金。由此，以色列政府为推动高新技术产业的发展，不仅资助初创企业，也直接资助孵化器本身。

第二，控制孵化企业数量，保证孵化质量。以色列政府对每个孵化器做出硬性规定，即每个孵化器只能孵化 8~15 家初创企业。这一总量控制的规定，从数量上确保了孵化器对每家企业进行深度孵化的可能性。创业者带项目成立公司后，政府从人、财、物上全面

---

① 所谓"政务服务超市"就是类似于商品超市，将政府服务汇聚于一定实体平台范围之内，可以缩短服务时间、提高办事效率。

② 所谓"并联审批，超时默许"就是相类似的审批业务集中在指定的某一窗口，如果某一项目不能按时审批，一旦超过某一时限，则视同该项目主管部门默许同意。

委托孵化器深度孵化初创企业。孵化器首先帮助创业者组建创业团队，同时全权管理初创企业的财务，然后帮助初创企业制订商业策划书、制订研发计划、寻找合作伙伴等一系列业务，并规定两年内企业不得随意转让股权和期权。

第三，政府对孵化器建立严格的考核监督机制。每年年初以色列政府与孵化器签订年度目标责任书，在年终考核后政府给予20万元左右开支费用。而且，每个在孵项目都由孵化器与政府签订协议，政府不与在孵项目负责人签协议，政府将项目基金的责任，全权赋予孵化器。政府严格控制批准每个初创企业的预算、工作计划、工作节点等，每半年孵化器要向政府上交项目汇报书。这些运行方式使孵化器必须担负起高度的政府基金的资助责任。

第四，孵化器的运行必须保证产学研的有机结合机制。以色列孵化器是政府支持的独立法人实体，其董事会成员组成有来自政府、企业界、研究所、大学、中介等代表，这一组织充分发挥了产学研相关各方的作用。而孵化企业的董事会则由发明者、孵化器代表、投资方代表等构成。

以色列的这些政策、制度创新具体明确，针对性强，可操作性强，具有很大的创新性和对创新创业者的吸引力，成就了以色列的"创新创业者天堂"之梦。

三、组织创新

区域政府组织创新是区域政府组织管理的优化，特别是组织管理结构或组织管理机制的优化，既包括区域政府层面的组织管理优化，也包括区域政府内部机构的组织管理优化。组织创新成为一种竞争，就是对不同的区域政府的组织管理效率进行比较而形成的优势。效率从一开始就是政府运作所要追求的目标，随着时代的发展和科技的进步，新的组织管理形式在不断出现，这些新的组织管理结构的出现无疑是为了更好地履行政府功能，提高政府的工作效率。比如，网络结构的出现更多是为了迎合公共产品和公共服务提供多元化的新的运作方式；大部制结构是为了解决因部门林立、职能重复交叉等导致的运作不畅的现象；矩阵结构的出现是为了在解决现有行政体制下横向部门的协调的同时，保持这些部门与上级部门的对应问题。

扁平化管理是一种组织创新。即区域政府管理层次减少，适度扩大机构管理幅度，将权责下沉。中国实施省直管县的改革就是这种情况。省直管县最初的口号是"强县扩权"。从结构上讲，在组织纵向的等级上减少了一个层次，也就是将省—市—县三级行政管理体制转变为省—市（县）二级体制。1992年，中国浙江对13个经济发展较快的县市进行扩权，到2002年有313项本来属于地级市经济管理的权限被下放到各个县级政区，内容涉及人事、财政、计划、项目审批等方面。浙江这一改革提高了县级区域政府的运作效率，有助于县一级政府调动经济资源和行政资源，取得了良好的效果。继浙江省后，安徽、湖北、河南、山东、江苏、福建、湖南、河北等多个省份都加入了省直管县的组织管理创新的行列。

矩阵制结构管理也是一种组织创新。中国区域政府通常采取的方式是在横向上将一些职能部门合并，并在此基础上减少人员，但这一合并往往因打破中国现行行政体制的上下职能对应关系而陷入困境。中国单一的行政体制具有纵向结构上的一致性，比如国家一级有文化部，省一级就有应对的文化厅，县一级就有文化局，乡镇一级就有文化站。地方的改革往往因打破这种条条上的一致性，而使改革无法深入。中国浙江富阳市以"专委会"的形式出现的矩阵结构在一定程度上缓解了这一瓶颈问题。富阳市建立了十五个专委会，每一个专委会都包含若干个职能部门。富阳市改革的特点是"对上依旧，对下从新"，改革在组织结构上保持原来部门的上下应对，但对下却是以专委会一块牌子来运作，也就是专委会对下有实权，可以把所辖各个职能部门的权力进行重新整合，解决部门之间难以协调的问题。比如，城乡统筹委员会涉及的几个部门在专委会建立之前是各自为政，导致惠农资金重复发放和浪费。在专委会建立起来之后，涉农资金就从各个部门全部整合到该委员会，由委员会统一管理，原来相关部门互不通气和互不协调的问题，在这里被打包解决，在实践中大大提高了行政效率。

大部制改革是一种组织创兴。中国顺德在改革开放过程中采用的大部制组织结构也是区域政府在组织创新方面的典型。大部制首先是精简机构，其次是党政部门合并，党委部门全部与政府机构合署办公，区委办与区政府办合署办公；两官合一，领导人党政兼顾。新成立的"部局"等一把手大多由区委副书记、区委常委和副区长兼任。大部制就结构本身而言，有它便于协调和相对集中管理的优点，即所谓的"合并同类项"。2008年后，中国从中央到地方逐渐实行大部制改革，组织创新带来了行政效率的提高。

美国政府围绕重振美国制造业问题也开展了一系列组织创新，包括政府职能的调整与集中、各类机构的新设等，提高了组织管理效率、促成了目标的一步步实现。2009年，美国总统奥巴马发表演讲，提出将重振制造业作为美国经济长远发展的重大战略。同年年底，美国政府出台《重振美国制造业框架》。随后美国政府从战略布局、发展路径到具体措施，逐步铺展，完成了制造业创新计划部署。2011年，美国政府正式启动"先进制造伙伴计划"，加快抢占21世纪先进制造业制高点。2012年美国进一步推出"先进制造业国家战略计划"，通过各项政策，鼓励制造企业回归美国本土。此项计划包括两条主线：一是调整、提升传统制造业结构及竞争力，二是发展高新技术产业，提出包括先进生产技术平台、先进制造工艺及设计与数据基础设施等先进数字化制造技术。组织创新带来了制造业竞争力的提高。

以色列的科技体制属松散型的多头管理型，由科技部、工贸部、国防部、农业部、卫生部、通信部、教育部、环境部、国家基础设施部等13个部门以及科学与人文科学院等机构共同组成了国家的科技决策体系，推动协调全国的科技工作。但以色列采用实行科技工作的首席科学家负责制方式，主要政府部门都设有首席科学家办公室。以色列政府还成立了首席科学家论坛，科技部长担任论坛主席，商讨科技政策的重大问题，从而避免了科技项目的重复投入或遗漏，促进了科技竞争力的提升。

四、技术创新

区域政府技术创新竞争主要表现在四个方面：一是对区域政府进行技术性改造，从技术上提升区域政府的行政能力；二是在区域内提供先进技术环境，通过优化技术环境来提高区域的吸引力；三是对区域内技术创新条件要求高、资金流量大、人员多、时间长，其他市场创新主体无力或无法承担的项目，由区域政府来组织进行技术创新；四是区域政府通过加大财政支持，帮助区域内其他市场参与主体（企业、科研院所或个人）进行技术创新。

电子化管理是区域政府技术创新的一个典型。20 世纪 90 年代以来，中国各级区域政府不断改进管理手段，对区域政府进行电子化改造，国家启动了电子化政府的建设工程。中国的电子化政府循着"机关内部办公自动化"——"管理部门电子化工程"——"政府上网工程"这一主线展开建设。在机关内部实行办公自动化的基础上，中国政府于 1993 年启动了"三金工程"，包括金桥、金关和金卡三大工程。其中，金桥工程是直接为国家宏观经济调控和决策服务的信息工程，它通过建设政府的专用基础通讯网，实现政府之间的信息互通；金关工程是为了提高外贸及相关领域的现代化管理和服务水平而建立的信息网络系统；金卡工程是推动银行卡跨行业务的系统工程。该工程是由国家政府主导的以政府信息化为特征的重点信息基础设施建设工程，是管理部门电子化工程的重要组成部分，1999 年 1 月 22 日，由中国电信和国家经贸委经济信息中心联合 40 多家国务院部、委、局、办的信息主管部门共同倡议发起的"政府上网工程"，主站点 http://www.gov.cninfo.net 和导向站点 http://vww.gov.cn 正式启动，面向社会提供信息服务。此后，各级政府的上网工程陆续启动，电子化政府建设全面铺开。把先进的电子政务技术渗入到公共服务的每个角落，大大提高了行政效率和区域竞争力。

网格化管理是一种新的数字化区域管理模式。它运用网格地图技术将某一地理管辖区域划成若干网格单元，把这些单元作为最小的管理和服务单位，每个网格配备相应的管理监督员，其职能是对其管辖的网格内的城市部件或设施进行监控，如发现问题，将信息通过通信技术传输到相关中心，中心以最快的速度找到相关的职能部门，然后由职能部门将问题解决。由于中心这一平台能够触及所有的职能部门，职能之间与部门之间的协调可以在这个平台上得以完成。中国浙江舟山市在此基础上进行了创新，即在网格管理中提供了服务的内容。这一网格管理遵循"以公众为中心的理念"，将全市划成 2428 个网格，在每个网格内建立一个由 76 个人组成的服务小组，称之为"网格化管理，组团式服务"。同时为网格的运作开发了一个综合性的集成式共享性的信息管理系统，大大提高了区域竞争力。

城市大数据中心或云平台建设也是区域政府技术创新的表现。中国佛山市在 2014 年引入大数据理念，建立各种管理云平台，比如社会综合治理云平台，对基层治理问题进行"一网式"受理、"一网式"解决。佛山市禅城区政府将下属辖区划分为 122 个网格，将城管、公安、安监、政法等部门下放到网格，同时成立区级和镇街级社会综合治理指挥中心。基层的网格管理员兼备信息采集、社区协管、纠纷调解等多职能；云平台则整合交通指挥中心、数字城管、应急指挥中心等，使市民可通过电话、微信、APP、网络等渠道反映问题。在遇到"疑难杂症"时，由区级或镇街级指挥中心组织一门式联合执法，多个问题一同解决。此举形成了区域政府新的竞争力。

以色列特拉维夫市政府为了帮助孵化器的发展，也建立了非常详细的各类企业的发展情况数据库，包括企业的规模、人数、区位、产品市场、发展阶段、生产规模、主要融资形式、当前的主要问题等。通过参考这一不断更新的数据库，并通过专业的金融分析工具，分析各类企业的最优融资模式和规模，减轻了政府的财政负担，也使得资本配置更加有效与合理。虽然大部分融资交由市场，但特拉维夫市政府依然举办各种创业竞赛，选出最优的团队，给予支持。政府一旦将资本注入之后，就将其所有权和使用权彻底交给企业、团队。企业失败，无须返回资本；如果成功，则需逐年返回资本。可见，各国区域政府建立各种大数据中心、信息中心、协同中心等,是对区域环境进行技术化改造,从而在市场竞争中获得了技术竞争优势。

另外,政府投资参与技术创新的案例各国比比皆是。以美国为例。2012年,奥巴马首次提出建设"国家制造业创新网络",建立了多达45个研究中心,加强高等院校和制造企业之间的产学研有机结合。2013年,美国总统执行办公室、国家科学技术委员会和高端制造业国家项目办公室联合发布了《国家制造业创新网络初步设计》,投资10亿美元组建美国制造业创新网,集中力量推动数字化制造、新能源以及新材料应用等先进制造业的创新发展,打造了一批具有先进制造业能力的创新集群。它包括:开发碳纤维复合材料等轻质材料,提高下一代汽车、飞机、火车和轮船等交通工具的燃料效率、性能以及抗腐蚀性;完善3D打印技术相关标准、材料和设备,实现利用数字化设计进行低成本小批量的产品生产;创造智能制造的框架和方法,允许生产运营者实时掌握来自全数字化工厂的"大数据流",以提高生产效率,优化供应链,并提高能源、水和材料的使用效率等。2012年,美国政府和私营部门联合出资8500万美元成立了"国家3D打印机制造创新研究所"。2013年,美国政府宣布提供2亿美元联邦资金,成立"轻型和当代金属制造创新研究所""数字制造和设计创新研究所"和"下一代电力电子制造研究所"等三个制造业创新中心。后来又成立了复合材料制造业中心。技术创新竞争力得到了进一步的巩固和提升。

第五节　区域政府竞争对资源配置作用

区域间的项目竞争、产业竞争、配套竞争、人才竞争、财政金融竞争、基础设施竞争、环境体系竞争和管理效率竞争等,是区域政府竞争的外在表现,区域间的理念创新、制度创新、组织创新和技术创新竞争,是区域竞争的内在核心区域竞争与资源配置,是一个问题的两个方面。资源配置是经济学的基本问题,区域政府竞争绕不开此一课题。区域竞争是由于区域发展的非均衡性造成区域之间要素的流动差异,实际上它体现为一个区域所具有的资源优化配置的能力,也就是资源吸引力和市场争夺力。由于资源的有限性和稀缺性,区域之间资源的分配总是存在着此消彼长的关系,区域间通过彼此竞争从而千方百计争夺尽可能多的资源配置权。区域政府竞争的基本经济目标就是要通过资源的优化配置,形成区域比较优势。其基本思路是:区域政府竞争获得区域竞争力,产生区域之间的比较优势,吸纳与汇聚资源,优化资源配置,从而实现区域可持续增长。因此,从外在来说,区域政府竞争力对三种类型资源配置产生有效作用力:一是促成内部资源的优化配置;二是借助区际分工,强调区域间的互补和协同共生,构建合作团队实施外部资源的优化配置;三是以制度创新、组织创新、技术创新为核心,着力打造自身区域的软硬环境,通过苦练"内功",提升潜在资源的优化配置。从内在来说,区域政府竞争力对可经营性资源、非经营性资源和准经营性资源等三种资源配置产生有效作用力,包括三个方面:一是区域政府辖区内的自我资源的优化配置及其效率性;二是辖区外部稀缺资源的流动和容纳,形成大区域的资源优化配置及其效率性;三是区域内外部资源的协调与匹配,形成新的资源优化配置及其效率性。

一、区域政府竞争对"可经营性资源"配置作用：提高生产效率

可经营性资源实质上是生产商品的资源、企业资源和产业资源，是市场经营的资源，不是区域政府直接经营的资源，充分保持着可经营性资源的市场纯洁性。区域政府应采取不干预政策、鼓励与扶持政策、反垄断政策、风险处置政策来保证市场在这部分资源配置中的决定性作用。这个"市场"是企业的"市场"，不是区域政府的"市场"。因此，区域政府的竞争促其可经营性资源有效配置的作用：就在提高其生产效率。这是因为：

第一，可经营性资源经营主体的微观性。可经营性资源的经营主体是企业而不是区域政府，企业的微观性就是它的个别性、具体性，企业无法通过在区域范围内对可经营性资源进行调节只有区域政府才具有宏观性、中观性，可以从区域范围对可经营性资源进行调节。

第二，可经营性资源的经济性。区域政府要创造条件保证区域内企业实现经济利益的最大化，从而实现区域政府辖区经济利益的最大化。

第三，可经营性资源的流动性。从某种意义上说，可经营性资源是逐利的，哪里能实现其最大的利益功能，可经营性资源就流向哪里。区域政府的功能是要打破边界，实现资源充分自由流动。这就是可经营性资源优化配置的本质。

对于可经营性资源，区域政府一方面要创造条件保护其微观主体性、经营经济性和自由流动性，因此区域政府不直接经营、不直接干预。但另一方面，并不意味区域政府无所作为，其实区域政府就是要通过竞争形成比较优势，形成可经营性资源吸引力和容纳力，实现可经营性资源的"跨界向我"流动。所谓"跨界"就是突破区域边界，依赖市场自由的力量，使可经营性资源能够在区域之间自由流动。所谓"向我"就是所有的区域政府都希望资源向自己区域流动。为什么能向自己流动？因为本区域的生产是有效率的，可经营资源的要素边际生产力是相对高的。

如图 5-5，假设有两个区域，区域 1 和区域 2，横轴为可经营资源的某种生产要素，纵轴为边际生产力。区域 1 的边际生产力曲线 VMP1 低于区域 2 的边际生产力曲线 VMP2。N11 的边际生产力为 W11，N12 的边际生产力为 W12，N21 的边际生产力为 W21，N22 的边际生产力为 W22，先假设 N11 = N21，N12 = N22，且为同质的生产要素。如果该生产要素只在区域 1 内生产，则当生产要素从 N11 变到 N12 时，只增加了 S1 的生产力；但是如果是自由流动的，该生产要素可以自由地从区域 1 流动到区域 2，当从 N21 变到 N22 时，其增加的面积为 S2，很显然 S2 大于 S1。这个意义在于：如果保持生产要素的经济性，即让可经营资源的生产要素自由流动，则生产要素会向生产效率高的区域流动；其次，从 1+2 的总区域来看，这种流动有利于扩大总体生产效率，提高总体经济效益。这就是可经营资源配置的效率。

很显然，这种配置效率的实现基于两个条件：第一，没有什么力量来干预，而让可经营资源自由流动，其经济理性会向生产效率高的区域流动；第二，维持区域内总体较高的边际生产力。对于区域政府竞争来说，对于第一点不能施加力量阻碍可经营性资源流动，这就是不直接干预、不直接经营的要求。对于第二点就是要通过内力来提高区域竞争力，其实质就是提高总体边际生产力，要想办法帮助企业进行技术改造，提升行业整体生产水平，进而提高总体边际生产力。

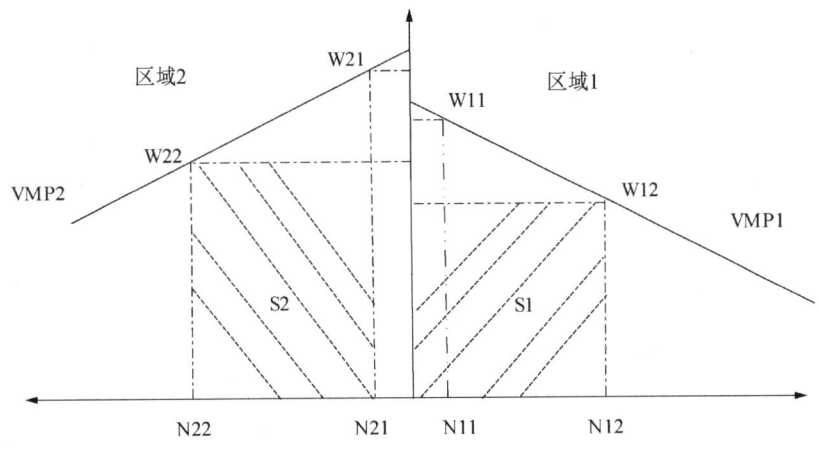

图 5-5　区域要素边际生产力及其流动效应

二、区域政府竞争对"非经营性资源"配置作用：优化发展环境

非经营性资源实际上就是区域政府辖区内的所有社会公益产品和公共物品的总和，是区域政府直接管理的资源，因为其非排他性和非竞争性，使其不符合经营性资源的逐利原则。这是非经营性资源与可经营性资源的最大区别。区域政府的一项重要职能就是配置非经营性资源，是非经营性资源的配置者，从而优化发展环境。这是因为：

第一，非经营性资源配置的非经济性。区域政府配置非经营性资源的目标是通过优化投资环境来间接获得经济利益的最大化，体现在营商环境的改变而带来投资机会的增加。

第二，非经营性资源配置具有相对稳定性。非经营性资源不可能在区域之间自由、低成本地跨界流动，从这个意义上说，非经营性资源具有"不动产"的特点。区域政府对非经营性资源要保持相对稳定、固化，才能保持非经营性资源对区域环境营造的稳定性。

第三，非经营性资源配置主体的宏观性。非经营性资源具有非经济性，配置主体只能是区域政府而非市场参与的企业或个人。区域政府从区域准宏观的角度来配置非经营性资源，以实现其配置的均衡性，从而优化总体区域的宏观环境。

第四，非经营性资源配置在区域之间的竞争性和排他性。比如，中国广州图书馆对广州市民免费开放，但对外地市民未能免费开放，必须收费或有其他条件的限制。这种区域政府之间带来的竞争性和排他性，有争取环境比较优势的作用。

区域发展环境是区域为吸引投资所提供的各种条件的集合，是一个动态的多层次和多因素的综合系统，既有硬的环境也有软的环境。区域政府对非经营性资源的竞争来自两种途径：其一是向上竞争来获得直接的非经济性资源。即通过向上级区域政府获得更多的项目、优惠政策，或更多的财政支持和转移支付来改变区域的硬环境。二是通过自我优化来间接获得非经营性资源。即通过理念的改变、文化的塑造、政策引导、服务的提供等来优化区域内的软环境，以吸引更多的经营性资源或非经营性资源的汇聚和容纳。不管哪种方式，都是有利于区域发展环境的改造。所以，从这个意义上说，区域政府对非经营性资源的配置作用，实质是在优化发展环境。

三、区域政府竞争对"准经营性资源"配置作用：促进全面可持续增长

准经营性资源的实质就是介于社会公益产品、公共产品和企业资源之间的资源。对区域政府而言，准经营性资源是最有"竞争性"的资源，是最能激发区域政府竞争欲望的资源。因为准经营性资源介乎可经营性和非经营性之间，具有天然的弹性，既可以是经营的，也可以是非经营的；既可以是排他的，但在一定条件下也可以是非排他的，其尺度可以由区域政府根据自己需要来界定、拿捏、操控。当区域政府感觉可经营性资源不足的时候，可以适度将准经营性资源变成可经营性资源，以增加区域内的纯私人产品；当区域政府感觉非经营性资源不足的时候，可以适度将准经营性资源变成非可经营性资源，以增加区域内的纯公共产品。区域政府对准经营性资源的竞争既看重其经济性和经营性，也看重其非经济性和非经营性，同时更看重其在二者之间的灵活性和弹性。由于区域政府和准经营性资源的这种关系，因此对于准经营性资源来说，区域政府的竞争功能是多元的：

第一，提高资源配置效率。从区域政府来看，资源配置效率既有非经营性资源的配置效率，也有可经营性资源的配置效率，更有准经营性资源的配置效率。非经营性资源配置效率取决于其稳定性，可经营性资源的配置效率取决于其自由的流动性，准经营性资源的配置效率介乎二者之间，但可以由区域政府驱动。在区域之间，准经营性资源具有适度的流动性。就是这一特点，促进了区域政府之间对准经营性资源的配置。当区域非经营性资源配置效率偏低时，可以适度增加准经营性资源来弥补；而当可经营性资源配置效率偏低时，又可以适度增加准经营性资源来弥补。

第二，提高生产效率。准经营性资源和可经营性资源一样，在完全竞争条件下也可以根据边际成本等于边际收益来配置，这一模式的生产效率最高，可以实现经济利益的最大化。如图5-5一样，当区域2的边际收益高时，与区域1相比，同样的要素增量可以得到更多收益。

第三，可以形成先发优势。准经营性资源对于区域政府来说，最大的优势在于其可以多种模式的利用。区域政府在财力可为的情况下，可以单独开发利用；也可以与企业市场其他微观主体共同开发利用；也可以与区域政府之间合作开发利用。比如BOT模式、PPP模式等，都是非常好的开发经营模式。一般来说，对于区域政府来说，谁对这些资源的界定越清楚，谁开发利用的模式越多，谁就可以形成先发优势，提高区域的竞争力。

第四，促进可持续发展。区域政府对于准经营性资源的竞争，由于既有政府的参与管控，又有区域之间以及多个市场主体之间的激励与约束，因此相对于可经营性资源而言，不会过度竞争、过度开发利用，这样反而会促进可持续发展。从世界各国来看，反而是准经营性资源配置相对是合理的，不会有产能过剩。因为准经营性资源恰恰能利用政府和市场的双面优势。

四、区域政府竞争对不同类型资源管理的政策意义

（一）鼓励、扶持"可经营性资源"的加快发展

可经营性资源毕竟代表纯市场经济的方向，在区域政府辖区内，区域政府更多的是充当监督者、管理者和调控者，而不会直接作为微观经济的主体直接参与竞争，只有在区域

与区域之间，通过资源流动来实现区域政府与区域政府之间的竞争，通过比较优势和区域竞争力来获得资源汇聚与容纳，从而提高生产效率。

第一，加快发展"可经营性资源"就是要注意维护区域内市场配置功能。政府绝对不要参与和企业及其他微观主体之间的竞争，不能既当运动员又当裁判员。那么区域政府在经营上就不宜过多干预，而是尽可能将区域可经营性资源项目通过资本化手段、措施和管理方式，把这类区域资源交给市场、交给社会、交给区域内外的各类投资者去配置和经营。

第二，加快发展"可经营性资源"就是要注意区域内的宏观调控。避免过度竞争和过度流动。"可经营性资源"的逐利性使其更注意微观主体的个体或企业利益，不能兼顾整个区域内的生产和经济利益的平衡，这种平衡的实现还是要靠政府。

第三，加快发展"可经营性资源"就是要注意可经营性资源的供给侧结构性改革。从供给、生产端入手，通过解放生产力，提升竞争力促进经济发展，不断将发展方向锁定传统产业改造提升，新兴产业创新发展，加快扶持先进产业集群，创造新的经济增长点。

第四，加快发展"可经营性资源"更是要求政府在理念创新和制度创新方面更有作为。所谓理念创新在这里最主要的体现就是市场理念、企业自主理念、政府的服务理念。而制度创新则重点在于建立公开、公平、公正竞争的法制环境、竞争环境、生产环境和市场环境。

（二）完善、提升"非经营性资源"的配置功能

非经营性资源操之于区域政府之手，是区域政府在社会事业各项功能的集中反映，也是区域政府与区域政府之间竞争作为"优化环境制度"的主要对象。完善提升"非经营性资源"的配置功能有利于实现区域内社会公益和公共产品分布的均衡性，有利于提升区域内社会公益和公共产品的质量层次和规模档次，有利于营造更好的营商环境从而创造更多的财富。

第一，完善"非经营性资源"的配置功能要求在政府垂直管理时，上级区域政府对下级区域政府要适度放手，不要管控过严，下级区域政府在区域内的社会公益和公共产品配置方面要有充分的自主权、自决权和自治权。因为区域政府在有限的财政条件下也是有"经济理性"的，会在非经营性资源配置过程中发挥有限财政的最大效用。

第二，完善"非经营性资源"的配置功能要求保持区域政府与区域政府之间的适度竞争，即横向的适度竞争。对于非经营性资源来说，竞争是保证配置有效性的最好手段。上级区域政府应尽可能采用项目竞争等方式来实现促使下级区域政府提高竞争力，并实现大区域的社会公益和公共产品配置的平衡。但上级区域政府要防止过度竞赛、强者过强的马太效应，防止社会公益和公共产品在局部过度集中、过度优越的问题。

（三）创新、引领"准经营性资源"的效用发挥

准经营性资源可以在市场商品与公共产品之间摇摆，经常成为区域政府的"抓手"，有效开发利用准经营性资源，可以提高区域发展优势和区域发展竞争力。准经营性资源"经营性"特点可以在不同的区域上有所不同、也可以在不同时期不同的发展阶段有所不同。比如，公园的建设在经济发达区域具有经营性，而在经济不发达区域不具有经营性，

比如污水处理厂、高速公路等通常在建设资金回收期具有经营性，而资金回收以后可以成为公共产品。区域政府就是要创新准经营资源的开发利用模式和经营模式，BOT方式、PPP方式都是世界上比较成熟的准经营性资源经营开发模式，区域政府要努力去学、想办法去用。区域政府应善于创新各种投融资平台和协同开发平台，积极纳入社会资本，共同开发准经营性资源。

第六节 政府超前引领（GFL）是区域竞争关键

一、"理念超前引领"是"要素驱动"阶段的实质竞争力

"要素驱动"阶段，区域技术水平不高，创新能力不足，资本积累和管理水平都比较有限，经济增长主要靠劳动、土地或其他自然资源等生产要素在投入数量上的简单扩张来实现，且区域政府以获取土地财政为主要收入源泉。这个阶段的区域竞争手段也主要是以拼资源、拼价格为主，简单粗放，虽然短期内可以在区域竞争中获得优势并取得经济上的一系列的成果，但长期看这种竞争手段是没有发展潜力的，可复制性太强，容易带来对生产要素的过分掠夺，难于培育自己的核心竞争力，不具备可持续发展的基础，长此以往无异于"自杀"，而且会给经济发展带来极大的副作用，比如效率低下、技术进步滞后、资源枯竭、人才流失、社会矛盾激化等，最终可能会永久丧失培育核心竞争力的机会并深陷资源与经济衰竭的恶性循环中。

所以这一时期政府超前引领（GFL）的方向和手段至关重要，决定了未来区域发展的道路和走势，思路决定出路，理念的高度决定了整个区域发展的格局，而且一旦形成定势就会形成路径依赖，再重新打破的代价极大。分析这一阶段区域竞争要素的优劣势，首先必须要有长远的发展目光来确定当前的立足点和未来转型的模式框架，因此要素驱动阶段的规划相当关键，而规划首先要有先进的理念，也就是区域发展战略思维，所以"理念超前引领"才是区域竞争中真正的竞争力。

理念超前引领意在理念创新。区域政府的"理念超前引领"包括对区域要素的整体把握和调控思路，展示的是区域政府的视野和胸怀，也是对未来发展战略定位和发展模式的全面规划，是对区域政府的极大挑战。在要素驱动阶段，区域政府要在理念的层面上构筑长远发展的顶层设计，解决好发展方式和动力问题，明确区域经济长期稳定的基础和动力源，并且要做好区域内各生产要素的合理配置和协调发展工作，防止要素驱动对区域发展可能带来的不均衡问题，推动区域经济走得更稳。由于"要素驱动"型经济发展模式容易对资源造成掠夺开发和使用，所以更应当在最初发展阶段就坚持创新发展、协调发展、绿色发展、开放发展和共享发展的理念，避免过度的滥用，努力实现人与自然和谐共处，让经济走得更远。而且，在生产要素的配置上还应树立跨区域的全球发展理念，跳出自己区域内生产要素配置的局限性，坚持开放发展，解决好发展内外联动问题，防止在产业链上被压制在底端的要素供应方位置上，不仅开展各区域的充分竞争，更要在竞争中实现合作共赢，通过区域和双边的经济和金融合作，取得全球经济的稳定和发展。

二、"组织超前引领"是"投资驱动"阶段的竞争关键

"投资驱动"阶段，各区域竞争的主要手段是投资的规模扩大及其对经济增长的刺激。投资主要包括三大部分：基础设施投资、房地产投资和技术改造投资。投资在投资乘数的带动下对经济增长的促进作用是成倍扩张的，这是任何生产要素的投入所无法企及的，所以对企业、对政府都有着巨大的吸引力，以投资来驱动本区域经济增长、迅速在竞争中取得优势，是众多区域常用的竞争手段。经济学理论中对投资的经济增长效用有大量研究，凯恩斯的有效需求理论就一直认为经济增长和就业问题的解决需要投资的带动，投资是提高有效需求、扩张GDP的关键力量，尤其在经济低迷阶段，政府可以加大投资力度来扭转经济下滑的态势，以使经济走出低谷。在凯恩斯经济理论的基础上，哈罗德——多马经济增长模型进一步提出实现稳定状态均衡增长和充分就业状态均衡增长所需具备的条件，以及加速数与乘数相互使用所引起的经济周期繁荣阶段的累积性扩张与衰退阶段的累积性紧缩，① 从中都可以看到投资对经济增长的巨大驱动力量。

"投资驱动"阶段的问题主要是片面追求投资的短期刺激，容易形成"投资饥渴"、"投资依赖"、经济大起大落、技术与创新能力落后等一系列症状，如果没有对投资活动的有效组织引领，就会出现投资责任人缺位、粗暴决策、分散投资、重复投资、投资失效等问题。当前日本经济长期衰退，日本政府持续采用宽松的货币政策来刺激企业投资，甚至可以将利率降为负数，同时以投资为手段的财政支出也在不断增强，但日本经济仍未走出低谷，这里的原因固然很多，但日本文化导致的组织固化、市场难于活跃也是主要原因之一。所以要使得投资驱动阶段的经济发展稳定、有序的组织上的超前引领至关重要。

组织的超前引领意在组织管理创新，意味着区域政府必须对企业特别是房地产企业追求市场利益中的盲目投资、重复投资、无效投资进行事先的干预和规划，同时也要防止政府借助自身权利做出过分财政投资、基础设施以及盲目投资、无效投资等违反市场规律的不当行为。因此区域政府的竞争应以增强组织管理的规范性和创造性，提高组织管理效率、强化组织快速反应能力、贴近市场和企业服务等目标来进行。减少官僚制组织、合并职能部门、发展网络结构和矩阵结构、减少区域政府管理层次，适度扩大机构管理幅度，以更高的效率和灵活性有效提高投资产出。

三、"技术与制度超前引领"是"创新驱动"阶段的竞争致胜点

创新驱动意在技术创新和制度创新或模式创新作为区域经济发展的突破点。创新驱动阶段的核心是经济增长全过程、全要素的突破性创造和使用，是高智力活动的结晶，对整个人类社会发展都是飞跃式的质的推进，在经济发展驱动力上是最具爆发力的。从"全要素生产率（TFP）"的角度看，技术和商业模式创新是创新驱动阶段的核心驱动力，是有效满足乃至引领需求的发动机。供给侧改革就是要大力发展新的技术，通过技术进步来满足不断变换的需求数量和质量要求，并且能够在需求增长迟滞、经济发展徘徊的阶段以新的商业模式创造新的需求热点，不断把经济发展推向新的高度。比如美国的苹果手机，在上市之前，世界对苹果手机的需求是不存在的，但上市之后，人们发现在一个小小的手机

---

① 参见：吴易风等. 西方经济学[M]. 北京：中国人民大学出版社，1999.

上居然可以像个人电脑一样运行复杂的程序，实现繁多的功能，苹果手机这一新供给在消费者中创造了巨大的新需求，这种新的需求就意味着市场对创新的激励和认可，反过来又激励新一轮供给技术的不断创新与引领，形成供给上的模式创新，驱动了新的需求、新的需求反过来又激励供给的更多创新这样一种良性循环。与苹果公司一样，美国的谷歌、特斯拉、Facebook、Twitter等一大批高科技创业型公司成长壮大，共同将美国经济带入新供给扩张的上升周期。

但创新活动的发生和维持仅靠市场额趋利动机和个人智慧、兴趣是难以形成持久性、聚集性的穿透力的，创新的持续驱动以及创新需要凝聚的方向同时需要制度创新。比如，中国新能源汽车的井喷式增长和政府的扶持制度有很大的关系。制度创新形成的制度超前引领必然紧密结合技术的创新，有效地将技术创新纳入到制度激励和引领范畴，对共享经济、长尾经济、零成本经济等经济发展模式以及大数据、云计算、移动互联网、物联网、人工智能等新一代信息技术予以大力扶持，它将是区域政府的政策制度与经济、产业、科技等全方位的深度融合，必能不断催生新业态、新产品和新模式，发展新形势。在"创新驱动阶段"，区域政府在保护创新和鼓励创新的基础上，还应该本着鼓励创新、降低创新成本的原则，给创新活动建立宽松的环境，进而加强制度供给，有效保证市场准入，激发市场潜能。同时也应当通过制度引领来防止区域政府在竞争中对市场规律的破坏，抑制区域政府的恶性竞争，提高社会资金形成和配置效率。

四、全面超前引领是"财富驱动"阶段竞争的必然选择

经济增长的"财富驱动"阶段，人们以个性的充分发展、精神的高端享受、生活和工作的全面平衡为追求，服务业的创新会日新月异，资源与环境意识会越来越强，新的经济发展模式和个人的成长模式必将不断推陈出新，一切都是新的，一切都在变化中。

面临着这样一个丰富、多样且动态十足的经济发展阶段，政策引领的时机、力度、内容等都需要随时调整，政策制度本身的创新也在时刻发生。如果仅靠某种政策制度上的超前引领，必然无法跟上和有效管理区域经济的瞬息万变，甚至可能因为政策手段的片面性和滞后性成为区域发展的阻碍因素。经济发展的灵活迅捷要求多样性的政策制度相协调，全面的超前引领才是保证区域竞争优势的必然选择。既要在理念上跟上财富驱动时代的脉搏，也要引领财富时代的价值取向，保持经济发展的持续活力。同时也应在组织管理上采取更加灵活多变而又不失核心稳定的形式对财富驱动阶段的所有创新进行分门别类的服务和引领，打造反应快速、管理高效、服务细致的组织模式。在技术和制度的超前引领上，就更加需要开放、包容、公正、向上、颇具洞察力与预见性的顶层设计，为以技术创新为主导的各类创新提供持续的制度激励和保障。

【阅读材料一】

南海与顺德的竞争新"暗战"会创造怎样的未来？

2016年7月19日下午，在佛山市委常委、常务副市长、南海区委书记黄志豪，南海区区长郑灿儒的带队下，南海派出史上最大规模的党政代表团赴顺德考察。

南海与顺德间的"组团"互访正进入一个高潮期。去年以来，佛山市委常委、顺德区

委书记区邦敏、顺德区区长彭聪恩曾先后带队到访南海学习取经。

参观结束后，黄志豪和郑灿儒招呼区邦敏和彭聪恩在展馆前合影留念。这可能是两区历史上意味深长的一张合影：令人感兴趣的不是四位主官背后共计超4000亿元的经济体量，而是两地的新一轮PK将为佛山创造怎样的精彩未来。

一、南顺组团互访背后的新"暗战"

"去年来看这里还是一片空地，现在大家看到已经基本建成，而且9月份就可以办展览。"指着广东（潭洲）国际会展中心展馆，黄志豪为顺德的速度和效率"点赞"。

这个高规格的展馆项目，是顺德的得意之作，南海人同样能看到其背后的战略布局。"顺德把会展中心作为北部片区的引领项目，以此集聚科技、人才和资金，是非常有效的办法"黄志豪说，"不管是南海打造制造业创新中心，狮山做好珠三角国家自主创新示范区，还是三山做好粤港澳高端服务区，都要借鉴顺德这种做法。"

南海与顺德，这两个佛山的经济大区，在长期竞争的同时，也不忘互相学习比照。去年6月，佛山市委常委、顺德区委书记区邦敏就率队到禅城、南海考察，并在归来后不久提出了北部片区一体化战略，拉开了"开放战略"的序幕。今年5月，由区长彭聪恩带队的顺德党政代表团又再次赴禅城、南海考察，学习两地推动区域开放发展、一体化发展和创新发展的先进经验和做法。

在先后两次对南海的考察中，顺德党政代表团走访了三山新城、广东金融高新区、佛山高新区等重点平台和园区，这些参观点均对顺德有极强的对照借鉴价值。

地处广州南站的辐射圈内，南海三山新城与顺德陈村只有一水之隔，区位条件相似，但三山新城率先抢得"头啖汤"，提出要发展成为粤港澳合作高端服务示范区的核心载体。"三山新城过去是工业园区，自从广州南站规划出来后，敏锐地捕捉到了这个机遇，从十多年前就面向广州南站规划自身发展。"彭聪恩认为，陈村在发展定位上，可以好好学一学。

到广东金融高新区的考察也有学习、赶超的意味。位于千灯湖畔的广东金融高新区，是全省首个"金融·科技·产业融合创新综合试验区"。在彭聪恩看来，千灯湖片区与佛山新城有点相似，从无到有提概念、造环境。"尤其是整个规划具有坚定性和严谨性，在推动过程中更有耐力和定力。"彭聪恩表示，顺德应该学习南海的这种精神，既要敢闯，也要有定力。

两区互派党政考察团学习比照，一场你追我赶的区域发展"暗战"扑面而来。

二、南顺PK2.0：

1. 从规模比拼到创新大战。

如果放到更长的时间链条上看，两区之间的"你追我赶"其实始终存在。从最直观的GDP来看，顺德在2006年实现生产总值1058.42亿元，南海在随后2007年GDP也首次突破千亿。

而整个"十一五"期间，南顺两地发展势头同样迅猛。在"十一五"期末的2010年，顺德GDP超过1900亿元，南海GDP则达到1796.58亿元。两地仅仅相差一百多亿元，但顺德牢牢把握住了当时的领先机遇。

一个突出表现是，面对2000亿元这一大关，顺德比南海"跑"的更快。在"十二五"开局之年的2011年，顺德一举突破2000亿元大关，GDP达到2263.9亿元，开启了佛山县域经济的新阶段。而南海在两年后的2013年也随即跨入"2000亿元俱乐部"。

去年，佛山全市GDP一举登上了8000亿元大关，在这其中，顺德以2580亿元稳坐五区冠军席位，南海以2236亿元紧随其后。

另一方面，虽然在GDP一直领先于南海，但顺德的城市建设一度被视为其落后于南海的短板。自"十一五"以来，在广佛同城的带动下，南海千灯湖等片区的城市价值持续上升，成为同城化最大的受益者，令顺德人艳美不已。

如果说，在南海、顺德的上一轮PK中，GDP还是最大的焦点，那么此后随着区域发展转入"创新驱动"时代，两区之间的PK开始从规模比拼走向创新竞赛。

2012年年底，佛山宣布将建设国家创新型城市建设。此前在2012年初，佛山高新区核心区已移师南海狮山，这让南海在这轮竞争中抢占先机。此后仅在2013年，南海就新增高新技术企业52家，远远高于顺德的22家。

而顺德同样将财政、政策资源投向创新，让两地的创新竞争各有精彩。以2014年为例，这一年佛山全市5个省级创新团队全部落户顺德，全市十大专利企业顺德占5家。不少创新团队在进入佛山之前，都面临着选顺德还是选南海的选择题。

到去年，"傍大学"建设高层次创新研发平台成为两地不约而同的发力点。在顺德，华南智能机器人创新研究院高调揭牌，而密西根大学国际智能制造创新中心、佛山智能装备技术研究院则落户南海。

南海、顺德在区域新一轮开放层面的大动作同样影响深远。去年，在坐拥佛山西站优势的南海，粤桂黔高铁经济带合作试验区（广东园）建设工作现场会成功举办，推动达成粤桂黔高铁经济带研究院、广东会展中心等71个合作项目，投资总额超过1000亿元。

在"粤桂黔"抢占舆论焦点的同时，顺德启动了"北部一体化"建设，力推广佛同城轨道交通建设。从广州地铁7号线西延顺德段成功获批到推动东部、西南片区与南沙、中山、江门等地对接，顺德在区域开放领域的短板迅速补齐。同时，顺德还联合汉诺威、株洲等10个城市共同发起组建"中德工业城市联盟"，成为佛山新一轮国际化合作的标志性动作。

在新一轮区域开放的过程中，顺德、南海用一致的步伐，重点布局工业会展经济。在北部片区，顺德启动广东（潭洲）国际会展中心建设，并成功与德国汉诺威展览公司签订合作协议。

而在去年粤桂黔高铁经济带合作试验区广东会展中心则签约落户南海，总投资138亿元，计划在佛山西站核心片区内，建设以会展为主、集多元业态于一体的大型城市综合体及相关基础设施配套。

从建设创新型城市，到开启区域开放新阶段，两地的竞争与合作充满了想象空间。

2. 一场PK动员令给佛山带来什么。

尽管此前南海、顺德之间竞争发展对佛山全市的带动已经非常明显，但当佛山进入全新的发展阶段，南海与顺德的潜力和能量还需要进一步地得以激发。

"希望南海进一步发力，鼓励南海和顺德在市内竞争，形成合力。"今年4月，佛山市委书记鲁毅在佛山"两会"期间的一席话意味深长。

当时，在参加佛山市人大第六次会议南海代表团的分组讨论时，鲁毅至少有5次提到了顺德，他的这番话迅速成为两会期间的焦点。

这既是佛山市对南海、顺德开展新一轮竞争与合作的动员令,也体现了佛山发展的全局思路:鼓励两地各自发力,在发展中竞争;最终目的是依靠两地合力,引领佛山五区新一轮发展。

就在鲁毅参加南海代表团分组讨论的前一天,佛山市对外公布了"十三五"生产总值突破1万亿元的目标。而南海和顺德的区域竞合成果,将是佛山"万亿理想"的重要支撑。

南海、顺德的竞争与合力,将推动佛山哪些具体领域的发展?这与佛山当前的需求紧密相关。

制造业是佛山在城市竞争中的最大优势。在今年的佛山市政府工作报告中,"以智能制造为主攻方向,加快产业转型升级"被列为全年佛山八项重点工作之首。智能制造不仅事关创新驱动战略,也直接影响佛山引领珠西先进装备制造业发展的成效。

而能代表佛山,参与全省乃至全国智能制造竞争的企业、研发机构,主要集中在南海和顺德。其中,顺德去年启动了广东省机器人产业发展示范区建设,而位于南海的佛山高新区核心区则在2014年已成为广东省智能制造示范基地。

一个地级市内的两个区都拥有与智能制造相关的"省级牌子",在广东全省也不多见。正因如此,两地智能制造的合力更值得期待。

在产业经济领域,如何做强做大民营企业,是两地竞合的另一重点。目前,佛山两家"千亿级"企业美的、碧桂园全部位于顺德。鲁毅在今年全市"两会"就曾直言,"南海企业很强,但跟顺德相比,过千亿的企业目前还没有。"

佛山已把推动民营企业跨越发展作为经济工作的重要抓手。近日公布的《佛山市进一步加快推动大型骨干企业跨越发展工作方案》列出了各区培育大型骨干企业工作任务表,南海、顺德总量排在前两名。

城市治理现代化是佛山市力推的又一重点工作,这也与其产业升级息息相关。今年6月召开的佛山城市治理大会提出,该市要"从一般的区域性城市向现代化国际化大城市转变"。在区域开放和国际化领域,南海、顺德无疑还将继续上演各自的好戏。

南海VS顺德,不仅区与区之间PK,区内也有着多组遥相呼应的"对手",我们从四组PK来透视南顺竞争。

(1) 三山VS陈村:承接广州资源的新增长点。

三山紧挨广州南站,区位优势明显,近年来大力推进交通路网等基础设施建设,已经从最初的小地方变身为广佛竞相投资的热土。目前,佛罗伦萨小镇、丰树国际创智园等30多个重点项目已陆续进驻。三山不仅是广佛同城的重要阵地,也将是"粤港澳合作高端服务示范区"。

而顺德的陈村区位置与三山相似,从陈村经海华大桥到广州南站仅需5分钟车程,广州地铁7号线、佛山地铁2号线及广佛环线均途经陈村。陈村提出打造"广佛都市圈城央花园",主动出击承接广州外溢资源。据不完全统计,目前在陈村购房的置业者,超六成是广州客。站在轨道交通新风口,陈村将布局人才服务政策、营造宜居花城、发展民生实事,吸引高层次人才、优质项目进驻。

(2) 千灯湖VS北滘一体化:城市运营的高峰与追兵。

曾经的千灯湖是一片农田,如今的千灯湖是南海的城市中心,这是南海城市运营的杰作。千灯湖金融高新区概念提出到现在已有近9年时间，到目前基本成形。包括友邦金融中心、毕马威全球共享服务中心等200多个项目已正式投入运营，并吸纳了2万多名中高端人才就业。2015年千灯湖公园还荣获美国城市土地学会城市开放空间大奖。

去年6月，顺德提出"北部片区一体化"概念，同样是城市运营领域的杰作。经过一年建设，顺德北部片区城市、产业和公共配套建设成效明显。广州地铁7号线西延顺德段线于今年6月动工建设，佛山地铁3号线动工准备基本就绪；广东（潭洲）国际会展中心预计今年9月投入使用；中欧中心、图书馆等一批高端公共设施相继投入使用，中德工业服务区、中欧城镇化合作示范区、中德工业城市联盟等国际品牌进驻。

（3）广工大研究院 VS 顺德研发平台：智能制造"双创"之战。

在南海，广工大数控装备协同创新研究院和佛山市智能装备技术研究院是该区主要的智能制造创新研发平台。前者以超精密加工装备、数控与运动控制系统、机器人、3D打印和智能制造技术为核心，计划建成具有国际先进水平的创新型科研实体和开放式公共服务平台；后者计划打造多个机器人专业技术平台，并直接与国内机器人核心骨干企业进行合作。

顺德在该领域也有不少动作，针对顺德产业转型升级、机器代人的需求，顺德联合西安交大研究院、华南理工大学等单位共同联合建设了华南智能机器人创新研究院，着眼于机器人及智能装备关键技术突破及行业应用推广。

（4）南海家具 VS 顺德家具：智能制造时代的追逐。

位于狮山的佛山维尚家具制造有限公司是南海家具业转型的代表。依托IT技术创新实现"大规模定制"先进模式，近年来实现个性化营销、柔性化生产、社会化物流的"C2B+O2O"业务运作模式，迅速从传统家具制造企业转型为高速发展的现代家居服务企业。另一家南海家具名企联邦家私则启用了互联网云计算系统，并引入VR系统，让顾客快速完成家装的个性化定制，把数字化技术贯穿到设计、生产和运营。

顺德家具产业主要集中在龙江和乐从。全国每五家家具生产企业中，就有一家是龙江人所办。乐从家具商贸市场在世界家具业有着广泛的影响力；但上规模的顺德家具企业少。龙江家具企业平均从业人员在30人左右，90%的家具企业为小额纳税人，年纳税额30万元以上的不足百家，呈现出"满天星星不见月亮"的市场格局。乐从也存在同样的问题，"前店后厂""马路商贸""家庭作坊"等为数不少。

【阅读材料二】

加拿大"招商引资"是怎么做的？

招商引资，在发达国家同样是一项重要工作。

最近，温哥华总部促进局全球商务之家业务开发总监张康清正在和多家中国企业接洽。作为一家以PPP模式运作的非营利机构，温哥华总部促进局将帮助其他国家的企业尤其是亚洲国家的公司到温哥华建立自己的商业平台，中国正在成为重点招商对象。

越来越多中国资本正向北美挺进。加拿大出版的《投资北美》杂志在创刊号上打出这样的大标题："北美迎接中国资金时代到来！"

温哥华所在的加拿大BC省（不列颠哥伦比亚省）与美国接壤，是加拿大通往亚太地区的门户。BC省国际贸易、亚太策略及多元文化厅厅长屈洁冰正在筹备今年的中国招商之旅，她在接受南方日报跨国调研组专访时表示，该省与中国市场的经济协作正从资源型合作迈向科技创新领域的合作，从一线城市向具有巨大发展潜力的二三线城市迈进，佛山就是BC省十分看好的一个区域。

一、盯紧中国二三线潜力城市

每天，西雅图艾弗雷特波音工厂都要接收来自全球各地的零部件和组件。1000多名供应商通过卡车、铁路、空运和海运，从全球各地将部件运送到这里。

距离波音工厂不到两百公里，是加拿大BC省主要城市温哥华。"波音公司就在我们家门口，我们的航天零配件产业发展得很不错，很多零配件生产可以与中国制造合作。"屈洁冰正在把国际贸易的重点投向大洋彼岸的中国。

最近一段时间，屈洁冰和她的团队开始忙着筹划今年的中国招商之旅，今年9月将在佛山举办的第二届珠江西岸先进装备制造业投资贸易洽谈会引起了她的浓厚兴趣。屈洁冰表示，除了和北京、上海、香港等一线城市保持良好的经贸往来外，目前BC省正积极开发中国的新兴市场，进军佛山、青岛、杭州等具备巨大发展潜力的城市。

去年初，她带代表团访问广东、江苏和浙江等地，走访华为、阿里巴巴等企业，寻找合作机会。在她看来，BC省在信息技术、数码传媒、生命科学、清洁能源与环保技术等方面都拥有中国所需要的技术，双方的合作前景极为广阔。

"中国正在以无可比拟的方式跃上世界舞台，所以在加拿大的全球市场行动计划中，中国被视为主要市场。我们的目标是参与到中国的飞速崛起之中，帮助加拿大商业界抓住这个历史性的机遇。"《投资北美》杂志援引了加拿大联邦财政部长奥利弗的这样一段话。数据显示：从2003年到2013年，中国累计投资加拿大125个项目，总投资金额402亿加元，平均每个项目投资规模达到3.22亿加元。BC省2014年对华贸易额达到63亿加元，比十年前增长了375%。

屈洁冰认为，中国经济发展较为稳定，中产阶层对高品质的产品有着大量需求，蓝莓、三文鱼等BC省产的农产品海产品也开始摆上中国家庭的餐桌。她表示，广东是中国经济发展的龙头，BC省是加拿大的亚太门户，两者之间有不少相同点、共鸣点，未来将主要推动与广东的合作。屈洁冰向调研组提起这样一个细节：华为正在与加拿大公司合作在温哥华打造"5G生活实验室"，测试开发下一代光纤无线网络技术。"BC省和广东企业在信息共享、合作和投资方面有很多机会。"屈洁冰说。

加拿大中国企业家协会会长尤伟说，广东乃至中国投资者近几年在加拿大企业发展中扮演了更活跃的角色，而现在仅是开始，未来还有更大潜力。

不仅仅是加拿大，在美国，跨国调研组同样感受到来自中国资本的强劲风力。在曾经诞生Logitech、PayPal等知名企业的硅谷顶级孵化器Plug and Play，走廊的签名墙上最近三年中国的签名越来越多。PlugandPlay中国企业合作总监熊宠乔介绍，UCWEB的海外办公室从2010年以来一直设在这里，PlugandPlay每年接待来自中国的访客超过8000人次。

"越来越多中国创投资本、产业资本到硅谷找项目、找技术。"熊宠乔说。

二、一年引进5家中国企业

爱康集团北美总部在两个月前正式落地温哥华。张康清是这一合作的背后推手之一。作为温哥华总部促进局全球商务之家业务开发总监，他和团队每天挖空心思想的就是如何把企业总部拉到温哥华。

去年，BC省专门成立"温哥华总部促进局"（HQ Vancouver），以吸引国际企业到BC省设立总部。未来三年内，加拿大联邦政府、BC省国际贸易厅、BC省商业理事会将分别向该机构出资195万加元、338万加元和122万加元。

张康清介绍，温哥华总部促进局的运营由BC省商业理事会成立的一个专门团队负责，由政府出资、社会化运作，也就是PPP模式。作为一个非营利机构，温哥华总部促进局提供的都是免费服务，譬如提供投资信息、进行各种咨询、提供商业项目等，为加拿大和亚洲等地的企业合作牵线搭桥，安排外国企业在不列颠哥伦比亚省进行商业考察等。

不同于国内各地的招商部门，温哥华总部促进局服务的对象是在这里设置北美总部的企业。"简单来说，企业的决策程序要在这里完成，董事会在这里开，企业的融资、管理主要是这里完成。"张康清说，总部促进局成立短短一年多时间，已经先后引进7家企业在温哥华设立北美总部，其中包括中国光纤、保利文化、南京置业等五家中国企业，现在正在洽谈的合作对象里也有广东企业的身影。

屈洁冰表示，机构总部可以产生直接的经济效益，包括创造本地优薪就业、提高课税基础、非直接商业服务的增长。他们还能产生行业集群，吸引供应链上的其他商业运作的增长。这会进一步创造就业机会和产生经济效益，同时提升当地劳力队伍的数量、技术和生产力。

"各地都在招商，竞争关系是不可避免的，我们的招商引资重在服务，让他们对这个地方的经营投资环境有信心。"张康清说，温哥华总部促进局更偏重于借力外脑和外力，利用各地驻北美的办事处收集信息，同时借助律所、会计事务所、咨询公司等专业团队与企业无缝对接，通过发达的信息网络，"不用在外面跑就可以知天下事"。

三、新经济时代的招商之变

从美国到加拿大，人工智能、物联网、虚拟现实等技术的突破使不少人认为"技术奇点"（singularity）时刻即将到来，创新驱动经济增长的潜力巨大。硅谷风险投资人、原腾讯副总裁吴军表示，互联网思维是用技术拓展对外连接，连接比拥有更重要。

在新经济时代，政府招商引资的运作方式也随之而变。依靠市场机制发挥作用，通过市场经济配置资源，政府部门退出主导位置让位于企业和其他社会组织，这种新型招商的趋势在美国、加拿大等地显得尤为突出。

来自硅谷的风投界人士介绍说，美国地方政府几乎不会直接出面招商引资，但多年来美国是国际投资者的首选地，主要原因就是这里具有完善的市场环境。美国、加拿大在招商引资方面建立了一套便捷的投资促进体系，比如透明、信用、公正、优惠、就业、法治、同等待遇等。

屈洁冰表示，在加拿大发展产业、招商引资的过程中，政府能做的是提供对经商有利的环境，同时推动科技的发展。"刚刚起步的高科技公司有人才、有技术，却没有可以抵押的资产，怎么贷款？"屈洁冰介绍，BC省在去年设立1亿加元的技术创新风险基金，希望解决这个问题，也以此吸纳中国的创新投资者。"科技公司需要人才、市场、创意和投资，政府无法包办这一切，但可助一臂之力。"

"在美国，政府能做什么、不能做什么分得很清楚。如果做一件事情能够赚到钱，政府是不投钱的，而是由民间资本去投资，美国政府主导的一般是近期内看不到结果的事情。"吴军认为，在科技创新、招商引资中需要处理好政府与市场的关系。

对于招商引资软环境的打造，有 39 年硅谷科技领域工作经历的创业导师 Bill Keating 深有感触。他表示，中国有强大的制造实力和巨大的市场规模，很多企业都希望进入中国市场。"如果加大对知识产权和专利保护等投资环境建设与优化，中国对美国公司将更具吸引力"。

资料来源：郑佳欣 何又华 龙金光 吴欣宁，南方日报　2016.5.6

【复习思考题】

1. 新制度经济学和公共选择理论对政府竞争有哪些观点？
2. 区域政府竞争理论包括哪些方面的理论？主要观点是什么？
3. 试阐述区域政府税收竞争理论的主要内容。
4. 区域政府竞争与区域经济增长有什么关系？其促进经济增长的前提条件有哪些？
5. 区域政府竞争对区域社会福利增长有什么影响？
6. 区域政府竞争与区域创新有什么关系？试阐述二者的作用机制。
7. 区域政府竞争形成制度创新的条件是什么？
8. 现代市场经济包括哪六个方面？
9. 区域政府竞争表现分为哪些方面？
10. 区域政府竞争核心是什么？
11. 区域政府竞争对资源配置作用是什么？
12. 区域政府竞争对不同类型资源管理的政策意义包括哪些方面？
13. 为什么说政府超前引领（GFL）是区域竞争关键？

第六章

成熟市场经济"双强机制"理论

亚当·斯密的《国富论》一经发表，便对西方经济理念产生了深远的影响，经济主体功利性的追求与"看不见的手"产生了一种强大的创富力量，推动了经济发展与社会的变迁，最后演变成了一种新的经济生态。价格机制作为一种资源配置的手段，表现出了对效率提升、经济结构优化与经济形态演变的强大动力。

经济发展的实质就是提高稀缺资源的配置效率，以尽可能少的资源投入获得尽可能大的效益。亚当·斯密之后的经济学家、无论西方经济学还是马克思主义政治经济学，都无一例外地承认市场经济在资源配置效率上无与伦比的强大功能，世界各国的经济实践也用国家发展的速度和实力证实了市场是最有效率的配置资源形式。市场决定资源配置是市场经济的一般规律，市场经济本质上就是市场决定资源配置的经济，这一点已经在理论界和各国实践中达成共识。

但是在世界经济的实践发展中，出现过两种主要的经济体制类型——市场经济为主题的经济体制与计划经济为主体的经济体制。随着世界经济的发展，这两种经济体制出现不断融合的趋势，政府与市场之间也不断发生交叉，政府经济行为的方式和结果越来越多地影响到整个经济总量和结构的运行，原有的经济理论体系框架不断被突破。世界经济发展实践中所反映出的市场的失效性、政府行为的主动性与竞争性、关键职能的多重性、市场与政府不同边界的产出率等问题，都标志着现代市场经济内涵中市场与政府的同生共存性，市场与政府在经济运行中到底如何发生作用以及如何匹配都是现代市场经济中的根本性的关键问题。

市场经济体制和计划经济体制作为社会资源配置的方式，解决在资源稀缺的情况下，以某种方式来决定一定时期，社会生产什么，生产多少，怎样生产及如何分配的问题。计划经济条件下，资源配置的决定者是政府计划，由国家政府制定一个无所不包的计划，指挥安排一切经济活动。而在市场经济下，市场价格这只看不见的手成为指挥人们生产什么，生产多少，怎样生产的决定力量。在现实经济中，纯粹的计划经济和纯粹的市场经济都不多见，计划经济作为一种完全排斥市场的经济体制，在现代国家中已经基本退出了历史舞台，但是计划作为调控经济的手段之一，还是被保留并经常使用。在市场经济体制中，并不是完全没有计划，市场经济体制国家也都有制定宏观战略与规划来参与资源配置，只是这些计划相对于市场而言是辅助性的、指导性的，市场机制仍是资源配置的决定性因素。

第一节　三种市场类型

根据市场在经济运行中的完备性和发挥力量的强弱，我们可以将市场分为弱式有效市场、半强市场和强式有效市场三种类型。通常而言，市场资源配置比较多关注"可经营性资源"，由于"可经营性资源"的完全竞争性和完全排他性，使得市场价格机制可以得到充分的发挥，那些遵循市场规律的市场竞争主体可以得到来自市场的充分回报，实现市场资源配置的高效性。"非经营性资源"的配置相对于市场而言，因其明确的非排他性和非竞争性，往往是市场无法完成的，所以这类资源的配置不归属于市场。还有一类"准经营性资源"的配置，市场可以在某种程度上介入，但在市场经济发展初期，这类资源的界定还不够清晰，市场也缺少完备的手段对这部分资源实施有效配置，所以关于"准经营性资源"的配置主体和配置手段是否明确和完善，也可以看作是市场经济"强弱"的一个标志。

1970年，尤金·珐玛（Eugene）针对证券市场提出了"有效市场"假说，即从价格的交易信息承载量上来判断市场的强弱。他认为，当价格反映了全部的市场信息或者说价格完全由市场决定时，它是"强式有效市场"，如果价格的决定包含了较多市场以外其他因素，它意味着市场是"弱势"的，介于二者之间属于"半强式有效市场"。在此，我们暂且不论其以价格交易信息承载量大小为标准来界定"有效市场"的强弱是否有合理内涵，但其对现代市场作用有"强式有效市场""半强式有效市场"与"弱式有效市场"之分还是非常赞成的。

本书认为现代市场作用之分应按现代市场体系发挥功能作用的状况或程度来界定。市场最初只具备"要素体系"和"组织体系"这两个要素，在发展过程中，"市场法制体系"和"市场监管体系"逐渐建立健全，到了市场发展的成熟阶段，也就是现代市场体系阶段，"市场环境体系"和"市场基础设施"要素也发展到相应高度，成为现代市场体系的重要组成部分。根据市场体系发展的进程，可以按照这六个要素的具备程度将市场分为弱式有效市场、半强式有效市场和强有效市场等三种类型。

一、弱式有效市场

（一）标志

"弱式有效市场"是指只具备"市场要素体系"和"市场组织体系"的市场，对于资源类型的划分还不够明确，市场该负责哪类资源配置还处于一种自发的探索阶段，一般出现在市场经济的发育初期。

（二）内涵

"市场要素体系"是各类商品市场和要素市场构成的体系，包括可供交换的商品、商品的卖方和买方。商品既包括有形的物质产品，也包括无形的服务，以及各种商品化了的资源要素，如资金、技术、信息、土地、劳动力等。各类市场的最基本运行要素就是指价格、供需和竞争等。"市场组织体系"则是指在社会分工的基础上，各类市场在价格机制的引导下形成一个有机联系的整体，具体是指由各种市场要素组合而成的各类市场实体及市场中介机构。其包括各类商品和生产资料的零售市场、批发市场、跨境贸易机构等，以及各种专业劳动力市场、金融机构、技术信息交易机构、产权市场、房地产市场等中介组织，它们相互联系、相互制约，有效调配市场要素开展各类生产和服务，提高市场运作效率、实现市场运行体系下的组织发展和消费效用的最优化。"市场要素体系"和"组织体系"意味着市场在资源配置中发挥着基础作用，无论消费还是生产，基本都可以纳入到市场体系中，所以具备这两个要素的市场可以称之为"有效市场"。

但只具备这两个要素的市场又是"弱式"的，原因在于市场经济发展初期，虽然市场要素体系和市场组织体系已经初具规模，市场资源配置功能占据主导，但由于此时市场发育还不完善，资源尚未做出清晰分类，"可经营性资源""非经营性资源"和"准经营性资源"仍处于界限不清的混沌状态，在市场竞争简单逐利的动机驱使下，市场资源配置自然会出现只要有利可图便不分界线随意尝试的问题。加之此时市场结构不合理、信息不对称、缺少监管、缺少法制环境，一些本该由政府主导配置的"非经营性资源"也可能被纳入私人领域，权钱交易、垄断暴利等问题都有可能发生，既损害了市场效率也极大地破坏了社会公平。至于"准经营性资源"的概念还处于空白状态，在配置上更可能存在随意介入、随意抛弃的混乱境地。资源界定不清，就意味着市场和政府的资源配置界限不清，就一定会存在市场与政府之间的越位、缺位或错位问题，这些问题的发生都说明此时的市场距离公平公正、高效规范的现代市场模式还有一定距离。所以仅有市场要素体系和市场组织体系而缺少监管和法制体系的市场只能是"弱式有效市场"。

（三）历史时期

美国 1776 年建国至 1890 年之间的市场发展状况属于弱式有效市场时期。这一时期，美国认可自由放任（laissez-faire）的理念，市场经济要素体系和组织体系随着南北战争中北方的获胜得到了进一步的发展和完善，但反对政府干预经济的理念依然盛行，市场秩序处于自发状态，直到 19 世纪后期，当小企业、农场和劳工运动要求政府出面为他们调停时，这种状态才开始变化。因此这一时期的美国属于弱式有效市场阶段。

二、半强式有效市场

（一）标志

具备市场要素体系、市场组织体系、市场法制体系、市场监管这四大要素的市场可以称之为"半强式有效市场"，是在"弱式有效市场"基础上的市场体系的进一步完善，比如市场要素体系和市场组织体系依然是市场运转的主体，但在认同市场是配置资源主体地位的同时，也加强了市场法制体系和市场监管体系建设。在资源类型划分上，"可经营性资源"和"非经营性资源"的划分已经基本明确，但"准经营性资源"该如何界定以及如何提高配置效率仍然不够清晰。

（二）内涵

存在市场要素体系、市场组织体系，同时又逐步健全了市场法制体系和市场监管体系的市场经济，属"半强式有效市场"。市场法制体系是以规范市场价值导向、规范市场交易行为、契约行为和产权行为等为规制对象而形成的法律法规整体。它包括市场立法、执法、司法和市场法制教育等系列。市场监管体系则立足于保证市场公平竞争、商品和要素自由流动、平等交换，诚信守法、管理透明高效、运行受法治保障的市场监管格局建设，对地区封锁、行业垄断、价格欺骗、不正当竞争行为等进行有效治理，营造公平公正的市场竞争环境。市场法制体系和监管体系的建立健全能够有效保障市场机制的正常运行。

此阶段已经可以对资源进行大体分类并对市场与政府的资源配置界限做出划分——"可经营性资源"的配置由市场主导、"非经营性资源"的配置由政府主导的原则基本确定，二者资源配置领域的基本划分使得市场与政府的定位与职能更为清晰，减弱了政府对市场的过多干预，也增强了政府对市场的维护功能，资源配置的效率得到进一步提升。但由于此阶段对"准经营性资源"的划分界限还不清晰，配置手段还处于尝试阶段，所以市场在此类资源配置上还缺少成熟规范的操作体系，也会使得"准经营性资源"的配置效率较为低下。因此，这一阶段只意味着市场进入了"半强式有效市场"时期。

（三）历史时期

美国1890年至1990年期间的市场发展状况属于半强式有效市场，以建立反垄断的市场法制和监管体系为标志。1890年，美国国会颁布美国历史上第一部反垄断法《谢尔曼法》，禁止垄断协议和独占行为。1914年颁布的《联邦贸易委员会法》及《克莱顿法》则是对《谢尔曼法》的补充和完善。根据这些法律，一旦企业被裁定有垄断嫌疑，将可能面临罚款、监禁、赔偿、民事制裁、强制解散、分离等多种惩罚。一旦企业被认定违反反垄断法，就要被判罚三倍于损害数额的罚金。此后，美国的反垄断制度与实践经历了100多年的演进和完善，对垄断行为始终保持着一定的打击力度，形成了垄断和竞争动态并存的格局。20世纪90年代以后，美国政府反垄断的目标不再局限于简单防止市场独占、操纵价格等，对专利保护以外的技术垄断和网络寡头垄断也采取相应的打击措施，既创造了资本集中带来的规模效益，又保证有创新能力的中小企业获得良好的生存土壤，为美国经济发展提供不竭动力。

三、强式有效市场

（一）标志

"强式有效市场"是同时具备市场要素体系、市场组织体系、市场法制体系、市场监管体系、市场环境体系和市场基础设施这六大要素的市场，相对于"半强式有效市场"而言，"强式有效市场"又多了市场环境体系和市场基础设施这两个要素。这个阶段的"准经营性资源"概念已经清晰并且在该类资源配置上已经形成市场与政府的和谐分工，配置效率达到新的高度。这个时期意味着市场经济发展已进入到现代市场体系阶段。

（二）内涵

市场环境体系包括完善实体经济基础、企业治理结构和社会信用体系等三大方面。建立健全市场信用体系，以法律制度规范、约束信托关系、信用工具、信用中介和相关信用要素，并以完善市场信用保障机制作起点建立社会信用治理机制，是市场环境体系建设的重点。市场环境体系的日益成熟，意味着信息的全面公开透明，市场主体的竞争不再是凭借信息优势、依靠某个机会的爆发性增长，而是对市场竞争主体的管理能力，产品创新能力和渠道升级换代上的整合能力的比拼，市场竞争发展到了"系统管理"的阶段，不但要在某几个方面具备独特的优势，在各个方面都要建立相匹配的系统管理能力，实现内部管理、技术开发、市场营销等各方面的全面提升，产品的价格也真正体现了市场主体的全部竞争力。市场基础设施包括与市场相关的一系列软硬件设置集合，市场服务网络、配套设备技术、各类市场支付清算体系、科技信息系统等是现代市场经济体系的必备基础设施。对这些基础设施的登记、结算和托管，实现资本市场监管数据信息共享、推进资本市场信息系统建设，提高防范网络攻击、应对重大灾难与技术故障的能力才是市场基础设施建设的重点。市场大数据信息系统的建设和完善将市场价格的信息承载力推向新的高度。市场要素体系、市场组织体系、市场法制体系、市场监管体系、市场环境体系和市场基础设施这六个方面的现代市场体系要素共同打造了"强式有效市场"。

市场环境体系和市场基础设施的完善也为"准经营性资源"的界定和高效配置手段的完善提供了条件。比如市场环境体系的完善可以在政府和市场之间建立良好的契约关系，利于对处于二者交叉地带的"准经营性资源"开展资源配置的合作共赢模式，市场基础设施中的清算体系、风险控制系统等也为政府与市场的资源配置合作打开了更为广阔的空间。所以，现代市场体系要素的不断完善是与资源分类和配置手段的不断清晰化相生相伴的，六个市场体系要素的完备和"准经营性资源"配置的明确化是"强式有效市场"形成的重要标志。

（三）历史时期

就当今市场化强度最高的美国证券市场而言，应该处于半强式有效市场与强式有效市场之间。在公司收购活动中，收购消息封锁较为严密，对市场的冲击力度极小，保证了市场的相对公平性。而绝对的强式有效市场在现实中还没有出现。

美国从20世纪90年代开始的市场发展和成长状况，正在沿着这一趋势前进。按现代市场体系中的市场要素体系、市场组织体系、市场法制体系、市场监管体系、市场环境体系和市场基础设施等六个方面的成熟与完善程度来划分"强式""半强式""弱式"有效市场，能反映市场经济历史的本来面目与真实进程，又便于清晰界定、实际操作、实践评估。世界各国努力构建现代市场体系，能促使完善的市场功能在其经济发展、城市建设和社会民生中发挥出重要作用。

第二节 三种政府类型

对政府类型的划分仍要从资源的三种分类入手，即政府对非经营性资源、可经营性资源和准经营性资源的不同介入可以将政府划分为"弱式有为政府""半强式有为政府"和"强式有为政府"等三类。只关注非经营性资源的政府可以被称为"弱式有为政府"；不但关注非经营性资源，对可经营性资源也给予一定扶助的政府可以被称为"半强式有为政府"；而那种对非经营性资源直接配置、对可经营性资源积极扶助、对准经营性资源超前引领的政府则可以称为"强式有为政府"了。

世界各国政府实践和中国改革开放的成功经验告诉我们：为防范城市资源闲置浪费或城市建设管理低质无序问题，各国政府都会局部或大部分地把"准经营性资源"放置市场去开发、经营和管理。此时，其载体——即项目的股权性质与结构，必须符合市场竞争规则；其运营——即项目的投资经营管理，必须通过市场竞争手段。因此，一国政府对经济发展和增长的推动，表现为与其他国家或区域相比对三类资源的有效配置及与之相配套的政策措施优劣的相互比较和相互竞争上：①对"非经营性资源"的有效配置与政策保障，能促使社会协调稳定，提升和优化经济发展环境；②对"可经营性资源"的有效配置和政策匹配，能促进市场公开公平公正，有效提高社会整体生产效率；③对"准经营性资源"的有效配置和参与竞争，能推动城市建设和经济社会全面可持续发展。三种资源优化配置和政策配套，是一个大系统，是国家与国家之间的一个大竞争，是一个大市场体系的竞争。

一、弱式有为政府

（一）含义

"弱式有为政府"是指政府只关注"非经营性资源"的配置及相关政策配套，而对"可经营性资源"的配置和配套政策问题认识不清，向无举措。这种政府管理模式也常常被称之为"小政府"模式。

（二）特征

这种弱式有为政府推崇市场机制，思想与政策上尽可能限制政府在资源配置中的作用，行为表现相对消极和被动，只在"非经营性资源"较多的公共领域发挥作用，对经济领域一般采取不干涉的态度，以政府最小的权威来保障经济运行，尽可能依靠市场自身力量调节经济运行，哪怕市场调节需要付出较大代价或需要较长时间的恢复，政府也不能直接干预。因此，弱式有为政府通常将其职能收缩限制在"最小化"或是"守夜人"的这些基础功能（例如法庭、警察、监狱、防卫部队等）的提供上。同样，对国家权威的分散与下放也是弱式有为政府的特色，认为政府应将权威下放至小型的管辖范围（如区域和乡镇）而不是较大的管辖范围（如州和国家）。最后，弱式有为政府通常反对政府直接参与接济，反对在经济上进行财富重新分配和补贴。在政策安排上基本是低支出、低税率、低社会福利，强调个人的自由意志和自我负责精神。

二、半强式有为政府

（一）含义

我们可把只关注"非经营性资源"和"可经营性资源"的配置及相关政策配套的政府称之为"半强式有为政府"。这类政府在履行公共职责、社会保障等基本职能外，对市场运行状态也予以关注，或者在市场运行失灵时，运用有效需求或有效供给的相关政策措施进行宏观调控、调整和干预，防止经济陷入过度低迷带来经济运行中的重大损失与破坏；或者开始着手经济战略发展，对产业布局规划、引导，对生产经营扶持、调节，对市场竞争"三公"监管，调控物件上涨，控制失业率，以力图促进国家总供给与总需求动态平衡。但其对"准经营性资源"仍认识模糊，界定不清，政策不明，措施不力，效果不佳。

（二）特征

半强式有为政府对"准经营性资源"的内涵与界定不清晰，但对"可经营性资源"则在市场失灵时加以调控，主要特征如下所述。

1. 承认市场是资源配置的决定性力量的理念，但关注市场运行态势，不一味消极。
2. 对涉及整体经济布局和国计民生的重大领域的可经营性资源采取扶助态度，根据项目的战略意义和资产专用性程度选择扶助或干预方式。
3. 对容易产生"市场失灵"的经济领域给予调整和引导。
4. 对市场资源配置主体不愿意进入的领域，直接进入或者以适当的方式促成市场主体进入。
5. 政府对"可经营性资源"的调整和扶助具有一定的临时性和灵活性，主要以弥补市场调节不足为主。

三、强式有为政府

（一）定义

"强式有为政府"是指政府已能对"准经营性资源"进行准确界定并能够与市场协同配置，政府充分发挥其经济导向、调节、预警作用，依靠市场规则和市场机制，通过引导投资、引导消费、引导出口的作用，运用价格、税收、利率、汇率、法律等手段和引领制度创新、组织创新、管理创新、技术创新等方式，对"非经营性资源""可经营性资源""准经营性资源"等三类资源各自采取有针对性的政策措施，有效配置各类资源，形成领先优势，促进区域经济科学发展、可持续发展。因此，"强式有为政府"也可以理解为"超前引领"的政府[①]。

---

① 以下章节中，我们也把"强式有为政府"简称为"强政府"；把"强式有效市场"简称为"强市场"。

（二）特征

"强式有为政府"不仅关注"非经营性资源"和"可经营性资源"的配置与政策配套，而且参与和推动"准经营性资源"的配置和政策配套。其根据国家经济分类的三类资源，发挥政府的经济导向、调节、预警作用，依靠市场规则和市场机制，运用投资、消费、出口、价格、税收、利率、汇率、政策、法规等手段，开展制度、组织、技术、理念创新，有效配置非经营性资源，提升经济发展环境，有效配置可经营性资源，提升经济发展活力与协调性，有效配置准经营性资源，形成领先优势，促进国家全面科学可持续发展。它是各国参与世界大市场体系竞争的制胜路径。

1. 强政府可以通过积极经济导向的调节、预警形成区域竞争，推动经济发展。

在市场经济条件下，强政府的职能不仅是公共事务管理和服务，还包括协调和推动经济发展。例如，制定经济规范和维持市场秩序；保持宏观经济稳定，提供基础服务；培育市场体系，保证市场有序进行；进行收入再分配，实现社会公平目标等。强政府的双重职能，一方面代表了市场经济的微观层面，另一方面代表了市场经济的宏观层面，即国家政府宏观引领调控经济发展。

市场经济的竞争主体存在双重要素，即企业和政府。在微观经济层面，市场竞争的主体只有企业；在宏观经济层面，市场竞争的主体还包括强政府，形成两个层面的竞争，实现经济持续快速发展的"双动力"。

2. 强政府的"超前引领"（GFL）以市场机制和市场规则为基础。

在市场经济体制下，资源配置应该通过价格机制的作用来实现的。强调强政府，并非等于政府什么都要管，而是对"可经营性资源"放给市场去管，对"非经营性资源"交由政府管好，对"准经营性资源"，根据区域市场发展的成熟程度和社会民众可接受度，交由政府与市场共同处置。不适当的政府进入可能会妨碍市场的正常发育，从而导致更多的政府干预。反之，适度的政府市场行为界定预则不仅有利于社会目标的实现，还能促进市场的发育。发展经济学家阿瑟·刘易斯有一句名言："政府的失败既可能是由于它们做得太少，也可能是由于它们做得太多"[1]。所以必须依靠市场规则和市场机制来选择合适的政府市场行为界定，通过引导投资、消费、出口的作用，运用经济和法律等手段及各种创新方式，有效进行和指导三类资源的配置，形成领先优势。

3. 强政府引领目的是为了有效配置各类资源，形成领先优势，实现可持续发展。

对于政府的作用，有很多形象的说法，从最初亚当·斯密的"守夜人"，到凯恩斯的"看得见的手"，再到弗里德曼的"仆人"政府[2]，等等。而强政府的角色用"公仆"或者"保姆"来形容都不够全面，用"引领"会更加准确。引领，一方面表示政府有导向、调节和预警作用，另一方面表示是用投资、价格、税收、法律等手段，借助市场之力起作用。在经济发展还处于低水平的时候，需要"摸着石头过河"，大胆地试、大胆地闯。但发展到了一定阶段，就需要对发展进行超前引领、有效规划，实施推进。

---

[1] 阿瑟·刘易斯. 经济增长理论 [M]. 梁小民，译. 上海：上海三联书店、上海人民出版社，1994.
[2] 弗里德曼. 自由选择 [M]. 北京：机械工业出版社，2013.

(三) 强政府的"超前引领"(GFL) 范畴

对于一个经济体的发展而言,制度、组织、技术、理念等要素都很重要,因此,可以将政府"超前引领"(GFL) 归纳总结为制度的"超前引领"、组织的"超前引领"、技术的"超前引领"和理念的"超前引领"。

制度的"超前引领",是指充分发挥政府,特别是区域政府在制度创新上的作用,通过创设新的、更能有效激励人们行为的制度和规范体系,改善资源配置效率,实现社会的持续发展、变革和经济的持续增长。它的核心内容是社会政治、经济和管理等制度的革新,是支配人们行为和相互关系的规则变更,是组织与其外部环境相互关系的变更,其直接结果是激发人们的创造性和积极性,促使新知识的不断创造、社会资源的合理配置及社会财富源源不断地涌现,最终推动社会的进步。只有创新型政府,才能发挥制度上的"超前引领"作用,形成创新型的制度。

组织的"超前引领",是指通过政府,特别是区域政府在政府组织管理结构、组织管理方式和组织管理模式等方面进行的创新活动,提高经济和产业发展的组织基础,从而促进经济发展和社会进步。通常而言,组织管理创新的内涵和目的实质上是管理模式或商业模式的变革与创新。

技术的"超前引领",是指发挥政府在集中社会资源中的优势,使其直接或间接参与科研组织、科研活动、科研项目和技术发明,推动技术进步,促进企业技术创新能力建设。其包括两个方面:一是为企业提高技术创新能力创造一个有利的外部环境,如加强专利体系和产品标准化建设等;二是采取一系列直接在经济上激励企业技术创新的措施和政策,如通过关键技术领域的研发资助计划或设立技术基金等。

理念的"超前引领",是指政府在行使宏观公共权力和管理社会的过程中,对不断出现的新情况、新问题进行前瞻性的理性分析和理论思考,对经济和社会现象进行新的揭示和预见,对历史经验和现实经验进行新的理性升华,从而指导经济制度和组织形式的创新和发展。在新的经济发展阶段,只有全面创新区域政府的理念,如公民社会理念、有限政府理念、政府公开理念、政府效能理念等,才有可能为创新区域政府的管理体制、管理行为、管理方法和管理技术,提供正确的价值导向和巨大的创新动力。

第三节 政府与市场组合模式评价

在传统微观经济学理论中,市场价格机制是推动经济运行的根本力量,价格的变动影响市场供求机制,消费、生产、分配等活动在价格这只看不见的手的引领下实现均衡,形成资源配置的最佳状态。传统微观经济学理论认为,政府对微观经济领域应该采取不干预态度,任何一种政府对微观企业或市场机制的干预都会造成效率的损失。但这种传统理论在20世纪30年代的世界经济危机面前变得有些苍白了,政府干预经济的时代由此开始,政府宏观调控下的市场经济模式成为主流,凯恩斯主义经济学及其后来的新古典综合派成为宏观经济学的主体理论体系。

反思传统微观经济学的分析范式，通常是假定政府的作用只是外生变量，而市场才是效率最大化的资源配置手段，这一价值判断往往会得出"政府作用最小化的经济就是最好的经济"这一结论。但实际上，这种将政府因素"外生化处理"的分析已经前提性地排除了政府和市场之间可能的兼容性关系，从而忽略了对经济发展动态进程和机制的各种现实考虑。也就是说，正确理解政府与市场之间的关系，需要内生化政府因素，政府和市场在资源配置方面的相对效率是因时、因地和因对象而变的，所以需要在实践中以动态优化的视角来看待市场和政府之间的有效边界。①

在经济发展的实践中，尽管大多数国家自称是市场经济体制，但由于政府调控与市场机制的组合边界不尽相同，造成经济效率和发展态势上有显著不同。以中国为首的一些国家在市场主体、竞争领域、经济发展速度等方面，都对传统意义上的宏观经济学产生了突破，关于政府与市场的不同组合模式所引发的经济行为和发展规律是现代市场经济理论必须回答的问题。

一、政府与市场组合模式理论演变

政府与市场的关系一直以来都是西方经济领域争论的核心问题之一，其焦点便是政府在市场经济资源配置中的作用及其对经济增长、城市建设、社会民生的影响。

市场经济早期的重商主义（16世纪~18世纪），主张国家干预经济生活，禁止金银输出，增加金银输入。其主要理念是一国国力增长基于贸易顺差，即出口额大于进口额时即能获取财富。因此主张最好是由政府来管制农业、商业和制造业，发展对外贸易垄断，通过高关税率及其他贸易限制来保护一国市场，并利用殖民地为母国的制造业提供原料和市场。此一理论为早期市场经济快速发展注入了动力。（2）18世纪末期，古典经济学开始兴起。其理论核心是市场配置资源。亚当·斯密的经济自由主义，李嘉图的比较成本理论，都将政府限定在一个极小的职能范围，且其目标也完全是为了保障市场的有效运行。（3）20世纪30年代，凯恩斯主义主张国家采用扩张性经济政策，通过增加需求促进经济增长，政府不仅仅要保障市场运行，还要通过货币政策和财政政策来干预经济，以保障经济体系中的供给需求平衡。（4）20世纪七八十年代，弗里德曼和拉弗等经济学家又提出政府不直接参与经济活动等办法，以改善经济的供给来解决经济危机……在整个市场经济发展的历程中，各种理论阐述政府与市场的关系，或者二者排斥，或者二者补充，或者协同发挥作用。

现在，当我们回到现代市场体系的六大功能结构中，当我们面临当代世界各国必须面对的三种资源有效配置中，就会发现，政府与市场的关系，不是简单的一对一的矛盾双方的关系。"弱式有效市场""半强式有效市场"和"强式有效市场"的划分，既是个可量化的范畴，更是个历史的真实进程；"弱式有为政府""半强式有为政府"和"强式有为政府"的界定，既是世界各国在现实市场经济中的真实反映，又可破解迎面而来的政府与市场关系系列疑难杂症问题。

---

① 陈雨露，马勇．金融发展中的政府与市场关系："国家禀赋"与有效边界［J］．财贸经济，2014（3）．

二、组合模式种类

从整个市场经济的发展历史来看,政府与市场的关系一直处于变动之中,随着经济环境的变化,二者互相排斥或互相补充或协同发挥作用。二者组合,理论上至少存在九种模式可分析(如图 6-1)。

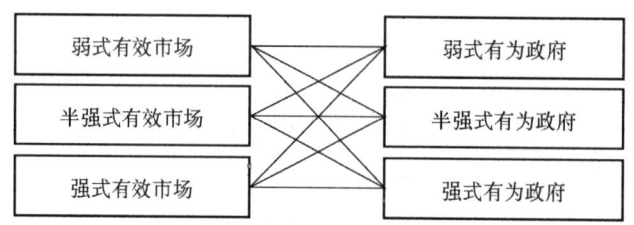

图 6-1 市场模式与政府模式的组合类型

模式 1. "弱式有为政府"与"弱式有效市场";
模式 2. "弱式有为政府"与"半强式有效市场";
模式 3. "弱式有为政府"与"强式有效市场";
模式 4. "半强式有为政府"与"弱式有效市场";
模式 5. "半强式有为政府"与"半强式有效市场";
模式 6. "半强式有为政府"与"强式有效市场";
模式 7. "强式有为政府"与"弱式有效市场";
模式 8. "强式有为政府"与"半强式有效市场";
模式 9. "强式有为政府"与"强式有效市场";

模式 1:双弱模式

这种模式是弱式有效市场和弱式有为政府的双弱组合,也就是市场和政府都难以对资源实施有效配置,政府对经济基本不能发挥调控作用,市场发育也不完善,市场竞争机制常被隔断,法制欠缺,秩序混乱。这种极端的双弱模式也只存在于理论假定中,现实中这样的例证很少。但一些低收入国家的状况比较接近这种双弱模式。

一般以政府支出占 GDP 的比重作为政府在经济活动中发挥作用的典型指标。根据这一指标,可以发现低收入国家和中低收入国家,政府财政支出占 GDP 的比重都在 20% 以下,而高收入国家的平均水平在 25% 以上(如表 6-1 所示)。从地区来看,南亚和中美洲的财政收入占 GDP 比重较低,均在 20% 以下。在非洲撒哈拉沙漠以南部分国家,虽然平均值达到 20%,但其中南非这一比重达到 34.8%,而肯尼亚、坦桑尼亚、赞比亚等国的财政收入占 GDP 的平均比重只有 16%。在这些国家,政府往往难以维持基本的公共秩序,无法形成全国性市场。在南部非洲、中美和南亚地区,不但政府对经济很难发挥调控作用,市场发育也很不完善,有些还处于农业国的阶段,市场竞争机制常常被隔断,市场法制保障欠缺,秩序很难维持。这些地区也常常是中低收入国家的主体。

表 6-1　　　　　　　　各区域财政收入占 GDP 比重（%）

年份＼区域	世界	欧洲	中美洲	北美	南亚	撒哈拉沙漠以南非洲	低收入国家	中低收入国家	高收入国家
2000	25	33.6	19.3	18	15.6	20.9	—	17.1	26.5
2013	28.7	36.6	—	22.7	16.6	20.8	16.8	17.5	28.8

根据世界银行数据库整理 http：//data.worldbank.org.cn/indicator/GC.XPN.TOTL.GD.ZS? view = chart&year_low_desc = false.

模式 2：市场经济发展中的放任模式

"半强式有效市场"和"弱式有为政府"的组合类似市场经济发展中的放任模式，价格决定和所反映的市场信息量虽然不十分全面，但企业内部信息透明程度还是可以的，对于古典市场经济假设中的"完全信息"有一定程度地接近，市场在资源配置中的作用范围依然是比较大的。而政府这一方面则坚持尽可能少地干预经济事务，依靠市场力量进行调节。

这种组合模式在现实经济中难以存在，因"半强式有效市场"必定存在市场法制体系和市场监管体系，它不可能由"弱式有为政府"去推动。早期的美国市场经济模式比较接近这种类型，主要特点是私人经济占绝对主导，国有经济比重小；私人资本集中程度高，垄断性强；市场自发调节作用很大，国家干预少；劳动力市场的自由开放程度高、流动性大，就业竞争压力大。但由于缺乏必要的监控和干预，容易产生垄断，对于市场运转出现的问题也难于及时有效解决，在效率上也是一种损失。

模式 3：古典主义市场经济模式

模式 3 是"弱式有为政府"与"强式有效市场"的组合，类似于古典主义市场经济模式。就是坚持市场效率最大化、政府作用外生性的设定，基本上排斥政府在经济领域中的作用。这种组合模式其实是有严格假设的，比如经济人假设，即每个人都会根据自己的经验，利用捕捉到的信息，有能力使他的经济决策和经济行为达到最优；完全竞争假设，即各类市场内部都能类似于实现充分竞争，一旦市场出现供求失衡，价格和工资就会迅速做出调整，这种市场的自动调节功能可以使经济总是在充分就业的均衡状态下运行；完全信息假设，即经济人能够获得"完全信息"以达到最优结果。这种理想化的假设当然就意味着自由选择才是经济活动最基本的原则，市场自由竞争是实现资源最佳配置和充分就业均衡的唯一途径，那么政府的任何干预都将是对市场效率的一种破坏，所以政府不要干预经济，即使不得不干预，也是愈少愈好。

关于这一理论假定在现实中的不可行性已经达成共识，在现实的经济世界中也确实没有有力的经验支持，所以属于纯粹古典市场经济模式的国家目前还没有出现。

模式 4：市场经济初期的调控模式

模式 4 是"半强式有为政府"与"弱式有效市场"的组合，是市场经济发展初期的一种调控模式。在市场经济发育较弱的初期，市场竞争还不够充分，价格信号还不能实现看不见的手的自动调节作用，以致市场资源配置的效率有限。政府在"非经营性资源"配置上可以较好履行职责，提供基本公共产品，同时，政府也开始具备了对"可经营性资源"的配置和相应扶持能力，但对市场发展趋势把握不好，对市场运行中出现的问题还需等待市场成熟程度去解决。这种市场弱小、政府正在成长的阶段可以定性为市场经济初期的政府调控模式。

中国改革开放 1978 年至 1984 年期间，属市场经济初期的运行或调控模式。这一时期，市场模式被允许在某些行业和地域出现，但只是局部的、被严格管制的，资源配置仍然以计划分配为主，区域政府的计划不但要管理全局，而且深入到企业的微观层面，企业的市场竞争机制基本没有形成。比较显著的表现就是市场发挥作用的领域极为有限，而政府则大小事务都在抓，政企部分的问题较为突出。这时候的政府虽然表现为管辖范围最大、权力最高，但这不是强式有效政府的表现，而恰恰是政府还不够成熟、正在寻找准确定位的半强式有为政府。这个时期的中国经济资源配置模式可以被看作是半强式有为政府和弱式有效市场组合的市场经济初期的调控模式。

模式 5：半成熟经济模式

模式 5 是"半强式有为政府"与"半强式有效市场"的结合。这种模式意味着市场与政府都发展到半强式状态的经济模式，双方力量处于势均力敌的状态，但无论市场还是政府，在资源配置功能上都在成长中，市场的潜力还在进一步挖掘和释放，政府的定位也在进一步摸索中。总之，这一时期的经济模式比较多表现为混合制或市场与政府间功能分配的不断调整和探索中，市场的价格决定机制基本形成，但因市场监管机制、法律保障机制、环境机制等还没有健全，所以价格还不能完全反映市场的一切信息；同时，政府虽然已经在非经营性资源配置中担当职责，但在准经营性资源的界限把握上和可经营性资源配置的引领上还缺少成熟的经验和政策纲领，因此政策的反复性调整还会较多出现，但对市场的基础调节作用还是认可的。

半成熟经济模式一般出现在市场经济发展中期阶段的国家。中国在加入 WTO 之前非常类似于此情形。半强式有效市场和半强式有为政府相结合的半成熟经济模式，一方面表明中国政府规划、引导产业布局、扶持、调节生产经营、"三公"监管市场运行的机制和力度在加强，另一方面表明市场监管机制、法律保障机制、环境健全机制等在推进。

以俄联邦为代表的从计划经济到市场经济的体制转型国家，政府支出占 GDP 比重：2000 年为 21.2%，2013 年达到 25.3%，政府对经济的调控力度相对于计划经济时期有了一定程度下降，市场资源配置的比重在不断加大，但整体经济增长趋势还不稳定，政府对经济的控制能力不断受到挑战，也处于市场与政府关系的不断磨合期。另外，以巴西为代表的拉丁国家的经济发展模式一直采用以"赶超"为目的的"进口替代"战略，政府在拉美经济发展中占据了绝对强势，也在短期内刺激了拉美工业的大发展，但从长期来看，它使得拉美的市场体系严重扭曲，市场机制未能充分发挥作用，通货膨胀大幅攀升、金融秩序也发生了较大的混乱。在这种背景下，政府对经济的作用程度也在不断减弱，作为一种矫正，巴西政府支出占 GDP 比重 2000 年为 21.4%，2013 年为 24.4%，表现为市场与政府的作用范围和作用机制的进一步理顺中。

模式6：后市场经济调控模式

模式6是"半强式有为政府"与"强式有效市场"的组合。这代表着市场已经发展到极为成熟的阶段，成为资源配置的决定性力量，并带来高效的市场效益。政府在非经营性资源配置和准经营性资源配置上也发挥着重要作用，只是碍于某些制度或理念限制，对可经营性资源的配置和准经营性资源的配置或者界定模糊，或者采取比较放任的态度，整体经济发展缺少规划性、系统性和前瞻性。

模式6很对应现在的美国状况。美国政府依靠市场配置资源的决定性力量获取高效市场收益，在"非经营性资源"配置中发挥着重要作用，碍于制度或理念的限制，对"可经营性资源"配置和"准经营性资源"开发或者界定模糊，或者言行不一，或者难有突破，整体经济增长、城市提升弱于规划、系统、前瞻性。世界上其他市场经济发达地区的现状也比较接近于强式有效市场经济和半强式有为政府结合的后市场经济调控模式，仍然以政府支出占GDP的比重作为政府在经济活动中发挥作用的指标，见表6-2中发达国家的政府支出占GDP的比重情况。

表6-2　　　　　主要发达国家财政收入占GDP比重（%）

国家	瑞典	挪威	丹麦	芬兰	法国	德国	荷兰	奥地利	英国
2000	34.6	32.4	36.8	34.8	44.2	31.3	37.2	45.8	34.7
2013	33.3	34.8	41.9	41.2	48.6	28.7	42.6	46.4	40.8
国家	加拿大	美国	澳大利亚	新西兰	以色列	南非	日本	韩国	新加坡
2000	18.8	17.9	24.1	31.6	43.9	27.2	14.2	15.8	15.8
2013	17.2	23.2	26	32.4	37.9	34.8	19.3	18.9	12.6

根据世界银行数据库整理。http：//data.worldbank.org.cn/indicator/GC.XPN.TOTL.GD.ZS？view=chart&year_low_desc=false。

表6-2显示西欧主要发达国家的政府支出占GDP的比重都在30%以上，政府对资源的配置力度、对经济的参与程度都是相当高的，其他发达国家中的以色列、新西兰和南非这比重也在30%以上，其中丹麦、芬兰、法国、荷兰、奥地利、英国、以色列甚至一度高达40%以上。有些发达国家如美国、加拿大和澳大利亚的政府支出占GDP的比重在30%以下，但美国和澳大利亚的政府支出比重也提高到20%以上了，政府参与资源配置的力度在不断加大。从历史演变上看，经济合作与发展组织（OECD）国家政府支出占GDP比重的均值在19世纪后期为10.7%，1920年为18.7%，1937年为22.8%，到1980年上升到43.1%，此后基本稳定在这个水平上。从经济发展的实际情况来看，不断加大的政府参与资源配置的力度，并没有对这些国家的竞争力产生丝毫的负面影响，相反，随着这些发达国家政府的介入程度的上升，这些国家的市场发展程度和竞争力是最强的。尤其是北欧和以色列，在政府支出比重高达40%上下的情况下，其经济高度开放，劳动力市场的活跃程度均高于许多其他发达国家，多年来在全球竞争力排序中名列前茅，呈现出这一比重随着人均收入水平提高而提高的规律性现象，这就是有名的"瓦格纳法则"[①]。

[①] 瓦格纳法则：德国经济学家阿道夫·瓦格纳（Adolf Wagner）于19世纪提出，主要内容是：当国民收入增长时，财政支出会以更大比例增长。随着人均收入水平的提高，政府支出占GNP的比重将会提高，这就是财政支出的相对增长。

模式 7：不存在的组合模式

"强式有为政府"与"弱式有效市场"结合的模式在现实中难有存在。因为强式有为政府发挥作用的前提是市场经济发展到较为成熟的阶段，起码与半强式有效市场相对应的。而"弱式有效市场"意味着市场好不能有效发挥作用，也就不可能诞生强式有为的政府。计划经济国家也不属于这一模式类型，因为计划经济国家基本不存在市场，也就无所谓"弱式有效市场"，而且计划经济国家对市场基本采取排斥态度，所以也谈不上对市场的有效补充和超前引领，只能称之为"强权政府"而绝对不是"强式有为政府"。所以这种组合模式只是一种理论上的对应组合，既不能在理论上做出符合逻辑的推论，也无法在现实中找到范例。

模式 8：权威政府经济模式

这种经济模式是"强式有为政府"与"半强式有效市场"的组合，核心是"政府主导"。权威政府经济模式的含义即政府以较高的"政府强度"及政府能力，实现有利于推动经济增长和缓解随之而产生的各种社会、政治、经济压力。权威政府经济模式能够以较高的"政府质量"有效地确保了各种制度安排的顺利实施，从而有力地推动了经济增长和工业化进程。但政府在施展其强大的资源调动和配置能力的时候，懂得并尊重市场规律，能够在预见市场发展前景并制定较为得当的产业发展和企业引领政策，整体经济发展较有规划性，政府在经济活动中的主动性、主导型、权威性的特征明显。同时，这种经济模式下的市场也较为成熟，市场秩序较为稳定，但因为政府的强势介入，市场机制在某些领域受到一定束缚，区域内的市场竞争不十分充分，以政府和企业联盟形式居多，强调政府、企业、员工之间关系的彼此忠诚和协调。

模式 8 非常类似现阶段的中国，其发展方式通常被世人看作是政府主导型的逐渐成熟的市场运行经济，经济成就世界瞩目，但又面临着市场竞争、市场秩序、市场信用以及市场基础设施进一步提升与完善的更大挑战。其他典型国家也主要存在于东亚，包括日本、韩国和新加坡，他们的发展模式往往被看作是政府主导型的成熟市场经济模式，经济成就为世界瞩目。这种权威政府经济模式的形成有其深刻的历史原因。新加坡、韩国等作为后发国家，普遍存在市场结构残缺、市场主体发育不全、生产要素缺乏流动、经济发展滞后等特点。为了尽快实现经济起飞，这些国家一开始就特别重视国家的职能，同时尊重市场规律，通过政府干预提高市场的效率。但有一点要注意，这些国家的政府支出占 GDP 的比重不算高，都在 20% 以下（如表 6-2 所示），表面上看国家对经济的作用力度不大，这主要是因为这些国家成功实施了财政政策和政府出资的政联企业发展模式，通过促进企业和个人的投入来实现国家意志。比如新加坡的公积金制度，就是通过建立个人强制储蓄制度和高效投资收益渠道，为新加坡经济增长注入了充裕的资金，借助这种政策引导对经济增长格局和产业升级施加了强有力的影响。但由于政企联盟的形式居多，易于形成官商勾结，对市场秩序和自由竞争机制造成一定程度的破坏，政府也承担着决策失误的风险。当前的日本、新加坡和韩国政府正面临着新的挑战。

纵观各国经济模式实践和上述分析，都不难发现，经济落后国家往往是"弱式有为政府"与"弱式有效市场"的组合，而经济高速发展的国家也不是新古典经济学所认可的

"弱式有为政府"与"强式有效市场"的组合,我们更多看到的是"半强式有为政府"与"强式有效市场"的组合。

模式 9：双强经济模式

模式 9 是"强式有为政府"与"强式有效市场"的组合,是政府与市场组合的最高级模式,也称为最佳模式,它是世界各国市场运行中实践探索和理论突破的目标,也是真正成熟市场经济所要体现的目标模式。

(1) 双强经济模式的逻辑推演。双强经济模式以区域政府"超前引领"（GFL）的实践为逻辑起点,揭示区域政府的"双重职能",进而发现市场竞争具有企业和区域政府的"双重主体",最后得出成熟市场经济所特有的"双强机制"——即"有为政府"与"有效市场"的机制。

所谓"超前引领",就是指区域政府充分发挥经济导向、调节、预警作用,依靠市场规则和市场机制,运用价格、税收、汇率、利率、法律等手段和引领制度创新、组织创新、管理创新、技术创新等方式,有效地引导投资、引导消费、引导出口,配置资源,从而形成领先优势,促进区域经济科学可持续发展。区域政府之所以能发挥"超前引领"作用,源于区域政府所具备的"双重职能"：一是"准宏观职能",就是区域政府代理国家对本区域的经济加以宏观管理和调控；二是"准微观职能",就是区域政府代理本区域的基本利益,与其他区域展开竞争。

于是,具有准微观职能的区域政府和企业共同构成了现代市场竞争体系中的"双重主体"。在"双重主体"的强力驱动下,最终推演出成熟市场经济的"双强机制",即"强政府"与"强式有效市场"的有效结合：在发挥市场资源配置"决定性作用"的同时,必须构筑"有效市场"和"有为政府",实现"双轮驱动"。

(2) 双强机制的内涵。由于区域政府既有"双重职能",又是"双重主体"之一,因此,在完善的市场经济体系运行机制中,最佳的结构应该是"有为政府"和"有效市场",或者说是"强政府"与"强式有效市场"的有机结合。"强式有效市场"可以有效配置资源,"强政府"可以营造和保护好市场环境,创新发展新理念,培育发展新动力,开拓发展新空间,创造发展新优势；"强政府"不是为了代替"强式有效市场","强式有效市场"同样需要"强政府"作保障。有了这样的"双强机制",才能有效纠正市场失灵,减少政府失灵。

(3) "有为"的区域政府模式。"有为"的区域政府要实现"超前引领",必须明确其目标、基础和手段。超前引领的目标是有效配置各类资源,促进区域科学可持续发展；超前引领所依赖的基础是市场,要依靠市场规则和市场力量；超前引领的手段包括财税、金融、法律手段以及必要的行政手段。

区域政府在经济领域最重要的作为是要在促进经济增长、推动城市建设、优化资源配置等方面进行超前引领,不同的阶段有不同的引领内容。比如,推动经济增长在不同阶段有不同的侧重。最早是在要素驱动上有所作为,在中国当时主要是靠控制土地供应来驱动；进入投资驱动阶段后,政府主要是在提供基础设施等公共产品上进行引领；当前,中国正逐步转向创新驱动的全新发展阶段,此时政府的科技创新、自主创新和协同创新引领显得更为重要。以美国为例,表面上,美国是奉行自由主义价值观的市场经济国家,好像是一个"弱式有为政府，强市场"的组合。实际上，无论是冷战时期的太空计划，还是现在正在开展的"脑计划"，美国政府对科技创新的超前引领作用都十分突出，政府的科研投入和政府采购发挥了至关重要的先导作用。

在资源配置的引领方面，中国广东顺德是一个很有说服力的案例。改革开放之初，顺德既不是特区，也不是大城市，而是一个农业县域，当时的县委、县政府借改革开放的东风，提出"五子登科①、工业立县"的发展战略，如火如荼地发展乡镇经济，抢得发展先机。到20世纪90年代，顺德在产权改革方面又先走一步，使整个产业的发展跟市场经济有效结合，促进了民营经济的发展。2005年，作者到顺德当区委书记一年后，针对顺德经济高度依赖于美的、格兰仕、科龙等三大家电企业、抗风险能力严重畸形和不足的问题，着力推动顺德开展区域经济结构调整，提出了"三三三"产业发展战略。即第一、第二、第三产业协调发展；在每个产业中，至少扶持培植三个以上支柱行业；每个行业中，至少扶持培育三个以上龙头企业，促使产业链条壮大。得益于这一战略的顺利实施，顺德经济成功经受了国际金融危机等一系列严峻挑战，目前经济社会发展继续走在中国同类区域前列。

建设"有为政府"关键要用好财政手段、金融手段、法律手段和必要的行政手段。结合中国供给侧结构性改革中的金融体制改革问题可以更好地理解"有为"政府的行为模式。2016年，中国进出口贸易总额高居全球第二位，汇率波动调整影响巨大，要求我们在人民币国际化进程中稳步推进汇率改革。为此，中国考虑建立人民币离岸业务在岸交易结算中心，把它作为支撑人民币国际化的一个支点。从国际经验看，美元在国际化进程中由美联储建立了IBFs（International Banking Facilities，国际银行便利），在美国本土从事国际存贷款等离岸美元业务，吸引离岸美元回归并加强管理，这一举措促使美国离岸金融迅速发展；日本参照美国经验，在东京设立JOM（Japan Offshore Market，日本在岸的离岸金融市场），在日元国际化中发挥了重要作用。结合中国的实际情况，中国可以在上海自贸区或广东自贸区开展人民币离岸业务在岸交易结算中心试点，以此推动中国从服务贸易大国向资本大国转变，并在深化金融体制改革中起到促进作用。

三、组合模式评价依据及标准

（一）评价依据

双强模式是市场与政府发展到充分成熟的阶段而发育出的最高级别的组合形式，但在不同的经济发展阶段，市场与政府的发育程度不同，各区域最适宜的市场与政府的组合模式也不同，滞后与拔高都会造成区域经济的混乱和发展上的损害，所以不能将任何一种政府与市场的组合模式生硬地套在区域发展中，这是大前提。但事实却是区域经济发展落后并非是市场或政府没有力量，而是常常对市场和政府作用的范围及功能发生误判，导致市场与政府的错位和混乱。所以对不同组合模式的经济效益评价可以避免对市场或政府作用

---

① "五子登科"本为中国民间谚语，源于中国五代后周时期窦禹钧的五个儿子都品学兼优、先后科考成功这个典故。顺德发展战略借用"五子登科"这个概念，特指的是"路子、班子、才子、票子、点子"，是对顺德当时经济和社会发展重要决策的形象比喻。

的抑制和夸大，为区域经济中市场与政府的定位及发展指明方向，根据各区域经济发展的实际情况用好市场、管好政府，防止双方的越位、空位或争位，保证区域经济的健康稳定发展。

从区域经济发展的潜力爆发、可持续推动角度出发，可以从区域经济发展的有效性、协调性、持续性、创新性和分享性这几个方面构建不同市场与政府组合模式的经济发展质量评价指标体系和标准体系[1]。

1. 经济增长的有效性。

经济增长的有效性是指经济增长的效率及可持续性，以及由经济增长带来的就业稳定性和物价稳定性。一个能带来效率提高、物价平稳、就业充分的经济增长才是有效的，否则就会引发新的动荡，甚至得不偿失。经济增长有效性的指标包括劳动生产率、经济增长率及其持续性、就业率、价格指数的波动性率等指标。劳动生产率是区域GDP与全社会劳动者人数的比重，劳动生产率越高，经济发展质量越高；反之，经济发展质量越低。将劳动生产率作为模式组合的评价指标，可以较好判断该区域经济发展方式是数量型还是质量型，利于把区域经济发展转移到提高劳动者素质的轨道上来。稳定、合理、持续的经济增长速度是经济发展质量的显著标志，是衡量区域发展效率的重要指标，一个效率高的区域，经济增长率必然是持续较高，迅速做大总量，是创造社会财富的必然之路。但如果经济增长不能带来稳定的就业率或者造成较为严重的通货膨胀，那么这种经济增长就反而会对经济的长期可持续发展造成破坏了，所谓经济增长的"有效性"就必须关注整个社会的全面发展。

经济增长的有效性也可以根据实际GDP对潜在GDP的接近程度来判断。潜在GDP是指一国在一定时期内可供利用的经济资源在充分利用的条件下所能生产的最大产量，也就是该国在充分就业状态下所能生产的国内生产总值，反映了在该时期内的最大产出能力。实际产出占生产能力的比重越接近百分之百，说明生产能力利用越充分，经济发展质量越高，没有闲置和浪费。但潜在GDP的测量还存在一定困难。

2. 经济结构的协调性。

经济发展的协调性主要是产业结构、城乡结构、贸易结构等的协调程度，是经济发展质量的关键。其中，产业结构居于主导地位，其变化对经济发展起着重要作用，是经济发展质量的重要内容。经济发展的协调性可用产业结构比、城市化率和对外开放指数来衡量。

第三产业的比重是衡量区域发达程度的重要标志。目前，发达国家第三产业占GDP的比重在70%左右，发展中国家平均在50%左右。中国一些城市的服务业比重已经接近甚至超过发达国家的中心城市的水平，比如，北京的服务业比重超过70%，但中国总体第三产业占比最高峰值从来没有达到50%，还有较大的增长空间。城市化率就是城市人口占全部人口比重，有利于优化城乡经济结构，促进国民经济良性循环和社会协调发展。对外开放指数可反映国家或地区经济国际化程度及其产品和服务在国际市场上的竞争能力、吸引外资的能力和强度等，有利于增强经济发展的竞争能力，提高经济发展对外的协调性。

3. 经济发展的持续性。

经济发展的持续性是指经济持续发展的能力，主要表现为资源、环境承载经济长期发

---

[1] 冷崇总. 构建经济发展质量评价指标体系[J]. 宏观经济管理，2008.4.

展的能力。经济发展的持续性可用资源供求系数、单位产值能源消耗量、环境质量成本变化率来衡量。

资源供求系数是资源可供量与资源需要量，系数 >1 就意味着资源供给足以保证经济发展的需要；供求系数 <1 则说明资源供给难以保证经济发展的需要。单位产值能源消耗量是能源消耗总量（标准煤）在 GDP 的占比，利于提高能源的使用效率，加大对传统产业的技术改造，强制淘汰高耗低效产品，以缓解经济发展过程中能源供求矛盾。环境质量成本变化率是经济发展过程中环境质量成本变动状况，环境质量成本变化率上升，说明经济发展的可持续性差，利于减少对环境的破坏，并对被破坏的环境尽快进行恢复。

4. 经济发展的创新性。

经济发展的创新性主要是指技术创新在经济发展中作用。研究与开发投入占 GDP 的比重是经济发展创新性的核心指标。研发经费占 GDP 不到 1% 的区域是缺乏创新能力的；1% ~2%，才会有所作为；大于 2% 的区域的创新能力比较强。其他指标还包括高技术产业增加值占 GDP 的比重和专利授权指数等。

5. 经济成果的分享性。

经济成果的分享性是指经济发展对于减少贫困、提高居民生活水平的作用，可用居民收入增长率、恩格尔系数和城乡居民收入比等指标来衡量。一个好的市场与政府组合模式应该在经济增长的同时缩小收入差距、提高社会公平的程度。

（二）市场与政府几种组合模式评价

在九种市场与政府组合模式中，比较极端的双弱模式显然不具有未来的发展潜力，而某一方极强或极弱的组合模式也是历史发展中的一个阶段，不代表未来的走向。比较现实和对未来具有较大启示意义的组合主要是半成熟经济模式、后市场经济调控模式、权威政府经济模式和双强经济模式。

半成熟经济模式是市场与政府都发展到半强式状态的经济模式，代表国家是俄罗斯或南美国家；后市场经济调控模式是强式有效市场和半强式有为政府的组合，主要代表国家是北美和欧盟等发达国家；权威政府经济模式是强式有为政府和半强式有效市场的组合，代表国家是新加坡、韩国、日本等；双强经济模式特指"强式有效市场"和"强式有为政府"的组合，中国某些区域比如珠三角等地的发展表现为这种双强模式的特征。

这四种市场与政府的组合模式在经济发展质量指标的表现和评价如下所述。

1. 经济增长速度的比较。

以中国珠三角为代表的双强经济模式的经济增长速度远远高于其他类型的市场与政府组合。并且经济增长趋势较为平稳，既有蓬勃的生机又在稳健的控制之中，经济发展势头良好。反观以发达国家为主的后市场经济组合模式，除了以色列经济增长逐步趋缓、表现平缓外，德国、法国、美国、英国等市场经济强国都出现经济负增长和后期乏力的趋势，以福利国家著称的瑞典也出现了 -5.11% 的下滑幅度，经济发展的动力明显不足。以俄罗斯和巴西为代表的半成熟组合模式更是增长速度大起大落，经济增长的稳定性非常脆弱。权威政府型代表国家新加坡、韩国在经济增长速度上也相对平稳，而日本的经济波动和增长动力也出现了较大问题。在经济增长的动力和稳定性上，双强模式具有明显优势，权威政府型和后市场经济型次之，半成熟模式的境况堪忧（表 6 - 3）。

表 6-3　　　　　　　　不同组合模式的经济增长速度 (%)

模式	年份	2005	2006	2007	2008	2009	2010	2011	2012	2013	2014	2015
半成熟型	巴西	3.2	3.96	6.06	5.09	-0.13	7.54	3.92	1.93	3.02	0.1	-3.85
	俄罗斯	6.38	8.15	8.54	5.25	-7.82	4.5	4.26	3.52	1.28	0.71	-3.73
后市场经济型	法国	1.61	2.37	2.36	0.2	-2.94	1.97	2.08	0.18	0.64	0.63	1.22
	德国	0.88	3.88	3.38	0.81	-5.57	3.94	3.72	0.62	0.41	1.58	1.45
	瑞典	2.81	4.95	3.54	-0.72	-5.11	5.69	2.74	0.05	1.23	2.38	3.83
	英国	3	2.66	2.59	-0.47	-4.19	1.54	1.97	1.18	2.16	2.85	2.33
	美国	3.35	2.67	1.78	-0.29	-2.78	2.53	1.6	2.22	1.49	2.43	2.43
	以色列	4.39	5.63	6.23	3.16	1.23	5.37	5.03	2.86	3.35	2.6	2.49
权威政府型	日本	1.3	1.69	2.19	-1.04	-5.53	4.71	-0.45	1.74	1.36	-0.03	0.55
	韩国	3.92	5.18	5.46	2.83	0.71	6.5	3.68	2.29	2.9	3.34	2.61
	新加坡	7.5	—	—	—	—	15.2	6.2	3.4	4.4	2.9	—
双强模式	中国珠三角	15.7	16.8	16.3	12.8	9.4	12.2	9.9	8.1	9.3	7.8	—

资料来源：https：//data.oecd.org/经济合作发展组织数据库，http：//www.adb.org亚洲开发银行数据库，http：//www.gdstats.gov.cn/tjnj/2015，广东省统计年鉴。

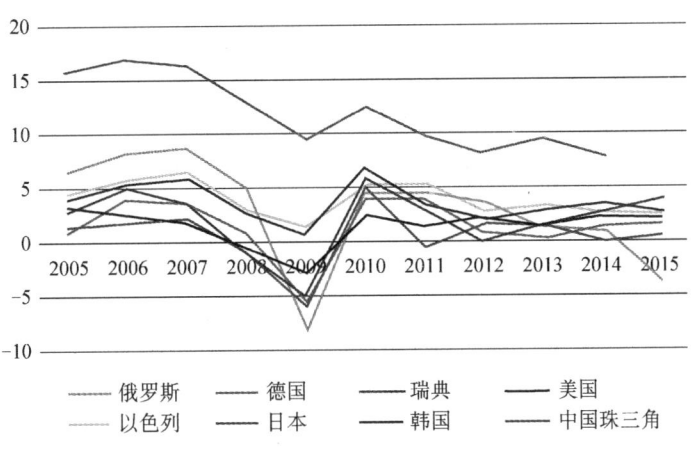

图 6-2　几个组合模式典型国家的经济增长速度

2. 失业率。

从失业率的角度观察不同市场与政府组合模式的效益，很显然，权威政府型的组合模式下的失业率是最低的。中国的失业率维持在 4% 以上，但这里必须说明一点，双强经济模式的代表是中国珠三角地区，而不是整个中国，珠三角地区一直是中国就业的高密度区域，不但满足当地人的就业需求，而且吸引了整个中国的劳动者，虽然珠三角只是中国的一个区域，却起到了跨区域劳动力市场的作用，因此如果仅就珠三角地区来看，失业率应是微乎其微的，这样看来，双强组合模式在失业率的控制上仍然是最优的。后市场经济模式和半成熟组合模式的失业率都不乐观，且多年居高不下（如表 6-4 所示）。

表6-4　　　　　　　　　　不同组合模式的失业率（%）

模式	年份	2005	2006	2007	2008	2009	2010	2011	2012	2013	2014	2015
半成熟型	巴西	9.89	10.03	9.35	7.93	8.11	6.76	5.98	5.52	5.4	4.85	—
	俄罗斯	7.56	7.17	6.13	6.36	8.38	7.48	6.5	5.46	5.49	5.16	5.57
后市场经济型	法国	8.49	8.45	7.66	7.06	8.74	8.87	8.81	9.39	9.89	10.29	10.35
	德国	11.17	10.25	8.66	7.53	7.74	6.97	5.83	5.38	5.23	4.98	4.62
	瑞典	7.48	7.07	6.16	6.23	8.35	8.61	7.8	7.98	8.05	7.96	7.43
	英国	4.75	5.35	5.26	5.61	7.54	7.79	8.04	7.89	7.53	6.11	5.3
	美国	5.07	4.62	4.62	5.78	9.27	9.62	8.95	8.07	7.38	6.17	5.29
	以色列	8.99	8.4	7.32	6.1	7.54	6.64	5.6	6.85	6.21	5.91	5.24
权威政府型	日本	4.42	4.14	3.84	3.99	5.07	5.05	4.58	4.35	4.03	3.59	3.38
	韩国	3.73	3.47	3.25	3.17	3.65	3.73	3.41	3.23	3.13	3.54	3.64
	新加坡	4.2	—	—	—	—	2.8	2.7	2.6	2.6	2.6	—
双强模式	中国	4.2	4.1	4.0	4.2	4.3	4.1	4.1	4.1	4.1	4.1	—

资料来源：https://data.oecd.org/经济合作发展组织数据库，http://www.adb.org/亚洲开发银行数据库，http://data.stats.gov.cn/国家数据库。

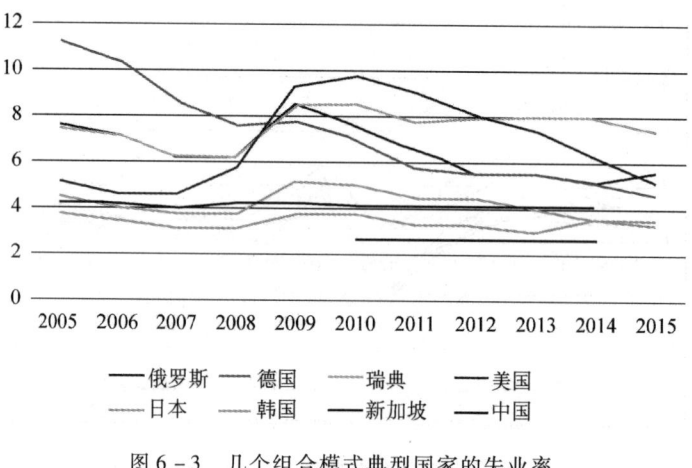

图6-3　几个组合模式典型国家的失业率

3. 物价上涨率。

从物价变动趋势上看，日本、韩国等政府权威型组合模式的涨幅最低，且变动较为平稳，但日本存在一定程度的通缩问题，对经济发展未必有利。以西欧、北美为代表的后市场经济模式的物价涨幅也较为缓和，经济增长的同时也能够较好控制物价，说明整体经济产出较能满足市场需求，市场环境较好。半成熟经济模式的代表国家俄罗斯的通货膨胀问题较为严重，巴西的物价水平也有走高的趋势。双强模式的代表区域珠三角物价基本维持在2%~4%之间，2008年和2009年的震荡较大，2012年后一直保持在2%左右的水平，经济增长也带来物价的稳定，发展质量较好（表6-5）。

表 6-5　　　　　　　　　不同组合模式的物价上涨率（%）

模式	年份	2005	2006	2007	2008	2009	2010	2011	2012	2013	2014	2015
半成熟型	巴西	6.87	4.18	3.64	5.68	4.89	5.04	6.64	5.4	6.2	6.33	9.03
	俄罗斯	12.69	9.67	9.01	14.11	11.65	6.85	8.44	5.07	6.75	7.82	15.53
后市场经济型	法国	1.75	1.68	1.49	2.81	0.09	1.53	2.11	1.95	0.86	0.51	0.04
	德国	1.55	1.58	2.3	2.63	0.31	1.1	2.08	2.01	1.5	0.91	0.23
	瑞典	0.45	1.36	2.21	3.44	-0.49	1.16	2.96	0.89	-0.04	-0.18	-0.05
	英国	2.1	2.3	2.3	3.6	2.2	3.3	4.5	2.8	2.6	1.5	0
	美国	3.39	3.23	2.85	3.84	-0.36	1.64	3.16	2.07	1.46	1.62	0.12
	以色列	1.31	2.12	0.49	4.59	3.32	2.7	3.48	1.69	1.57	0.49	-0.63
权威政府型	日本	-0.27	0.24	0.06	1.37	-1.35	-0.72	-0.28	-0.03	0.36	2.75	0.79
	韩国	2.75	2.24	2.54	4.67	2.76	2.94	4.03	2.19	1.3	1.27	0.71
	波兰	2.18	1.28	2.46	4.16	3.8	2.58	4.24	3.56	0.99	0.05	-0.87
双强模式	中国珠三角	2.3	1.8	3.7	5.6	-2.3	3.1	5.3	2.8	2.5	2.3	—

资料来源：https://data.oecd.org/经济合作发展组织数据库，http://www.adb.org/亚洲开发银行数据库，http://www.gdstats.gov.cn/tjnj/2015，广东省统计年鉴。

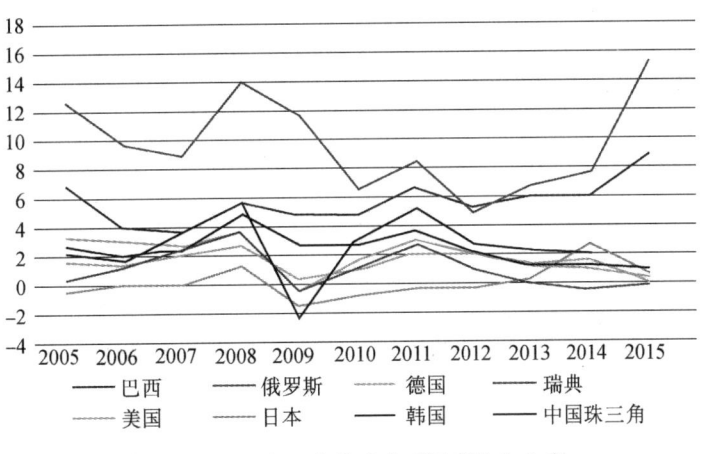

图 6-4　几个组合模式典型国家的失业率

4. 产业结构。

产业结构可以说明不同组合模式的经济协调状况，第三产业比重是关键指标。表 6-6 中的几个后市场经济模式、权威政府模式典型国家的第三产业比重都在 70% 以上，代表产业结构较为先进，经济较为发达。中国珠三角的第三产业占比在 50% 左右，并且在平稳扩张，第二产业比重在逐渐下降，第一产业比重已经极其微弱，与发达国家持平。从发展趋势上看，随着中国珠三角地区产业转型升级的不断加快，制造业的逐步外迁和向"智造"方向的发展，第三产业和第二产业的比重会逐步调整到发达国家的状况。

表 6-6　　　　　不同组合模式的各产业总值占当地 GDP 比重（%）

模式	年份	2005	2006	2007	2008	2009	2010	2011	2012	2013	2014
澳大利亚（后市场经济型）	第一产业	2.9	2.7	2.2	2.3	2.3	2.2	2.3	2.3	2.3	2.4
	第二产业	24.6	25.7	25.7	25.6	27.0	25.2	26.6	26.5	25.1	25.3
	第三产业	72.5	71.6	72.1	72.1	70.7	72.6	71.2	71.3	72.6	72.3
韩国（权威政府型）	第一产业	3.1	3.0	2.7	2.5	2.6	2.5	2.5	2.5	2.3	2.3
	第二产业	37.5	36.9	37.0	36.3	36.7	38.3	38.4	38.1	38.4	38.2
	第三产业	59.4	60.2	60.3	61.2	60.7	59.3	59.1	59.5	59.3	59.4
新加坡（权威政府型）	第一产业	0.1	—	—	—	—	0.0	0.0	0.0	0.0	0.0
	第二产业	32.4	—	—	—	—	27.6	26.3	26.4	24.8	24.9
	第三产业	67.6	—	—	—	—	72.3	73.6	73.6	75.1	75.0
中国珠三角（双强模式）	第一产业	3.1	2.6	2.4	2.4	2.2	2.1	2.1	2.1	1.9	1.9
	第二产业	50.7	51.4	50.5	49.9	47.9	48.4	47.9	46.2	45.2	45.0
	第三产业	46.3	46.1	47.0	47.7	49.9	49.5	50.0	51.8	52.9	53.1

资料来源：http://www.adb.org/亚洲开发银行数据库，http://www.gdstats.gov.cn/tjnj/2015，广东省统计年鉴。

5. 研发投入占 GDP 比重。

研发投入占 GDP 比重代表了一个区域经济发展的创新性。表 6-7 显示，以色列研发投入比重最大，占到整个 GDP 的 4% 以上，其次是权威政府型的韩国，近几年也在 4% 以上，然后是日本和瑞典，美国和德国的研发投入额接近 3%，新加坡的研发投入也超过了 2%，俄罗斯的研发投入始终是 1% 多一点点，与其他国家对比有一点差距。珠三角研发收入逐年上升，2013 年超过了 2%，反映了市场与政府在研发投入上的一致，也反映了珠三角经济增长路径向研发、向创新转变的决心。

表 6-7　　　　　不同组合模式的研发投入占 GDP 的比重（%）

模式	年份	2005	2006	2007	2008	2009	2010	2011	2012	2013	2014
半成熟型	俄罗斯	1.07	1.07	1.12	1.04	1.25	1.13	1.09	1.13	1.13	1.19
后市场经济型	德国	2.42	2.46	2.45	2.60	2.73	2.71	2.80	2.87	2.83	2.90
	瑞典	3.39	3.50	3.26	3.50	3.45	3.22	3.25	3.28	3.31	3.16
	英国	1.63	1.65	1.68	1.69	1.74	1.70	1.69	1.62	1.66	1.70
	美国	2.51	2.55	2.63	2.77	2.82	2.74	2.76	2.70	2.74	
	以色列	4.04	4.13	4.41	4.33	4.12	3.93	4.01	4.13	4.09	4.11
权威政府型	日本	3.31	3.41	3.46	3.47	3.36	3.25	3.38	3.34	3.48	3.59
	韩国	2.63	2.83	3.00	3.12	3.29	3.47	3.74	4.03	4.15	4.29
	新加坡	2.16	2.13	2.34	2.62	2.16	2.01	2.15	2.00	2.00	2.20
双强模式	中国	1.32	1.38	1.38	1.46	1.68	1.76	1.79	1.93	2.32	2.37

资料来源：https://data.oecd.org/经济合作发展组织数据库，http://www.adb.org/亚洲开发银行数据库，http://www.gdstats.gov.cn/tjnj/2015，广东省统计年鉴。

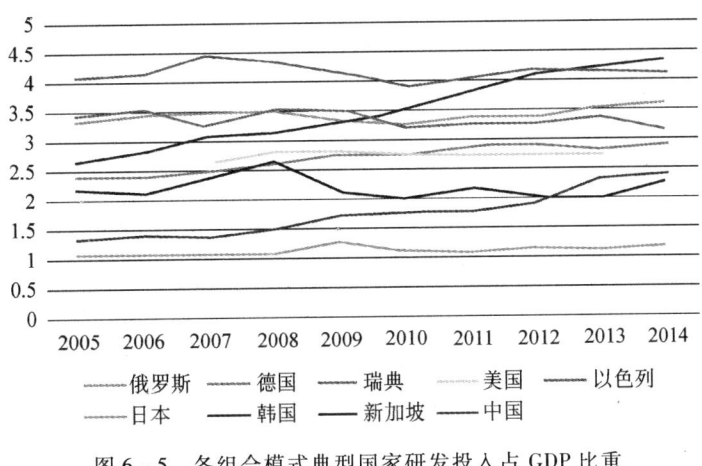

图 6-5 各组合模式典型国家研发投入占 GDP 比重

6. 家庭可支配收入增长率。

家庭可支配收入增长率方面,珠三角的表现非常突出,都在 8% 以上,最高达到 12% 以上的水平,大大超出其他市场与政府的组合模式,说明双强模式的经济增长也带来了居民生活质量的提高,具有较好的分享性。俄罗斯和匈牙利等半成熟型组合模式的家庭可支配收入增长率却出现大幅波动,甚至有过收入萎缩的情况。后市场经济模式和权威政府型组合模式国家的家庭可支配收入有一定增长,但增幅很小。

表 6-8 不同组合模式的家庭可支配收入增长率 (%)

模式	年份	2005	2006	2007	2008	2009	2010	2011	2012	2013	2014	2015
半成熟型	匈牙利	4.01	1.6	-4.07	-1.48	-3.66	-2.6	3.31	-3.1	1.64	2.41	—
	俄罗斯	10.92	11.83	12.33	7.23	-1.88	7.01	4.03	4.85	2.43	—	—
后市场经济型	法国	0.94	2.05	2.82	0.35	1.75	1.44	0.4	-0.32	0.38	1.13	
	德国	0.4	0.99	0.4	1.06	-0.09	0.66	1.03	0.62	0.61	1.5	
	瑞典	1.92	3.41	4.05	1.73	2.53	1.52	3.11	2.76	1.37	1.95	
	英国	2.2	1.45	2.39	1.1	3.1	0.8	-1.54	2.52	-0.61	0.72	
	美国	1.33	3.6	1.83	1.7	-0.08	1.09	2.3	3.07	-1.2	—	
权威政府型	日本	-0.27	0.24	0.06	1.37	-1.35	-0.72	-0.28	-0.03	0.36	2.75	0.79
	韩国	2.75	2.24	2.54	4.67	2.76	2.94	4.03	2.19	1.3	1.27	0.71
双强模式	中国珠三角	8.4	8.4	10.5	11.5	9.3	10.8	12.6	12.4	9.5	8.8	—

资料来源:https://data.oecd.org/经济合作发展组织数据库,http://www.adb.org/亚洲开发银行数据库,http://www.gdstats.gov.cn/tjnj/2015,广东省统计年鉴。

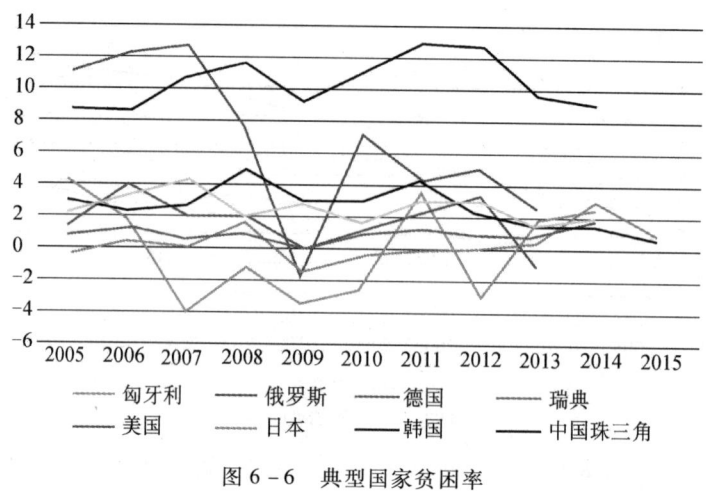

图 6-6 典型国家贫困率

7. 贫困率。

贫困率中,以芬兰为代表的福利国家的贫困率是最低的。只有 0.07%,其他类型组合的典型国家的贫困率相差不大。关于贫困人口的统计标准,在中国还未达成共识形成比较现实科学的并与世界接轨的标准,所以其数据的统计没有被列入综合统计工作之中,也无法与其他国家进行比较。

表 6-9　　　　　　　　　不同组合模式的贫困率 (%)

模式	年份	2005	2006	2007	2008	2009	2010	2011	2012	2013	2014
半成熟型	波兰	0.12	0.11	0.10	0.11	0.11	0.11	0.11	0.10	0.11	—
后市场经济型	芬兰	0.07	0.07	0.08	0.08	0.07	0.07	0.08	0.07	0.07	0.07
	英国	0.12	0.13	0.13	0.12	0.11	0.11	0.10	0.11	0.10	—
	美国	—	—	—	—	—	—	—	—	0.17	0.18
	以色列	—	—	—	—	—	—	0.18	0.18	0.19	0.19
权威政府型	韩国	—	—	—	—	—	—	0.15	0.15	0.14	

资料来源:https://data.oecd.org/经济合作发展组织数据库。

8. 基尼系数。

基尼系数上,中国数值较高,反映了在经济发展的同时贫富分化的现象较为严重,但这也并不代表珠三角收入分配均衡程度状况,就珠三角本身而言,属于中国经济发达地区,城乡区别基本消灭,就业渠道繁多,市场化程度较高,所以在收入分配的均衡性要大大好于全国情况,所以中国基尼系数在 4% 以上并不代表"双强"模式在收入分配上的弱势。其他国家,除了德国、瑞典在 3% 以下,其他国家基尼系数都在 3%~4% 之间,说明后市场经济模式和权威国家模式在贫富分化的控制方面都比较得力。

表 6-10　　　　　　　　　　　　不同组合模式的贫困率

模式	年份	2005	2006	2007	2008	2009	2010	2011	2012	2013	2014
半成熟型	波兰	0.327	0.316	0.316	0.309	0.304	0.306	0.301	0.298	0.3	—
后市场经济型	德国	—	—	—	0.285	—	—	0.291	0.289	0.292	—
	瑞典	—	—	—	—	—	—	0.273	0.274	0.281	—
	英国	0.359	0.364	0.373	0.369	0.374	0.351	0.354	0.351	0.358	—
	美国	—	—	—	—	—	—	—	—	0.396	0.394
	以色列	—	—	—	—	—	—	0.371	0.371	0.36	0.365
权威政府型	韩国	—	—	—	—	—	—	—	0.307	0.302	0.302
双强模式	中国	0.485	0.487	0.484	0.491	0.49	0.481	0.477	0.474	0.473	0.462

资料来源：https://data.oecd.org/经济合作发展组织数据库，http://www.adb.org/亚洲开发银行数据库，http://data.stats.gov.cn/国家数据库。

9. 综合评价。

经过对半成熟型组合模式、后市场经济组合模式、权威政府组合模式和双强模式在经济发展的有效性、协调性、可持续性、创新型、分享性等几个方面指标的比较，可以看出双强模式在经济增长速度上遥遥领先于其他模式，在物价上涨率和失业率的控制上也卓有成效，经济发展质量非常好。而且双强模式在经济结构的协调性上、创新的投入上、经济发展成果的分享性上都大有后来居上的趋势，可以被看作是市场与政府的组合中的最优模式。其次是后市场经济模式和权威政府模式，这两种市场与政府的组合模式的发展在这几个指标上都比较平稳有序，只是发展动力和发展后劲不足，可以被看作是市场与政府组合模式中的次优选择。半成熟型组合模式的发展虽然也有一定速度，但无论是市场作用上还是政府调控上均存在一定的不确定性，属于还在摸索、转型的组合模式，可以被看作是劣次组合模式。

四、不同资源配置阶段组合模式侧重

资源配置手段不同带来的经济发展的四个阶段：要素驱动型资源配置阶段、投资驱动型资源配置阶段、创新驱动型资源配置阶段和财富驱动型资源配置阶段。作为区域政府在不同的资源配置阶段，其竞争手段的侧重点也不同，主要反映在理念、制度、组织、技术上的不同安排，也直接导致了市场与政府的力量组合不同，因此不同的资源配置阶段也适应不同的市场与政府的组合模式。

（一）要素驱动阶段的"政府"与"市场"组合模式

要素驱动阶段的经济增长，意味着经济增长的动力主要来源于区域的生产要素优势，比如农作物、矿藏资源或劳动力丰富等，区域可以靠这种先天的资源优势获得较快发展，经济危机并不显著。这种资源优势造成的经济发展的宽松环境，使得区域政府对资源配置的效率不甚关注，只关注"非经营性资源"的配置、开发。这时的区域管理也较多束缚在纯粹的公共产品供给范围内，对"准经营性资源"的配置还缺少相应的手段和能力。同时，由于生产要素优势的集中，也容易形成一定程度的垄断，所以市场竞争也不十分充分。从这个意义上看，要素驱动阶段的"政府"与"市场"的组合模式应该属于半强市场和半强式有为政府组成的那种半成熟型模式，属于市场与政府的劣次组合。

俄罗斯处于比较典型的要素驱动阶段，石油是其经济增长的主要因素。自2008年以来，世界油价大幅下跌并持续走低，使得俄罗斯经济急剧下滑。同属于半成熟组合模式的拉丁美洲和加勒比地区2015年的经济增长也只有1.3%，预测2016年只能维持在2.3%的水平。石油和商品价格下跌也导致撒哈拉以南非洲增长预测下调，包括尼日利亚和南非经济前景显著减弱。

事实一再证明，要素驱动阶段的"政府"与"市场"的组合模式急需区域政府在职能上的突破，必须加快市场经济步伐，尤其是强化区域政府的经济转型把握能力，理念创新、制度创新是这一阶段区域政府的主要竞争核心。

（二）投资驱动阶段的"政府"与"市场"组合模式

要素驱动型的经济增长模式往往会使得一个区域过分依赖于某种要素因丰富而带来的低成本优势，却没有看到这种低成本优势实质上是资源价值的白白流失，而为了维持这种低成本生产要素的优势，区域政府又不得不投入大量补贴。政府补贴不但导致了对要素的过度消费而且还持续鼓励了对要素的过度依赖，进一步削弱了这些要素的竞争力。更进一步的，政府对要素的补贴极易扭曲公共和私营部门的投资决策，直接挤出了其他重要开支，包括急需的基础设施和社会服务支出。基础设施落后且被忽视，造成区域竞争力下降和增长潜力受到极大压抑。因此，要素驱动型的经济增长方式必然要向投资驱动型的经济增长模式转变。

投资驱动阶段的"政府"与"市场"的组合模式意味着政府区域竞争手段从过去的拼资源拼成本转变为对非经营性资源投资力度的加强和对准经营性资源投资的介入，政府的资源配置能力在这一阶段得到极大提高，一些经济增长的短板通过投资有所弥补，要素优势进一步发挥。同时，区域政府对市场有了更深入的认识，对市场资源配置的决定作用有所承认，因此，在政府与市场作用范畴和相互配搭上进行了一系列有益的尝试，形成了市场与政府的次优组合。

非洲的埃塞俄比亚、莫桑比克、坦桑尼亚等国是目前正处于从要素驱动型增长向投资驱动型增长转变的阶段。在1995—2010年期间这些国家都制定了合理的、着眼于中期的政策，并实施了重要的结构性改革，进而吸引了更多援助资金，使这些国家能够获得债务减免，从而放活了其自身的资源。这些收益转化为财政空间，使它们能够扩大社会支出和资本投资，特别是基础设施支出，从而使经济增长加快。比如埃塞俄比亚通过积极支持鲜花、旅游和航空旅行的投资而加快经济增长。莫桑比克在20世纪90年代吸引了大量外国投资和其他外部资本，为庞大的资本密集型项目提供了资金，用于电力和燃气的生产和传输，而电力主要用于生产铝。坦桑尼亚通过三轮宏观经济和结构性改革实现了经济的高速增长，促进了私人投资，并实施有关政策，将出口产品范围扩大到了非传统产品领域。这些改革具备合理的顺序安排，覆盖所有部门。

权威政府型的国家，如新加坡、韩国等政府都在公共领域和准公共领域的投资上不遗余力。后市场经济型国家的典型代表美国也在2008年金融危机之后持续通过宽松的货币政策和积极的财政政策为经济复苏提供更大支持，特别是通过能够增加未来生产性资本的投资进行产业结构改革，提高潜在产出。在欧洲，难民潮对欧盟劳动力市场的吸收能力带来重大挑战，并考验着其政治体系。采取支持移民融入劳动力队伍的政策行动非常关键，可以缓解对社会排斥和长期财政成本的担忧，并释放难民流入可能带来的长期经济好处。这些问题的解决都离不开政府的大力投资。

从各区域政府的改革实践中可以看出，投资驱动阶段的政府开始关注或扶助"可经营性资源"的配置、开发，开始开拓或创新"准经营性资源"的效用。制度创新、组织创新成为各区域政府的主要竞争核心。

（三）创新驱动和财富驱动阶段的"政府"与"市场"组合模式

在后市场经济模式中，美国的增长虽然还对投资有较大的依赖性，但由于商业前景的不明朗，自2010年以来投资复苏一直较为疲软。欧元区的各经济体的增长表现也很不均衡，金融分割状态较为突出。如果一味地依靠投资增长来驱动经济发展，不但不能在市场竞争中打造核心竞争力，反而会因为资本大量流入和货币升值给货币政策带来过大负担，形成对金融体系的冲击，陷入持续的经济停滞。除此之外，经济增长缓慢的环境将加剧长期工资增长停滞、结构性经济变化和福利计划受损等方面的社会压力。投资驱动虽然不能舍弃，但其潜力越来越弱，区域政府必须对这些问题有足够的预见性，并能够通过一系列的创新实现超前引领。

试想一下3D打印技术、无人驾驶汽车和人工智能给未来带来的变化，信息技术、电子商务和共享型经济的发展对学习、工作、购物和旅行的方式的冲击。创新已经从根本上影响了整个世界的未来。但创新高度依赖于区域政策，少许的政府支持就能大大促进创新和增长。比如，公共政策能将私人研发成本减少40%，那么私营部门研发将出现相同程度的增加，且长期来看能带来5%的GDP增长。这种创新驱动和财富驱动型的"政府"与"市场"的组合模式能够将区域政府的管理重点转向理念创新、制度创新、组织创新、技术创新等一系列综合创新竞争过程中。

研究与开发是创新的主要推动力。而研发有赖于经济激励和公共政策。国际货币基金组织研究显示[①]，少量的公共支持就可以引发收益的。比如，鉴于国内溢出效应，将GDP的0.4%用作对研发的财政支持，可使长期GDP上升5%。对以中国、韩国、新加坡等国为首的新兴市场而言，追赶型增长至关重要，而采取外国技术是增长的关键因素。从长期看，全球研发应上升50%，全球GDP可增长约8%。如果考虑国际因素，该财政支持的成本将上升至GDP的0.5%，而且这种收益将按比例增长更多，能使GDP增加8%。所以区域政府创新非常重要。公私部门可以开展合作，相辅相成，共同促进创新和增长。

另外，要设计与实施具有激励性的区域创新制度。比如少数国家引入了所谓的专利盒制度，降低专利收入的公司税负担，起到直接激励研发的作用。

区域政府创新还应该特别关注企业家群体，许多突破性创新是小型创业型企业的实验结果，因此创新在很大程度上取决于创业型企业的建立、成长和退出过程是否高效。政府

---

① Vitor Gaspar 和 Ruud De Mooij：通过财政政策促进创新，2016.3.31，http://blog-imfdirect.imf.org/.

的一系列创新过程意味着突破重重障碍，比如许可证和牌照、就业市场监管、金融约束和税收障碍。政府可提供大量支持，抵消应税损失，简化税收规则，降低企业的合规负担。

创新与财富驱动阶段的市场与政府的组合模式是提高长期生活水平和实现长期繁荣的主要推动力，是双强经济模式的标志，也是最优的一种组合模式。

从世界各国经济发展的客观实际看，只存在"强政府"与"强式有效市场"的组合、弱式有为政府与弱式有效市场的组合，唯一未能观察到的是弱式有为政府与强式有效市场的组合。因此，现代市场经济不可能弱化任何一方，问题的关键是市场和政府的正确定位。市场经济首先需要借助政府的权威力量界定和保护产权，建立并维护公平竞争的市场秩序，扩展市场体系，履行市场合约，反对垄断和其他不正当竞争行为。没有这些条件，市场不可能正常运转。从这个意义上可以说，有效的市场从一开始就离不开政府。在此基础上，从提供各种公共服务、缩小收入和发展差距、保护生态环境，到宏观调控和中长期发展规划，政府职能可以列出相当长的清单。不论这个清单的内容如何变化，其立足点都应是维护和促进市场更好地发挥作用。如果偏离这个方向，政府这只手伸得过长，越位、错位很多，试图替代市场的作用，甚至搞大一统的集中计划体制，会使市场受到严重伤害。

第四节 有为政府与有效市场内涵及标准

没有充分的和成熟的市场经济的发展，就难以有成熟的现代市场经济理论。当今世界市场经济的成熟与发展，孕育了多种市场经济模式，无论是英美的有调节的市场经济、法国的有计划的市场经济、德国的社会市场经济、北欧的福利主义模式，还是中国的社会主义市场经济体制，都是对市场和政府的有效组合的不断尝试和探索。

当前的理论研究和实践探索，越来越多的政府间的竞争行为、政府对市场和企业的规划和超前调整、政府行为对简单宏观调控的突破、政府目标对 GDP 稳定增长的超越，都有别于传统经济学中对市场竞争主体的界定和政府职责的定位，"什么是有为政府""有效市场的标准应如何确定"等这些问题亟需明确。

一、"有效市场"内涵与标准

（一）市场是资源配置的决定性力量

亚当·斯密的《国富论》一经发表，便对西方经济理念产生了深远的影响，经济主体功利性的追求与"看不见的手"产生了一种强大的创富力量，推动了经济发展与社会的变迁，最后演变成了一种新的经济生态。价格机制作为一种资源配置的手段，表现出了对效率提升、经济结构优化与经济形态演变的强大动力。

经济发展的实质就是提高稀缺资源的配置效率，以尽可能少的资源投入获得尽可能大的效益。亚当·斯密之后的经济学家、无论西方经济学还是马克思主义政治经济学，都无一例外地承认市场经济在资源配置效率上无与伦比的强大功能，世界各国的经济实践也用国家发展的速度和实力证实了市场是最有效率的配置资源形式。市场决定资源配置是市场经济的一般规律，市场经济本质上就是市场决定资源配置的经济，这一点已经在理论界和各国实践中达成共识。

（二）有效市场的内涵和标准

市场有效包含以下三方面内涵：①市场基本功能的健全（包括市场要素体系和市场组织体系）；②市场基本秩序的健全（包括市场法制体系和市场监管体系）；③市场环境基础的健全（包括社会信用体系和市场基础设施）。市场有效，是对现代市场体系六大功能整体发挥作用的表现，是对生产竞争、市场公平、营商有序三者合一的反映。

"有效市场"标准有三方面：①市场充分竞争；②法制监管有序；③社会信用健全。

（三）"强式有效市场"的表现

1. 经济效率的提升：交易利得与价格机制的有效性。

在经济学中，资源配置最优配置是用帕累托最优来描述的，即满足帕累托最优状态就是最具有经济效率的。一般来说，达到帕累托效率时，会同时满足以下三个条件：①交换的最优条件；②生产的最优条件；③交换和生产配比的最优条件。尽管帕累托最优只是一个理论上的概念，但这个概念却隐含着一个重要的前提，即未受外干预的市场机制是实现帕累托的条件，只有存在有效的价格调节，这种效率才有可能实现。

下面将从两个方面说明一下价格机制如何实现资源的有效生产与配置。

（1）利用劳动分工提高了资源的生产效率。市场交易改变了传统的经济结构，也出现了纯粹的不以自我消费为目标的生产活动。随着市场范围的扩大，为生产中的劳动分工提供了可行性，而这种分工又促进了效率改善与成本的下降，进而推动了市场的边界。可以这样讲：劳动分工与价格机制在互相推动的作用下共同发展，进而不断提升工作效率与市场范围。亚当·斯密在《国富论》中指出分工的益处主要包括：①劳动分工可以使工人重复完成单项操作，从而提高劳动熟练程度，提高劳动效率。即工人通过干中学与专业化劳动而提升效率，这一点在学习曲线比较陡峭的行业中表现得尤为明显。②劳动分工可以减少由于变换工作而损失的时间。③劳动分工可以使劳动简化，使劳动者的注意力集中在一种特定的对象上，有利于创造新工具和改进设备。亚当·斯密还以生产钢针为例说明并论证了劳动分工对于生产效率提升的贡献，这显然是一次生产关系的最重大的一次变革。

（2）通过价格机制实现资源配置效率。价格机制为市场交易建立了媒介与桥梁，使交易成为了资源配置的最重要的手段。劳动分工提升了生产效率，把生产性的可能性边界不断向外延展，但在实现资源最优配置方面，却无能为力。不同的产品在不同的需求方的主观评价是明显不同的，只有将产品配置给最需要的主体才是有效率的资源配置，而市场交易恰好可以用自己评价较低的产品去换自己短缺的商品，带来双方效用的巨大改善，是价格机制最适合发挥作用的领域。随着交易范围的扩大，自由市场在全球范围内涌现，买卖双方都可以在自由选择中获利。大卫·李嘉图基于自由交换对资源配置的改善作用提出了国际贸易的比较优势理论。强调国际贸易的基础是生产技术的相对差别（而非绝对差别），以及由此产生的相对成本的差别，贸易可以使成本差别的双方都获得利益。每个国家都应根据"两利相权取其重，两弊相权取其轻"的原则，集中生产并出口其具有"比较优势"

的产品，进口其具有"比较劣势"的产品。比较优势贸易理论在更普遍的基础上解释了贸易产生的基础和贸易利得，大大发展了绝对优势贸易理论。

2. 经济结构的优化：自发秩序与市场行为的意义。

经济效率的提升不仅可以通过价格机制实现，也可以通过国家集权的计划机制实现。但是，无论理论论证还是经济实践都验证了价格机制相对于计划机制而言存在两个方面的优越性。

（1）供给与需求作为最优的信息传递机制。主流经济学假定每一位经济主体是功利与理性的，这种功利与理性会根据市场价格机制自动与自发调节供给与需求，实现资源最优化的配置，即为"自发秩序"。由于市场范围十分广大，市场内的供求信息十分庞杂，没有任何一个国家机构可以准确地掌握这些细小的并随时变化与调整的信息。因此，以市场为核心的劳动分工及资源配置体系必然优于以国家的计划为基础的劳动分工及资源配置体系。

（2）知识分布与自由决策的民主秩序。著名的经济学家哈耶克指出，相对于国家集权的计划经济，自由的市场经济会有更有效率与秩序。在论证这个"自发秩序"过程中，哈耶克引入了私人知识（local knowledge）这个概念。这种知识主要是由个人拥有的并只能被个人所把握，最有代表的例子便是个人的偏好选择，只有自己才能真正掌控，外人无法准确得知。这种"偏好知识"是分散的、变化的，是没有任何一个国家计划机构可以完全了解的。而市场通过赋予了每位参与主体的自主选择权，每一位主体通过自发的选择，促进了整个经济的自发调整。哈耶克认为，社会秩序的产生不是来自个人和群体的理性设计，也不可能来自某种超验的力量，而更可能是一种适应性的、自我演化的结果。自发秩序原理为个人的自由和有限的政府提供了系统的正当性依据。既然个人在自发的秩序中享有天然的自由，政府就不能动用自身的强制权力来剥夺这些自由，就不能用人为设计的强制性秩序去取代天然发生的自由秩序，就不能用命令性的计划经济去取代自由的市场经济。政府的行动的范围和方式，政府的规模就应受到严格的法律限制，政府的权力就应该加以分立并相互制衡。因此，保守主义的自我秩序的原理也是个人自由与有限政府的原理①。

3. 经济形态的进化：理性选择与市场机制的"优胜劣汰"。

主流经济学建立在行为主体理性选择的行为假定基础上，尽管遭到了许多学者的质疑与批判，但这种假定一直未发生改变。许多经济学者为理性假定辩护的理由便是市场经济有一种强大的净化功能，通过竞争把缺乏理性的行为主体淘汰出市场，进而改善市场的生态环境。这种自我改良的进化形式，恰恰是国家集权的计划经济体制缺乏的。

（1）市场的试错过程。供需双方在市场交易过程中，通过价格竞争淘汰不合格的参与方，奖励那些符合市场规律的理性选择的主体。理性与最大化的选择尽管受到了来自经济学界（如西蒙）及心理学界（如卡尼曼）等学者的批评，认为人们既没有最大化选择的能力，又没有最大化选择的条件。但是，即使最大化地放宽了人类理性的前提，只要市场机制良好的发挥作用，最终的决策仍旧会是理性的。这便是通过微观层面的试错，进而通过优胜劣汰来将"正确"的行为保留下来。试错行为也不是没有成本的行为，对于已经明

---

① [英]哈耶克. 自由秩序原理[M]. 邓正来，译. 北京：生活·读书·新知三联书店，1997.

确的经济规律与已经成功的商业经验而言，后发展企业与国家也可以选择利用干预的手段来改善决策。

（2）习俗与规范的作用。市场交易过程中，即使参与的主体都是理性的主体，但是在交易互动的过程中却会产生理性的博弈困境，即囚徒困境。囚徒困境描述了参与市场的双方因为都追求个人的最大化选择，却造成了集体的福利的下降。但是，在相同主体间发生多次交易时，"针锋相对"策略可以演化出了一种自我"治愈"的机制。一旦针锋相对的策略取得了市场主导地位，良好的参与双方默示的行为规范与习俗出现了，进而改善了整个市场的交易效率。

（3）声誉的作用。尽管市场合作行为是通过连续不断地同一个人进行重复博弈产生的。在非重复的囚徒困境中，博弈中的参与人还可以通过一些信息筛选的手段来甄别谁是有"声誉"的交易方。因为一个参与方一旦在市场中发生了欺诈行为后，市场中的没有被骗的主体就降低了对欺诈主体的"信誉"评级，减少与之发生交易的可能，进而将这种低声誉主体淘汰出市场。所以，市场声誉是在"针锋相对"习俗基础上，对反复诚实行为进行奖励与欺诈行为进行惩罚的淘汰机制。

当然，更改了博弈双方的条件，在成熟市场经济习俗与规范未建立之前，在很少重复交易的市场中，投机主义行为仍旧时有发生。但这并不影响市场总体作为一种"进化"的力量，推动经济持续发展。

二、"有为政府"的内涵与标准

（一）"有为政府"的内涵

政府有为包括三方面内涵：①能对"非经营性资源"有效配置并配套政策，促使社会和谐稳定，提升和优化经济发展环境；②能对"可经营性资源"有效配置并配套政策，使市场公开公平公正，有效提高社会整体生产效率；③能对"准经营性资源"有效配置并参与竞争，推动城市建设和经济社会全面可持续发展。政府有为，是对三类资源功能作用系统的有为，是对资源配置、政策配套、目标实现三者合一的有为。

（二）"有为政府"的标准

标准一："强政府"尊重市场规律，遵循市场规则

首先，"强政府"尊重市场规律。"强政府"运用价格、税收、利率、汇率、法制等手段，开展制度、组织、管理和技术创新，有效配置资源，引导投资、消费和出口。"强政府"和"强式有效市场"之间不是替代关系。"强政府"和"强式有效市场"的强并非是在一处进行功能和地位的争夺，而是二者发挥作用的范围、层次和功能均有所不同。"强政府"和"强市场"更多是体现在各自擅长的三种不同类型的区域资源配置中发挥优势、保持强势、互相协调。

其次，"强政府"遵循市场规则。其借助市场经济的基础、机制和规则来"超前引领"经济。用有形之手去填补无形之手运行过程中存在的缺陷和空白，纠正市场失灵。这侧重体现在区域政府对"可经营性资源"的调控与扶持，促使其提高生产效率；对"非经营性资源"的完善与提升，促成为优化发展环境；对"准经营性资源"的开拓与创新，

以协调区域可持续发展。

标准二:"强政府"维护经济秩序,稳定经济发展

"强政府"对现代市场经济的六大要素体系起着重要的维护作用。市场的有效运转需要政府通过"非经营性资源"的配置实行法制和监管,市场信用等环境体系和市场基础设施的完善都涉及政府"非经营性资源"的有效配置。只有政府把市场无法做和做不好的事情都做好,才能保证"强市场"作用的正常发挥。所以"强政府"必然是一个维护经济秩序,稳定经济发展的政府。

标准三:"强政府"有效配置资源,参与市场竞争

区域政府作为中观经济学的研究主体,其间展开的有效竞争可以有效纠正政府行为,减少政府失灵。区域政府要做强做大自己,同样是靠区域资源的配置效率竞争来实现的,区域政府之间的竞争可以有效避免垄断、官僚、效率低下、浪费严重等多种政府干预经济主义的弊病。为了竞争取胜,区域政府必须通过"超前引领"的方式,对政府各项行为及其效果进行分析、研判和监督,防止政府失误,减少政府失灵,尽可能降低经济的纠错成本,从而提升区域竞争力。

(三)"有为政府"的条件

现实中,成为有为政府至少需要具备三个条件。

1. 与时俱进。

这里主要强调,政府有为亟需"跑赢"新科技。面对科技发展日新月异,其衍生出来的新业态、新产业、新资源、新工具,将对原有的政府管理系列产生冲击。新科技带来生产生活的新需求和高效率,同时也带来政府治理应接不暇的新问题,包括大数据的应用,使政府决策不能再拍脑袋行事。因此,政府要在经济增长、城市建设、社会民生三大职能中或在"非经营性资源""可经营性资源""准经营性资源"的三类资源配置中有所作为,其理念、政策、措施应与时俱进。

2. 全方位竞争。

即有为政府需要超前引领,运用理念创新、制度创新、组织创新和技术创新等,在社会民生事业(完善优化公共产品配置,有效提升经济发展环境)、在经济增长过程(引领、扶持、监管、调节市场主体,有效提升生产效率)以及城市建设发展中(遵循市场规则,参与项目建设),全要素、全过程、全方位、系统性参与竞争。它以商品生产企业竞争为基础,但不仅仅局限于传统概念上商品生产的竞争,而是涵盖了实现一国经济社会全面可持续发展的目标规划、政策措施、方法路径和最终成果的全过程。

3. 政务公开。

政务公开包括决策公开、执行公开、管理公开、服务公开、结果公开和重点事项(领域)信息公开等。政务公开透明,有利于吸纳和发挥社会各方的知情权、参与权、表达权和监督权,优化提升经济增长、城市建设、社会民生等重要领域资源的配置效果。透明、法治、创新、服务型和廉洁型的有为政府,将有利于激发和带动市场活力和社会创造力,造福于各国,造福于人类。

(四)有为政府的职能定位

1. 资源配置职能。

（1）非经营性资源配置。非经营性资源具有两个特征：非竞争性与非排他性。如国防、外交、立法、司法和政府的公安、公共教育、环境保护、基础设施、公共知识的创造与传播、知识产权保护、工商行政管理等都是属于非经营性资源，这些资源不会因这一时期增加或减少了一些人口享受而变化。另外，非经营性资源的非排他性保证了其不能在任何情况下被独占专用，要想将其他人排斥在非经营性资源的使用之外，也会因非经营性资源配置的高成本而变得不可能。例如环境保护中，清除了空气、噪声等污染，为人们带来了享受新鲜空气和安静环境，如果要排斥这一区域的某人享受新鲜空气和安静的环境是不可能的，在技术上讲具有非排他性。非经营性资源的非竞争性导致市场需求的不足，非排他性导致市场收益无法独享，所以市场对于非经营性资源的配置没有动力。非经营性资源的配置必然要由政府来完成，而如果政府在非经营性资源配置上存在不足，不能担当"有为政府"这一资源配置职能的话，就会直接导致社会公益品供给不足并可能产生过多的公害品，比如公共污染等问题。

（2）准经营性资源配置。准经营性资源配置是市场资源配置和政府资源配置的交叉领域，"有为政府"对准经营性资源也必然在尊重市场规律的前提下积极发挥作用。政府与市场在准经营性资源配置上的界限通常以"交易成本"来确定。市场交易可以促进资源的有效配置，但是由于信息不对称和资源专用性常常使市场配置付出成本，这种阻碍市场交易效率的成本被称为"交易成本"，这一概念由新制度经济学的创始人科斯在 1937 年提出①。对于土地、道路、矿产与能源等关系国计民生的准经营性资源，一旦被一个行为主体所掌控，其就可以利用社会大众对于这类资源的依赖而敲竹杠，破坏了价格的配置效率。而且，无论企业还是参与市场的个人，都受理性的支配，都以效率与结果作为其根本目标，不能从根本上解决专属性带来的敲竹杠问题。所以，国家在准经营性资源的配置中大有可为。

2. 项目投资职能。

在完全竞争的市场中，资源通过价格作用发生转移与调配，不需要任何外部的干预也可以实现资源的最优化配置，企业完全可以依据价格信号进行高效投资。但是，下面几类因素降低了市场投资的效率：①垄断的因素；②群体无理性的因素；③信息不对称的因素；④公共品的因素。所以，政府投资就显得非常必要。

（1）政府对高风险行业的投资。比如高新技术科研项目通常是集技术密集型、资本密集型和风险密集型为一体的创新行为，类似一个复杂的社会系统工程，企业和个人无力承担，需要依靠政府投资并对高新技术产业化的发展进行全新的管理和协调方式。世界各国政府都把优先扶持和发展高新技术产业作为重要的政府行为，对高新技术科研项目的投资已经基本制度化和法制化，如：政府制定各种鼓励政策和制度投资技术研究和开发，促进高新技术人才的流动和技术的交流，为高新技术产业提供稳定的销售市场，减少社会风险等。实践表明，政府对高风险行业的投资对于建立和推动高新技术产业的迅速成长有明显的促进作用。

（2）政府对教育、国防等公共品的直接投资。教育和国防等产品既对区域发展起到至

---

① [美] 科斯，诺思，威廉姆森. 制度，契约与组织——从新制度经济学角度的透视 [M]. 刘刚等译. 北京：经济科学出版社，2003.

关重要的基础作用,又存在着私人投资的非获益性。鉴于市场机制对解决公共产品问题的失灵,区域政府必须对公共品进行直接投资,包括政府承办的各种公立教育机构、图书馆等公共学习设施,也包括义务教育制度、免费培训活动、知识普及和宣传等活动的提供。国防涉及安全问题,且技术、资金投入量级大,因此国防建设也是政府直接投资的主要领域。

(3) 政府对构建市场生态环境的直接投资。比如,政府对于信息不对称应当承担管理的责任。政府作为权威的第三方对市场信息进行审核、发布以及严格监督,处罚市场中利用信息的投机行为,都可以降低市场的群体无理性,提高市场的运行效率。

(4) 政府在社会风险保障上的直接投资。政府不但要承担高新技术产业的风险项目投资,对于社会中的不确定性与风险也需要进行相应保障,因为不确定性的概率无从估计,对于社会造成的伤害难以预期,企业也不会为此对社会提供保障,市场中的保险手段因为缺少风险概率的测算也不愿承担。此时,政府对社会中的不确定性进行保险,就显得尤为必要了,例如,对地震、水灾等自然灾害的救助。政府可以直接创办保险公司与风险投资公司,也可以考虑由政府和企业联合完成,以降低社会风险。

(5) 政府投资与乘数效应。政府通过扩大支出,包括公共消费和公共投资,可以改善有效需求不足的状况,从而减少失业,促进经济的稳定和增长。政府支出具有一种大于原始支出数额的连锁效应,一笔政府支出可以取得几倍于原始支出额的收入水平。这种现象被称之为"乘数效应"。投资乘数指出当总投资量增加时,所得之增量将 K 倍于投资增量,带来整个社会财富的增长。

3. 市场调控职能。

(1) 税收制度供给。税收是政府财政收入的主要来源,但税收制度的制定不仅决定了政府收入的多少,更决定了市场效率的高低。供给学派认为整个社会成本运行过高是经济发生危机的主要原因,改善供给便需要减少参与市场主体的企业与个人的成本,即通过降费与降税的方式来促进经济成长。所以税收制度的制定是区域之间展开竞争的重要方面,也是政府职能发挥的关键点之一。

(2) 产权制度体系建设。从市场经济的角度看,界定和保护产权是政府的首要职责,也是保障市场机制有效运作的基本前提。产权制度就是通过政府权威来划分、确定、保护和行使产权的一系列规则。科斯(1960)强调政府需要对产权的模糊性与争议负责,需要利用权威来清晰界定产权,产权界定好了,那么市场通过内部交易就可以达到最有效率的结果[①]。同样,政府对于公共产权的维护与设计也有不可推卸的责任。对于公共产权而言,政府属于广大群体的代理人,投票与民主程序是其权力的运行基础。因此,公共决策的信息披露与问责制的建设也是政府制度建设的重要组成部分。

(3) 货币与国家信用体系的建设。替代贵金属成为新的交易媒介是国家最重要的信用之一。利用国家的权威对于货币的信用进行背书,保证了货币在市场交易中的可靠性,极大地降低了因为不信任而产生的交易成本,提高了交易效率。国家信用还可以用于公共资金的筹集,以保证基础设施的顺利建设。中国的国家信用形成主要有:发行国家公债、发行国库券、专项债券和银行透支或借款。国家以债务人身份取得或以债权人身份提供的信

---

① [美] 科斯,阿尔钦,诺思. 财产权利与制度变迁 [M]. 上海:上海三联书店,1994.

用。国家信用是一种特殊资源，政府享有支配此种资源的特权，负责任的好政府不会滥用国家信用资源，政府利用国家信用负债获得的资金应该主要用于加快公共基础设施的建设，以及为保障经济社会顺利发展并促进社会公平的重要事项，以向社会公众提供更多的公共物品服务，并实现社会的和谐与安宁。国家信用一般由国家的法律予以保障。

4. 国际贸易的保护和拓展职能。

国家间自由贸易的理论基础来自于李嘉图的比较优势理论，认为国际贸易分工的基础不限于绝对成本差异，也可以来自于相对的优势。但是比较优势来自对等的国际贸易，不同发展阶段的国家间的贸易并不完全平等。对于不对等的世界贸易格局，一些相对落后的国家为了建立完善自己的工业体系并不断提升其产业竞争力，提出了相关的经济干预理论。

（1）幼稚工业保护。幼稚工业保护是基于领先国家与后发展国家间的不平等的贸易而应运而生的理论建议。第一次工业革命时期，英国等先进工业国倡导自由贸易，直接导致一些后发展国家的民族工业受到冲击。自由贸易反映的是先发国的利益；而后发展的国家如果按部就班跟着走，只能沦为英国的伐木场或者牧羊场，成为被掠夺的对象。所以后发国向先发国推进过程中，应像美、法那样采取保护主义政策，保护本国工业，国家强大之后再转而推行自由贸易。

（2）战略性贸易。战略贸易理论是保罗·克鲁格曼等提出来的[1]，认为在规模收益递增的情况下，要提高产业或企业在国际市场上的竞争能力，必须首先扩大生产规模，取得规模效益。而要扩大生产规模，仅靠企业自身的积累一般非常困难，对于经济落后的国家来说更是如此。对此，最有效的办法就是政府应选择发展前途好且外部效应大的产业加以保护和扶持，政府补贴和扶持变得十分必要，使其迅速扩大生产规模、降低生产成本、凸现贸易优势、提高竞争能力。

（3）扶持高技术梯度产业。演化理论学者提出了后发展国家的一些产业升级的建议。其观点的核心内容主要有：①高质量的活动是以学习为核心的，不论是生产现场的改善、产品设计，还是技术研发方面的改善，都是促进了知识的积累，提升了工业活动的质量。②学习是一个由简单到复杂的过程：发展中国家的企业一般都是经由 OEM（外包制造）至 ODM（原产地设计）再到 OBM（原产地品牌）这样一个学习与升级过程。③打破路径依赖，政府需要对企业的高质量的学习与技术升级进行扶持。④学习活动在不同的产业有不同的分布，一些产业不需要大量的学习与升级活动，如服装生产；而另一些产业这些活动成为竞争的必须，如精密仪器制造、汽车制造等。因此，政府对于特定的高质量分布密集活动产业的扶持就很有必要。

（4）利用后发优势。后发优势理论主要包括以下四个方面：①后发展国家可以通过对先进技术的模仿和借用，一开始就可以处在一个较高的起点，少走很多弯路。②后发展国家可以跨越性地引进先进国家的技术、设备和资金，节约科研费用和时间，快速培养本国人才，在一个较高的起点上推进工业化进程；资金的引进也可解决后发展国家工业化中资本严重短缺的问题。③后发国家可以学习和借鉴先进国家的成功经验，吸取其失败的教训，从而有可能缩短初级工业化时间，较快进入较高的工业化阶段。④相对落后也会形成

---

[1] 保罗·克鲁格曼等. 工业国家间贸易新理论[J]. 美国经济学评论，1984.

社会发展与成长的动力。综上所述，在对等贸易时，市场不需要政府的参与；但是对于不对等经济水平国家间的贸易，领先国家政府有动机去强化先发优势，而后发展国家政府则有动机去利用后发优势实现跨越成长。

第五节　成熟市场经济"双强机制"理论

成熟市场经济"双强机制"是指"强市场"和"强政府"并存。"强市场"意味着市场在资源配置上的主导地位不能动摇，一切决策和行动的依据首先是符合市场规律，按照市场法则对区域资源进行优化配置，任何主体都不能凌驾于市场之上做出违反市场规律的事，有效市场是"强市场"的鲜明特征。而"强政府"则是强调在遵循市场规律的基础上做有为政府，也就是说要积极发挥区域政府在"三类型"资源配置和与之相连的制度创新、组织创新、管理创新和技术创新上的引领作用，在开拓准经营性资源、提供公共产品、弥补市场不足以及国际经济事务中做足功课，促进市场机制的正常运行和区域经济的科学可持续发展。因此"双强机制"可以概括为有效市场和有为政府的有机结合。

一、"华盛顿共识"与"中等收入陷阱"

20世纪80年代末，世界经济衰退，世界各国现实经济增长率萎缩，经济增长动力不足、需求不振、人口增长率下降、经济全球化波折、金融市场动荡、国际贸易和投资持续低迷等状况，1990年由美国国际经济研究所出面，由位于华盛顿三大机构——国际货币基金组织、世界银行和美国政府参与的"华盛顿共识"（Washington Consensus）提出十条政策措施：①加强财政纪律，压缩财政赤字，降低通货膨胀率，稳定宏观经济形势；②把政府开支的重点转向经济效益高的领域和有利于改善收入分配的领域（如文教卫生和基础设施）；③开展税制改革，降低边际税率，扩大税基；④实施利率市场化；⑤采用一种具有竞争力的汇率制度；⑥实施贸易自由化，开放市场；⑦放松对外资的限制；⑧对国有企业实施私有化；⑨放松政府的管制；⑩保护私人财产权。其政策核心点是"主张政府的角色最小化，快速私有化和自由化"。在理论上，其主张实行完全的自由市场经济模式，最大限度减少政府的作用；只要市场能够自由配置资源，就能够实现经济增长。在政策上涵盖：①市场和内外贸易的快速自由化；②国有企业的快速私有化；③减少财政赤字，严格限制贷款和货币发行以实现宏观经济稳定化。"华盛顿共识"，旨在为陷入债务危机的拉美国家提供经济改革方案和对策，并为东欧国家转轨提供政治经济理论依据。应该说，"华盛顿共识"十项政策措施对刺激各国经济发展在一定阶段有一定合理内涵，但其既忽视了各国完善市场体系六大方面建设的重要性，更忽视了各国政府对三大类经济资源作用的重要性，从而形成"弱式有为政府"与"弱式有效市场"的结合模式，政府对经济基本没能发挥出调控作用，市场发育也并不健全，法制欠缺，秩序混乱，市场竞争机制也常被隔断，这种模式、这种政策措施、这种理论主张，是肯定没有持久生命力的，其结果也必然会以困境作终结。

2006年世界银行提出"中等收入陷阱"（Middle Income Trap）概念，专指那些中等收入经济体在跻身高收入国家的进程中，即新兴市场国家突破人均国内生产总值1000美元的"贫困陷阱"后，很快会奔向1000美元至3000美元的"起飞阶段"；但到人均国内生产总值3000美元附近，快速发展中积聚的矛盾集中爆发，自身体制与机制的更新进入临界，矛盾难以克服，陷入经济增长的回落或停滞期，陷入"中等收入陷阱"阶段。一方面资源成本、原材料成本、劳动力成本、资金成本、管理成本等居高不下，另一方面又缺乏核心尖端技术，难以创新，产业处于链条中低端，缺乏竞争力，从而由经济增长的回落或停滞，引发就业困难、社会公共服务短缺、金融体系脆弱、贫富分化、腐败多发、信仰缺失、社会动荡，等等。这些国家长期在中等收入阶段徘徊，迟迟不能进入高收入国家行列。此时，遵循"华盛顿共识"推进经济改革的拉美国家也成为陷入"中等收入陷阱"的典型代表。阿根廷在1964年就人均国内生产总值超过1000美元，在20世纪90年代末上升到了8000多美元，但2002年又下降到了2000多美元，而后2014年又回升到了12873美元。墨西哥1973年人均GDP已达到1000美元，2014年人均GDP为10718美元，41年后还处于中等偏上国家。拉美地区许多类似的国家，虽然经过二三十年的努力，几经反复，但一直没能跨过15000美元的发达国家门槛。

以阿根廷为典型的拉美国家发展停滞"病灶"剖析：①现实经济增长率起伏大。阿根廷在1963年至2008年的45年间，有16年人均GDP负增长，在这45年中，其人均GDP年均增长率仅为1.4%，1963年，阿根廷人均GDP为842美元，已达到当时的中高收入国家水平，但到45年后的2008年，其人均GDP仅增长到8236美元，仍为中高收入国家水平。②科技引擎能力弱。从研发费用支出占GDP比重来看，2003年阿根廷为0.41%，在世界各国排名40位以后；从研发人才来看，2006年阿根廷每千人中的研发人员只有1.1人；从劳动力素质看，2007年阿根廷劳动力中具有大学以上教育程度的比重为29.5%，优势不明显。③贫富分化严重，社会矛盾突出。从基尼系数上看，阿根廷在1980年代中期基尼系数就为0.45左右，到1990年代末接近为0.50，2007年达到0.51。从最高10%收入阶层和最低10%收入阶层的收入比开看，阿根廷为40.9%，分配不公问题不仅体现在财产性收入中，而且也体现在工资档次上。再加上城市基础设施和公共服务滞后，治安恶化，社会矛盾突出。④政府管理不得法。阿根廷宏观经济长期不稳定，汇率大起大落，通货膨胀居高不下，财政逆差司空见惯，供给侧问题成堆，宏观管理法律手段、经济手段软弱，造就了"头痛医头""脚痛医脚"经济失调、社会失衡的普遍现象。

可以说，"华盛顿共识"是一种失败战略，其"休克疗法"是一种政策失败：①各国有效市场是市场充分竞争、法制监管有序、社会信用健全的市场。"华盛顿共识"只侧重各国市场基本功能即市场要素体系和市场组织体系的竞争与提升，却忽略了各国市场基本秩序即市场法制体系和市场监管体系的健全，以及市场环境基础包括社会信用体系和市场基础设施的发展与完善，因此，"华盛顿共识"中的市场经济是自由市场经济而非系统功能健全的现代市场经济。②各国有为政府是遵守市场规则、维护市场秩序、参与市场竞争的政府。"华盛顿共识"只承认各国政府对"非经营性资源"即社会公共产品的保障与提供，而完全忽视了各国政府对"可经营性资源"即对产业资源企业竞争除了有"调节、监督、管理"政策的一面外，还有"规划、引导、扶持"政策的一面，更不了解各国政府对"准经营性资源"即对城市资源配置除了有推动建设的同时，也存在参与竞争的角色。只有对三类资源配置实现政策配套、取得实效的政府，才是成熟市场经济中的有为政府。因此"华盛顿共识"中的"放松政府管制"实质上是"无政府主义",它与现代市场经济呈现为有出的政府与有效市场有机结合的理论相比,表现得极为贫乏。③各国现实经济增长率要接近或等同潜在经济增长率,除了要完善现代市场体系外,当前重中之重的是要加强政府能力建设、制度安排与制度建设及发展模式转换。这在"华盛顿共识"中是空白的。各国政府能力建设既包括遵循市场经济规则,又包括驾驭市场经济发展,参与市场经济竞争。各国制度环境建设既包括健全市场立法、执法、司法和市场法制教育等系列,又包括按照市场经济要求,构建监管主体、监督内容、监管方式,实施对机构、业务、市场、政策法规执行等的监管,还包括完善对政府组织改革、发展自我实施的社会规范和制度规范等。各国发展模式转换则实质地应当从亚当·斯密:市场(看不见的手)+侧重供给(商品、价格、供给调节);凯恩斯:政府干预+侧重需求(投资、消费、出口三驾马车拉动);转换到现代市场经济中的:政府引领(干预)+侧重供给(供给侧结构性新引擎)的发展模式上来,即转换到"有为政府"+"有效市场"的发展模式上来。政府超前引领应作用于市场经济活动的全方位和全过程。

二、政府与市场之间是共生互补关系

政府支出占 GDP 的比重可以作为政府在经济活动中发挥作用的重要指标,根据"瓦格纳法则",这一指标会随着人均收入水平的提高而提高。以由发达国家组成的经济合作与发展组织(OECD)国家为例,政府支出占 GDP 比重的均值,19 世纪后期为 10.7%,1920 年为 18.7%,1937 年为 22.8%,到 1980 年上升到 43.1%,此后基本稳定在这个水平上。其中的北欧国家瑞典、挪威、丹麦等,这一比重高达 50% 左右。尽管政府的介入程度上升,但在全球范围,这些国家的市场发展程度和竞争力是最强的。尤其值得关注的是北欧国家,在政府支出比重高达 GDP 一半的情况下,其经济高度开放,劳动力市场的活跃程度高于许多其他 OECD 国家。数百万人口的小国,涌现出了诸如诺基亚、沃尔沃、宜家、乐高等全球领先的跨国公司,多年来在全球竞争力排序中名列前茅。在亚洲,令人瞩目的是新加坡。由于强制性推行公积金等制度安排,新加坡政府支出占 GDP 的比重不算高,但政府通过财政政策和政府出资的政联企业,对经济增长格局和产业升级施加了强有力的影响。新加坡经济经历了长时间的快速增长,并跻身于全球最有竞争力的国家之列。

反观数量更多的发展中国家,政府财政支出占 GDP 的比重一般在 20% 左右。在非洲撒哈拉沙漠以南部分国家,这一比重更低。在这些国家,政府往往难以维持基本的公共秩序,无法形成全国性市场。

如果仅仅以强弱判断政府与市场的关系,我们更多地看到的是"强政府"与"强市场"的组合、"弱式有为政府"与"弱式有效市场"的组合,唯一未能观察到的是"弱式有为政府"与"强市场"的组合。这就要求我们由表及里地探索政府与市场之间的复杂关系①。

第一,现代市场经济不可能没有政府,但政府定位必须准确。没有政府作用的市场经济一定不符合现代市场经济理念,但有政府的经济也不意味着就是现代市场经济,关键看政府发挥什么样的作用,以及如何发挥作用。第二,有效市场从一开始就离不开有为政

---

① 刘世锦. "新常态"下如何处理好政府与市场的关系 [J]. 求是, 2014 (18).

府。市场经济首先需要借助政府的权威力量界定和保护产权，建立并维护公平竞争的市场秩序，扩展市场体系，履行市场合约，反对垄断和其他不正当竞争行为。没有这些条件，市场不可能正常运转。第三，有为政府可以维护和促进市场更好地发挥作用。政府可以提供各种公共服务、缩小收入和发展差距、保护生态环境，可以做宏观调控和中长期发展规划，这些政府职能都可以有效弥补市场不足，实现效率与公平的和谐发展。第四，有为政府不是简单的强势，而是强而有道。政府这只手如果伸得过长，甚至试图替代市场的作用、搞大一统的集中计划体制，就是政府的越位和错位，表面看起来政府很强，但市场必定受到严重伤害，是不可能强的。最后，现代市场经济一定是有为政府加有效市场的"双强模式"。一个强的、好的市场经济的背后，一定有一个强的、好的政府。

三、资源配置活动"强政府"与"强市场"界定分析

政府与市场的关系即相矛盾又相互补：有时政府的权力过大会破坏市场的公平与效率，如国家集权的计划经济；有时市场的力量被放任没有约束时会出现公共品供给不足，短期利益的追求会造成群体非理性以及地下灰色经济的泛滥。那么政府在何种程度的干预才是一种理想的经济运行状态？

（一）政府资源配置与价格手段资源配置

政府主要针对"非经营性资源"和"准经营性资源"进行配置。对"非经营性资源"可以通过代理公共意志的方式，以行政命令对非经营性资源进行组织与调配。而对"准经营性资源"，政府应主要采用公私合作关系（PPP）模式进行资源配置，确定政府、营利性企业和非营利性组织的相互合作关系的形式，发挥各方资源配置优势，实现各方利益共赢。

市场主要针对"可经营性资源"进行配置，以价格手段为主，通过不同价格释放的信号传递来对各种资源的价值进行评价，引导市场中的主体对其合理配置：当价格高时，供给增加，需求减少；当价格低时，供给减少，需求增加，最终价格维持在供需平衡的基础上，资源的配置便得以实现。由于"准经营性资源"不像"可经营性资源"那样具有明确的排他性和竞争性，所以对"准经营性资源"的配置，虽然也可以根据市场价格信号决定是否参与，但通常市场配置动力不足，需要政府政策加以鼓励和引导。

有为政府和有效市场的界定关键和难点主要在"准经营性资源"上，或者说"准经营性资源"配置是"强政府"和"强市场"的组合领域。

（二）价格机制发挥强作用的条件

1. 竞争性与需求。

经济物品一般被描述成为"有比无好"的物品，这种物品一般会具有竞争性的特征。竞争表现为需求方愿意为拥有这些经济物品而支付货币。同时，由于人们对经济物品有着"边际效用递减"的消费倾向，所以，需求曲线向右下方倾斜，保证了人们在购买数量增加时会不断减弱再购买的动机。但是，还有一些经济物品并不具备竞争性的特征，例如缺乏知识产权保护的数字产品，公共的绿地与海滩，一些科学研究的成果。上述资源与物品具有"有比无好"的特征，但需求方却并不愿意为此支付货币。原因主要包括该类资源与

物品不需要竞争；资源与物品不应该竞争，因为这类资源与物品一旦被需求方以竞争手段获得就会破坏整个经济活动的公平与正义；需求方不愿意竞争，比如基础设施等，因为需要大规模与长时期投入的都很难通过市场力量来得以解决。

2. 排他性与供给。

企业向市场供给其产品的前提是收益大于或者至少是等于自己投入成本。由于随着价格水平的上升，企业在成本不变的情况下会有更多的收益，所以产品的供给曲线是向右上方倾斜的。但是，非购买供给方产品的人如果也可以无成本或者很低成本获取其花了大量成本提供的产品与服务的话，那么一个直接结果是供给方无法获得任何收益来补偿其成本。一般而言，非排他性也包含几个原因：第一，在技术上无法排除其他未支付的人员使用；第二，即使可以排除未支付购买的人员使用，但由于排除成本过高而导致得不偿失；第三，与竞争性的原因相似，一些资源或物品也不应该排除其他人的使用，因为一旦被部分人员占有，就会造成不公平的状况，比如公共设施等。

（三）基于资源配置的"双强机制"理论分析框架

根据资源的非竞争性与非排他性可以将资源分成四种属性类别（图6-7）。这四种属性分别为：Ⅰ向限，具有排他性与竞争性的资源与物品，这一类具有明晰的产权，市场对此类资源进行配置发挥着决定性的作用。政府除了应对国外领先企业对本国后发企业的竞争或者保护本国的农业生产，一般不发挥资源的配置作用。所以对于这种类型的资源，"强式有效市场"与"弱式有为政府"是一种有效率的选择。

Ⅱ向限，具有排他性与非竞争性的资源与物品，这一类物品有明晰的产权，但却由于非竞争而导致了市场在配置该类产品时存在着很大的约束。这类产品最有代表性的便是互联网上的数字产品，如操作系统、应用软件、数字音乐、电子书籍等。由于需求方几乎可以零成本的获取，所以愿意支付货币去购买这些产品存在着很大的困难。可以看出，单独的价格机制是很难有效解决这一类型的资源配置的，而政府在几个方面可以帮助市场来提高配置的效率。首先，政府需要加大对于知识产权的保护力度，对于盗版与侵权的行为进行严惩；其次，政府可以利用自己的媒体与权威渠道对于保护知识产权的观念进行引导与灌输；最后，政府还可以直接对一些知识性的产品进行购买，以使参与知识创新人员的收入得到保障。

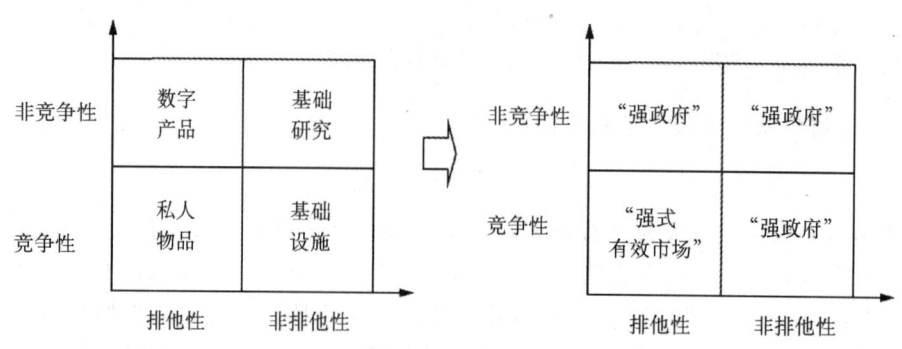

图6-7 资源的分类与政府与市场的作用

Ⅲ向限，具有竞争性与非排他性的资源与物品，这一类资源与物品是社会大众所需要并愿意支付购买的，但由于其产权无法（或者不应该）清晰界定，所以市场对其配置仍旧出现难题。这一类的资源与物品主要以基础设施为主要代表，如公路、公园、高铁、公共交通等。由于市场在这部分资源的配置方面的低效率，政府需要直接参与到这些资源的配置与供给上来，但是这些资源并不由政府组织创造，只是由政府来最终采购，其中组织与配置的过程都是在政府的监督下通过市场来完成的，如招投标、人员的招聘、设备的采购等。所以，对于这类资源，"强政府"与"强式有效市场"协同发挥作用，即弥补了市场的不足，又有效地发挥了政府的监督与协调作用。

IV 向限，非竞争性与非排他性的资源或物品。满足这个条件的代表性的物品就是一个国家的基础研究成果，这些研究即无法变成私人产权来排除别人享用，又无法激发市场中的竞争之心。对此类资源或物品，必须依赖强力的政府扶持与干预才可以保证其有效地供给，而市场机制最多只能发挥一点补充作用，如利用经济手段引导一些科研人员进入这个领域。所以，在这个向限的资源与物品，"强政府"与"弱式有效市场"的配置是必然的结果。

综上所述，基于资源的不同类型，政府与市场在其中发挥不同的作用。"强政府"与"强市场"在对一些准公共品（数字产品与基础设施）都表现出较好的效果。

四、"潜在经济增长率"与"现实经济增长率"

潜在经济增长率是指一国经济在现代市场体系中所生产的最大产品和劳务总量的增长率，或者说一国在现代市场体系中各种资源得到最优和充分配置条件下，所能达到的最大经济增长率。

只有成熟市场经济中"双强机制"的运行才能实现"潜在经济增长率"。这里包括两方面内涵：一是市场有效——即现代市场体系中的市场基本功能（包括市场要素体系和市场组织体系）、市场基本秩序（包括市场法制体系和市场监管体系）与市场环境基础（包括社会信用体系和市场基础设施）的健全；二是政府有为——即一国政府能对"可经营性资源"、"非经营性资源"和"准经营性资源"系统的有效配置、政策配套、制度安排。潜在经济增长率是在现代市场体系健全条件下一国政府对三类资源最大限度地充分利用时所能实现的增长率，是"强式有为政府"+"强式有效市场"模式组合下实现的增长率。

现实经济增长率或实际经济增长率是指一国末期国民生产总值与基期国民生产总值的比较。以末期现行价格计算末期 GNP，属名义经济增长率，以基期价格（即不变价格）计算末期 GNP，属实际经济增长率。实际经济增长率即为实际经济增长速度，它现实反映一个国家一定时期经济发展水平变化程度的动态指标。

由于世界各国市场发展程度和政府有为状况不一，或者出现"弱式有为政府"结合"弱式有效市场"的模式，比如大多数中低收入水平的国家；或者出现"半强式有为政府"与"强式有效市场"结合的模式，比如说现行的美国；或者出现"强式有为政府"与"半强式有效市场"结合的模式，比如说目前仍然面临进一步提升和完善市场竞争、市场秩序、市场信用和市场基础设施的中国；它们的实际经济增长率与"强式有为政府"和"强式有效市场"结合形成的潜在经济增长率相比，都存在一定的差距。这个差距就是各国经济增在的潜力所在；针对这个差距采取的一系列经济措施就是各国经济发展的活力所在；针对这个差距采取的系列政策配套或制度安排就是各国经济发展的创新力所在。成熟的市场经济＝"强式有为政府"＋"强式有效市场",它是政府与市场结合的最高级模式,是世界各国经济增长率的理论目标,也是世界各国经济运行中实践探索的最佳模式。

在现实经济中,世界各国或者出现社会总需求小于社会总供给或者出现社会总需求大于社会总供给的状况,我们都可以从市场要素体系、市场组织体系、市场法制体系、市场监管体系、市场环境体系和市场基础设施等六大方面对应有为政府的有效配置非经营性资源、准经营性资源、可经营性资源的模式上找到它的根源,提出解决问题的基本路径与方向。

五、政府与市场"双强运行机制"

(一) 政府与初次资源配置

政府对于"可经营性资源"的配置不应施加干预。但是,对于"非经营性资源"和"准经营性资源"必须进行直接配置、干预和引导。

政府投资是一种最为直接与最为强力的干预,表现在当市场不能够或者不足够提供社会需要的产品与服务时,政府通过直接投资来改善供给。当价格无法完全对资源实行有效配置的时候,政府还需要通过替代市场的手段来对一些特定的物品进行定价及管制。

(二) 政府对"可经营性资源"二次分配中的配置

除了直接参与到市场中对"非经营性资源"和"准经营性资源"发挥投资与购买作用,政府还间接地发挥着对"可经营性资源"的配置作用。政府主要通过税收杠杆、利率、汇率等手段间接发挥作用。

政府税收杠杆是运用税收形式间接调节社会经济活动的手段。国家通过利用税收给予纳税人以有利或不利条件,引导"可经营性资源"配置服从于宏观经济计划的要求。利率政策则是通过对利率水平和利率结构的调整来影响社会资金供求状况,实现货币政策的既定目标。在汇率政策上,政府为达到一定的目的,通过金融法令的颁布、政策的规定或措施的推行,把本国货币与外国货币比价确定或控制在适度的水平,从而实现对"可经营性资源"间接配制。区域政府还可以通过对特殊贡献的奖励政策来鼓励创新与影响"可经营性资源",不但可以极大推动区域科学技术水平及经济的发展,同时也起到良好的引领与示范效果。

(三) 在资源创造中的政府与市场的"双强作用"

知识水平在行业内的不均衡性决定了政府参与的必要性。资源创造不同于资源配置,强调新资源、新服务与新知识的产生,而不是对现有资源、服务与产品的定价。在知识水平保持不变与高度扩散的情况下,资源创造更依赖于市场组织,生产活动在利益的刺激下自发完成。所以,当知识成为行业共识时,"强市场"既可完成资源创造,不需政府参与。但是当知识水平在行业内存在着不均衡的状态时,政府便有了参与的必要。

意会型知识[①]或技术的创造必须依靠政府的扶持和保护。难以模仿与难以替代的意会型知识和技术知识是企业竞争优势的真正来源，而这种知识或技术是难以编码成为信息的，也是难以转移的（显性知识又称为信息化的知识，可完全转移）。对于知识创造者而言，市场的信息化扩散使创新迅速成为行业内共识，使创新者的收入不足以弥补损失；对于知识模仿追随者而言，只需要模仿就可以获得行业的平均利润，创新意义就消失了，而且长时期的模仿也会使认知系统退化，失去创新能力。一般的企业中，知识通过应用性的技术作用于生产过程中。资本与劳动受到市场价格的影响，但是技术，尤其是凝结着意会型知识的技术很难通过价格进行配置。所以市场只会使知识蜕化，不会促使知识升级，只有政府才能真正推动新知识的创造，实现企业和区域核心竞争力的提升。政府想要提升区域竞争实力，需要在两个方面帮助企业形成竞争优势：第一，在企业创新方面的扶持；第二，在保护专有知识方面的投入。从这方面而言，政府是逆市场而为，强势政府需要推动以知识培育与创新的战略。

高新科技等资源的创造条件来自于政府。高科技反映了知识的快速迭代（不断创新的涌现），也反映了知识的高度复杂性与意会性。在这类产业中，研发活动处于产业活动的核心地位，大量的知识密集型的人才进行高度合作，创意与创新是企业竞争的关键。同样，高科技产业不会随着市场竞争自然产生，低科技产业企业也不会很快升级至高科技。知识与技术的升级受限于一个国家的教育基础、创新文化、人才储备与已有的技术储备，而这些因素的发展与完善全部需要依赖国家的投资与扶持。

第六节　构建全球经济发展新引擎

1948 年，拉格纳·纳克斯把贸易比作 19 世纪的增长"引擎"，借以说明进口替代工业化战略的合理性。2012—2014 年金融危机爆发期间，全球贸易年增长不到 4%，远远低于危机前 7% 左右的平均增速，于是，又有世界银行官员提出如何"重启"全球贸易引擎的问题。我们认为，世界各国经济发展从要素驱动阶段到投资驱动阶段、到创新驱动阶段的转换过程，很多国家，尤其是那些石油、天然气、矿产、农产品等自然资源丰富的经济体，运用资源要素、土地要素、劳动要素等"有形要素驱动"经济增长发挥到了极致并呈现出不可持续性，那么，在 21 世纪的"有为政府"+"有效市场"的现代市场体系中，推动与提升供给侧结构性新引擎（而非需求侧"贸易引擎"），充分发挥企业竞争配置产业资源、政府竞争配置城市资源的作用，构建全球"有形要素"与"无形要素"相结合的投资、创新、规则"三引擎"，将对全球经济治理与发展起到重要作用。

一、构建全球投资新引擎

投资驱动型增长，既取决于供给侧产品和产业资源的配置与竞争状况，又取决于供给

[①] 意会型知识（tacit knowledge），由英国著名物理化学家、思想家波兰尼（Michael Polanyi）1957 年在《The Study of Man》一书中首次提出。与意会知识相对应的是显性知识（explidt knowledge）。显性知识是指那些通常意义上可以用概念、命题、公式、图形等加以陈述的知识；而意会知识则指人类知识总体中那些无法言传或不清楚的知识。

侧政府配置城市资源和推动基础设施建设的竞争表现。它能导致各国市场深化、资本增加，带来技术革新和岗位就业，具有长期可持续性。

（一）推进供给侧结构性改革

1. 推动新型工业化。

推动新型工业化涉及三方面内容：①扶持和引导对传统产业的改造提升。各国通过扶持和引导企业技术改造盘活巨大存量资产，优化提升产业质量的效益，能拉动需求，推动经济增长。②扶持和培植战略性新兴产业和高技术产业发展。作为增量资产，各国应着重于扶持和培育企业核心技术和关键技术的研发创新与成果转化及产业化，培植优势产业和主导产业，构建完善的产业链和现代化服务网络。③各国借助于市场竞争，推动企业兼并收购，整合重组，提升企业核心竞争力。它是实现供给侧有效投资、新旧动力转换的重要手段之一。

2. 加快农业现代化。

加快农业现代化包括五方面内容：①各国农业现代化内涵，既包括土地经营规模扩大化，又包括"农民的现代化"。应引导和培育农民摆脱愚昧和落后，成为"有文化、有技术、会经营"的新式农民。②组织方式——各国不管是大农场，还是小规模家庭经营，都应扶持农民合作组织或众多分散的农户与市场对接，实现产前、产中、产后服务一条龙，购买生产资料、开展农产品储存加工运输及销售农产品作业一条龙。③适度规模经营。④适度城镇化。⑤推进农业技术教育职业化。各国农业现代化能为工业化和城市化创造稳定的社会环境，降低社会成本，繁荣各国经济。

（二）加大基础设施投资建设

1. 推进新型城镇化。

发达国家城镇人口一般占80%以上。随着世界各国城乡一体化的进程和以城市为中心的城镇体系的形成，以人为核心的新型城镇化的规划与建设，"海绵城市""海绵社区"地下管廊、防洪排涝设施建设，城乡一体化水、电、路、气基础设施建设，城乡基本公共服务教育、医疗、文化、体育等设施建设，以及发展休闲旅游、商贸物流、信息产业、交通运输等，将为世界各国提供新的增长潜力。

2. 推进基础设施现代化。

它包括能源基础设施、交通基础设施、环保基础设施、信息基础设施和农田水利设施等建设的现代化。该投资回旋空间大、潜力足，能有效推动各国经济增长。

（三）加大科技项目投入

例如美国的 NNMI 计划（National Networks of Manufacturing Innovation），首期投入10亿美元，十年内建立45个 IMI（Institutes for Manufacturing Innovation）；英国 KTP 计划（Knowledge Transfer Partnership），以及基于信息物理系统（CPS）智能制造的德国工业4.0战略；它们能整合人才、企业、机构创新资源，引领产业研发方向，促进产业提升发展。世界各国对大数据、云计算、物联网等投入，对 NBIC 即纳米技术、生物技术、信息技术和人工智能等的投入，将能开拓新的经济增长点。

（四）提升金融配套能力

它既强调金融服务实体经济，又推进金融、科技、产业三融合。世界各国投资新引擎，离不开各国金融体系的改革、创新和发展。

二、构建全球创新新引擎

一个区域、一个国家、一个世界，当其从寻找本域如何提高经济增长率转而进入经济发展模式的切换；从发挥企业竞争配置产业资源过程进入国家政府竞争配置城市资源的过程；从单一市场机制发挥作用到"有为政府"与"有效市场"的结合构建世界各国经济增长的投资新引擎时；必然涉及全球经济治理体系中的公平、公正原则保护、发展中国家在全球经济秩序中利益保护、开放经济体系的维持或扩大以抵制保护主义、应对经济新领域（例如网络领域）实施规范以及应对全球经济发展系列挑战的新问题。因此，面对以世界各国在竞争合作中历史地形成的来协调并治理全球经济秩序的公共机制或公共产品——思想性公共产品、物质性公共产品、组织性公共产品和制度性公共产品，我们需要予以完善与创新。

（一）推进思想性公共产品理念创新

创新包括三个方面：①市场应是"有效市场"。现代市场体系是由六个方面组成的完整系统。一些国家过份强调市场要素与市场组织的竞争而忽视法制监管体系的建设和市场信用体系等环境基础设施的健全，都将产生市场"三公"原则的偏离。②政府应是"有为政府"。各国政府不仅应对"可经营性资源"——产业资源配置实施规划、引导、扶持、调节、监督和管理；而且应对"非经营性资源"——社会公共产品提供实施基本托底、公平公正、有效提升；还应对"准经营性资源"——城市资源配置进行调节，参与竞争。③世界各国追求成熟的市场经济模式应是"有为政府"＋"有效市场"，在市场经济大系统中，企业竞争配置产业资源，政府竞争配置城市资源。国家政府在全球经济增长中应发挥出重要作用。

（二）推进物质性公共产品技术创新

当前科技发展最典型的是用信息化融合工业化、城镇化、农业现代化及基础设施现代化，用中文来说就是"互联网＋"。所以，当我们一个国家、一个城市向民众、向社会提供的公共交通、城管、教育、医疗、文化、商务、政务以及环保、能源和治安配置融合了智能化的时候，"有形要素"与"无形要素"结合而成的智能城市的安全、高效、便捷和绿色、和谐将不仅造福民众，还将推动各个城市或各个国家加快工业化转轨，城市化转型和国际化提升，它能促进新兴国家崛起。

（三）推进组织性公共产品管理创新

一个世界如一个国家或一座城市。传统的城市建设和组织框架如摊大饼，即使城市道路有了一环、二环、三环、四环甚至五环，还会交通堵塞、空气污染、红绿灯失效、效率低下。现代城市发展要求组团式的布局，其与网络发展要求重塑空间秩序、全球供应链发展容易"抹掉国界"一样，城市组团式架构能有效解决传统摊大饼城市管理带来的系列问题。世界经济秩序的组织管理如城市架构一样需要从摊大饼模式向组团式布局改革创新发展，但它需要相应的新规则和必要的"基础设施"投资，才能布局合理，实现世界均衡、协调可持续发展。

（四）推进制度性公共产品规则创新

一国建设有概念规划、城乡规划和土地规划"三位一体系"，其形成的战略规划、布局定位、实施标准、政策评估、法制保障等产生了既系列严谨又层次细分的实施作用；全球经济治理有联合国宪章、联合国贸发会议、经合组织和世贸组织等规章机制，围绕着"让全球化带来更多机遇"和"让经济增长成果普惠共享"，我们需要完善和创新经济增长理念和制度性相关规则，促进各国财政、货币和结构性改革政策相互配合，经济、劳动、就业和社会政策保持一致，需求管理和供给侧改革并重，短期政策与中长期政策结合，经济社会发展与环境保护共进，和全球经济治理格局共商共建共享及全球经济的可持续增长。

三、构建全球规则新引擎

构建创新（Innovative）、活力（Invigorated）、联动（Interconnected）、包容（Inclusive）的"四I"世界经济，需要完善全球经济治理体系。与各国"非经营性资源"相对应的是国际公共产品供给体系；与各国"可经营性资源"相对应的是国际产业资源配置体系；与各国"准经营性资源"相对应的是世界城市资源配置体系；它们各自遵循客观存在的规则运行。

（一）国际安全秩序规则——和平、稳定

这点已被世界各国一致认识，作为国际公共产品供给体系的基本准则，应构建和平稳定的发展环境，加强国际安全合作，捍卫联合国宪章宗旨和原则，维护国际关系基本准则，营造和平稳定、公正合理的国际安全秩序。

（二）国际经济竞争规则——公平、效率

它是世界各国产业资源配置体系中企业竞争的基本准则。比如G20（中国杭州2016）确定的"促进贸易和投资开放"指导原则，包括减少关税和非关税贸易壁垒；减少对外国直接投资的壁垒和限制；实施贸易便利化措施以降低边境成本；适当减少贸易和投资的边境后限制，促进更广泛的跨境协调；通过多边、诸边和双边协议最小化对第三方的歧视性措施，减少贸易和投资壁垒。确定的"促进竞争并改善商业环境"指导原则，包括强化竞争法律及落实；减少开办企业和扩大经营的行政及法律障碍；促进公平的市场竞争；实施高效的破产程序；减少妨碍竞争的限制性规定，减少额外的监管合规负担，并对监管政策进行有效监督；加强法治，提高司法效率，打击腐败，等等。无不体现出各国企业竞争中所必须实施的公平与效率规则。

（三）国际共同治理规则——合作、共赢

它是世界各国城市资源配置体系中政府间竞争所需要遵循的基本准则。城市资源存在着"有形要素"和"无形要素"两方面,其中,新型城镇化,智能城市开发,以能源、交通、环保、信息、水利等为主体的基础设施现代化的投资,将是世界各国经济增长的新引擎,它能带来资本扩大、就业增加、技术革新、市场深化、经济可持续增长和社会受益、环境改善、国力提升……由于各国城市化进程、政策举措和制度安排不一,其投资驱动增长与竞争结果不一。但作为各国之间政府的竞争,应该是合作竞争,应该是可持续发展的竞争,应该是共同提升全球经济治理体系的竞争和共同创新经济增长方式的竞争。其基本原则应是合作共赢。构建以合作共赢为核心的创新型、开放型、联动型和包容型世界经济体系,将能持续创新增长方式,提升全球经济治理体系,造福于各国,造福于世界。

第七节 区域政府竞争理论总括

图6-8对区域政府竞争理论进行了总括。依据图形的理论分布,从核心到外围,层层扩展,可以将本书区域政府竞争理论要点概括如下。

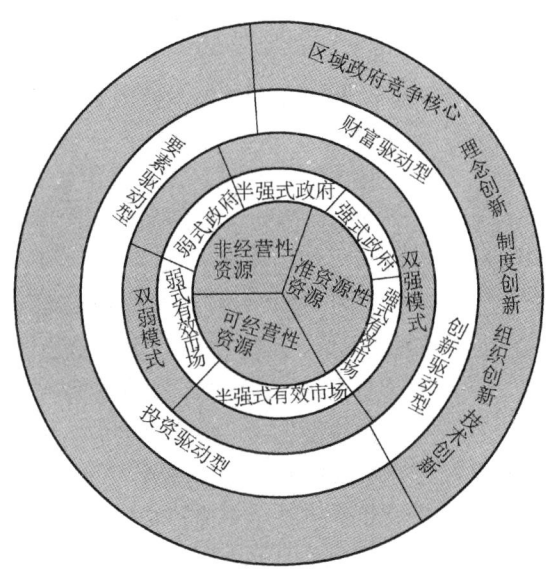

图6-8 区域政府竞争理论总括图

(1)政府三大职能的发挥,实践中表现为对区域资源的一种配置、一种管理、一种政策。与社会民生相对应的是社会公益资源,其在市场经济中被称为"非经营性资源",区域政府对此类资源的配置原则是"社会保障、基本托底;公平公正、有效提升"。与经济发展相对应的是产业资源,其在市场经济中被称为"可经营性资源",区域政府对此类资源的配置原则是"规划、引导;扶持、调节;监督、管理"。与城市建设相对应的是城市资源,其在市场经济中被称为"准经营性资源",包括用于保证区域经济社会活动正常进行的公共服务系统和为区域生产、民众生活提供公共服务的软硬件基础设施。"准经营性资源"的开发与管理,既可由政府来实施——此时它是公益性的,是"非经营性资源";

也可由市场来推动——此时它是商品性的，是"可经营性资源"。由政府或市场来开发管理，取决于各区域的财政收支、市场需求和社会民众可接受程度等因素。

（2）围绕三种不同类型资源的界定和配置能力，市场和政府可以各自分为弱式、半强式和强式三种类型。弱式有效市场是指只具备"市场要素体系"和"市场组织体系"的市场；半强式有效市场是指具备市场要素体系、市场组织体系、市场法制体系、市场监管这四大要素的市场；强式有效市场是指同时具备市场要素体系、市场组织体系、市场法制体系、市场监管体系、市场环境体系和市场基础设施这六大要素的市场。弱式有为政府是指政府只关注"非经营性资源"的配置及相关政策配套的政府，而对"可经营性资源"的配置和配套政策问题认识不清，向无举措，对"准经营性资源"的配套参与界定不清，举措不明；半强式有为政府是指政府只关注"非经营性资源"和"可经营性资源"的配置及相关政策配套，在履行公共职责、社会保障等基本职能外，对市场运行状态也予以关注，或者在市场运行失灵时，运用有效需求或有效供给的相关政策措施进行宏观调控、调整和干预，防止经济陷入过度低迷带来经济运行中的重大损失与破坏，或者开始着手经济战略发展，对产业布局规划、引导，对生产经营扶持、调节，对市场竞争"三公"监管，调控物件上涨，控制失业率，以力图促进国家总供给与总需求动态平衡，但其对"准经营性资源"仍认识模糊，界定不清，政策不明，措施不力，效果不佳；强式有为政府不仅关注"非经营性资源"和"可经营性资源"的配置与政策配套，而且参与和推动"准经营性资源"的配置和政策配套。"强式有为政府"能够发挥政府的经济导向、调节、预警作用，依靠市场规则和市场机制，运用投资、消费、出口、价格、税收、利率、汇率、政策、法规等手段，开展制度、组织、技术、理念创新，有效配置非经营性资源，提升经济发展环境，有效配置可经营性资源，提升经济发展活力与协调性，有效配置准经营性资源，形成领先优势，促进国家全面科学可持续发展。

（3）"强式有为政府"和"强势有效市场"组合而成的双强模式意是现代市场经济的代表模式，是市场经济发展的最高级阶段。现代市场经济一定是"有效市场"和"有为政府"的高效组合和运转。政府有为意味着政府能对"非经营性资源"有效配置并配套政策，促使社会和谐稳定，提升和优化经济发展环境；能对"可经营性资源"有效配置并配套政策，促使市场公开公平公正，有效提高社会整体生产效率；能对"准经营性资源"有效配置并参与竞争，推动城市建设和经济社会全面可持续发展。市场有效意味着市场基本功能的健全、市场基本秩序的健全、市场环境基础的健全，是对生产竞争、市场公平、营商有序三者合一的反映。"有效市场"标准有三——市场充分竞争；法制监管有序；社会信用健全。

（4）根据市场与政府对"准经营性资源"的配置能力，整个经济发展过程可以分为"要素驱动型""投资驱动型""创新驱动型"和"财富驱动型"四个阶段。当市场和政府的资源配置能力仅停留在"可经营性资源"和"非经营性资源"的层面上时，经济发展基本处于"要素驱动"和"投资驱动"等阶段，直到"准经营性资源"配置成为区域竞争焦点，"创新驱动"和"财富驱动"阶段就成为推动区域经济发展的主流。

（5）区域政府竞争是在区域政府间展开的，必须遵循市场经济规律，在区域资源配置、经济发展、城市建设、社会民生等方面的项目、政策、事务上进行竞争。主要包括项目竞争、产业链配套竞争、人才和科技竞争、财政和金融竞争、基础设施竞争、环境体系竞争、政策体系竞争、管理效率竞争等八个方面。实质内涵是在区域资源配置中，对"可经营性资源"采取什么政策以增强企业活力、对"非经营性资源"采取什么政策以创造良好环境、对"准经营性资源"采取什么方式参与、遵循什么规则、配套什么政策、以实现区域可持续增长的问题。区域政府竞争的实质体现在对资源优化配置的竞争上。竞争需要创新。创新就是竞争力；持续的创新就是持续的竞争力；区域创新是区域政府竞争的核心。从创新层次上，区域政府需要理念创新、制度创新、组织管理创新和技术创新。政府超前引领成为区域竞争与发展关键。

（6）应构建全球经济发展新引擎。"有为政府"+"有效市场"的现代市场体系，要求推动与提升供给侧结构性新引擎，并充分发挥企业竞争配置产业资源、政府竞争配置城市资源的作用，构建全球"有形要素"与"无形要素"相结合的全球投资新引擎、全球创新新引擎和全球规则新引擎。这些新引擎的构建将对全球经济治理与发展起到重要作用。全球投资新引擎包括推进供给侧结构性改革、加大基础设施投资建设、提升金融配套能力等；全球创新新引擎包括思想性公共产品理念创新、物质性公共产品技术创新、组织性公共产品管理创新、制度性公共产品规则创新；全球规则新引擎包括和平稳定的国际安全秩序规则、公平效率的国际经济竞争规则、合作共赢的国际共同治理规则。

总之，政府和市场的关系，堪称经济学上的"哥德巴赫猜想"。而有为政府和有效市场的有机结合所造就的经济增长、城市建设、社会民生方面的巨大成效，已被海内外成功案例所证实：①珠三角腾飞成"中国梦"缩影。正如俄罗斯记者佩佩·埃斯科巴尔报到，1979年的深圳，只是香港北面一个贫瘠的渔村。20世纪90年代初，珠江三角洲才刚成为中国最大的劳动密集型制造业中心。如今，以广州、深圳、佛山、东莞为轴心的珠三角，在加速向价值链高端产业发展，打造一流的国家制造业创新中心和国家科技产业创新中心的同时，正在城市化策略中构建一流的国际大都市簇群。珠三角对创新的着迷和对城市化的推动，正催生和引领中国走向一个新的社会经济模式。珠三角用短短的20年时间完成了西方花费200年做到的事情。而改写珠三角经济发展、城市建设、社会民生事业格局的推手——正是市场+政府——一个创新型市场经济思路的价值重构。珠三角不断探索政府市场协同之道，不断取得经济增长、城市建设、社会民生事业的新突破。②社会全面进步的"新加坡共识"。1960年，香港、新加坡的人均GDP分别为405美元、428美元，到1980年，分别为5692美元、4859美元，而到2013年，分别为38074美元、54776美元，新加坡是香港的1.44倍。在这期间，新加坡成功实现了5次经济转型——20世纪60年代劳动密集型产业、70年代经济密集型产业、80年代资本密集型产业、90年代科技密集型产业、21世纪知识密集型产业，其背后推手主要都是政府。政府与市场的结合，经济发展政策与社会发展政策的结合，有效地解决了效率与公平、发展与稳定的统一，促进了经济增长、城市提升和社会全面进步。取得世人称道的"新加坡共识"的是"有为政府+有效市场"的典型代表，正引领着新加坡的全面可持续发展。

【阅读材料一】

转变政府职能海外镜鉴：如何处理好政府与市场关系

随着经济步入"新常态"，中国政府提出要坚持改革推动大众创业、万众创新，以释放市场活力和社会创造力。为此,国务院常务会议近期推出一系列措施为"双创"加油添力,其中就包括政府简政放权、转变职能等内容。在这一方面,发达国家经历了长期探索实践,不少经验值得借鉴。

一、"为与不为"——政府与市场边界动态调整

在政府与市场关系问题上,西方先后出现过经济自由主义、国家干预主义以及现代货币主义等多个流派。在上述理论影响下,发达国家中政府与市场的相互地位和作用不断变化绵延至今。

从各国具体制度安排和政策实践上看,政府和市场的边界因时因势,很难固定。比如在美国,共和党推崇"小政府、低税收",民主党热衷"大政府、高福利",两党轮流执政使美国的政府与市场边界始终在摆动。

诺贝尔经济学奖得主、纽约大学教授迈克尔·斯宾塞在接受新华社记者采访时说,在他看来,政府和市场边界在不同的经济体有所不同,没有确定答案。对于国民收入较高的经济体而言有一个大致范围:即市场的主要功能表现为发现价格、优化激励、配置资源和刺激创新。但他也指出,市场是否能发挥好作用,还要取决于政府。人力资本、基础设施、制度环境等能让市场更好发挥作用的因素需要政府促成。

新加坡国立大学亚洲竞争力研究所所长陈企业谈到一个概念:政府应该做"托管赢家"而非"选择赢家"。他解释说,这就如经营一座跑马场,政府要做的是建设并维护马场,吸引优秀马主和选手前来,但并不负责养马、驯马和赛马。

新加坡学者郑永年说,在西方发达国家中,英美政府相对市场更"小"些,德法等国政府相对市场更"大"些,日韩政府和大型财团或企业集团的内在联系和历史渊源则更紧密。

他指出,从西方近十年的实际变化看,政府地位和作用的总体趋势是增强的。这与发达国家经济普遍进入下行周期,需要政府动用资源,推行改革等因素有关。

二、"有法可依"——明晰政府权限和职能

西方学者一般认为,政府权限和职能主要体现在提供公共产品和服务、通过征税影响经济行为、调节收入分配和加强市场监管等方面。

在政府权限和职能问题上,西方发达国家多通过法律加以规定,使得行政"有法可依"。具体则依靠出台和修订行政基本法、实施财政预算决算管理、增加行政透明度、借助资本市场和金融工具、创新公私合作模式等履行职能。

美国国会研究服务局经济政策专家马克·拉邦特受访时说,西方国家一般通过立法对政府的各项活动进行规范和限定,以确保市场在资源的优化配置中发挥主要作用。

在这方面,作为历史文化条件与中国相近的国家,已"跨越中等收入陷阱"的韩国有些经验值得借鉴。韩国曾长期是"政府主导型"体制,随着经济社会更复杂开放,从20世纪80年代开始积极简政放权,以提高资源配置效率,促进市场自律和创新。

1998年韩国正式颁布《行政规制基本法》,2014年又提出对《行政规制基本法》进行修订。其中,添加了规制成本总量限额制管理的规定,即在新设、加强规制时,应废除或放宽其他限制。

不少专家还谈到,政府在履行职能时需要税金资源等,同时又缺乏约束自身的内在动力,因此有效的财政预算决算管理制度和透明度非常重要,也就是要管好政府的收与支。

从美国的财政支出结构看，联邦政府支出注重向养老金、医疗保健和社会福利等领域倾斜，州和地方政府支出则侧重于基础设施建设、教育和社区服务。每年美国国会、地方议会的大部分立法辩论和修订都是围绕政府如何征税和花钱进行的，之后还要通过互联网、新闻媒体、出版物等公之于众。

在基建投资和相关维护上，政府面临的突出问题是如何弥补资金缺口。从美国情况看，单靠政府拨款无法满足巨大资金需求，因此政府推动建立市政债券市场，并吸引社会资本参与。美国每年市政债券的发行规模达到数千亿美元。同时，为避免地方政府过度举债，美各州法律对发债权力、规模、用途都做出严格要求，并利用信用评级工具预警。

三、"不缺位不越位"——政府对市场监督求实效

一般而言存在如下共识：由于存在"政府失灵"，因此需要市场这只"手"。由于存在"市场失灵"，因此需要政府这只"手"。不过，难点在于政府这只"手"张弛力度如何拿捏。

斯宾塞说，发达国家一般认为政府应放松对经济的行政管制，即"不越位"；与此同时，一旦出现垄断、国际贸易条件不公、市场猛烈动荡等情况，政府则应对违法违规行为严肃惩处，维护公平稳定的市场环境，即"不缺位"。

美国市场经济高度发达，相关法律体系相对完善，企业一般生产经营活动受到联邦法律和各州公司法的约束，而不是被政府监管。不过，美国也存在监管缺位方面的深刻教训，2007年美国次贷危机以及其后演变出的严重金融危机，一定程度上归咎于政府长期对金融机构缺乏严格监管。为此，美国政府在危机之后出台了20世纪30年代大萧条以来最为严厉的金融监管改革法案。

不少西方国家还尝试通过设立有别于政府部门的法定机构实现部分职能。这类法定机构属于公共性质，但相对独立于政府，有一定自主权。例如，在澳大利亚这类机构更多负责制定法规并进行相应监管，比如对养老金体系进行监管等，法定机关的管理层通过制订年度报告向议会汇报。

受访专家指出，在西方设立这类机构的好处是可以分担政府繁重职责，提高法律和行政效率；减少党派分歧，特别是党派利益绑架政府的情况出现；增加民众信任度等。

资料来源：中央政府门户网 http://www.gov.cn/xinwen/2015-06/17/content_2880510.htm。

【阅读材料二】

天空争夺战！粤港澳大湾区机场旅客吞吐量世界第一

让迪拜经济腾飞的不是石油，而是飞机？有专家分析，迪拜阿联酋70%以上收入来源发展临空经济区，在其中设立自贸区的交易所得。

而世界上著名的几大湾区，纽约湾区、东京湾区和旧金山湾区，背后都有世界级"机场群"的支撑。

粤港澳地区目前有广州、香港、深圳、澳门、珠海等5个干线机场，以及佛山、惠州、梅县、潮汕、湛江5个支线机场。从统计数据看，2015年，粤港澳大湾区机场的旅客吞吐量1.68亿人次，超过了纽约湾区的机场吞吐量，位居全球第一。

乘着湾区的发展东风，珠三角各城市密集机场布局，或扩建或新建，要打造世界级的

珠三角机场群。

这将给湾区中的城市带来什么改变？

1. 对标全球：世界级湾区背后的"机场群"。

世界级湾区背后一定有一个世界级城市群，世界级城市群总是与世界级机场群相伴而生。

因为世界级城市群通常以体系化的机场群支撑其国际化职能，此类机场群一般包含2-3个大型枢纽机场，同时以一系列中小型机场为辅，形成体系化的航空服务网络。

（1）纽约湾区：

以纽约、波士顿、费城、巴尔的摩、华盛顿几个大城市为核心，涵盖40个10万人以上的中小城市。纽约机场群包括肯尼迪、纽瓦克、拉瓜迪亚三个大型机场和体特保罗、斯图尔特、大西洋城三个小型机场。

（2）旧金山湾区：

位于美国西海岸的北加州，由旧金山等103个城市形成的城市群。除了可以倚靠纽约湾区的资源，自己也有三个机场，以旧金山国际机场为主，还有奥克兰国际机场及诺曼·峰田圣荷西国际机场。

（3）东京湾区：

该城市群从东京湾的千叶开始，经东京、横滨、静冈、名古屋、大阪、神户直达北九州的长崎，呈条带状。东京湾区拥有包括成田、羽田机场两大主要机场在内的6个机场。

（4）粤港澳大湾区：

今年的《政府工作报告》正式把"粤港澳大湾区"纳入其中。包括广州在内的珠三角核心区的11个城市，包括香港、澳门、广州、深圳、东莞、珠海、佛山、中山、惠州、江门、肇庆，将迎来巨大的发展机遇。

机场群：粤港澳地区目前有广州、香港、深圳、澳门、珠海等5个干线机场，以及佛山、惠州、梅县、潮汕、湛江五个支线机场。

湾区机场群数据PK：

2015年，粤港澳大湾区机场的旅客吞吐量1.68亿人次，远超纽约湾区三大机场的吞吐量之和！五大干线机场直线距离不到150公里，机场密度为全国之首，世界罕见。

据国际机场协会（ACI）公布的《2015年全球最繁忙机场排名》。2015年，在世界1144个机场中，粤港澳大湾区以香港国际机场（全球第8）、广州白云机场（全球第18，全国第3）、深圳宝安机场（全国第5）等6个机场的旅客吞吐量1.68亿人次，位居世界第一。

纽约湾区的纽约肯尼迪机场（全球第16）、拉瓜迪亚机场、新泽西纽瓦克机场的旅客吞吐量1.25亿人次，位居第二。东京湾区的东京羽田机场（全球第5）、成田机场的旅客吞吐量1.08亿人次，名列第三。旧金山湾区的旧金山国际机场（全球第21）的旅客吞吐量0.5亿人次，位于第四。

2. 天空争夺战打响谁能笑到最后？

我们再来看看国内的数据：2015年，在全国208个机场中，粤港澳大湾区6个机场的旅客吞吐量1.68亿人次，居中国湾区之首。

杭州湾区以上海浦东机场（全球第13，全国第2）、虹桥机场（全国第6）、杭州萧山机场（全国第10）等8个机场的旅客吞吐量1.38亿人次，列中国湾区第二。

渤海湾区以北京首都机场（全国第1）、天津滨海机场（全国第20）、大连机场（全国第21）等10个机场的旅客吞吐量1.30亿人次，列中国湾区第三。

由此可见，粤港澳大湾区的机场旅客吞吐量也位居中国之首！

不过，这一场天空争夺战，才刚刚开始。

国家发改委在3月15日透露，《全国民用运输机场布局规划》已正式印发。到2020年，中国内地运输机场数量达到260个左右，到2025年新增机场136个，形成京津冀、长三角地区和珠三角地区三大世界级机场群，其中珠三角机场群正位于粤港澳大湾区。

不久前，广东省委、省政府已经明确，在机场方面，珠三角要在广州白云、深圳宝安、珠海机场改造扩能的同时，谋划建设惠州机场和珠三角新干线机场。

根据专家分析，湾区机场群通常有相对清晰的职能分工体系，其中枢纽机场形成对核心地区"1小时"（50公里左右）的高效交通服务。

此前，由于广州机场远离核心湾区、香港机场受限于通关等因素，难以满足对湾区"1小时"的高效服务，而深圳机场由于国际航线资源稀缺，对核心地区的国际化职能服务有限。

另一方面，跨江公路、轨道建设滞后，深圳机场对西岸的服务亦有欠缺，加之珠江西岸自身缺乏大型机场，珠三角呈现"枢纽机场培育不足，西岸缺乏大型机场"的局面。

这一系列问题，有望随着珠三角各城市发力机场枢纽、珠三角打造世界级机场群的建设而突围。

目前，广东正在规划布局"5+4"骨干机场格局。

所谓"5+4"，指的是广东省要对珠三角地区的广州白云、深圳宝安、珠海机场改造扩能的同时，谋划建设惠州机场和珠三角新干线机场。另一方面，粤东西北则要加快推动揭阳潮汕、韶关、湛江、梅县机场建设和改造升级，由此形成一个全省"5+4"的骨干机场格局。

建设世界级机场群，支撑建设世界级的粤港澳大湾区城市群，珠三角各城市也都使出了"洪荒之力"。

广州，正在迈向全球重要航空综合枢纽，目标是2020年，年旅客吞吐量为8000万人次、货邮吞吐量250万吨、飞机起降量62万架次。2号航站楼启用后，届时白云机场吞吐量将有望超过浦东机场，位列全国第二。2025年旅客吞吐量将有望达到1亿人次，成为全球重要的航空综合枢纽之一。2017年2月，广州市政府印发《广州市城市基础设施发展第十三个五年规划（2016—2020年）》，还提出建设南沙通用机场，打造白云机场商务航空服务基地。

而在深圳，今年1月，深圳市政府工作报告提出，今年深圳将规划建设深圳机场第三跑道、卫星厅、T4航站楼，新开通5条国际航线。

今年，珠海市政府工作报告也提出，将推进珠海机场升级改造和通用机场建设。

与广州同心打造超级城市的佛山，也在期待展翅高飞。过去数年，佛山高明，广州增城、南沙都曾传出珠三角新干线机场选址的消息。在今年的佛山市重点工作部署会上，佛山市委书记鲁毅表示，佛山将力争把珠三角新干线机场打造成为珠西新空港中心，为广东全省再造一个新的经济增长极，辐射带动粤西乃至更大区域发展。

惠州将建千万人次级别"巨无霸"机场。2月24日，惠州市委十一届二次全会上提出，要抢抓省加快"五大干线机场"建设的机遇，按照"新三步走"战略，加快推进惠州机场建设，尽快实现旅客吞吐量100万、500万、1000万人次的目标。

3．"1:8效应"：世界级机场群将给湾区带来什么？

机场群的起飞，将带来什么？

民航业界流传着"1:8效应"一说，机场的投入产出比可以高达1:8。

如今，机场已从传统意义上的单一运送旅客和货物的场所，演变为全球生产和商业活动的重要节点，甚至是带动地区经济发展的重要引擎，不断吸引着众多相关行业聚集到周围。

就拿广州来说，且不提临空经济的直接带动，机场所代表的枢纽效应就已经让人不得不竖起大拇指。

2016年4月，思科中国创新总部正式落户广州，这是思科在美国以外最大的物联网研发平台和智能制造平台，年产值规模将达到千亿级别；2016年6月，全球最大的散货运输公司——中远海运散货运输有限公司总部正式落户广州；3月1日，富士康年产值近千亿元的第10.5代显示器全生态产业园项目在广州增城动工……

中山大学港澳珠三角中心教授郑天祥认为，在美国，空运成为货运的主要运输方式。香港机场的航空货运占总货运吞吐量约2%，而货值却占1/3。目前白云机场的客运量接近香港机场的水平，货运将是一大增长点。

伴随着珠三角世界工厂的转型升级，高附加值的高新技术产品将是未来航空货运源的增长极之一。例如生物医药、智能芯片等产品，海运无法满足其时效性和运输条件的需求，这就为广州机场的航空货运业务带来无限商机。

在生物医药行业，过去一年多来，四位诺贝尔生理学或医学奖获得者密集造访广州，加上GE、百济神州等"世界级"生物医药企业落户广州，背后凸显了全球生物医药版图中广州生物医药产业重要地位。

国际航空之父约翰·卡萨达在《航空大都市》一书中提出一个颠覆性的观点：在速度经济时代，城市的机场，正升华成机场的城市。依托综合航空运输体系迅速崛起的未来城市形态，已成为城市化的新模式。

目前，广州正在打造空港经济区这个国家级战略经济区，基于白云国际机场、空港经济区，建设国际航空枢纽。

具体到目前密集布局机场的各城市，未来也将借助机场群的崛起而迎来新的发展"风口"。在深莞惠经济圈，目前该区域经济发展势头强劲，随着深莞惠一体化以及未来广州、深圳机场的业务辐射和航线转移，惠州机场大有可为，包括加快建设航空大港，促进航空客运、空港物流等发展等。

在佛山，假如新干线机场顺利落户高明，可承担广佛都市圈内第二机场的功能，辐射超过3000万人口、GDP2.8万亿元的广佛都市圈以及珠三角西岸、粤西地区。

粤港澳大湾区的香港、广州、深圳、澳门和珠海机场，直线距离不到150公里，机场密度为全国之首，世界罕见。

加快建设对标世界级机场群，为湾区城市群提供强有力的航空枢纽支撑，珠三角机场群不是过去珠三角机场合作的简单重复，而是在国家层面上面向世界的质的飞跃。

资料来源：张素圈 郑佳欣，南方日报，2017.4.6

【阅读材料三】

德国政府是如何招商引资的？

在多数人印象中，德国等西方发达国家因奉行市场经济原则，政府并不注重招商引资工作，但实际运行却不然，从沃尔夫斯堡只有十多万人口的小城到经济实力最强大的巴伐利亚州政府，每一个地方都非常注重招商引资工作。

"你已经到达了目的地！欢迎来到沃尔夫斯堡！"沃尔夫斯堡新市民手册上，都会印着这样一句口号，欢迎每一名新市民的到来。作为大众总部所在地，沃尔夫斯堡正利用APP、网站等互联网手段，向外界推介这座城市，以吸引投资者和游客的到来。

与沃尔夫斯堡相隔数百公里的巴伐利亚州，投资促进局投资服务部门负责人Svetlana Huber正与一家中国电动汽车企业进行商谈，该企业希望到巴伐利亚设立研发中心。

柏林时间4月18日和21日，南方日报德国调研组分别走进沃尔夫斯堡和巴伐利亚州负责经济促进工作机构，采访相关负责人，揭秘德国政府是如何进行招商引资的。

一、经济促进公司负责招商

"大众汽车是沃尔夫斯堡的发展引擎，也是一家国际性的高端企业，我们希望能够发展成为一个能与大众匹配的相对高端的城市，和大众一起生存下去。"沃尔夫斯堡经济促进有限公司负责人说。

沃尔夫斯堡又称"狼堡"，是欧洲最年轻的一座城市，也是一座因大众而兴起的城市。在仅有的12.5万人口之中，有6万人在大众公司工作，汽车是其最为重要的支柱产业。但在这座城市行走，除了大众总部保留的4根古老烟囱之外，很难让人嗅出一丝工业城市的味道，目之所及都是博物馆、艺术馆、商业街等休闲场所。

"这是一座体育型城市，一座旅游城市，一座贸易型城市……"在诸多的介绍之中，调研组丝毫没有听到"这是一座制造业城市"类似说法。这种现象的背后，与沃尔夫斯堡政府的招商策略有关。

沃尔夫斯堡经济促进有限公司是在当地负责招商引资工作的机构。这家成立于2005年的机构实质是一家企业，其中沃尔夫斯堡市政府占80%股权，10%由该市储蓄银行持有，还有10%来自当地旅游联合会。这个旨在促进当地经济潜力的机构功能十分独特，在承担招商引资职能之外，还是这座城市的推广中心，同时致力发展旅游业。"一句话，我们欢迎所有来到沃尔夫斯堡的客户，包括游客和投资者。"该公司负责人称。

这种"三合一"的功能设置也决定了该机构的工作目标："我们提出的口号是，沃尔夫斯堡能够吸引年轻人，努力把沃尔夫斯堡建设成为一个非常适宜生活的城市，包括各种业余活动、休闲场所、博物馆、幼儿园等，力争能够让大众的员工愿意住在我们这个城里。"

为活跃城市商业氛围，该公司还开发了一个奥特莱斯村，每年吸引了250万人次到当地购物。让人惊讶的是，这座小城还拥有自己的足球队、冰球队，且都在德国取得不错的成绩。数据显示，从2012年以来，在该公司的努力下，沃尔夫斯堡共出售了26.8万平方米土地，吸引50家新企业入驻，但更多是属于服务行业。

有关负责人说，在该公司之前，土地出让主要由城市规划局来执行，如今规划局依然存在，但主要是从事项目类工作，而具体操作则交由经济促进有限公司来操作。该负责人还表示,和经济促进与市场营销公司类似,该市设有沃尔夫斯堡市集团,集团下设各类子公司与分公司,负责市政业务,总人数约 1000 人。

二、在深圳设有招商办事处

跟沃尔夫斯堡不同,巴伐利亚州招商引资工作则是由巴伐利亚州投资促进局负责。这个隶属巴伐利亚州政府的投资促进机构,自 1999 年以来为德国及外国企业在巴州的投资及扩建项目提供支持。

作为德国面积最大的联邦州,巴伐利亚州也是德国经济实力最强的区域,宝马、西门子、奥迪等多个世界知名品牌皆出自该州。该州产业结构非常多元,包括汽车和汽车配件、机械制造、传感通讯等,同时很多行业属于未来型、前沿型的行业。

巴伐利亚州投资促进局投资服务部门负责人 Svetlana Huber 说,"如时下热议的工业 4.0 并不是政府提出来了现在才开始做,其实巴伐利亚州早就开始往这个方向做了,只是没刻意喊出这个口号。"目前,巴伐利亚工业领域正积极推进智能化生产。未来 5 年,巴伐利亚州政府将投入 15 亿欧元,扶持数字产业发展。

"我们非常注重跟外边的合作,包括跟中国的合作,因此每次听到经济促进局要招待中国来访的客人,我都会感到很高兴。"Svetlana Huber 说,为拓展业务,该局在中国青岛、深圳均设有办事处,同时德国在中国也设有很多机构,中国企业或投资商如果对德国感兴趣,可能会先联系这些机构。

之后,根据各个行业的重点,这些机构会推荐他们过来。"在被动等待人家找上门来的同时,我们也主动出击,一旦认为中国有哪一类型的企业对巴伐利亚州经济有贡献,或者可以跟巴伐利亚州的企业进行合作,对州经济发展形成一种补充,我们也会主动找上门去,但这种情况非常不容易。"

实际上,中国作为巴伐利亚州在亚洲最大的贸易伙伴,两地保持着密切来往。每周,至少有 25 个航班往来于巴伐利亚与中国北京、上海、香港之间。

目前,巴伐利亚本地至少有超过 2000 家企业与中国各地有业务往来,部分企业甚至已在中国开设工厂或建立代表处、分销点。与此同时,巴伐利亚也吸引近 300 家中资企业入驻,如华为德国总部设在杜塞尔多夫,但同时也选择在巴伐利亚设立研发中心。

三、德国也有"一站式"服务

尽管巴伐利亚州与沃尔夫斯堡在招商引资上的侧重点各有不同,但其内在却拥有一个共同点就是提供配套服务。

Svetlana Huber 说,一旦企业决定到当地投资,巴伐利亚州投资促进局就将提供量体裁衣式的"一站式"服务。首先帮助其搜集信息,提供各种市场、行业及合作信息,包括设立公司的法律程序等。

其次,该局也将帮助投资者寻找适合投资的地点,比如中国企业说奥迪总部附近有它的客户,但又不想离飞机场太远,希望一个小时内就能够坐上飞机回到中国,这时,他们就会根据企业所提出来的要求到附近找地方,联系和介绍当地的情况。

"我认为对亚洲投资商来说,帮助他们建立联系是最关键、最主要的。"Svetlana Huber 说,她马上要跟中国一家电动企业谈合作,该企业希望在巴伐利亚投资建设一个研发中心,肯定希望了解巴伐利亚州甚至德国对新设立的研发中心有没有扶持资金、鼓励政策,附近有哪些可以合作的潜在伙伴,以及最近是否会举办一些大型活动,可通过活动认识同行及相关企业。

"我们会把信息提供给他，给企业提供类似的支持和服务。"Svetlana Huber 说，该州不光为了吸引新人来投资，更主要希望落户当地的企业能够在巴伐利亚扎根下去。为此，该局每年都会举办一次中资企业联谊会，让在巴伐利亚投资的中资企业相互认识、相互支持。为了更好地服务前来投资的中国企业，该局还聘请了两名会说中文的工作人员。

面对持续增长的人口，沃尔夫斯堡政府也致力发展包括住房建设、道路建设等，以满足增加人口的需求。为服务新市民，沃尔夫斯堡经济促进有限公司还开发了手机APP和网站，通过设置主题宣传，提供城市生活信息，方便国际客户查阅信息。

资料来源：胡智勇 张培发 蓝志凌，南方日报　2016.5.12

【复习思考题】

1. 试述弱式有效市场、半强式有效市场和强式有效市场的内涵。
2. 试述弱式有为政府、半强式有为政府和强式有为政府的内涵和特征。
3. 政府与市场组合模式的种类有哪些？各有什么特征？
4. 如何评价市场与政府的这几种组合模式？
5. 不同资源配置阶段的"政府"与"市场"组合模式有哪些？为什么？
6. "有效市场"内涵与标准是什么？
7. "有为政府"的内涵与标准是什么？
8. 成熟市场经济"双强机制"理论内涵是什么？如何定位政府与市场之间的关系？
9. 资源配置活动中如何界定"强政府"与"强市场"的边界？
10. 政府与市场"双强运行机制"中政府在初次资源配置中的作用是什么？政府对"可经营性资源"二次分配中的配置如何体现？
11. 在资源创造中的政府与市场的"双强作用"如何发挥？
12. 构建全球经济发展新引擎包含哪些方面？各有什么具体举措？

本书主要概念

1. 政府"超前引领":让市场做市场该做的事,让政府做市场做不了和做不好的事。二者都不能空位、虚位。政府的超前引领作用,就是要充分发挥政府的经济导向、调节、预警作用,依靠市场规则和市场力量,通过引导投资、消费、出口的作用,运用价格、税收、利率、汇率、法律等手段和引领制度创新、管理创新、技术创新等方式,有效配置资源,形成领先优势,促进科学可持续发展。

2. 区域政府"双重属性":指区域政府同时具有"准宏观"和"准微观"两个角色。区域政府代理国家对本区域经济加以宏观管理和调控;同时,区域政府又代理本区域的非政府主体,与其他区域展开竞争,以实现本区域经济利益最大化。

3. 市场竞争的"双重主体"体系:市场经济体系中存在着"微观企业"和"区域政府"这两个双重竞争主体。不但自然人和企业法人可以成为市场主体,区域政府也可以成为参与竞争的市场主体。企业与区域政府在不同的层面上进行各自的竞争。

4. 市场经济"双强机制":现代市场经济体的"强式有效市场"+"强政府"的经济体系——即以"强式有效市场"来有效配置资源,以"强政府"来营造和保护好市场环境。

5. 劳动生产率(Labor productivity):是指劳动者在一定时期内创造的劳动成果与其相适应的劳动消耗量的比值。劳动生产率水平可以用同一劳动在单位时间内生产某种产品的数量来表示,单位时间内生产的产品数量越多,劳动生产率就越高;也可以用生产单位产品所耗费的劳动时间来表示,生产单位产品所需要的劳动时间越少,劳动生产率就越高。

6. 全要素生产率(Total Factor Productivity,TFP):是总产量与全部要素投入量之比。全要素生产率的增长率常常被视为科技进步的指标。全要素生产率的来源包括技术进步、组织创新、专业化和生产创新等。

7. ERP 系统:是(Enterprise Resource Planning,企业资源计划)的简称,是指建立在信息技术基础上,以系统化的管理思想,为企业决策层及员工提供决策运行手段的管理平台。

8. DRP 系统:是(Distract Resources Planning,政府资源配置系统)的简称,是一种以超前引领思想为指导的政府区域资源配置决策系统,由陈云贤博士首次提出。

9. OEM(Original Equipment Manufacture):也称为定点生产,俗称代工(生产),基本含义为品牌生产者不直接生产产品,而是利用自己掌握的关键的核心技术负责设计和开发新产品,控制销售渠道,具体的加工任务通过合同订购的方式委托同类产品的其他厂家生产。之后将所订产品低价买断,并直接贴上自己的品牌商标。这种委托他人生产的合作方式简称 OEM,承接加工任务的制造商被称为 OEM 厂商,其生产的产品被称为 OEM 产品。属于加工贸易中的"代工生产"方式，在国际贸易中是以商品为载体的劳务出口。

10. ODM（Original Design Manufacture）：原始设计制造商，是指某制造商设计出某产品后，在某些情况下可能会被另外一些企业看中，要求配上后者的品牌名称来进行生产，或者稍微修改一下设计来生产。承接设计制造业务的制造商被称为 ODM 厂商，其生产出来的产品就是 ODM 产品。

11. 直接资源：是指区域政府可以直接调配的资源，如专属性的国有资源、财政收入、政府公职人员、政策资源等。区域政府对这些资源拥有绝对的使用权限，可以按照政府意志进行直接的配置。

12. 间接资源：泛指那些区域政府不能直接调配，但可以通过政策引导或调控的资源。比如属于私有产权范围内的资本、劳动力、土地、企业家才能等。这些资源的直接支配权在资源的实际所有者手中，但区域政府往往可以通过财政政策、收入政策、货币政策等手段调配这些私人资源的流向和使用效率，间接影响这些资源的配置效率。

13. 有形资源：指物质资源和财务资源。物质资源包括企业的土地、厂房、生产设备、原材料等，是企业的实物资源。财务资源是企业可以用来投资或生产的资金，包括应收账款、有价证券等。

14. 无形资源：指专利、技巧、知识、关系、文化、声誉及能力等资源，代表了企业为创造一定的经济价值而必须付出的投入。

15. 可经营性资源：与经济发展相对应的资源，以各区域产业资源为主。由于经济地理和自然条件不同，决定其区域以三个产业中的某一产业为主导方向。当然在现实区域经济发展进程中，也不乏在发展第一产业或第二产业的过程中，伴随着强盛的物流业、会展业、金融业、旅游业、中介服务业和商贸零售业等第三产业的案例。

16. 非经营性资源：与社会民生相对应的资源，以各区域社会公益、公共产品为主。其包括经济（保障）、文化、科技；历史、地理、环境；形象、精神、理念；应急、安全、救助；以及区域其他社会需求。西方经济学对应此类资源机构主要为社会企业。

17. 准经营性资源：与城市建设相对应的资源，以各区域城市资源为主。其主要为用于保证国家或区域社会经济活动正常进行的公共服务系统，和为社会生产、居民生活提供公共服务的软硬件基础设施，包括交通、邮电、供电供水、园林绿化、环境保护、教育、科技、文化、卫生、体育事业等城市公用工程设施和公共生活服务设施等。

18. 帕累托最优：是指资源配置的一种理想状态，假定固有的一群人和可分配的资源，从一种分配状态到另一种状态的变化中，在没有使任何人境况变坏的前提下，使得至少一个人变得更好。当不使任何人利益受损，却可以让某人收益增加的改进叫帕累托改进。当改进到这样一种状态，即不存在帕累托改进可能的状态，称为帕累托最优状态。帕累托最优包含三个方面：生产的帕累托，交换的帕累托，生产和交换同时的帕累托，三方面对应实现条件是边际产品转换率必须相等，边际替代率必须相等，产品边际替代率与边际产品转换率相等。

19. 外部经济（External Economy）：也称外在经济，是指由于消费或者其他人和厂商的产出所引起一个人或厂商无法索取的收益。是指当整个产业的产量（因企业数量的增加）扩大时（企业外部的因素），该产业各个企业的平均生产成本下降，因而有时也称为外部规模经济（External Economy of Scale）。

20. 外部性问题（Externality）：是某个经济主体对另一个经济主体产生一种外部影响，而这种外部影响又不能通过市场价格进行买卖。

21. 交易成本（Transaction Costs）：指达成一笔交易所要花费的成本，也指买卖过程中所花费的全部时间和货币成本。包括传播信息、广告与市场有关的运输以及谈判、协商、签约、合约执行的监督等活动所花费的成本。这个概念最先由新制度经济学在传统生产成本之外引入经济分析中。

22. 弱式有效市场：是指只具备"市场要素体系"和"市场组织体系"的市场，对于资源类型的划分还不够明确，市场应该负责那类资源配置还处于一种自发的探索阶段。美国自1776年建国起至1890年之间的市场发展状况属于此例。

23. 半强式有效市场：是指具备市场要素体系、市场组织体系、市场法制体系、市场监管这四大要素的市场。在资源类型划分上，"可经营性资源"和"非经营性资源"的划分已经基本明确，但"准经营性资源"该如何界定以及如何提高配置效率仍然不够清晰。美国1890年至1990年期间的市场发展状况属此类型。

24. 强式有效市场：是指同时具备市场要素体系、市场组织体系、市场法制体系、市场监管体系、市场环境体系和市场基础设施这六大要素的市场。这个阶段的"准经营性资源"概念已经清晰并且在该类资源配置上已经形成市场与政府的和谐分工，配置效率达到新的高度。这个时期意味着市场经济发展已进入现代市场体系阶段。美国二十世纪九十年代开始的市场发展和成长状况，正在沿着这一趋势前进。

25. 弱式有为政府：只关注"非经营性资源"的配置及相关政策配套的政府称之为"弱式有为政府"。因其只认为推行了基本的社会保障就完成政府职责，而对"可经营性资源"的配置和配套政策问题认识不清，向无举措；对"准经营性资源"的配套参与界定不清，举措不明。

26. 半强式有为政府：只关注"非经营性资源"和"可经营性资源"的配置及相关政策配套的政府称之为"半强式有为政府"。这类政府在履行公共职责、社会保障等基本职能外，对市场运行状态也予以关注，或者在市场运行失灵时，运用有效需求或有效供给的相关政策措施进行宏观调控、调整和干预，防止经济陷入过度低迷带来经济运行中的重大损失与破坏；或者开始着手经济战略发展，对产业布局规划、引导，对生产经营扶持、调节，对市场竞争"三公"监管，调控物价上涨，控制失业率，以力图促进国家总供给与总需求动态平衡。但其对"准经营性资源"仍认识模糊，界定不清，政策不明，措施不力，效果不佳。

27. 强式有为政府：不仅关注"非经营性资源"和"可经营性资源"的配置与政策配套，而且参与和推动"准经营性资源"的配置和政策配套的政府则可称之为"强式有为政府"。"强式有为政府"能够发挥政府的经济导向、调节、预警作用，依靠市场规则和市场机制，运用投资、消费、出口、价格、税收、利率、汇率、政策、法规等手段，开展制度、组织、技术、理念创新，有效配置非经营性资源，提升经济发展环境，有效配置可经营性资源，提升经济发展活力与协调性，有效配置准经营性资源，形成领先优势，促进国家全面科学可持续发展。它是各国参与世界大市场体系竞争的制胜路径。强式有为政府也可以理解为"超前引领"的政府。

28. 古典主义市场经济模式：是"强式有效市场"和"弱式有为政府"的组合。坚持市场效率最大化、政府作用外生性的设定，基本上排斥政府在经济领域中的作用。这一模式的理论假定在现实中的不可行性已经达成共识，在现实的经济世界中也确实没有有力的经验支持，所以属于纯粹古典市场经济模式的国家目前还没有出现。

29. 放任模式：属于半强式有效市场和弱式有为政府的组合模式，价格决定和所反映的市场信息量虽然不十分全面，但企业内部信息透明程度还是可以的，对于古典市场经济假设中的"完全信息"有一定程度地接近，市场在资源配置中的作用范围依然是比较大的。而政府这一方面则坚持尽可能少地干预经济事务，依靠市场力量进行调节。

30. 双弱模式：是弱式有效市场和弱式有为政府的双弱组合，也就是市场和政府都难于对资源实施有效配置，该区域经济也一定是处于很脆弱很混乱的状态。这种极端的双弱模式也只存在于理论假定中，现实中这样的例证很少。但一些低收入国家的状况比较接近这种双弱模式。

31. 半成熟经济模式：市场与政府都发展到半强式状态的经济模式，双方力量处于势均力敌的状态，但无论市场还是政府，在资源配置功能上都在成长中，市场的潜力还在进一步挖掘和释放，政府的定位也在进一步摸索中。

32. 后市场经济调控模式：是强式有效市场和半强式有为政府的组合。代表着市场已经发展到极为成熟的阶段，成为资源配置的决定性力量，并带来高效的市场效益。政府在非经营性资源配置和准经营性资源配置上也发挥着重要作用，只是碍于某些制度或理念限制，对可经营性资源的配置和准经营性资源的配置或者界定模糊，或者采取比较放任的态度，整体经济发展缺少规划性、系统性和前瞻性。

33. 权威政府经济模式：是强式有为政府和半强式有效市场的组合，核心是"政府主导"，即政府以较高的"政府强度"及政府能力，实现有利于推动经济增长和缓解随之而产生的各种社会、政治、经济压力。权威政府经济模式能够以较高的"政府质量"有效地确保了各种制度安排的顺利实施，从而有力地推动了经济增长和工业化进程。

34. 双强经济模式：是"强式有效市场"和"强式有为政府"的组合，是市场与政府组合的最高级模式，也称"最佳模式"。"强式有效市场"可以有效配置资源，"强式有为政府"可以营造和保护好市场环境，创新发展新理念，培育发展新动力，开拓发展新空间，创造发展新优势；"强政府"不是为了代替"强式有效市场"，"强式有效市场"同样需要"强政府"作保障。有了这样的"双强机制"，才能有效纠正市场失灵，减少政府失灵。

35. 潜在经济增长率：指一国经济在现代市场体系中所生产的最大产品和劳务总量的增长率，或者说一国在现代市场体系中各种资源得到最优和充分配置条件下，所能达到的最大经济增长率。

36. 现实经济增长率：也称实际经济增长率，是指一国末期国民生产总值与基期国民生产总值的比较。以末期现行价格计算末期 GNP，属名义经济增长率，以基期价格（即不变价格）计算末期 GNP，属实际经济增长率。实际经济增长率即为实际经济增长速度，它现实反映一个国家一定时期经济发展水平变化程度的动态指标。

37. 意会型知识（Tacit Knowledge）：指人类知识总体中那些无法言传或不清楚的知识。与意会知识相对应的是显性知识（Explidt Knowledge）。显性知识是指那些通常意义上可以用概念、命题、公式、图形等加以陈述的知识。

38. 瓦格纳法则：德国经济学家阿道夫·瓦格纳（Adolf Wagner）于19世纪提出，主要内容是：当国民收入增长时，财政支出会以更大比例增长。随着人均收入水平的提高，政府支出占GNP的比重将会提高，这就是财政支出的相对增长。

39. 全球经济发展新引擎：存在于"有为政府"+"有效市场"的现代市场体系中的具有全球视野的"有形要素"与"无形要素"的配置，目的在于推动与提升供给侧结构性新引擎，并充分发挥企业竞争配置产业资源、政府竞争配置城市资源的作用。包括全球投资新引擎、全球创新新引擎和全球规则新引擎等三个方面，这些新引擎的构建将对全球经济治理与发展起到重要作用。

参 考 文 献

1. [美] A·阿尔钦,H·登姆塞茨. 生产,信息费用与经济组织 [A]. 科斯. 财产权利与制度变迁——产权学派与新制度学派译文集 [C]. 上海:上海三联书店,1994.
2. [印度] 阿马蒂亚·森. 以自由看待发展 [M]. 任赜,于真,译. 北京:中国人民大学出版社,2002.
3. [美] 阿瑟·刘易斯. 经济增长理论 [M]. 梁小民,译. 上海:上海三联书店、上海人民出版社,1994.
4. [美] 奥尔森. 集体行动的逻辑 [M]. 陈郁等,译. 上海:上海三联书店,上海人民出版社,1995.
5. [美] 保罗·萨缪尔森. 经济学 [M]. 北京:中国发展出版社,1992.
6. [美] 保罗·克鲁格曼,等. 工业国家间贸易新理论 [J]. 美国经济学评论,1984.
7. [美] 布坎南. 民主财政论 [M]. 北京:商务印书馆,1993.
8. 蔡昉. 如何转向全要索生产率驱动型 [J],中国社会科学,2013(1).
9. [美] 查尔斯·沃尔夫. 市场或政府 [M]. 北京:中国发展出版社,1994.
10. 杜人淮. 论政府与市场关系及其作用边界 [J],现代经济探讨,2006(4).
11. 陈诗一,张军. 财政分权改善了地方财政支出的效率吗 [J]. 中国社会科学,2007(1).
12. 陈秀山,孙久文. 中国区域经济问题研究 [M]. 北京:商务印书馆,2005.
13. 陈云贤,经营城市,把城市作为一种资源来管理 [J]. 佛山科学技术学院学报(社会科学版),2004,22(3).
14. 陈云贤,顾文静. 中观经济学 [M]. 北京:北京大学出版社,2015.
15. 陈云贤. "超前引领"——对中国区域经济发展的实践与思考 [M]. 北京:北京大学出版社,2011.
16. 陈云贤,邱建伟. 论政府"超前引领"——对世界区域经济发展的理论与探索 [M]. 北京:北京大学出版社,2013.
17. 成思危. 促进创新的主要措施 [J]. 创新科技,2005(10).
18. 杜雪君,黄忠华. 以地谋发展:土地出让与经济增长的实证研究 [J],中国土地科学,2015(7).
19. [美] D. 诺思. 经济史中的结构与变迁(中译本)[M]. 上海:上海三联书店,上海人民出版社,1991.
20. [美] 戴维·奥斯本,特德·盖布勒. 改革政府—企业家精神如何改革着公共部门 [M]. 周敦仁等,译. 上海:上海译文出版社,2006.

21. ［美］丹尼斯·缪勒．公共选择理论［M］．杨春学等，译．北京：中国社会科学出版社，1999．

22. ［美］佛雷德．里格斯．行政生态学［M］．台北：台湾商务印书馆有限公司，1981．

23. 傅勇，张晏．中国式分权与财政支出结构偏向：为增长而竞争的代价［J］．管理世界，2007（3）．

24. 傅勇．中国的分权为何不同：一个考虑政治激励与财政激励的分析框架［J］．世界经济，2008（11）．

25. 傅勇、张宴．中国式分权与财政支出结构偏向：为增长而竞争的代价［J］管理世界，2007（3）．

26. 高鸿业．西方经济学［M］．北京：中国人民大学出版社，2011．

27. 高培勇．公共经济学［M］．3版．中国人民大学出版社，2012．

28. ［英］哈耶克．通往奴役之路［M］．王明毅等，译．北京：中国社会科学出版社，1997．

29. ［英］哈耶克．自由秩序原理［M］．邓正来，译．北京：生活·读书·新知三联书店，1997．

30. 黄睿．基于地方政府间竞争的区域经济发展研究［D］．西安理工大学，2011．

31. ［德］何梦笔．政府竞争：大国体制转型理论的分析范式［M］．陈凌，译．天则内部文稿系列，2001（1）．

32. 姜作培．转变经济发展方式与地方政府执行力［J］．当代经济研究，2008（5）．

33. ［英］凯恩斯．就业利息和货币通论［M］．北京：商务印书馆，1981．

34. 康凌翔．基于地方政府产业政策干预的产业转型升级模型［J］．首都经济贸易大学学报，2016（1）．

35. 克里斯托夫·弗里曼．政府的科学技术政策对技术创新起重要作用．技术政策与经济绩效：日本国家创新系统的经验［M］．张宇轩，译．南京：东南大学出版社，2008．

36. ［德］柯武刚，史曼飞．制度经济学——社会秩序与公共政策［M］．北京：商务印书馆，2004．

37. ［美］科斯，阿尔钦，诺思．财产权利与制度变迁［M］．上海：上海三联书店，1994．

38. ［美］科斯，诺思，威廉姆森等．制度，契约与组织——从新制度经济学角度的透视［M］．北京：经济科学出版社，2003．

39. ［美］科斯．社会成本问题［J］．法律与经济学杂志，第3卷，1960（10）．

40. ［美］科斯等著．［法］克劳德·梅纳尔编．制度，契约与组织［M］．刘刚，译．北京：经济科学出版社，2003．

41. 李延均．公共服务领域公私合作关系的契约治理［J］．理论导刊，2010（1）．

42. 李猛．地方政府行为对中国经济波动的影响［J］．经济研究，2010（4）．

43. 李实，J.奈特．中国财政承包体制的激励和再分配效应［J］．经济研究，1996（5）．

44. 李颖．我国科技创新现状与创新能力分析［J］．科技促进发展，2015，（5）．

45. 林德荣. 中国千亿大镇 [M]. 广州：广东人民出版社, 2010.
46. 林德荣. 可怕的顺德——一个县域的中国价值 [M]. 北京：机械工业出版社出版, 2009.
47. 林毅夫. 新结构经济学 [M]. 北京：北京大学出版社, 2008.
48. 林毅夫. 经济发展与转型：思潮, 战略与自生能力 [M]. 北京：北京大学出版社, 2012.
49. 林毅夫：要素禀赋, 比较优势与经济发展 [J], 中国改革, 1998（8）.
50. 刘金石. 中国转型地方政府双重行为的经济学分析 [D], 复旦大学 2007.4.
51. 刘靖华, 姜宪利. 中国政府管理创新 [M]. 北京：中国社会科学出版社, 2004（7）.
52. 刘强, 覃成林. 地方政府竞争与地区制度创新：一个制度分析的视角 [J]. 中州学刊, 2009（6）.
53. 刘世锦. 经济增长模式转型：我们需要转变什么？[J]. 经济与管理研究, 2006（1）.
54. 刘世锦. "新常态"下如何处理好政府与市场的关系 [J]. 求是, 2014（18）.
55. 刘亚平. 当代中国地方政府间竞争 [M]. 北京：社会科学文献出版社, 2007.
56. 刘易斯. 无限劳动供给下的经济发展 [J]. 曼彻斯特学报, 1954（5）.
57. 柳庆刚. 经济增长, 地方政府竞争, 国家能力和结构失衡 [D], 北京大学, 2013.6.
58. 陆铭, 陈钊, 严冀. 收益递增, 发展战略与区域经济的分割 [J]. 经济研究, 2004（1）.
59. [美] 迈克尔·波特. 国家竞争优势 [M]. 李明轩等, 译. 北京：华夏出版社, 2002.
60. [美] 米尔顿·弗里德曼, 罗斯·弗里德曼. 自由选择 [M]. 北京：商务印书馆, 1982.
61. [美] 诺思. 制度、制度绩效与经济增长 [M]. 上海：格致出版社, 2014.4.
62. 平新乔. 中国地方政府支出规模的膨胀趋势 [J]. 经济社会体制比较, 2007（1）.
63. 钱颖一. 激励与约束 [J]. 经济社会体制比较, 1999（5）.
64. 钱颖一. 现代经济学与中国经济改革 [M]. 北京：中国人民大学出版社, 2003.
65. 沈坤荣, 付文林. 中国的财政分权制度与地区经济增长 [J]. 管理世界, 2005（1）.
66. 沈坤荣, 付文林. 税收竞争, 地区博弈及其增长绩效 [J]. 经济研究, 2006（6）.
67. [美] 斯蒂芬. 地方政府经济学：理论与实践 [M]. 北京：北京大学出版社, 2006.
68. [美] 斯密德. 制度与行为经济学 [M]. 北京：中国人民大学出版社, 2004.
69. 孙元元, 张建清. 中国制造业省际间资源配置效率演化：二元边际的视角 [J]. 经济研究, 2015（10）.

70. ［美］约瑟夫·E. 斯蒂格利茨．公共部门经济学［M］．北京：中国人民大学出版社，2005.

71. ［美］约瑟夫·E. 斯蒂格利茨，政府为什么干预经济［M］，北京：中国物资出版社，1998.

72. 王焕祥．新常态下政府有为与市场有效的协同演进［J］．开放导报，2015（4）．

73. 王珺．增长取向的适应性调整：对地方政府行为演变的一种理论解释［J］．管理世界，2004（8）．

74. 王世磊，张军．中国地方官员为什么要改善基础设施？——一个关于官员激励机制的模型［J］，经济学（季刊），2008（1）．

75. 吴先华等，基于面板数据的世界主要国家全要素生产率的计算［J］．数学的实践与认识，2011（7）．

76. ［美］西蒙·库兹涅茨．现代经济增长［M］．北京：北京经济学院出版社，1991.

77. 夏天．创新驱动过程的阶段特征及其对创新型城市建设的启示，科学学与科学技术管理［J］．2010．02．

78. 谢小波．地方政府竞争与区域经济协调发展［D］，浙江大学博士论文，2006（2）．

79. ［美］熊彼特．经济发展理论［M］．北京：商务印书馆．1990.

80. 杨瑞龙．中国制度变迁方式转换的三阶段论——兼论地方政府的制度创新行为［J］，经济研究，1998（1）．

81. 杨瑞龙，杨其静．阶梯式的渐进制度变迁模型——再论地方政府在中国制度变迁中的作用［J］．经济研究，2000（3）．

82. 姚洋，杨雷．制度供给失衡和中国财政分权的后果［J］．战略与管理，2003（3）．

83. 叶托．中国地方政府行为选择研究［D］．杭州：浙江财经大学博士论文．2012.

84. 尤金．珐玛，有效资本市场：理论与实证研究回顾［J］，金融杂志，1970（5）．

85. 詹东新，倪李澜．基于公共物品理论的后发地区PPP模式实施路径［J］．福建金融，2016（5）．

86. 张恒龙，陈宪．政府间转移支付对地方财政努力与财政均等的影响［J］．经济科学，2007（1）．

87. 张军，周黎安：为增长而竞争：中国增长的政治经济学［M］，上海：上海人民出版社，2008.

88. 张军，施少华．中国经济全要素生产率变动：1952—1998［J］．世界经济文汇，2003（2）．

89. 张清勇．中国地方政府竞争与工业用地出让价格［J］．制度经济学研究．2006（2）．

90. 张显未．制度变迁中的政府行为理论研究综述［J］．深圳大学学报（人文社会科学版），2010（3）．

91. 张维迎, 粟树和. 地区间竞争与中国国有企业的民营化 [J]. 经济研究, 1998 (12).

92. 张维迎, 马捷. 恶性竞争的产权基拙 [J], 经济研究, 1999 (6).

93. 张五常. 中国的经济制度 [M]. 北京: 中信出版社, 2009.

94. 张宇燕, 何帆. 由财政压力引起的制度变迁——从计划经济到市场经济 [M]. 中国财政经济出版社, 1998.

95. 张军等. 中国为什么拥有了良好的基础设施? [J]. 经济研究, 2007 (3).

96. 张军. 中国经济发展: 为增长而竞争 [J]. 世界经济文汇, 2005 (4).

97. 周黎安. 中国地方官员的晋升锦标赛模式研究 [J]. 经济研究, 2007 (7).

98. 周黎安. 晋升博弈中政府官员的激励与合作: 兼论中国地方保护主义和重复建设长存在的原因 [J]. 经济研究, 2004 (6).

99. 周其仁: 中国做对了什么 [M], 北京: 北京大学出版社, 2010.

100. 周天勇. 新发展经济学 [M]. 北京: 经济科技出版社, 2001.

101. 周业安. 地方政府竞争与经济增长 [J]. 中国人民大学学报, 2003 (1).

102. 周业安, 赵晓男. 地方政府竞争模式研究——构建地方政府间良性竞争秩序的理论和政策分析 [J]. 管理世界, 2002 (12).

103. 周业安, 章泉. 市场化, 财政分权和中国经济增长 [J]. 中国人民大学学报, 2008 (1).

104. 卓越, 杨道田. 基于战略的公共部门绩效评估模式构建 [J]. 天津行政学院学报, 2007 (11).

105. 邹东涛, 席涛. 制度变迁中个人、企业和政府行为主体的经济分析 [J]. 北京大学学报 (哲学社会科学版), 2002 (2).

106. 朱进. 财政预算的"公地悲剧": 财政支出规模增长的一种解释 [J]. 经济学家, 2011 (2).

107. 朱卫平, 陈林. 产业升级的内涵与模式研究——以广东产业升级为例 [J]. 当代财经, 2008 (3).

108. Acemoglu, Daron, Golosov, Mikhail. and Tsyvinski, Aleh. , Markets Versus Goenrments, Journal of Monetary Economics, 2008, 55 (1), pp. 159 – 189.

109. Acemoglu, Daron. , Institutions and Development: Institutions, Factor Prices, and Taxation: Virtures of Strong States, American Economic Review: Papers and Proceddinsg, 2010, pp. 115 – 119.

110. Bucovetsky, S. , "Public input competition", Journal of Public Economics, 2005, 89 (9/10), pp. 1763 – 1787.

111. Chen, Binkai. and Yao, Yang. , The Cursed Virtue: Government Infrastructural Investment and Household Consumption in Chinese Provinces. Oxford Bulletin of Economics and Statistics, 2011, 73 (6), pp. 856 – 877.

112. Chong – En Bai, Yingjuan Du, Zhigang Tao and Sarah Y. Tong. Local Protectionism and Regional Specialization: Evidence from China's Industries. Journal of International Economics, 2004 (2).

113. Fenge R, Von Ehrlich M, Wrede M. Public Input Competition and Agglomeration [J]. Regional Science and Urban Economics, 2009, 39: 622-631.

114. Global Trends 2030: Alternative Worlds [D]. A Publication Of The National Intelligence Council, 2012, 11.

115. John Douglas Wilson, Roger H. Gordon. Expenditure Competition [M]. Journal of Public Economic Thery, 2003.

116. Krugman, P., Development, Geography, and Economic Theory, Cambridge, Massachusetts: the MIT Press, 1995, p. 7, p. 28, p. 24.

117. Lin, Yifu., Rethinking Economic Development: A Framework for New Structural Economics, Unpublished manuscript, World Bank. 2009.

118. Segerstrom. P., The Long-run Growth Effects of R&D Subsidies, Journal of Economic Growth, 2000, 5 (3), 277-305.

119. Song Zheng; Storesletten, Kjetil. and Zilibotti, Fabrizio, Growing Like China. American Economic Review, 2011, 101 (1), pp. 196-233.

120. Wilson, John. Douglas and Wildasin David. E., Capital tax competition: bane or boon, Journal of Public Economics, 2004, 88 (6), pp. 1065-1091.